中华古籍保护计划

ZHONG HUA GU JI BAO HU JI HUA CHENG GUO

·成果·

册府千华

民间珍贵典籍收藏展图录

国家古籍保护中心
中国古籍保护协会
编

国家图书馆出版社

图书在版编目（CIP）数据

册府千华：民间珍贵典籍收藏展图录 / 国家古籍保护中心，中国古籍保护协会编.—北京：国家图书馆出版社，2015.7

ISBN 978-7-5013-5640-9

Ⅰ.①册…　Ⅱ.①国…②中…　Ⅲ.①古籍—收藏—中国—图录　Ⅳ.①G262.1-64

中国版本图书馆CIP数据核字（2015）第150117号

书　　名　册府千华——民间珍贵典籍收藏展图录

编　　者　国家古籍保护中心　中国古籍保护协会　编
责任编辑　耿素丽　王燕来
装帧设计　九雅工作室

出　　版　国家图书馆出版社（100034　北京市西城区文津街7号）
（原书目文献出版社　北京图书馆出版社）
发　　行　（010）66114536　66126153　66151313　66175620
66121706（传真），66126156（门市部）
E-mail　cbs@nlc.gov.cn（邮购）
Website　www.nlcpress.com→投稿中心
经　　销　新华书店
印　　装　北京信彩瑞禾印刷厂
版　　次　2015年7月第1版　2015年7月第1次印刷

开　　本　889×1194毫米　1/16
印　　张　20

书　　号　ISBN 978-7-5013-5640-9
定　　价　300.00元

编纂委员会

序一

吾国素有藏书传统。上古三朝，学在王官，籍在策府。春秋末年，周室微而礼乐废。孔子求书，追迹三代之礼，编次百代之书，弦歌雅颂之诗，读易韦编三绝，因材施教，传诸六艺。后世庙藏孔子衣冠琴车书，至于汉二百余年不绝。战国百家，藏书立说：墨翟大贤，载文盈车；惠施多方，其书五车；苏秦负书，陈箧数十；伏生壁藏，以避秦火。两汉宗室鸿儒，号称多书之家。刘氏父子校辑群书，多参传本，三代之书，蕴藏于家。银雀竹简、长沙帛书，深伴黄泉，存留于今。逮至魏晋南北朝，藏书之人，载名过百，广求异本，手自校录，披览万卷，博学多闻，至有耽玩典籍者谓之书淫，西京南国之藏匹同刘范。其时世乱纷扰，官书多焚，全赖世家得传文脉。隋唐之间，私家构筑书楼，凿垣固秘；东斋新集，条列目录。李韦段张，典藏万卷；黄绿青白，分别四部。柳仲郢藏书，经史子集皆有三本：一本纸裹签束华丽者镇库；一本次者长行披览；一本次者后生子弟为业，典览学教，藏用一体。五代宋元，雕版秘籍，化身千百；鸿儒至论，得入民间；官私刻印，风尚宇内；藏书之家，遍及南北。浙闽家坊，更使刻书收藏融为一体，其搜佚钩沉，备辑百家，考订雠校，总汇坟典，刊行定本，传诸四方，收藏赏鉴，流通吐纳，极一时之盛。逮至明清，有藏书之家，插架数十万卷；有藏书之域，书楼星罗棋布。苏常杭鄞，书香赓续，传抄孤本，精刊秘籍。藏书者或号“佞宋”、或称“书痴”，割庄取书，不问贵贱，嗜书如命，依之苦乐。遂使版本、目录、校勘、文字、音韵、训诂得成专门之学，夯奠朴学根基。近代列强侵凌，民贫国弱，敦煌西去，皕宋东行，万卷星散，书香难继。有识之士力倡私家秘藏公诸海内，传播文明，开启民智。藏书家遂以拳拳爱国之心、天下为公之愿，捐寄家藏，以致甲骨善本金石舆图，如百川汇海，得入公藏。百万典籍插架册府，能与世界大馆相颉颃；博大文化言教入耳，得为内外学者所正识。改革开放卅余年，民族振兴，文化发展，残篇散帙，渐珍世间。藏宝于民，忝列国策；护宝传承，深入人心。民间藏书之业，几成时尚之举；考镜源流之学，追续百代传统。公私互补，相辅相成。

古人云："书籍者，天下之至宝。""藏书是万年百世之事。""藏书以资博洽，为丈夫子生平第一要事。"盛世典修，和世书藏，乱世籍散，末世册亡。典籍与文明相始终，藏书与民族相伴行。兵燹焚余，孤本独脉，得流至今，已称神物，护之吾手，再传后代，即今之藏书重任。推财取书，倾产聚书，史传有载；爱书护书，拜书祭书，藏书有德；披览钻研，废寝忘食，学贵有专；再造出版，传英天下，继绝有术。"中华古籍保护计划"开展以来，保护古籍，传承文明，服务社会，已成同仁致力古籍保护事业之宗旨，民间藏书者冀望参与盛业，竞为典范，其行尤可称誉。国家古籍保护中心、中国古籍保护协会举办"册府千华——民间珍贵典籍收藏展"，致力服务大众，促进民间古籍保护。倡议一出，海内外藏书者即起响应，将已藏敦煌遗书、宋元珍籍、内府精刊、孤本写抄慨然借送参展，凸显爱国、为民、护书、传承之优秀传统，至今不泯，令人感佩。国家图书馆古籍馆、古籍保护中心办公室、国家图书馆出版社诸位同仁夙兴夜寐，联络办展，亦为古籍保护添砖加瓦，精神可嘉。借此一隅，感谢所有为展览付出心血的人士。惟愿西山事业，发扬光大，踵古继往，文脉永存。

国家图书馆副馆长、国家古籍保护中心副主任、中国古籍保护协会常务副会长　张志清

2015年7月3日

序二

随着中国的强大复兴，在全世界重新认识且高度重视传统文化遗产之际，国家图书馆举办此次民间珍贵典籍收藏特展，不啻为一座重要的里程碑：以国家收藏的高度，海内外民间收藏的广度，专业规划展览的深度，具体呈现国家重视文物、鼓励收藏的实际成果，更是重视文化资产，强调永续发展的重要宣示。对弘扬中华民族优秀的传统文化风采，更好地保护和运用这些文化遗产具有重要的意义。

“文章者，经国之大业，不朽之盛事”。古代典籍内容记录着古代政治、经济、科技、文化、军事、艺术、宗教、地理、风俗等各项领域的第一手资料，更象征着民族文化智慧的博大精深。作为中华民族历史与文化的资产，也是人类精神财富与智力资源的宝库，这些无可替代的文献资料对人类社会的过去、现在、将来都具有特殊的意义，在浩瀚的时空中，得以传诸久远，荫及子孙。

昔时老子为“周守藏室史，主柱下方书”，汉朝“遣谒者陈农求佚书于天下”，唐代“邺侯家多书，插架三万轴”。下至宋、元、明、清，历代对图画书籍，无不大力搜求，并费心庋藏，足见重视典章之况。借由本次征集展出，散于公府之外的古籍善本可以展示于国人面前，既鼓舞海内外收藏家的努力，更增添彼此良好的互动，亦同时让收藏家多了一层责任感，共同为保护文化遗产而努力。

本人长年以推动两岸文化交流为己任，潜心于文物遗产的收藏、整理并举行展览活动，推广文物璀璨之美。此次能够共襄盛举，一则欣慰多年努力获肯定，再则也以身为文化传递者而备感荣耀。“册府千华——民间珍贵典籍收藏展”，是国家图书馆、国家古籍保护中心领导、同仁付出辛劳与努力的具体成果，在此谨代表本会向主办单位致以诚挚的敬意，也预祝展览圆满成功！

中华海峡两岸文化资产交流促进会名誉理事长　王水衷　谨识

目 录

敦煌遗书与佛经

目前我们能够看到的唐宋及其以前纸本文献，数量最多者，要算“敦煌遗书”。1900年敦煌莫高窟藏经洞发现了5—6万件，其中几批被斯坦因、伯希和等人盗运国外，另有相当数量流散社会，存于私人手中，其数量到底有多少，至今尚无详尽揭示和准确统计。

本次展出的私人收藏品，数量虽然不多，但可以大体看出“敦煌遗书”呈现出的重要文物价值。比如，本次展出两件隋代写本《大般涅槃经》，不仅首尾完整，纸墨字体俱佳，更令人称奇的是其单纸长度都在140厘米左右。通常，“敦煌遗书”每纸长度在30—50厘米间，如此长度者，全世界目前仅存六件，其中三件属于斯坦因藏品，收藏在英国国家图书馆；一件由北京中国书店收藏。本次展览，将两件一并陈列，实属难得盛况，反映出隋代造纸工艺已经达到很高水平。再比如，本次展出的一件佛教仪轨《大悲启请》，整齐精致的四组八眼细麻绳装订线，完整保存了8、9世纪间缝缋装的原貌，极为罕见。

佛教自两汉之际传入以来，留存至今的佛典洋洋大观，形成中国传统典籍文化的独特现象。本次展出的部分私人藏品，其意义大体可以归纳为文物、文献和艺术三方面：

王水衷提供的北宋刻本《慈悲道场忏法》，周启晋提供的周绍良先生原藏宋刻单行本《阿弥陀经》，成贤斋提供的金泰和元年（1201）民间刻本《大方广佛华严经》，都是极为罕见的珍贵文物。

北宋皇祐五年（1053）写僧人转生牒据，属于引渡僧人死后转生西方极乐世界路引，是研究佛教文化的重要资料。《元官藏》卷前的皇太后发愿文和卷后功德衔名，是研究元代后期历史及官刻大藏经的重要史料。

明代书画家董其昌手书《金刚经》、明代藏文泥金写经《八千颂般若经》、清末金陵刻经处精雕佛教版画等，精美绝伦，赏心悦目。

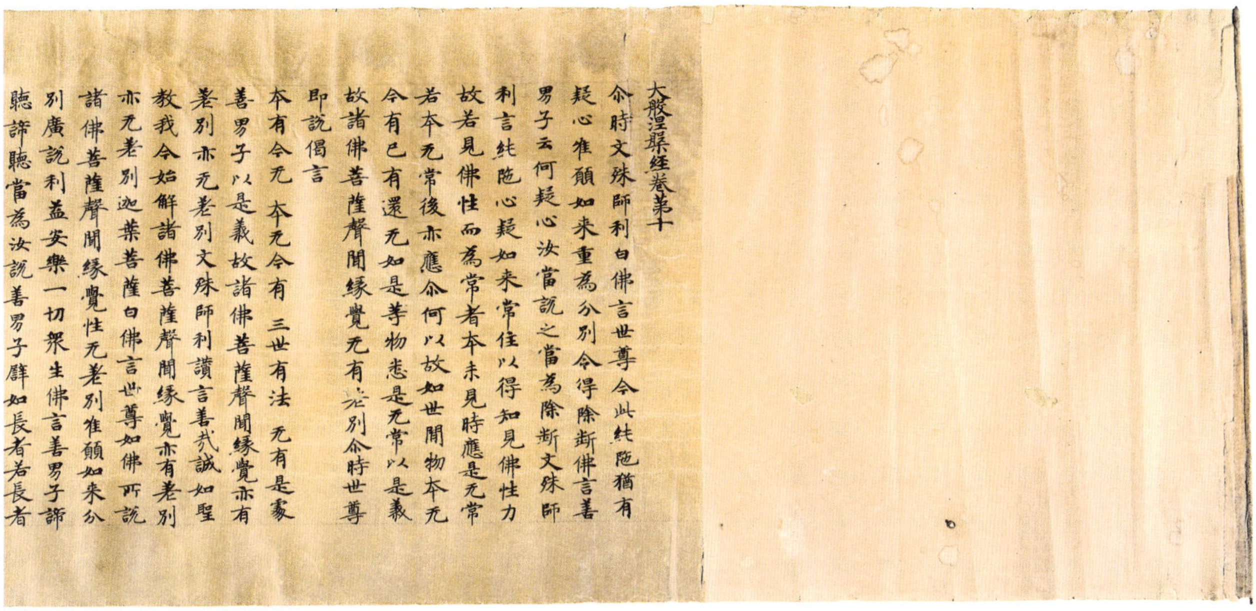

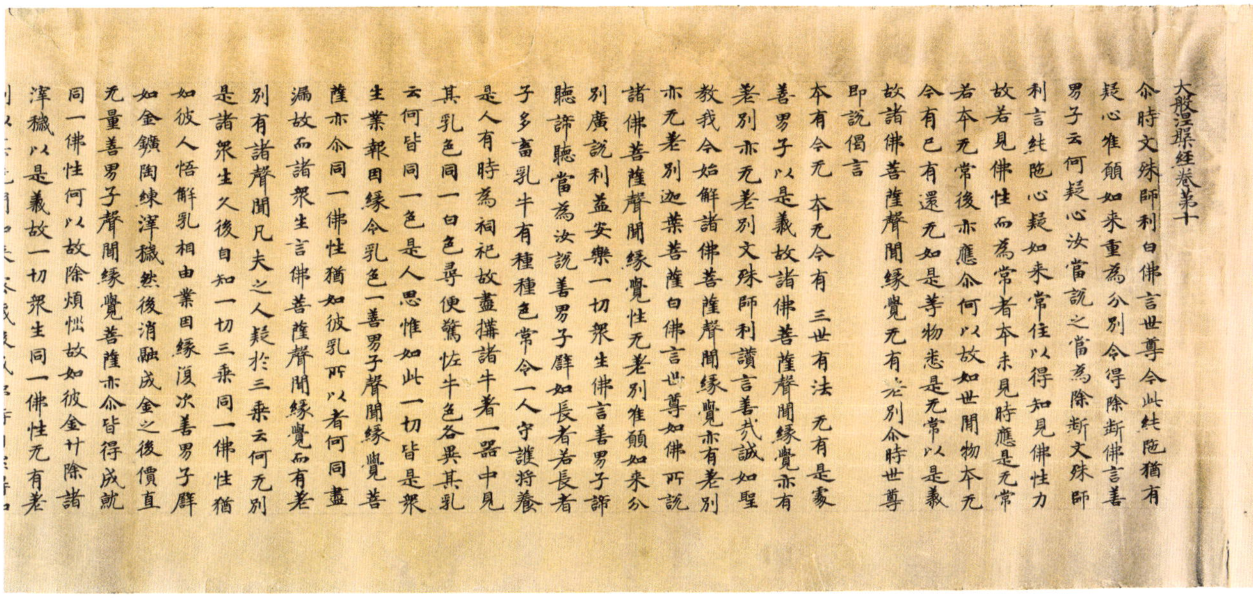

大般涅槃经四十卷　（北凉）释昙无谶译　隋写本　存一卷：十

卷轴装，首尾全。打纸染潢，砑光上蜡。卷尾保存原木轴，轴头涂棕黑色漆。总长771.1厘米，单纸最长达到142.6厘米，每纸84行，行17字。可与本次展览另一件王水衷收藏品互映，反映隋代造纸技术已经达到很高水平。

（东壁书屋收藏）

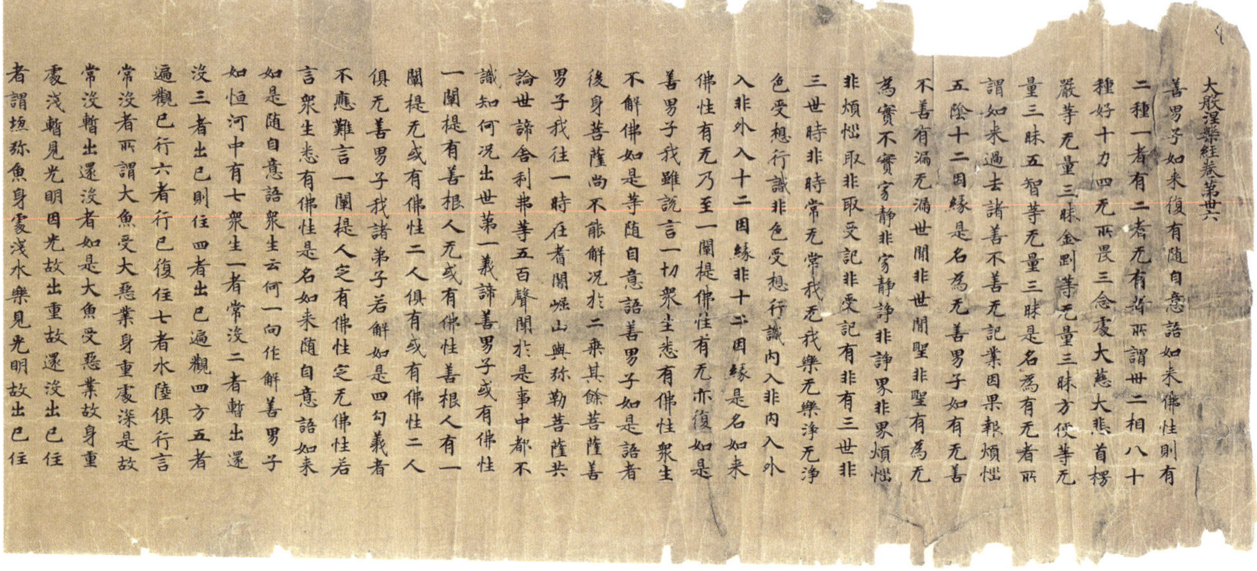

大般涅槃經卷第卅六
善男子如来復有隨自意語如来佛性則有
二種一者有二者无有者所謂卅二相八十
種好十力四无所畏三念處大慈大悲首楞
嚴等无量三昧金剛等无量三昧方便等无
量三昧五智等无量三昧是名為有无者所
謂如来過去諸善不善无記業因果報煩惱
五陰十二因緣是名為无善男子如有无善
不善有漏无漏世間非世間聖非聖有為无
為實不實寂靜非寂靜諍非諍界非界煩惱
非煩惱取非取受記非受記有非有三世非
三世時非時常无常我无我樂无樂淨无淨
色受想行識非色受想行識內入非內入外
入非外入十二因緣非十二因緣是名如来
佛性有无乃至一闡提佛性有无亦復如是
善男子我雖說言一切衆生悉有佛性衆生
不解佛如是等隨自意語善男子如是語者
後身菩薩尚不能解況於二乘其餘菩薩善
男子我往一時在耆闍崛山與彌勒菩薩共
論世諦舍利弗等五百聲聞於是事中都不
識知何況出世第一義諦善男子或有佛性
一闡提有善根人无或有佛性善根人有一
闡提无或有佛性二人俱有或有佛性二人
俱无善男子我諸弟子若解如是四句義者
不應難言一闡提人定有佛性定无佛性若
言衆生悉有佛性是名如来隨自意語如来
如是隨自意語衆生云何一向作解善男子
如恒河中有七衆生一者常沒二者暫出還
沒三者出已則住四者出已遍觀四方五者
遍觀已行六者行已復住七者水陸俱行言
常沒者所謂大魚受大惡業身重處深是故
常沒暫出還沒者如是大魚受惡業故身重
處淺暫見光明因光故出重故還沒出已住
者謂坻彌魚身處淺水樂見光明故出已住

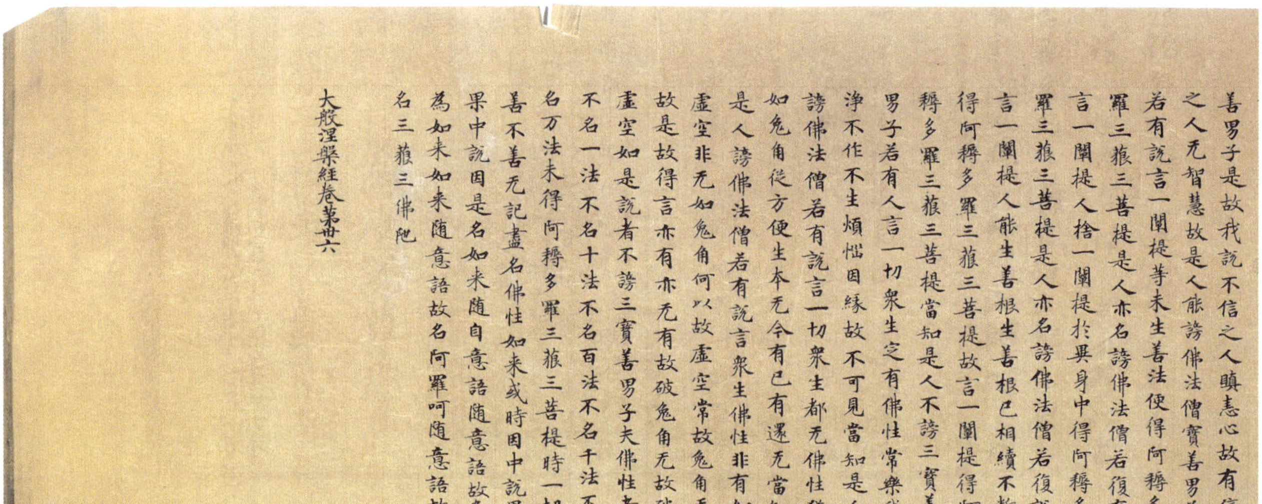

善男子是故我說不信之人瞋恚心故有信
之人无智慧故是人能謗佛法僧寶善男子
若有說言一闡提等未生善法便得阿耨多
羅三藐三菩提是人亦名謗佛法僧若復有
言一闡提人捨一闡提於異身中得阿耨多
羅三藐三菩提是人亦名謗佛法僧若復說
言一闡提人能生善根生善根已相續不斷
得阿耨多羅三藐三菩提故言一闡提得阿
耨多羅三藐三菩提當知是人不謗三寶善
男子若有人言一切衆生定有佛性常樂我
淨不作不生煩惱因緣故不可見當知是人
謗佛法僧若有說言一切衆生都无佛性猶
如兎角從方便生本无今有已有還无當知
是人謗佛法僧若有說言衆生佛性非有如
虛空非无如兎角何以故虛空常故兎角无
故是故得言亦有亦无有故破兎角无故破
虛空如是說者不謗三寶善男子夫佛性者
不名一法不名十法不名百法不名千法不
名万法未得阿耨多羅三藐三菩提時一切
善不善无記盡名佛性如来或時因中說果
果中說因是名如来隨自意語隨意語故名
為如来如来隨意語故名阿羅呵隨意語故
名三藐三佛陁

大般涅槃經卷第卅六

大般涅槃经四十卷　（北凉）释昙无谶译　隋写本　存一卷：三十六

卷轴装，首尾全。打纸染潢，砑光上蜡。卷尾保存原木轴，轴头涂棕黑色漆。总长956.6厘米，单纸最长达到142.3厘米，每纸84行，行17字。可与本次展览另一件东壁书屋的收藏品互映，反映隋代造纸技术已经达到很高水平。

（王水衷收藏）

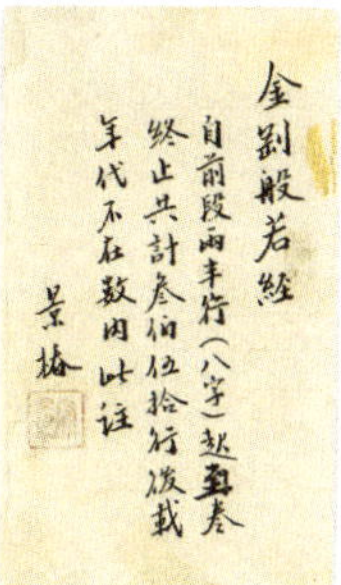

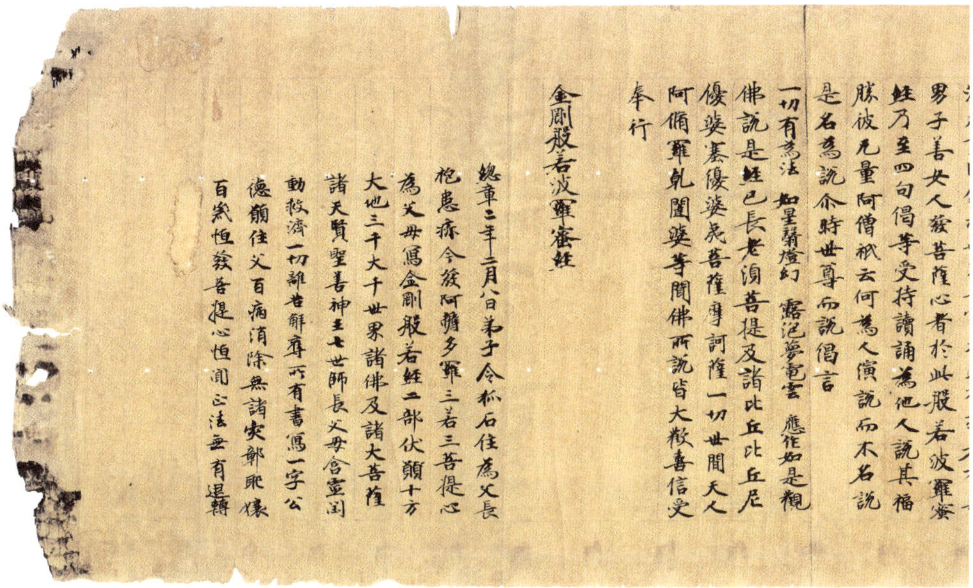

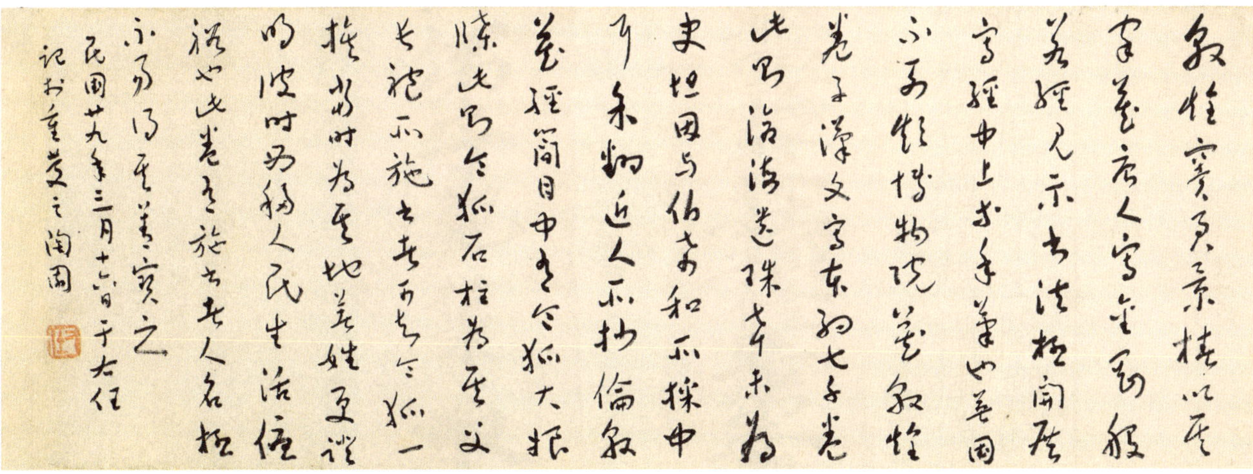

金刚般若波罗蜜经一卷　（后秦）释鸠摩罗什译　唐7世纪写本

卷轴装，首残尾全，经黄纸。全卷长609.3 厘米，纸高25.5厘米，每纸28行，行17字。本卷尾有唐总章元年（668）题记。卷内有窦景椿收藏印，于右任曾为本卷题跋。

（王水衷收藏）

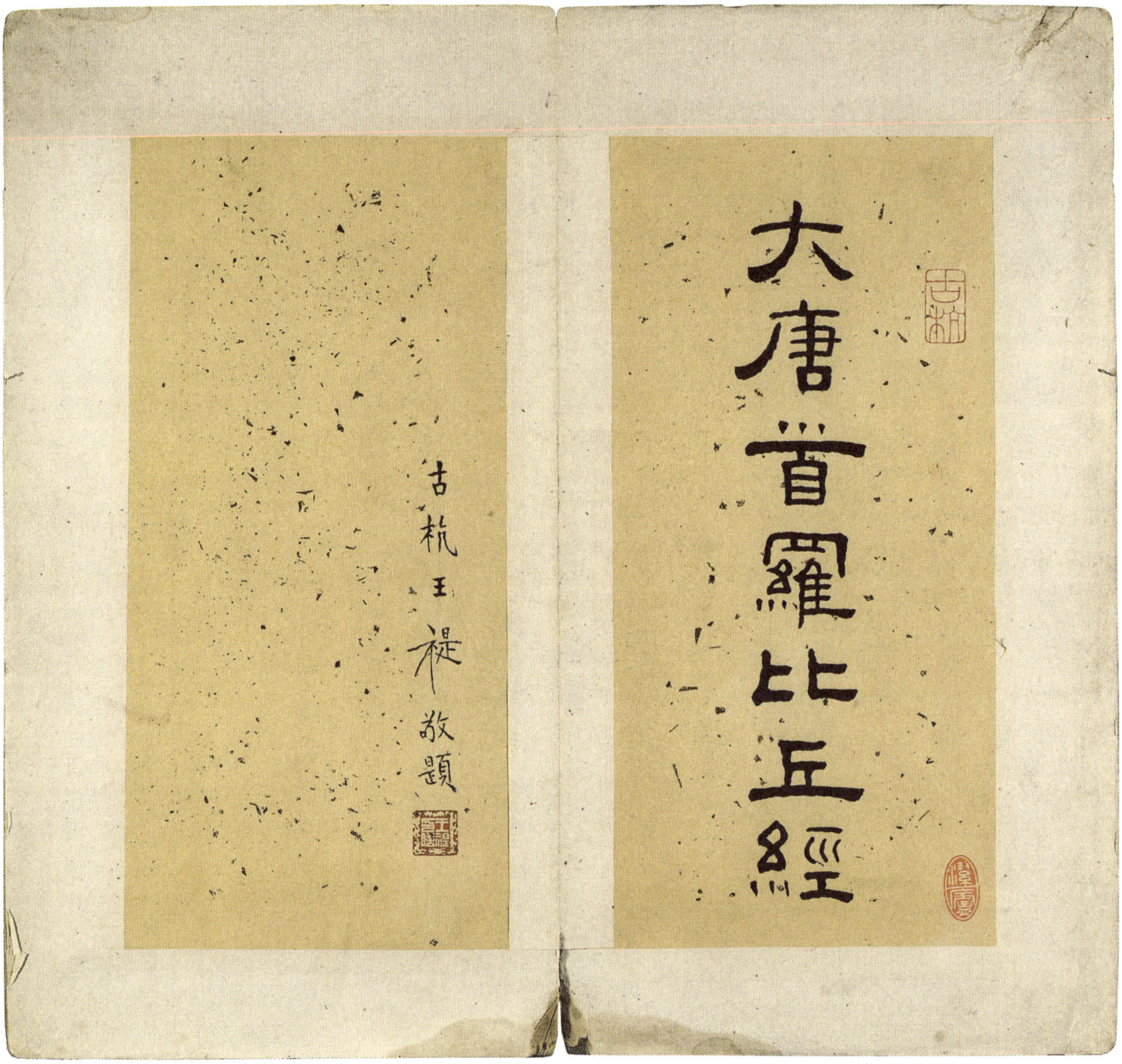

首罗比丘见五百仙人并见月光童子经一卷　撰著者不详　唐8世纪写本

中国人所造疑伪经，反映了佛教与中国传统思想相结合的民间佛教文化。本件原为卷轴装，经过后人收藏，割为裱本，总44叶，首尾完具。本经存量很少，完整者更少。

（王德收藏）

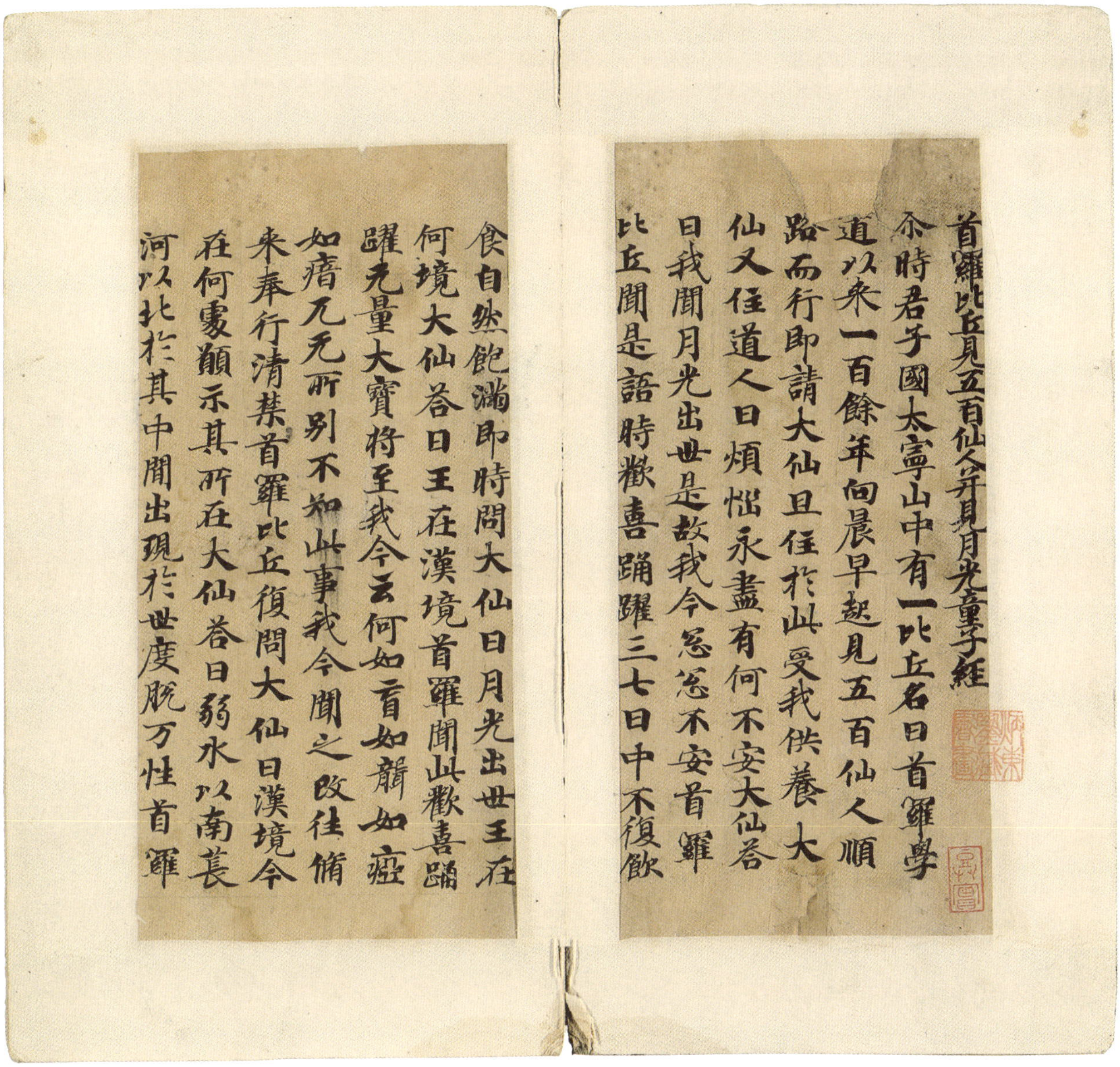
首羅比丘見五百仙人并見月光童子經
尒時君子國太寧山中有一比丘名曰首羅學
道以來一百餘年向晨早起見五百仙人順
路而行即請大仙且住於此受我供養大
仙又住道人曰煩惱永盡有何不安大仙荅
曰我聞月光出世是故我今忩忩不安首羅
比丘聞是語時歡喜踊躍三七日中不復飲
食自然飽滿即時問大仙曰月光出世王在
何境大仙荅曰王在漢境首羅聞此歡喜踊
躍无量大寶將至我今云何如盲如聾如瘂
如瘖无无所别不知此事我今聞之改往脩
來奉行清楪首羅比丘復問大仙曰漢境今
在何處願示其所在大仙荅曰弱水以南長
河以北於其中間出現於世度脫万姓首羅

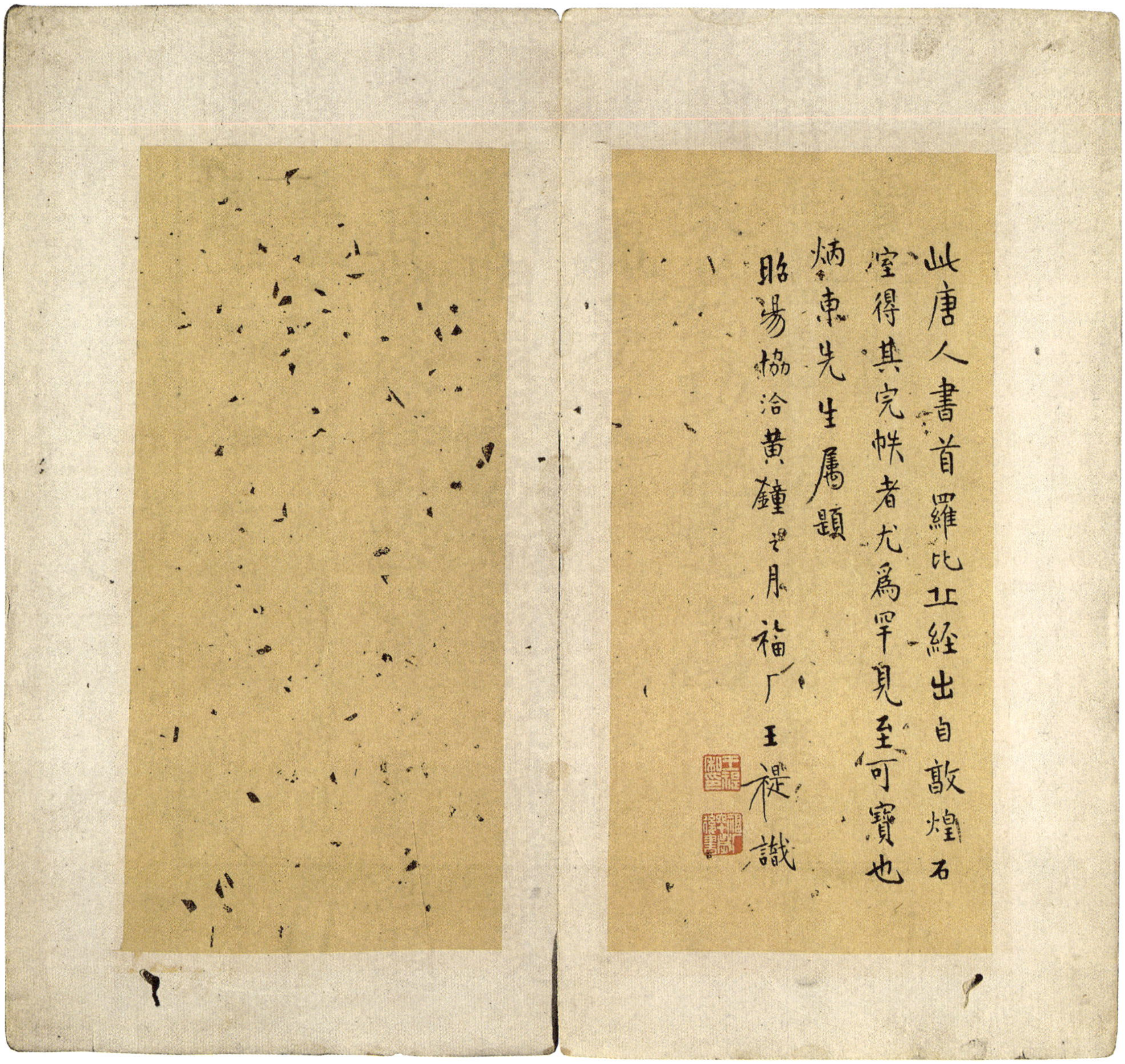
此唐人書首羅比丘經出自敦煌石
室得其完帙者尤爲罕見至可寶也
炳東先生屬題
昭陽協洽黃鐘之月 福广王禔識

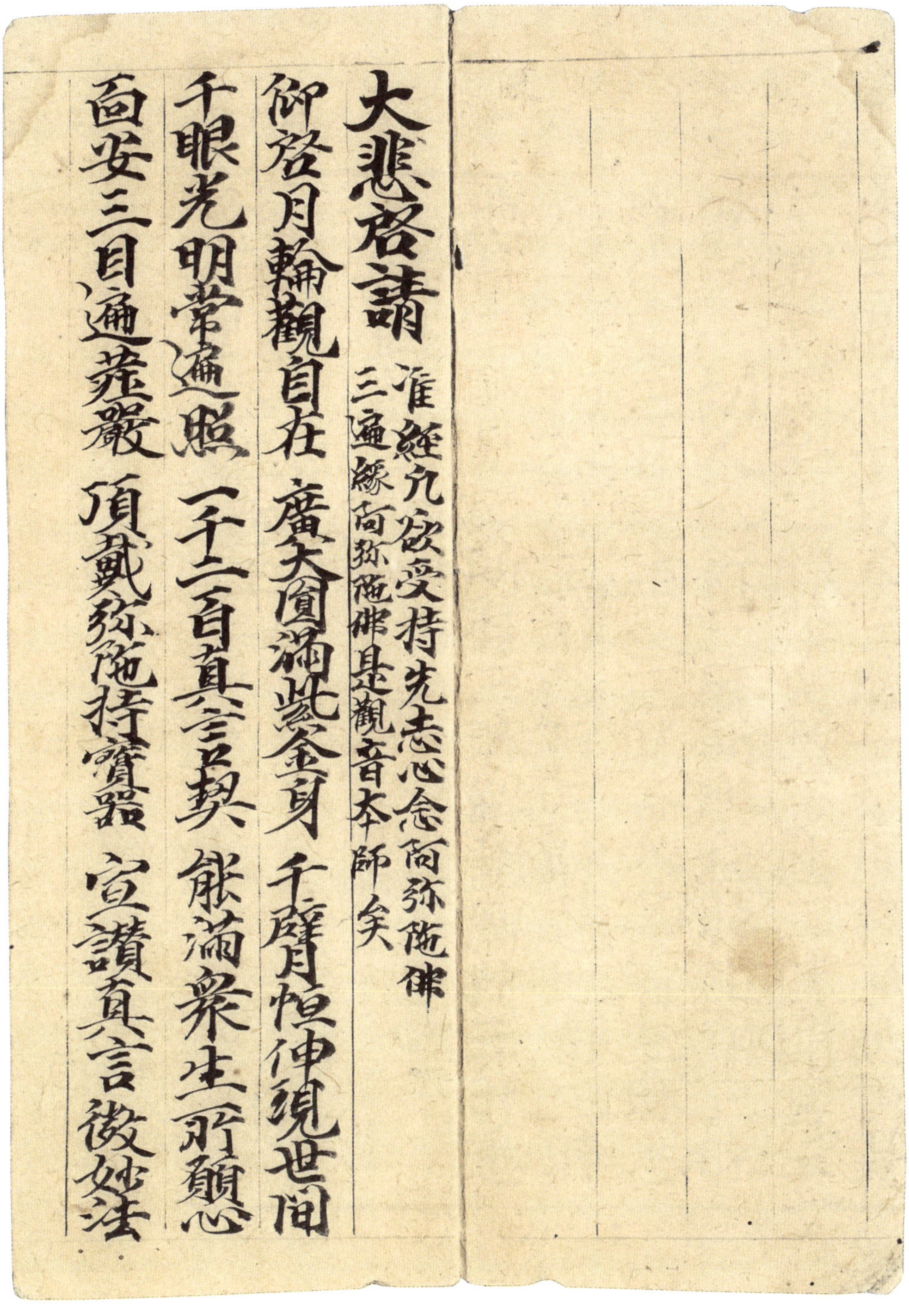

大悲启请　撰著者不详　8—9世纪吐蕃占领时期写本

缝缋装。首尾全。高22.7厘米，宽7.9厘米，总16面，半叶4行，行14字。细麻线四组八眼装订，保存完整。本件对研究中国唐五代时期书籍装帧具有重要意义。

（王水衷收藏）

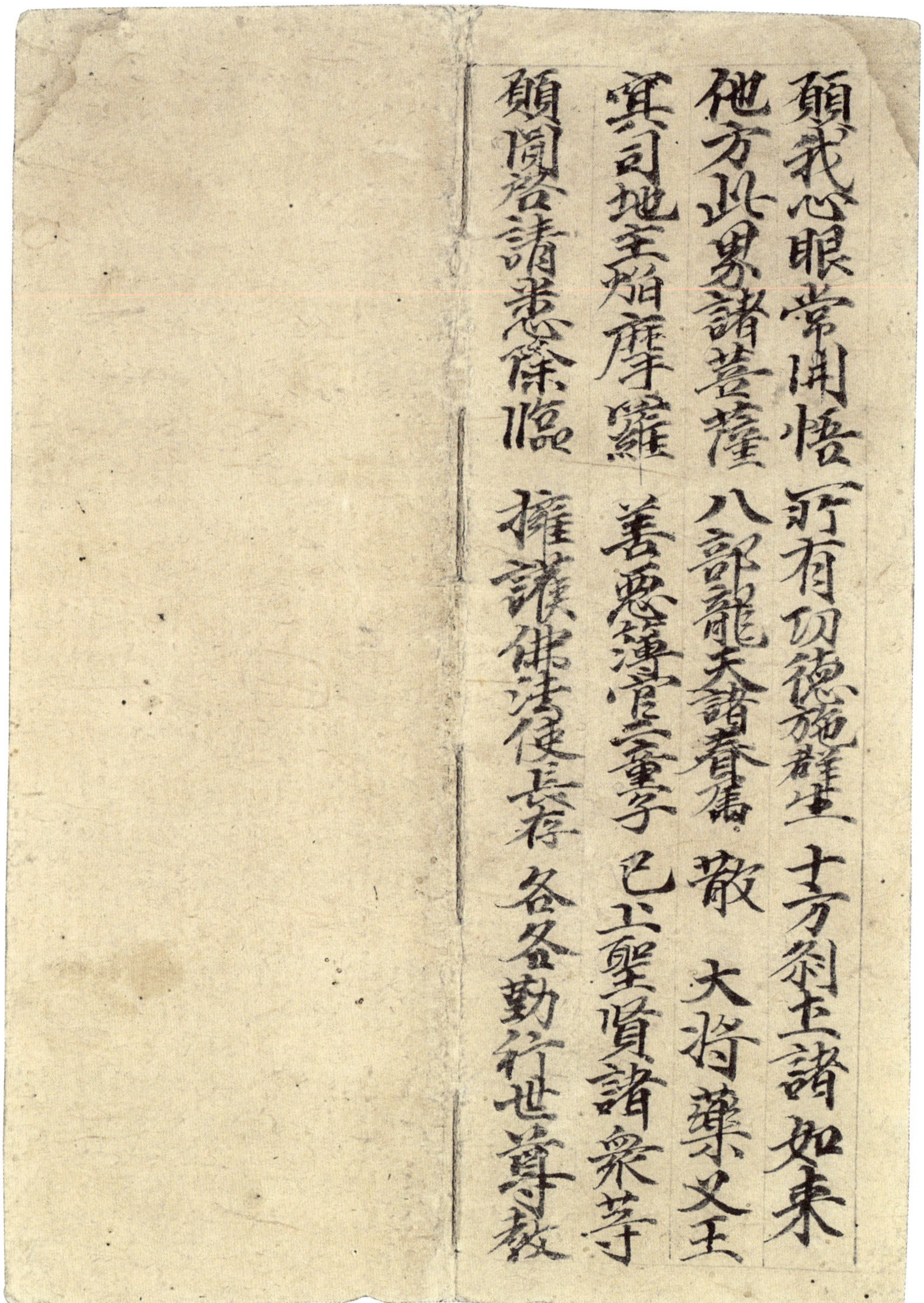

願我心眼常開悟　所有功德施群生　十方剎土諸如來
他方此界諸菩薩　八部龍天諸眷屬　敬　大將藥叉王
冥司地主焰摩羅　善惡簿官二童子　已上聖賢諸衆等
願聞答請悉降臨　擁護佛法使長存　各各勤行世尊教

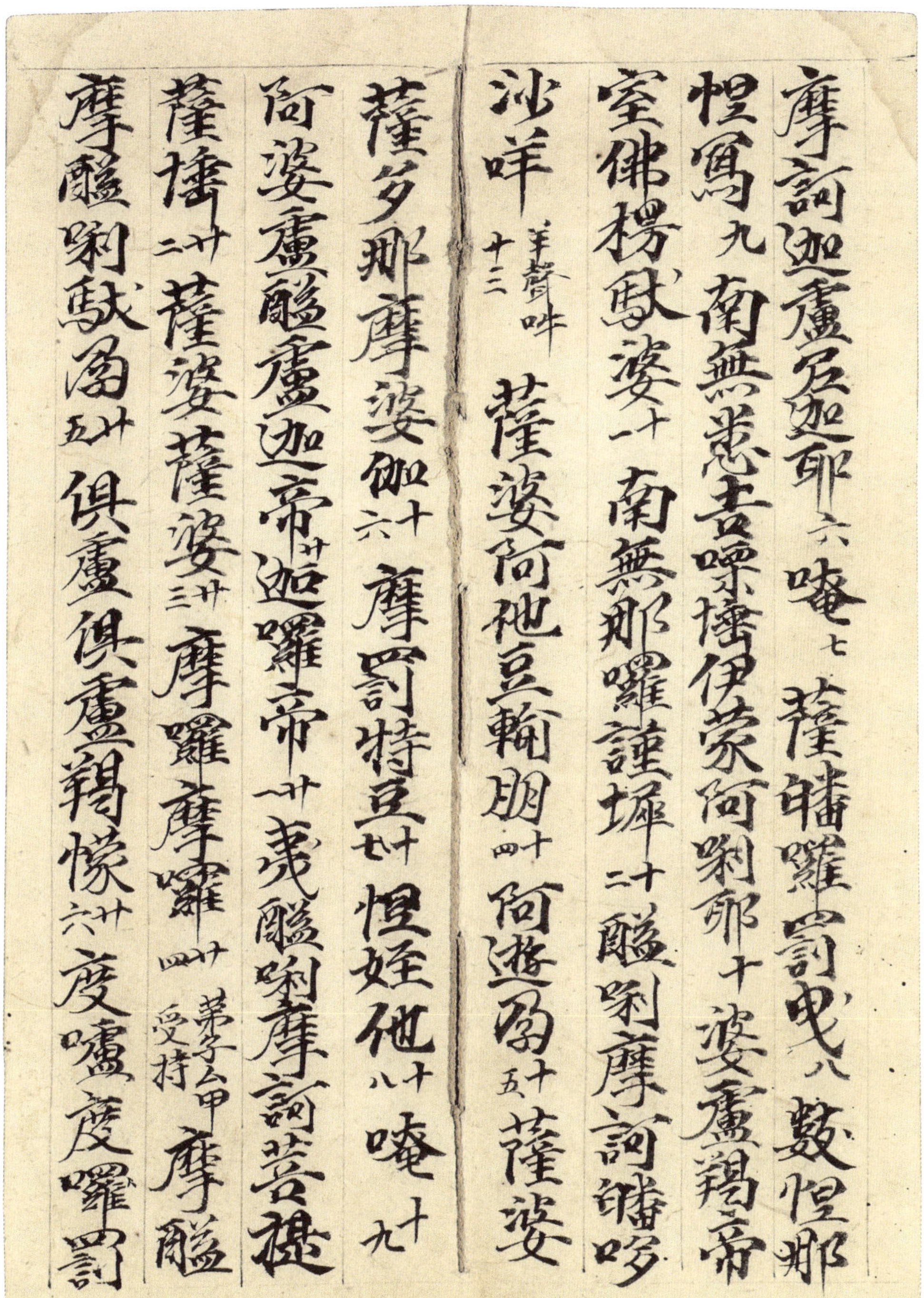

摩訶迦盧尼迦耶六 唵七 薩皤囉罰曳八 數怛那
怛寫九 南無悉吉嘌埵伊蒙阿唎耶十 婆盧羯帝
室佛楞馱婆一十 南無那囉謹墀二十 醯唎摩訶皤哆
沙咩十三 羊聲吽 薩婆阿他豆輸朋四十 阿逝孕五十 薩婆
薩多那摩婆伽六十 摩罰特豆七十 怛姪他八十 唵九十
阿婆盧醯盧迦帝廿 迦囉帝一廿 夷醯唎摩訶菩提
薩埵二廿 薩婆薩婆三廿 摩囉摩囉四廿 弟子厶甲受持 摩醯
摩醯唎馱孕五廿 俱盧俱盧羯懞六廿 度嚧度囉罰

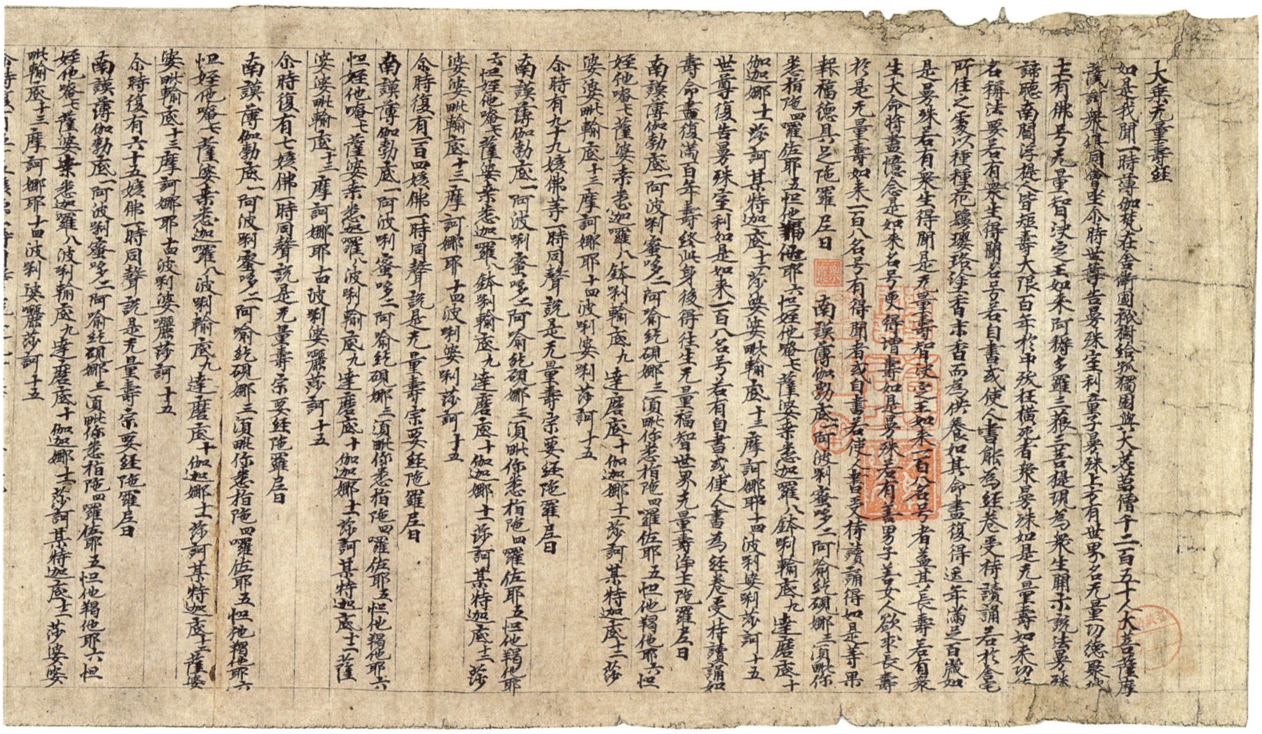

佛说无量寿宗要经一卷　译者不详　8—9世纪吐蕃占领时期写本

又称《大乘无量寿宗要经》。印度大乘佛教密教经典，吐蕃占领敦煌时期译出，失译者名。卷轴装。总5纸，全长218.3厘米。卷首有“守勋收藏□□号”“大兴乐氏”等印。

（叶健民收藏）

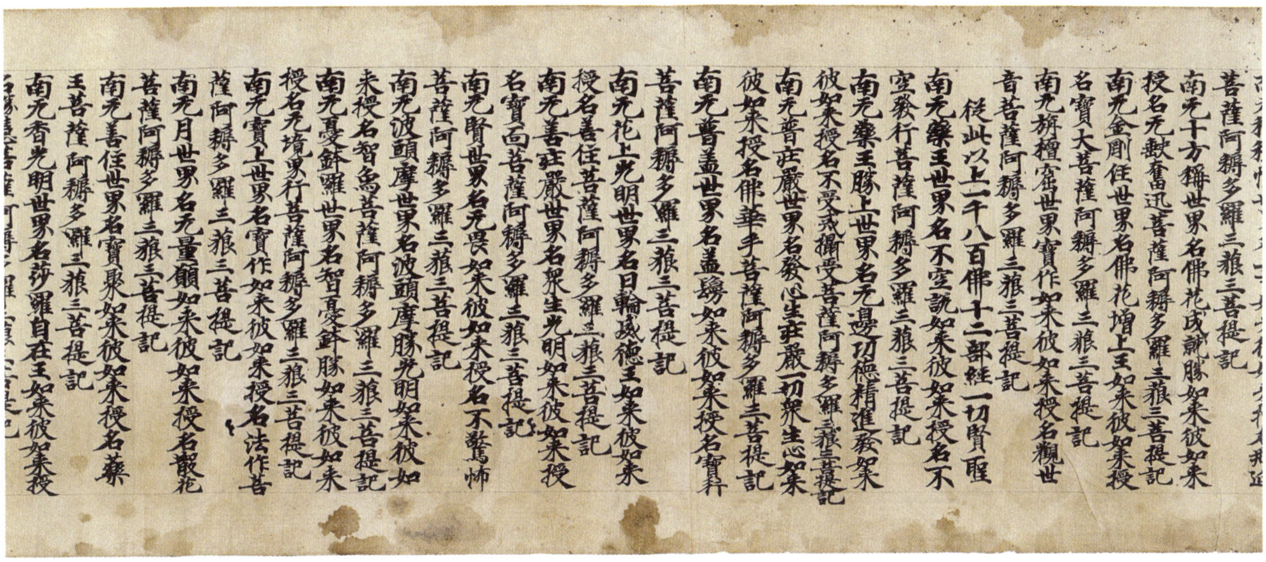
菩薩阿耨多羅三藐三菩提記
南无十方稱世界名佛花成就勝如來彼如來
授名无畏奮迅菩薩阿耨多羅三藐三菩提記
南无金剛住世界名佛花增上王如來彼如來授
名寶大菩薩阿耨多羅三藐三菩提記
南无旃檀窟世界寶作如來彼如來授名觀世
音菩薩阿耨多羅三藐三菩提記
從此以上一千八百佛十二部經一切賢聖
南无藥王世界名不空說如來彼如來授名不
空發行菩薩阿耨多羅三藐三菩提記
南无藥王勝上世界名无邊功德精進發如來
彼如來授名不受戒攝受菩薩阿耨多羅三藐三菩提記
南无普莊嚴世界名發心生莊嚴一切眾生心如來
彼如來授名佛華手菩薩阿耨多羅三菩提記
南无普蓋世界名蓋蹋如來彼如來授名寶幷
菩薩阿耨多羅三藐三菩提記
南无花上光明世界名日輪威德王如來彼如來
授名善住菩薩阿耨多羅三藐三菩提記
南无善莊嚴世界名眾生光明如來彼如來授
名寶面菩薩阿耨多羅三藐三菩提記
南无賢世界名无畏如來彼如來授名不驚怖
菩薩阿耨多羅三藐三菩提記
南无波頭摩世界名波頭摩勝光明如來彼如
來授名智烏菩薩阿耨多羅三藐三菩提記
南无憂鉢羅世界名智憂鉢勝如來彼如來
授名无境界行菩薩阿耨多羅三藐三菩提記
南无寶上世界名寶作如來彼如來授名法作菩
薩阿耨多羅三藐三菩提記
南无月世界名无量願如來彼如來授名散花
菩薩阿耨多羅三藐三菩提記
南无善住世界名寶聚如來彼如來授名藥
王菩薩阿耨多羅三藐三菩提記
南无香光明世界名莎羅自在王如來彼如來授

佛说佛名经十六卷　著译者不详　9—10世纪归义军时期写本　存一卷：三

中国人所造疑伪经。首尾残。通卷921.9厘米，经黄纸，打纸研光。

（刘继辉收藏）

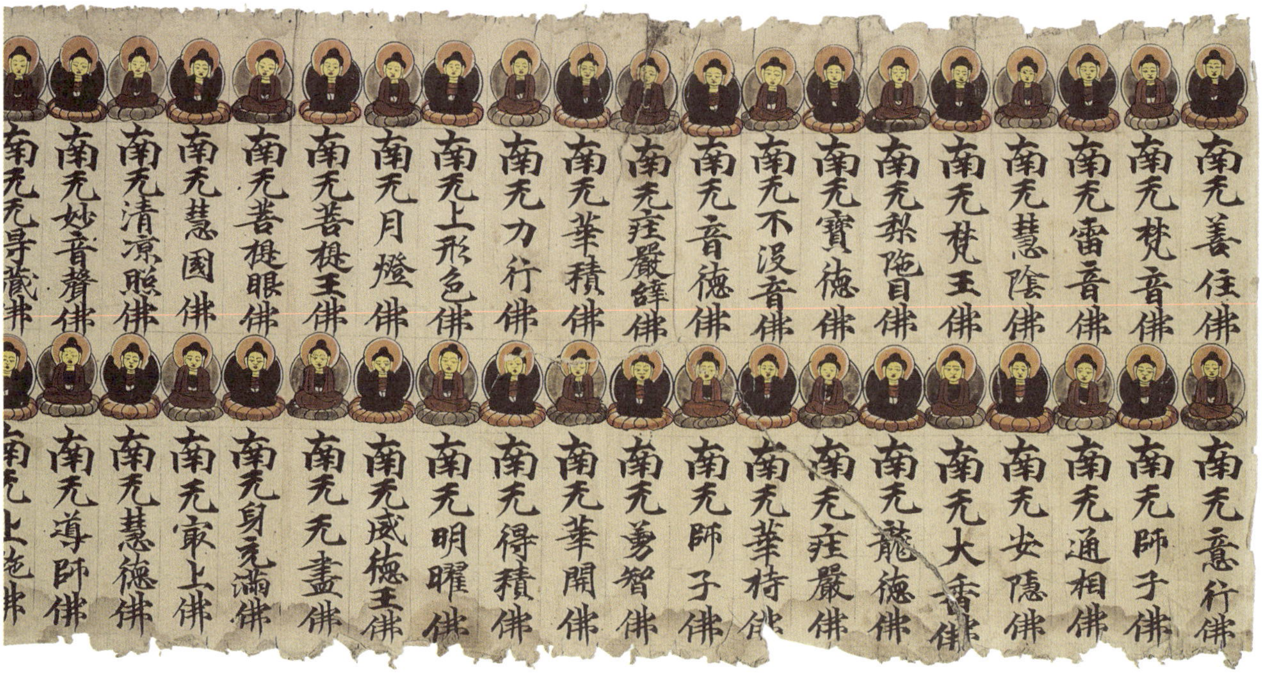

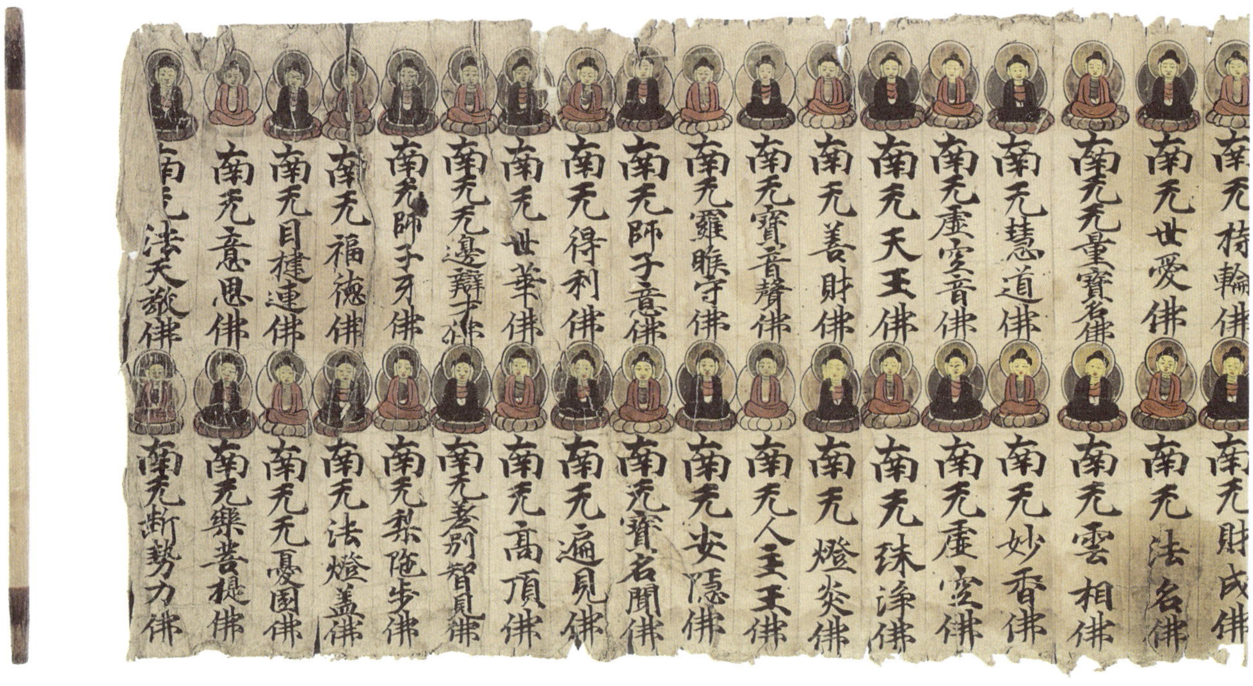

佛名经三十卷　撰著者佚　10世纪归义军时期写本　存一卷：三十

卷轴装。首尾残，全卷长673.5 厘米，高30.5厘米；每纸15行，行字不等。通卷佛名上绘有彩色佛像。

（王水衷收藏）

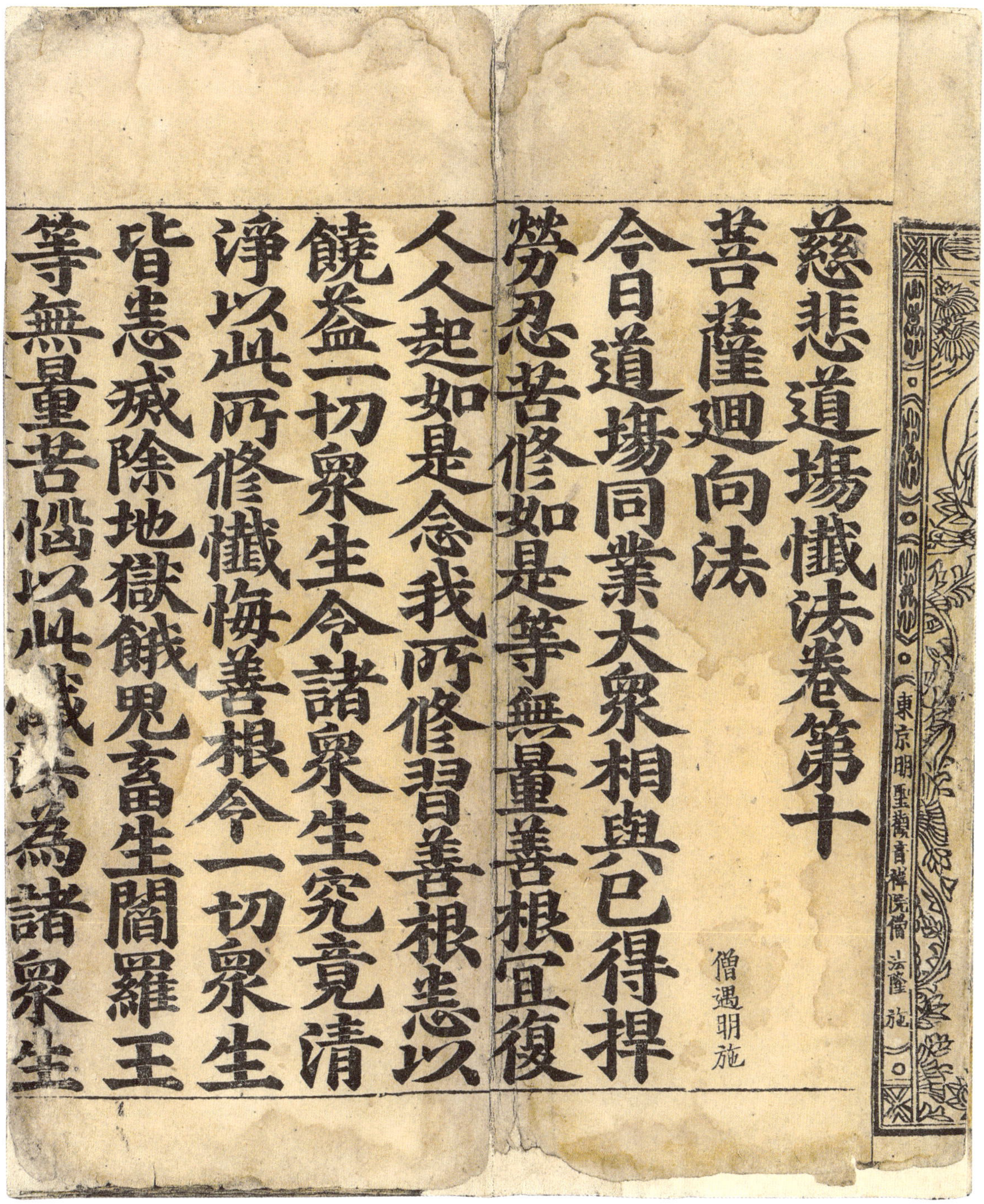

慈悲道场忏法十卷　题梁武帝撰　宋刻本　存一卷：十

经折装。卷首扉画残半，后半部残。半叶5行，行12—15字不等。扉画右下角刊“东京明圣观音禅院僧法隆施”，卷前刊礼忏牌子。本件纸张粗厚，字体古朴，开本阔大，具显北宋刻书风貌，似为北宋东京汴梁刻书，具有重要文物价值。

（王水衷收藏）

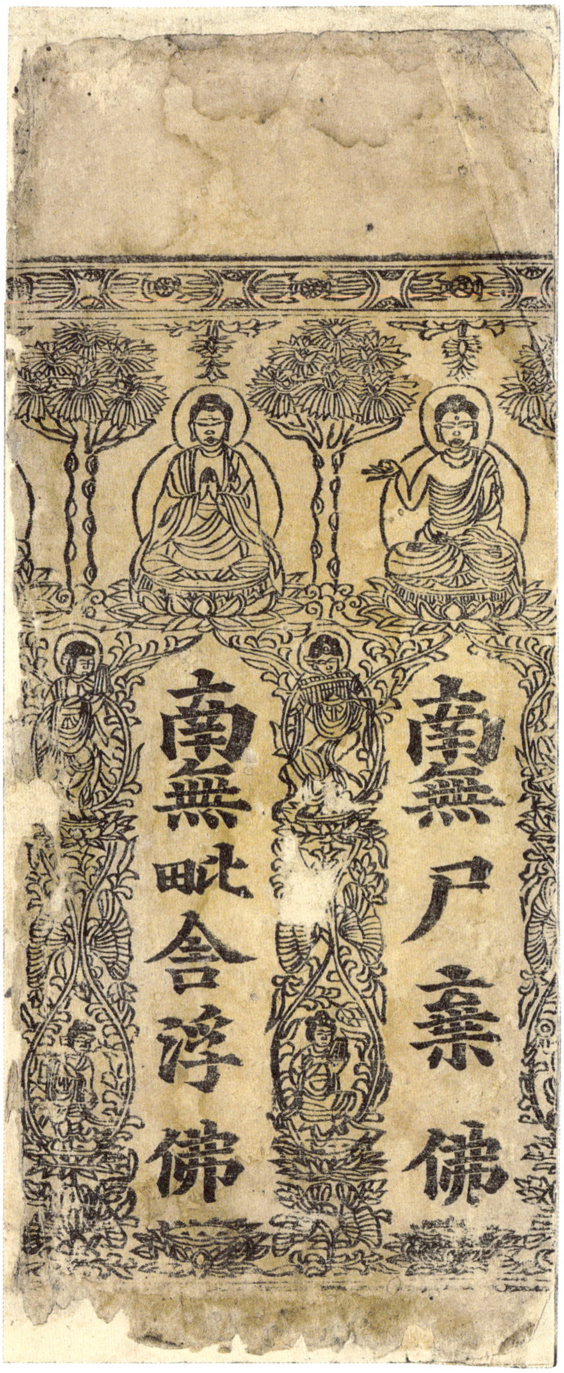
南無尸棄佛
南無毗舍浮佛

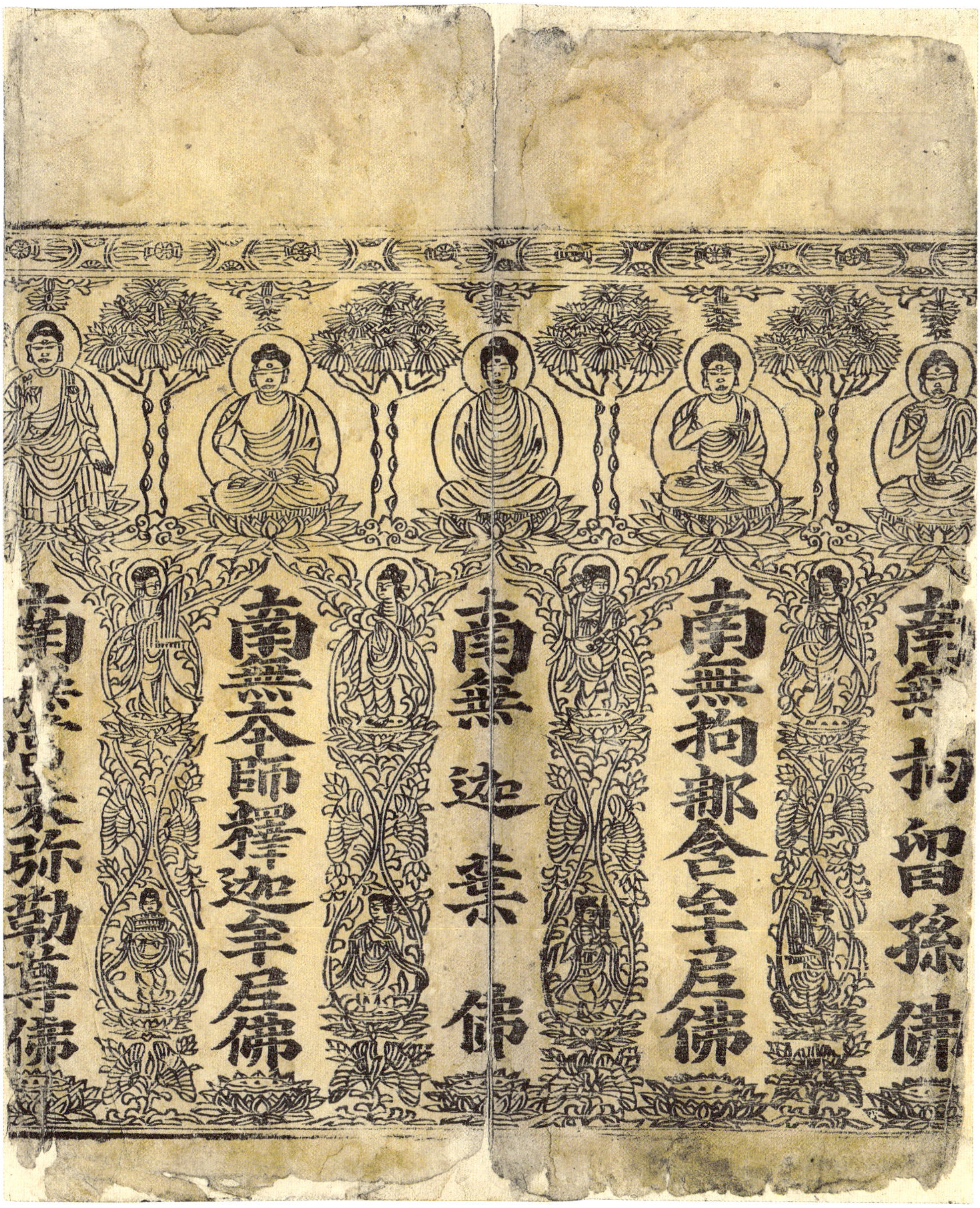
南無拘留孫佛
南無拘那含牟尼佛
南無迦葉佛
南無本師釋迦牟尼佛
弥勒尊佛

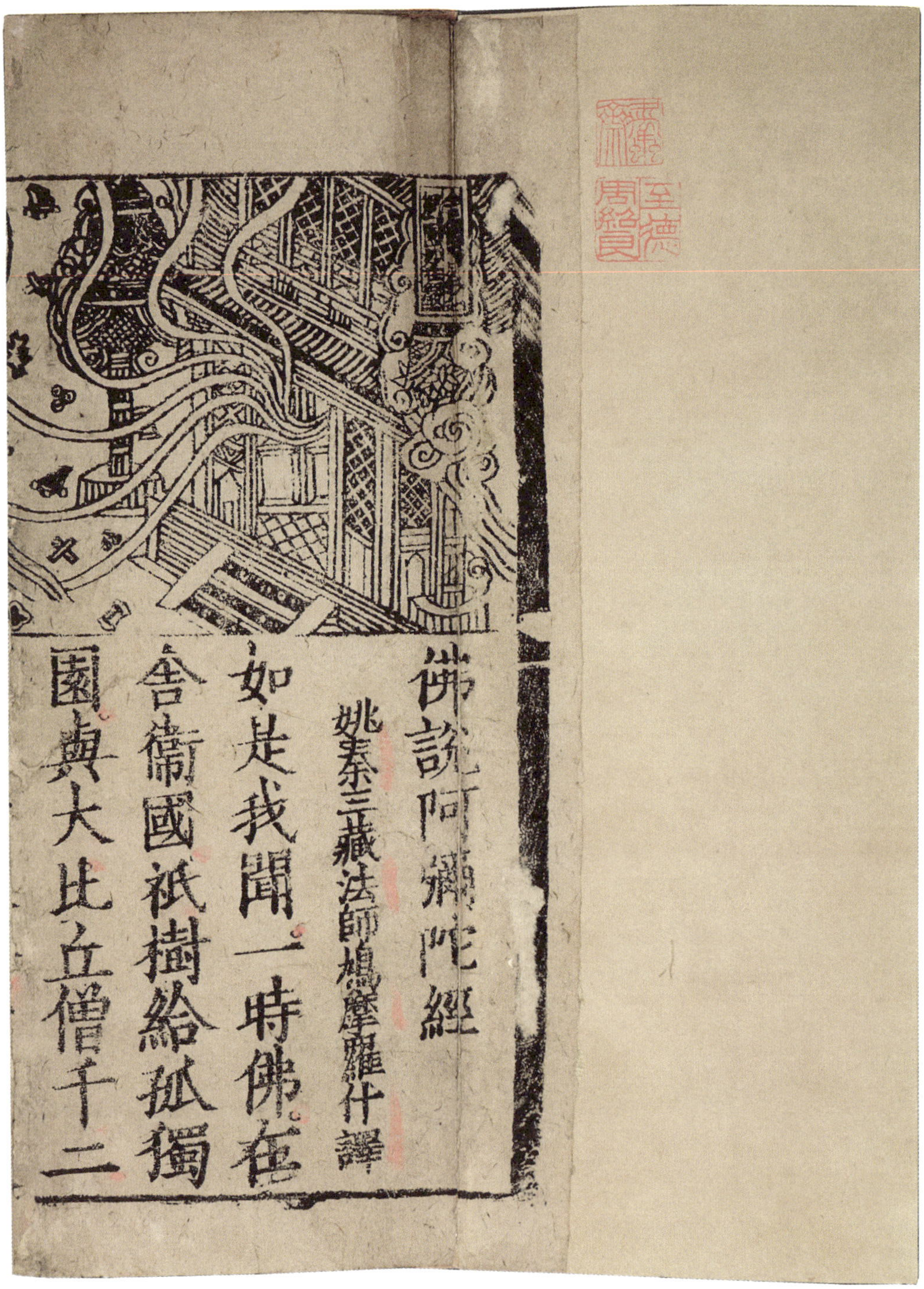

佛说阿弥陀经　（后秦）鸠摩罗什译　宋刻本　经折装

《佛说阿弥陀经》为净土宗的重要典籍，与《无量寿经》《观无量寿经》合称“净土三经”。此经为出相本，极为少见。书中上图下文，经文上端每图均题作“庄严”。周绍良旧藏，有其题记一则。

（周启晋收藏）

禮而去

佛說阿彌陁經

杭州　　經鐵鋪印行

無量壽佛說往生淨土呪

南無阿彌多婆夜　哆他伽哆夜　哆地夜他阿彌唎都婆毗　阿彌唎哆悉耽婆毗阿彌唎哆　毗迦蘭帝阿彌唎哆毗迦蘭哆　伽彌膩伽伽那　枳多迦隸　娑婆訶

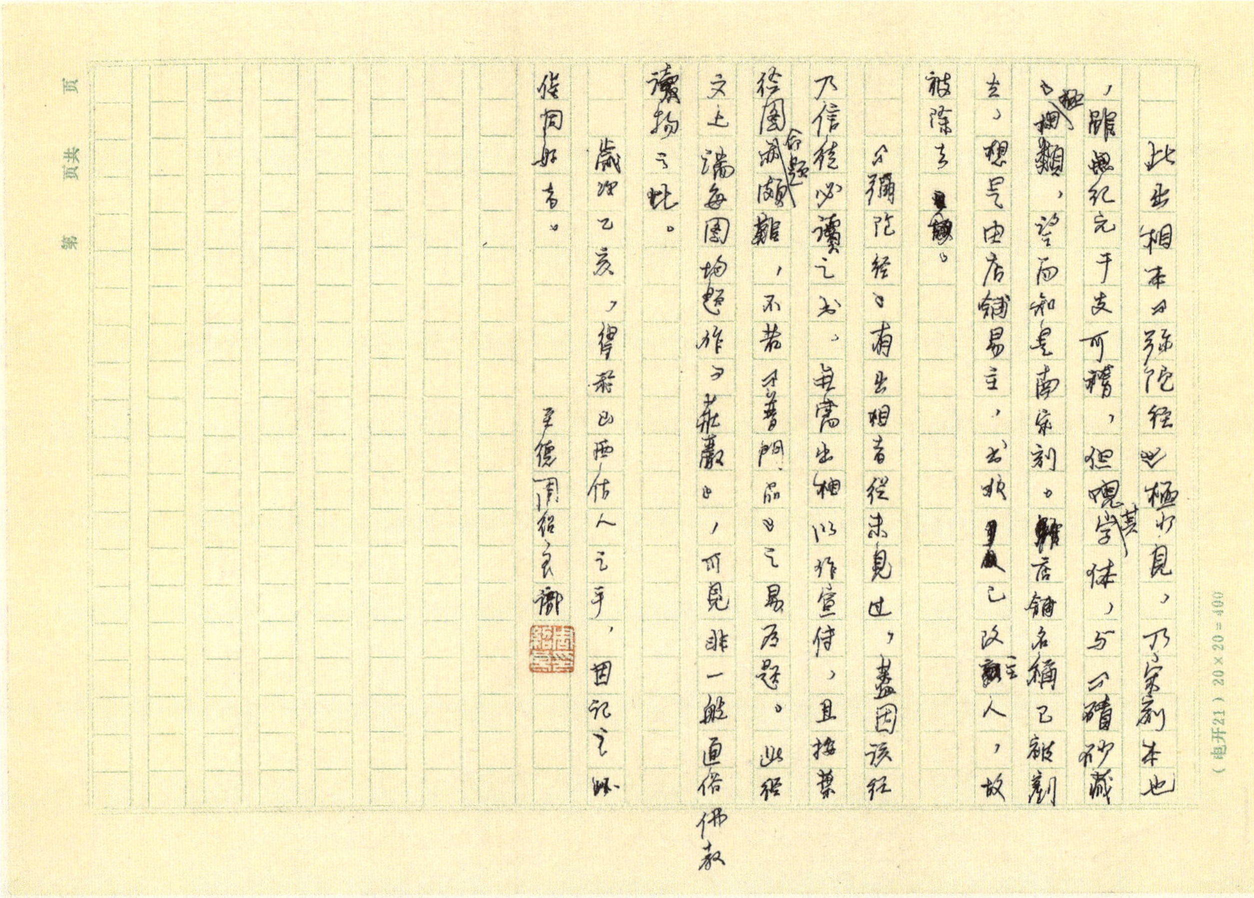
此出相本《弥陀经》极少见，乃宋刻本也，虽无纪元干支可稽，但观其字体，与《碛砂藏》插图颇类，望而知是南宋刻。此经店铺名称已被割去，想是由店铺易主，书版已改属他人，故被除去。

《弥陀经》有出相者从未见过，盖因该经乃信徒必读之书，鲜需出相以作宣传，且按经绘图成本颇难，不若《普门品》之易为题。此经文上端每图均题作《华严》，可见非一般通俗佛教读物之比。

岁次乙亥，得于山西估人之手，因记之，以供同好者。

至德周绍良识

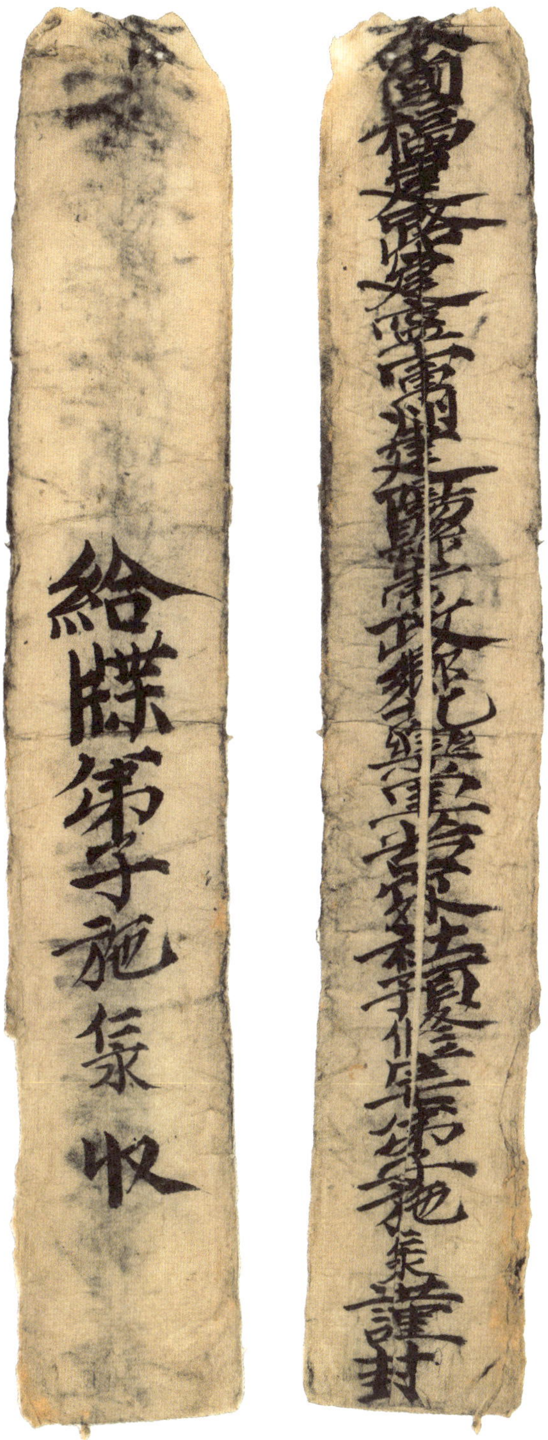

施仁永预修生七牒文　北宋皇祐五年（1053）写本　单张

本件为建阳县百姓施仁永预修七七斋牒据，存世者极为罕见，为了解宋代僧人七七斋俗提供了难得的实物资料。

（童志新收藏）

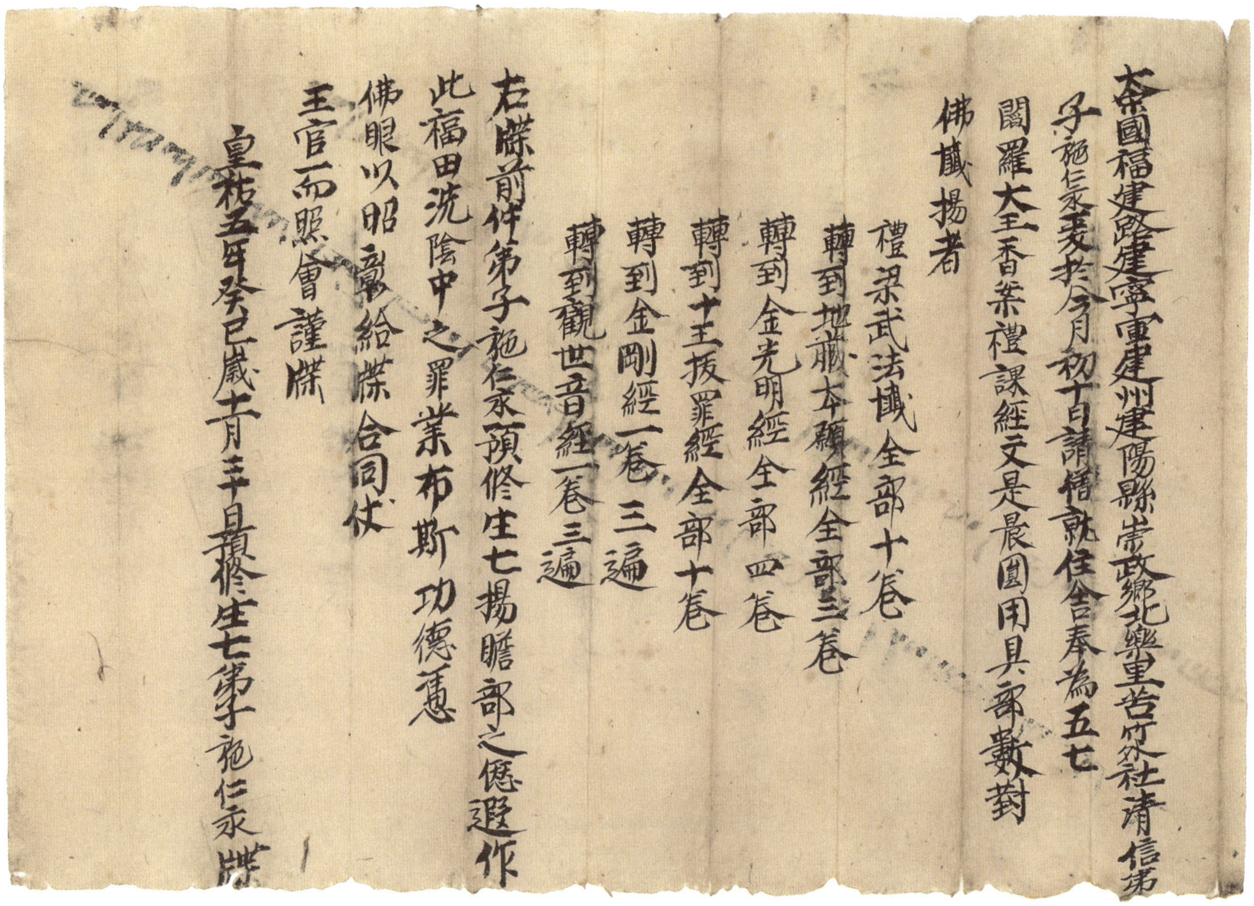

大宋國福建路建寧軍建州建陽縣崇政鄉北樂里苦竹社清信弟
子施仁永妻於今月初十日請僧就住舍奉為五七
閻羅大王香案禮課經文是晨圓用具部數對
佛藏揚者
禮梁武法懺全部十卷
轉到地藏本願經全部三卷
轉到金光明經全部四卷
轉到十王拔罪經全部十卷
轉到金剛經一卷三遍
轉到觀世音經一卷三遍
右牒前件弟子施仁永預修生七揚瞻部之愆遐作
此福田洗陰中之罪業布斯功德薦
佛眼以昭彰給牒合同伏
王官而照會謹牒
皇祐五年癸巳歲十二月三十日預修生七弟子施仁永牒

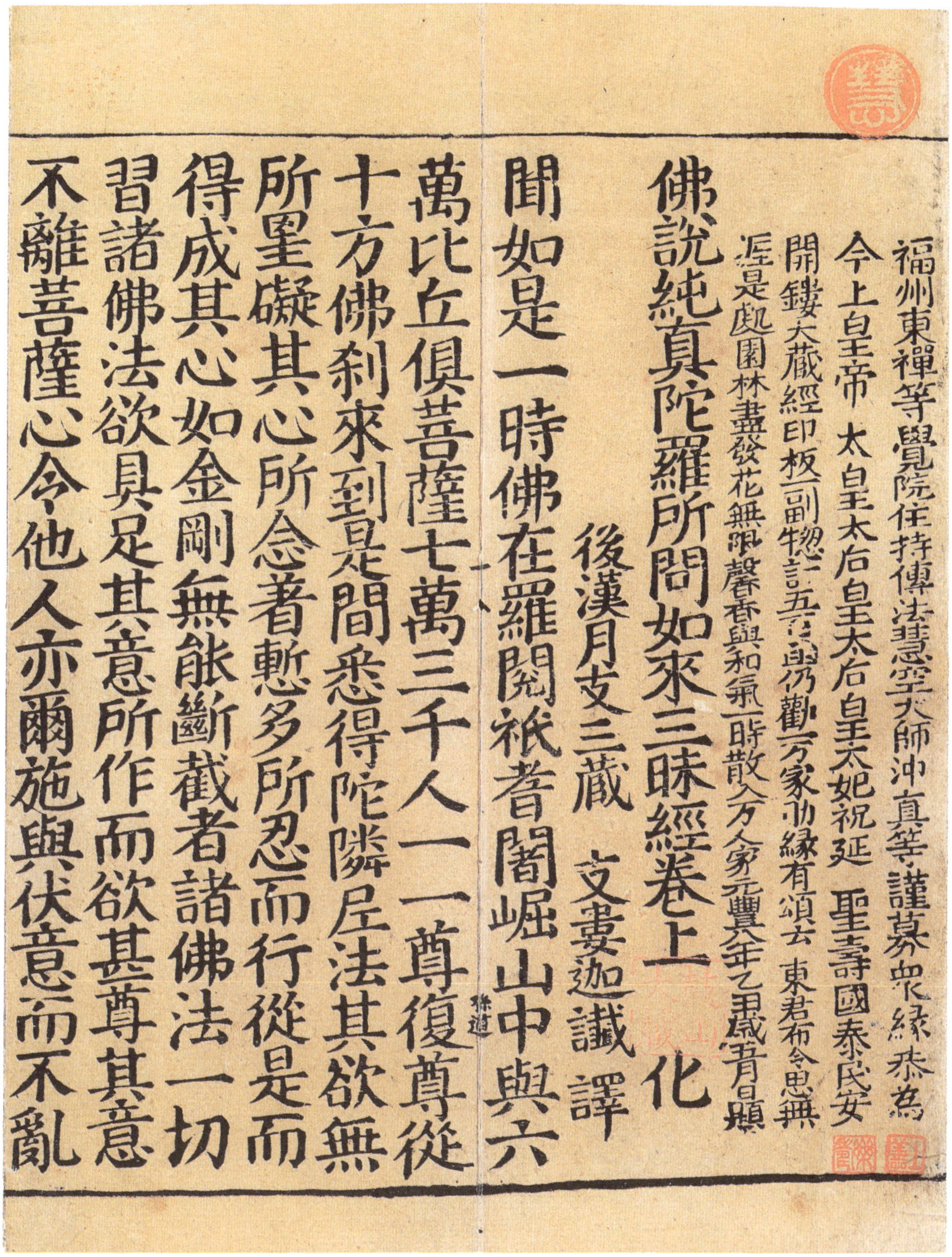

佛说纯真陀罗所问如来三昧经卷上　（东汉）支娄迦谶译　宋元丰八年（1085）福州东禅等觉院刻崇宁万寿大藏经本

经折装。《崇宁万寿大藏经》简称《崇宁藏》，由福州东禅等觉院雕造，是中国佛教大藏经南方系统的第一部，对后世影响深远。元末，东禅寺毁于兵火，此大藏经版与寺俱毁，此藏国内仅有零本存世。此本首题前有宗逮题记及元丰八年住持慧空大师冲真刊经题记，共16版，每版有千字文号“化”及版片号，间或有刻工名，首尾完整，殊为珍贵。

（成贤斋收藏）

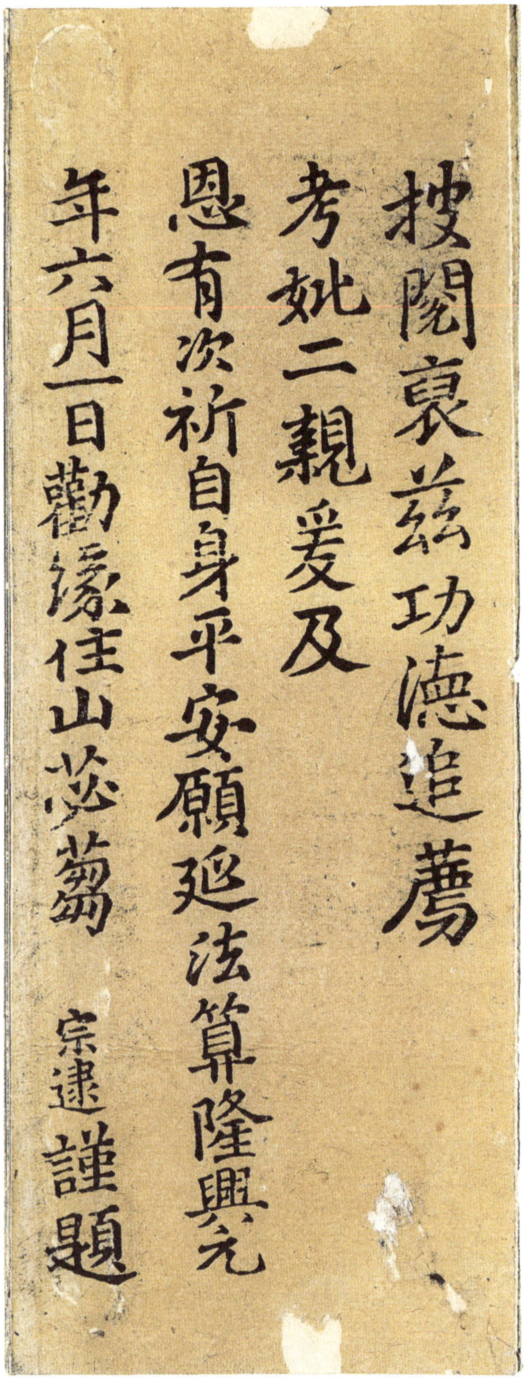

披閱裒兹功德追薦
考妣二親爰及
恩有次祈自身平安願延法算隆興元
年六月一日勸緣住山苾蒭
宗逮謹題

恣三昧知一切人三昧一切所行其地因是
三昧甚深全三昧無央數說法三昧開冥三
昧知一切人心行三昧所樂三昧生句三昧
降伏魔三昧現諸色三昧各入其音三昧悉
知一一切人身三昧法行三昧慧地首三昧
地首三昧見諦所有三昧解諸縛陀三昧悉
入諸因緣三昧 四十五

鼓山大藏

蕭康印

純真陀羅經卷上 化

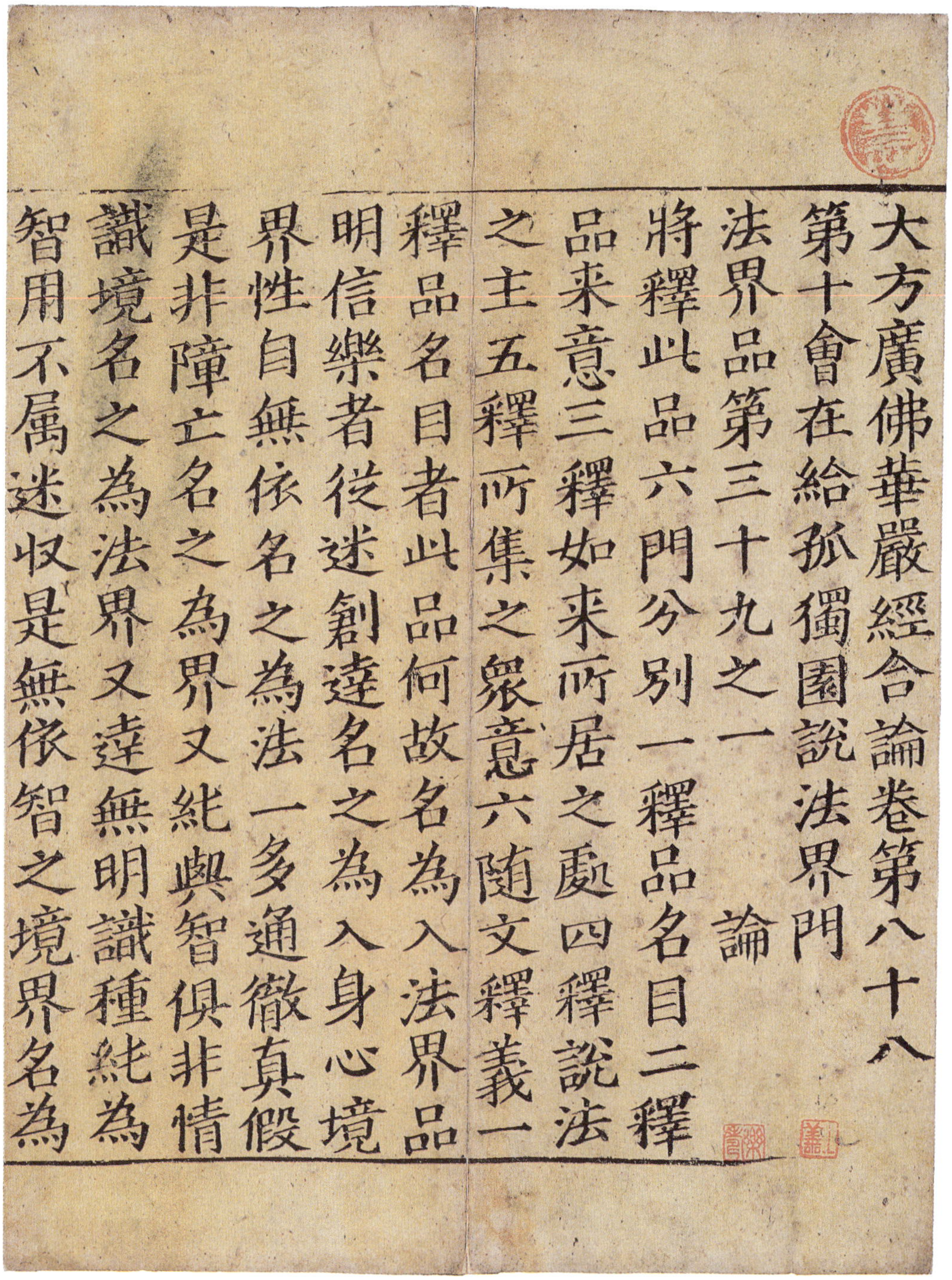
大方廣佛華嚴經合論卷第八十八
第十會在給孤獨園說法界門
法界品第三十九之一　論
將釋此品六門分別一釋品名目二釋
品来意三釋如来所居之處四釋說法
之主五釋所集之衆意六隨文釋義一
釋品名目者此品何故名為入法界品
明信樂者從迷創達名之為入身心境
界性自無依名之為法一多通徹真假
是非障亡名之為界又純與智俱非情
識境名之為法界又達無明識種純為
智用不屬迷收是無依智之境界名為

大方广佛华严经合论卷八十八　（唐）实叉难陀译、李通玄造论、志宁厘经合论　金泰和元年（1201）刻本

经折装。此为新译《华严经》的注释书，共120卷。为单行本佛经，卷尾音义后有金泰和元年题记一则，记录助缘僧人及施主名号，反映了金代民间私人刊刻佛经的情况。全书染潢，呈金黄色，版刻字体极具北方民间刻书风格。

（成贤斋收藏）

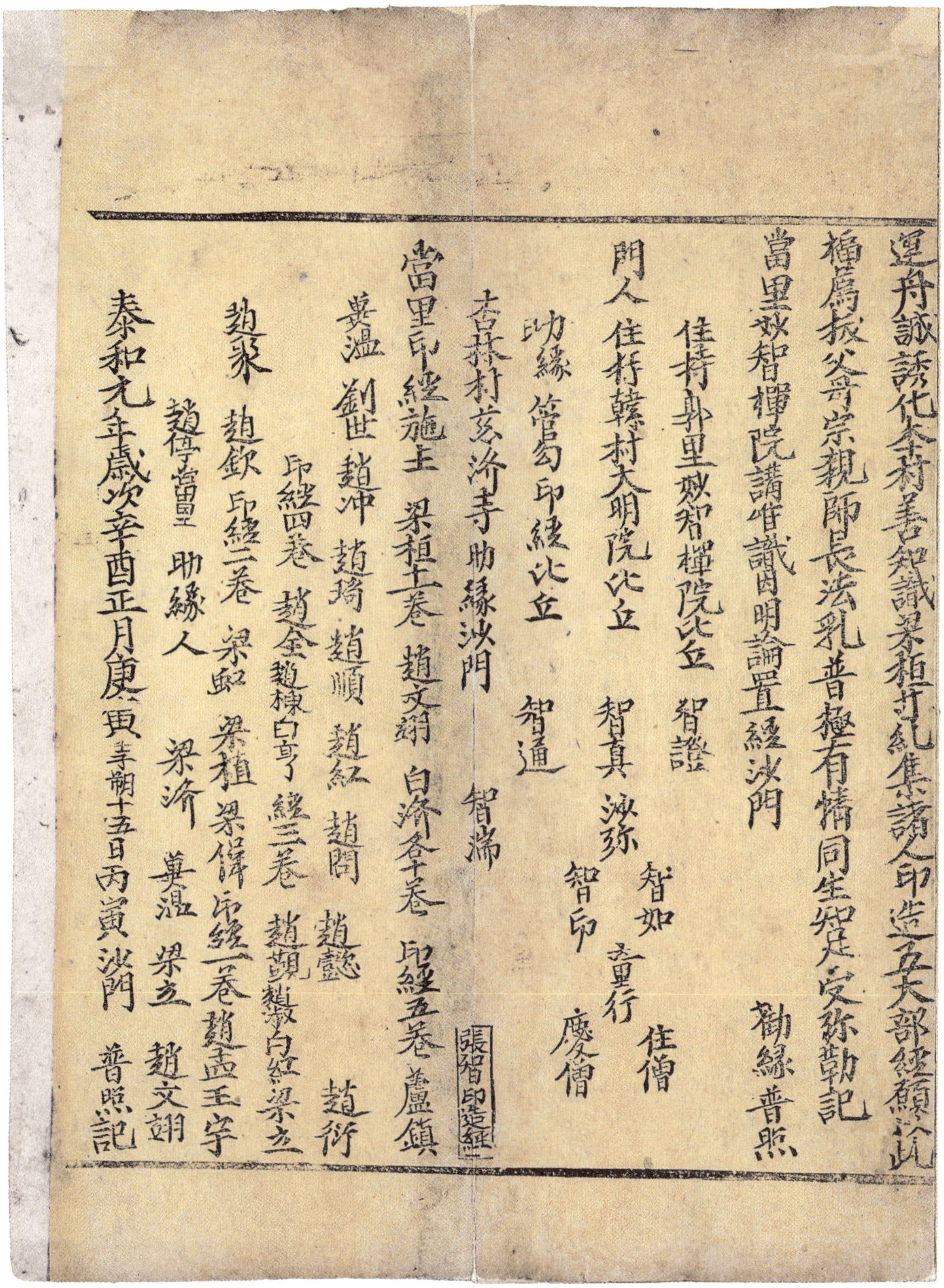
運舟誠誘化本村善知識梁稙等糺集諸人印造五大部經願以此
福爲拔父母宗親師長法界普及有情同生知足天受彌勒記
當里妙智禪院講唯識僧明諭置經沙門　勸緣 普照
住持身里妙智禪院比丘　智證
門人 住持韓村大明院比丘　智真　沙彌　智如　童行　住僧
助緣 管勾印經比丘　智通　智印　慶僧
杏林村慈濟寺助緣沙門　智湍
張智印造經
當里印經施主 梁稙十卷 趙文翊 白濟各十卷 印經五卷 盧鎮
吳溫 劉世 趙冲 趙琦 趙順 趙紅 趙問 趙懿 趙衍
印經四卷 趙金 趙棟 白亨了 經三卷 趙頭 鄭淑 白經 梁立
趙象 趙欽 印經二卷 梁虹 梁稙 梁偉 印經一卷 趙孟壬宇
趙停當里 助緣人 梁濟 吳溫 梁立 趙文翊
泰和元年歲次辛酉正月庚寅朔十五日丙寅沙門 普照記

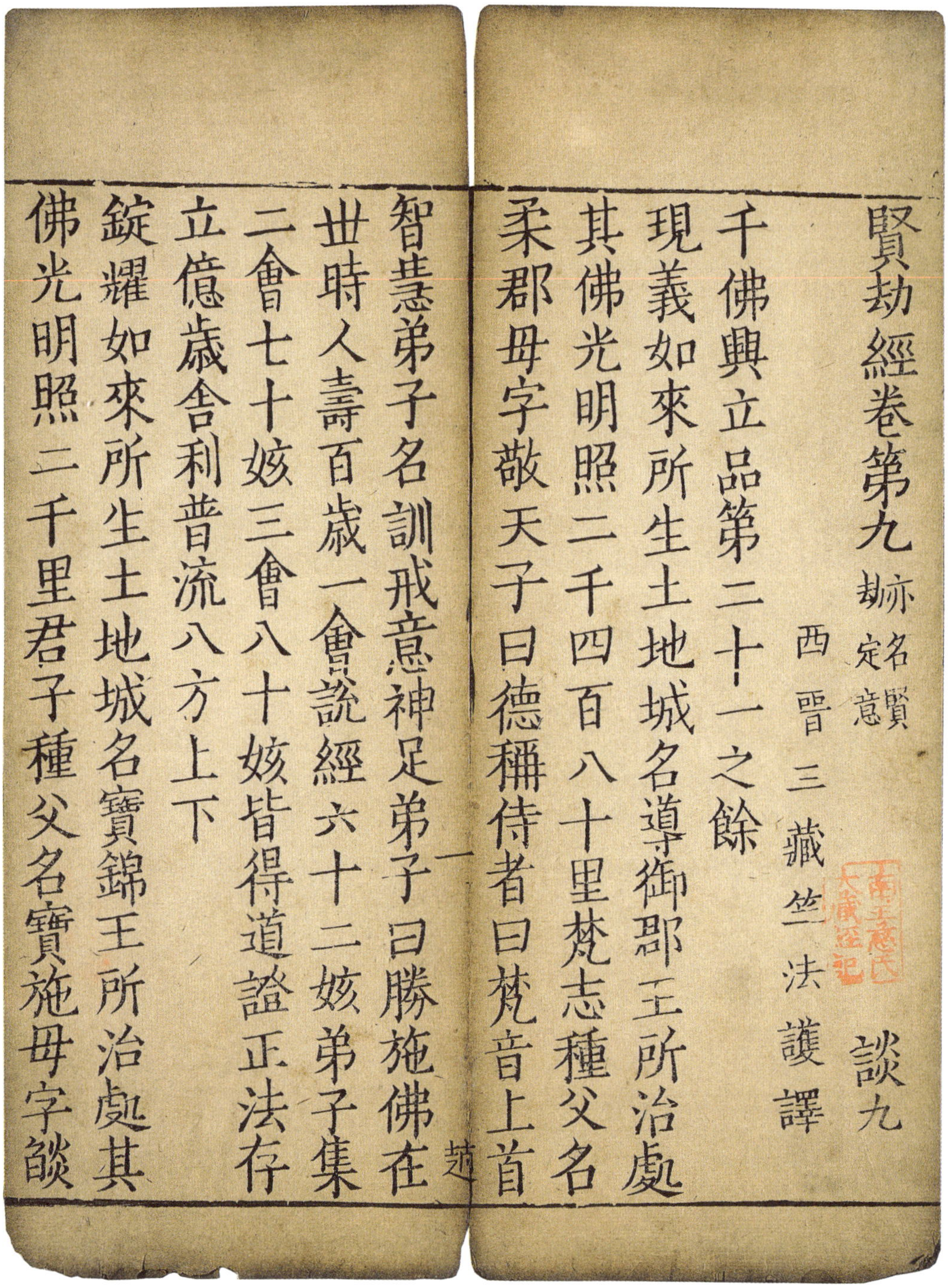

贤劫经卷第九　（西晋）竺法护译　宋元间平江府碛砂延圣寺刻大藏经本

经折装。《碛砂藏》是南宋平江府陈湖（今江苏吴县）碛砂延圣寺刊雕的大藏经，开雕于南宋嘉定九年（1216），全部完工在元大德十年（1306）后，多为元末明初杭州众安桥北杨家经坊印刷。本卷由王满禄出资，在杭州众安桥北朱家经坊印行，极为少见。

（王水衷收藏）

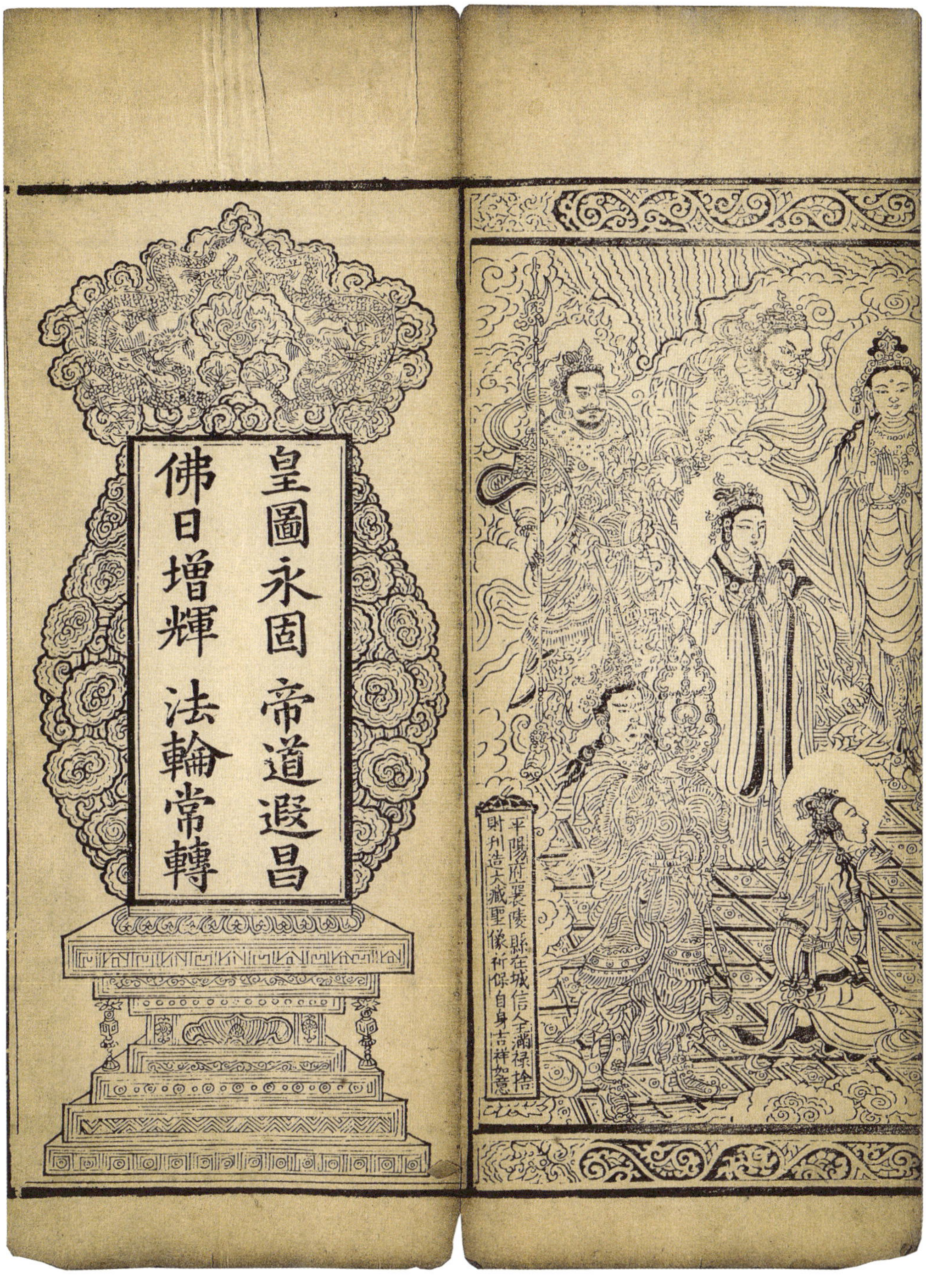
皇圖永固 帝道遐昌
佛日增輝 法輪常轉
平陽府襄陵縣在城信人仝滿禄捨
財刊造大藏聖像祈保自身吉祥如意

经律异相卷三十九　（梁）僧旻宝唱等集　元杭州路余杭县南山大普宁寺刻大藏经本

经折装。《普宁藏》是元代由政府支持，寺院和百姓募资刊刻的大藏经，开雕于元世祖至元十四年（1277），至元二十七年（1290）雕毕。本册扉画仅存半叶，左下角有“总统永福大师”字，尾题前有长方形朱文印“李□□（此二字为西夏文）光明禅师”，卷尾音义后有李慧月施经牌记及西夏文牌记，可知为西夏遗民李慧月施印的佛经，极为罕见。

（成贤斋收藏）

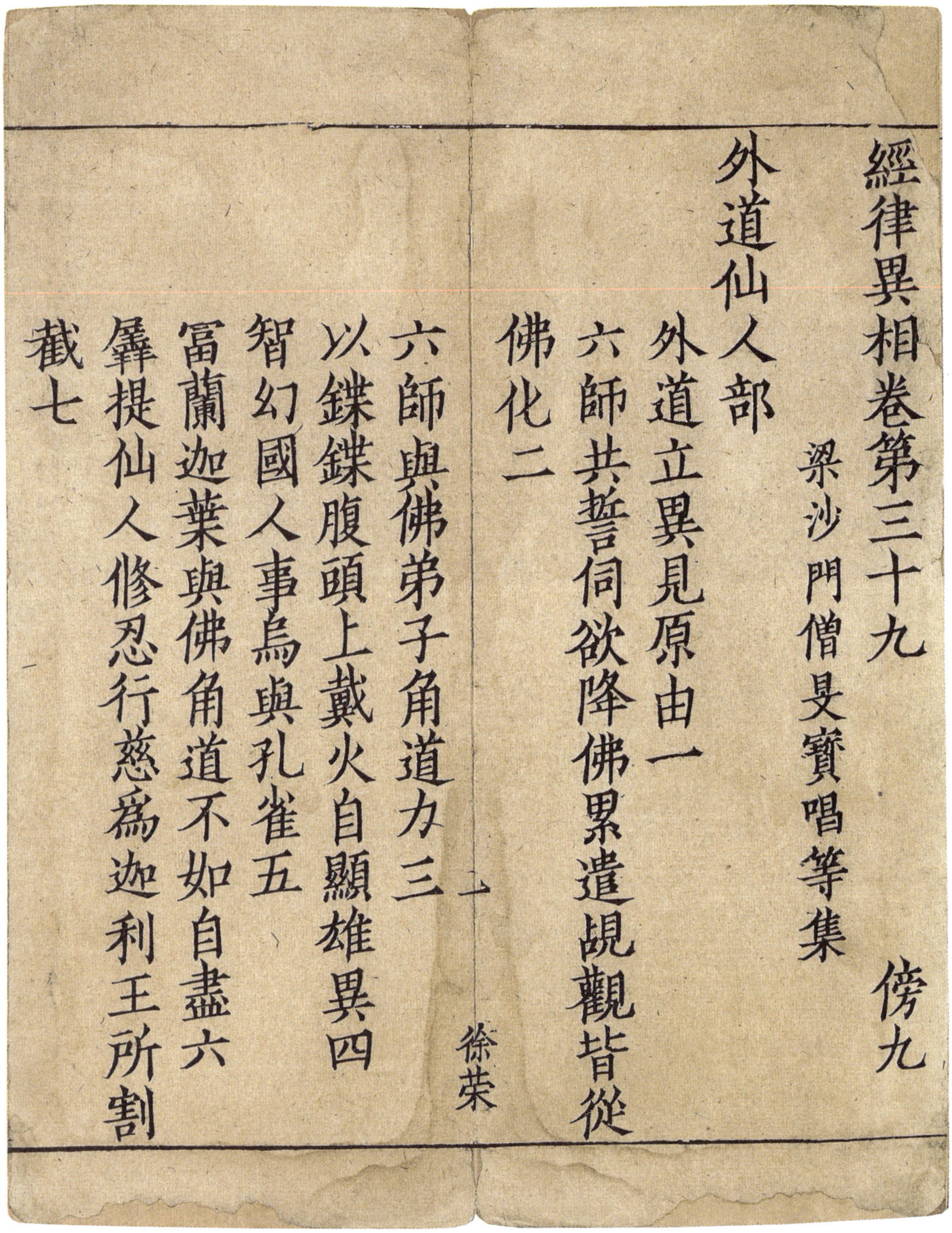

經律異相卷第三十九　傍九

梁沙門僧旻寳唱等集

外道仙人部

外道立異見原由一

六師共誓同欲降佛累遣覘觀皆從

佛化二

二

徐荣

六師與佛弟子角道力三

以鍱鍱腹頭上戴火自顯雄異四

智幻國人事烏與孔雀五

富蘭迦葉與佛角道不如自盡六

羼提仙人修忍行慈爲迦利王所割

截七

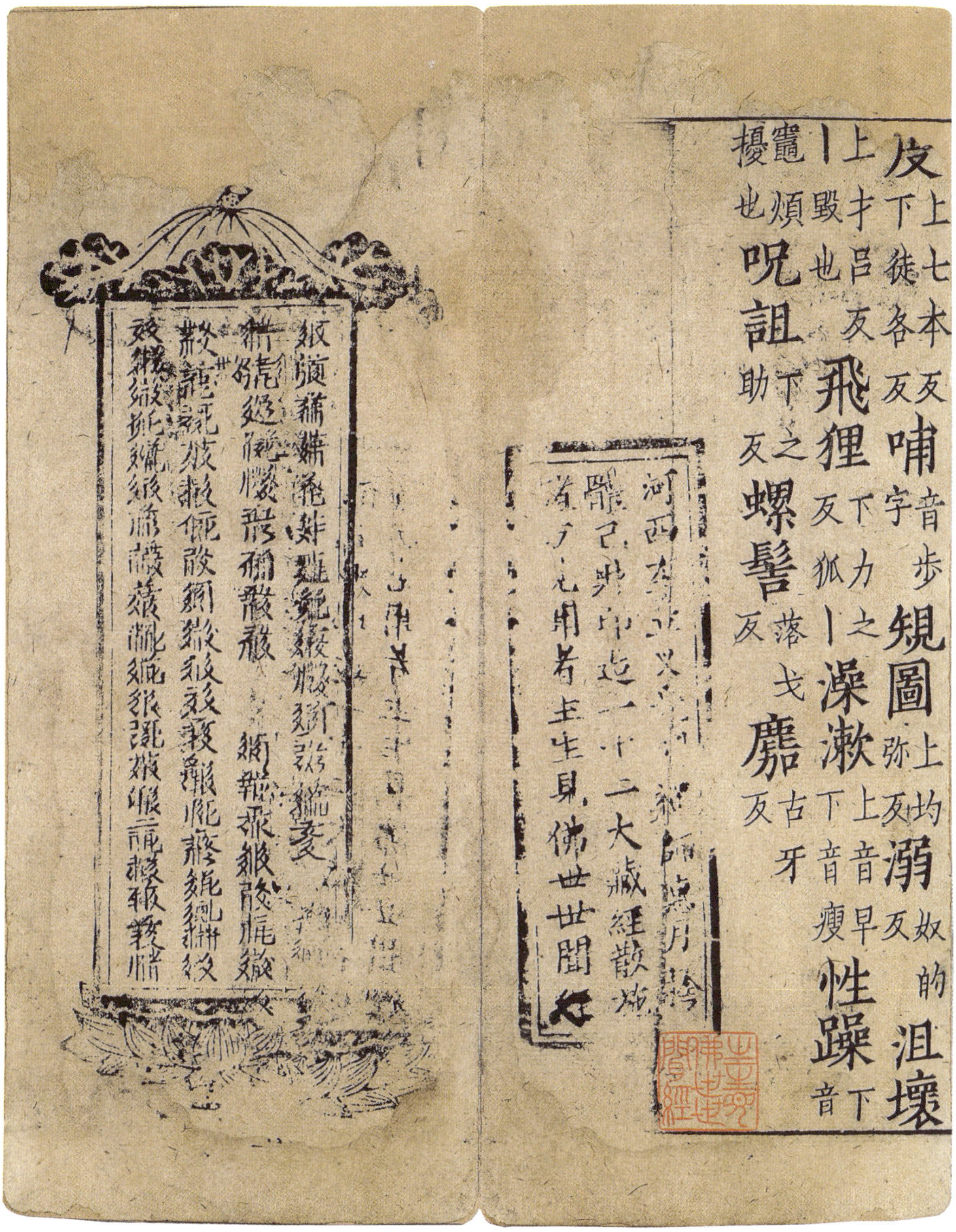
度上七本反下徒各反哺音步字覘圖上均弥反溺奴的反沮壞
上才呂反丨毀也飛狸下力之反狐丨澡漱上音早下音瘦性躁下音
竈煩擾也呪詛下之助反螺髻落戈反麚古牙反

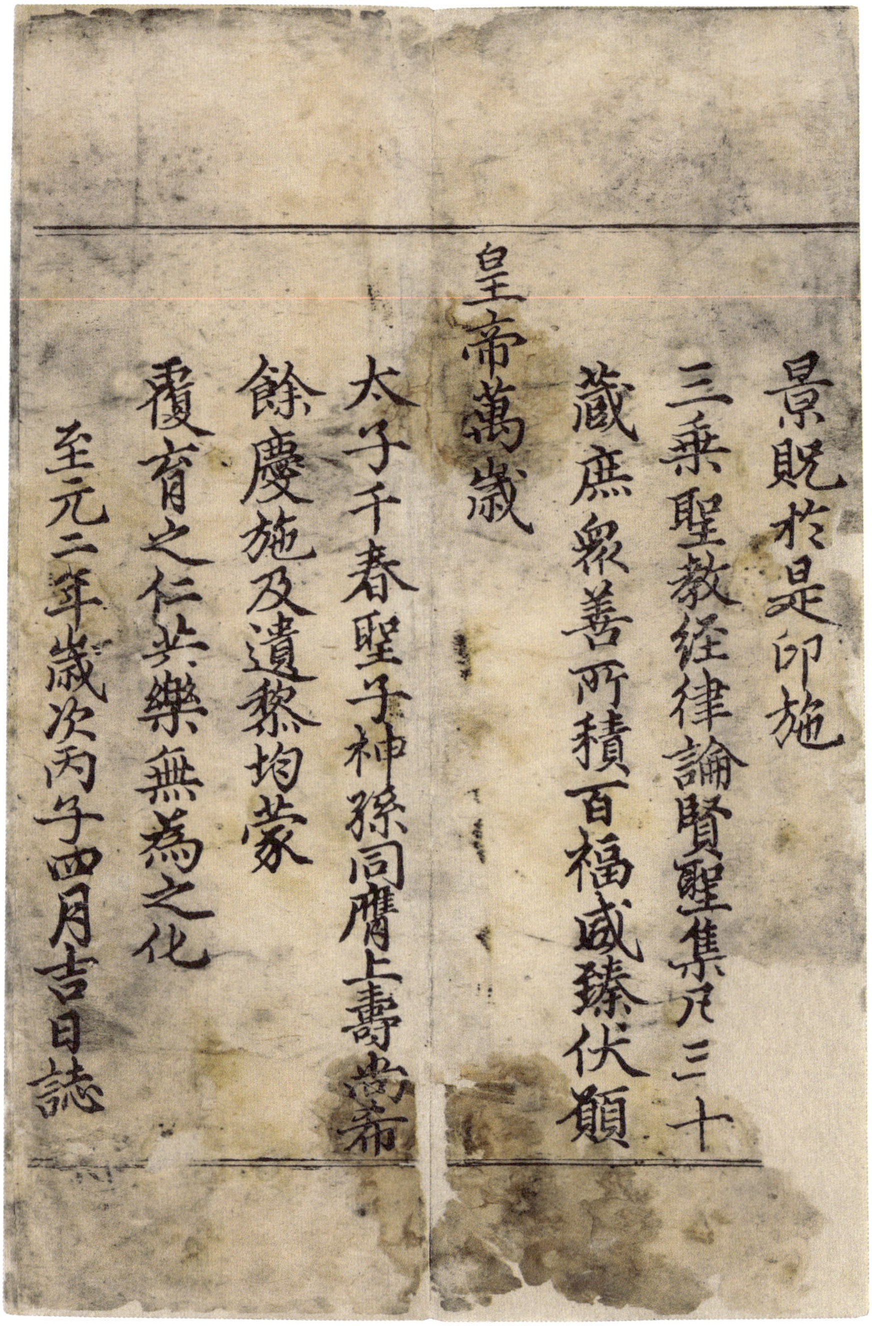
景既於是印施
三乘聖教經律論賢聖集凡三十
藏庶衆善所積百福咸臻伏願
皇帝萬歲
太子千春聖子神孫同膺上壽尚希
餘慶施及遺黎均蒙
覆育之仁共樂無為之化
至元二年歲次丙子四月吉日誌

广大宝楼阁善住秘密陀罗尼经卷上　（唐）菩提流志译　元官刻大藏经本

经折装。《元官藏》的开雕时间在元至顺三年（1332）至至元二年（1336），由徽政院主持，其大藏结构大体依据《至元法宝勘同总录》，略有调整。该藏从未见于史书记载，可以补充历史记录之缺，具有极高的文物和文献价值，极为难得。此经卷首有至元二年太皇太后发愿文，卷尾保存了组织刊雕大藏经的官员和僧人衔名，均是研究该藏经刊刻情况的重要资料。

（沈岗收藏）

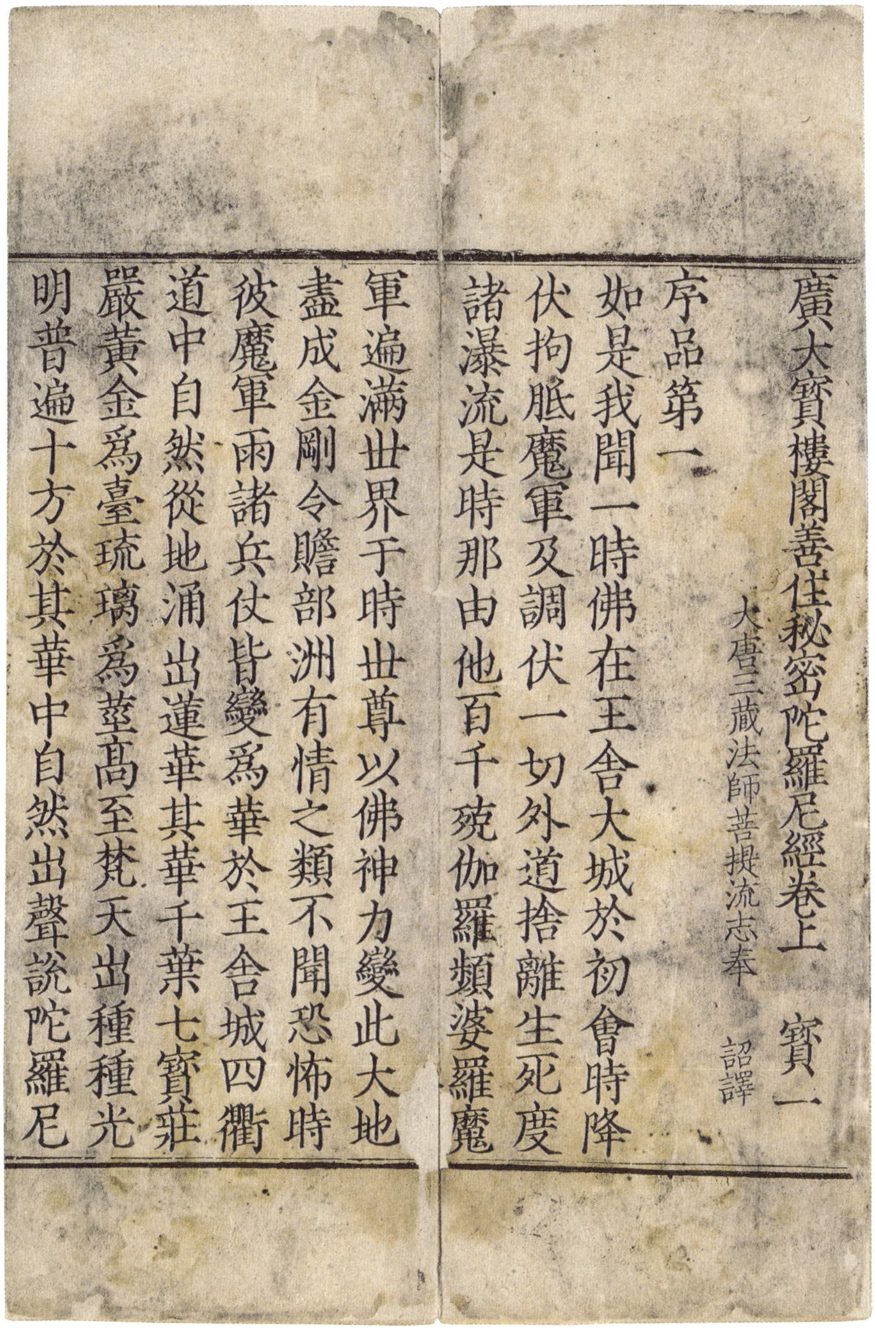
廣大寶樓閣善住秘密陀羅尼經卷上　寶一
大唐三藏法師菩提流志奉　詔譯
序品第一
如是我聞一時佛在王舍大城於初會時降
伏拘胝魔軍及調伏一切外道捨離生死度
諸瀑流是時那由他百千殑伽羅頻婆羅魔
軍遍滿世界于時世尊以佛神力變此大地
盡成金剛令贍部洲有情之類不聞恐怖時
彼魔軍雨諸兵仗皆變爲華於王舍城四衢
道中自然從地涌出蓮華其華千葉七寶莊
嚴黄金爲臺琉璃爲莖高至梵天出種種光
明普遍十方於其華中自然出聲說陀羅尼

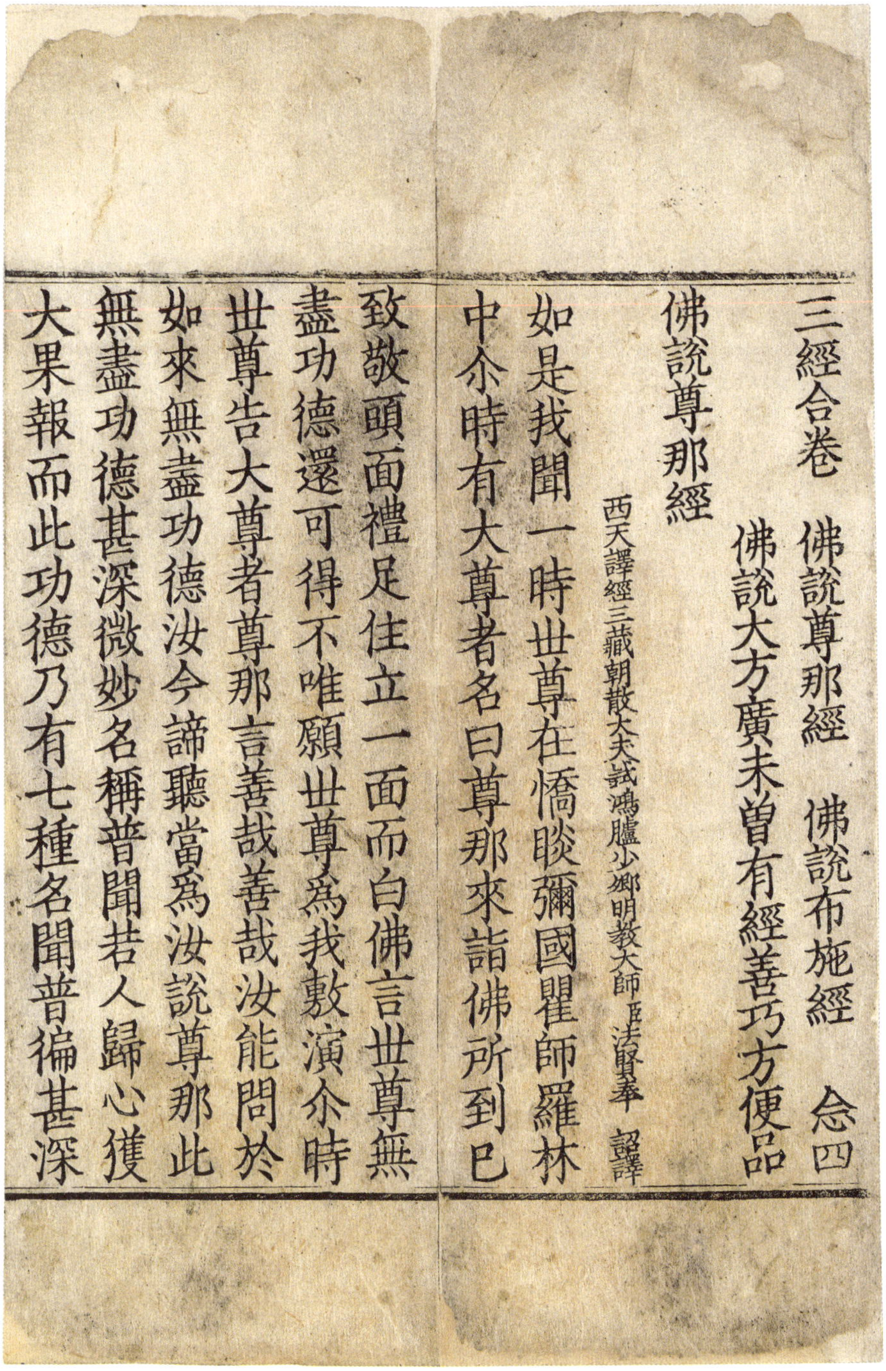

三經合卷　佛說尊那經　佛說布施經　念四
佛說大方廣未曾有經善巧方便品
佛說尊那經
西天譯經三藏朝散大夫試鴻臚少卿明教大師臣法賢奉　詔譯
如是我聞一時世尊在憍睒彌國瞿師羅林
中尒時有大尊者名曰尊那來詣佛所到已
致敬頭面禮足住立一面而白佛言世尊無
盡功德還可得不唯願世尊爲我敷演尒時
世尊告大尊者尊那言善哉善哉汝能問於
如來無盡功德汝今諦聽當爲汝說尊那此
無盡功德甚深微妙名稱普聞若人歸心獲
大果報而此功德乃有七種名聞普徧甚深

佛说尊那经一卷　佛说布施经一卷　（宋）法贤译　佛说大方广未曾有经善巧方便品　（宋）施护译　元官刻大藏经本　三经同册

经折装。

（沈岗收藏）

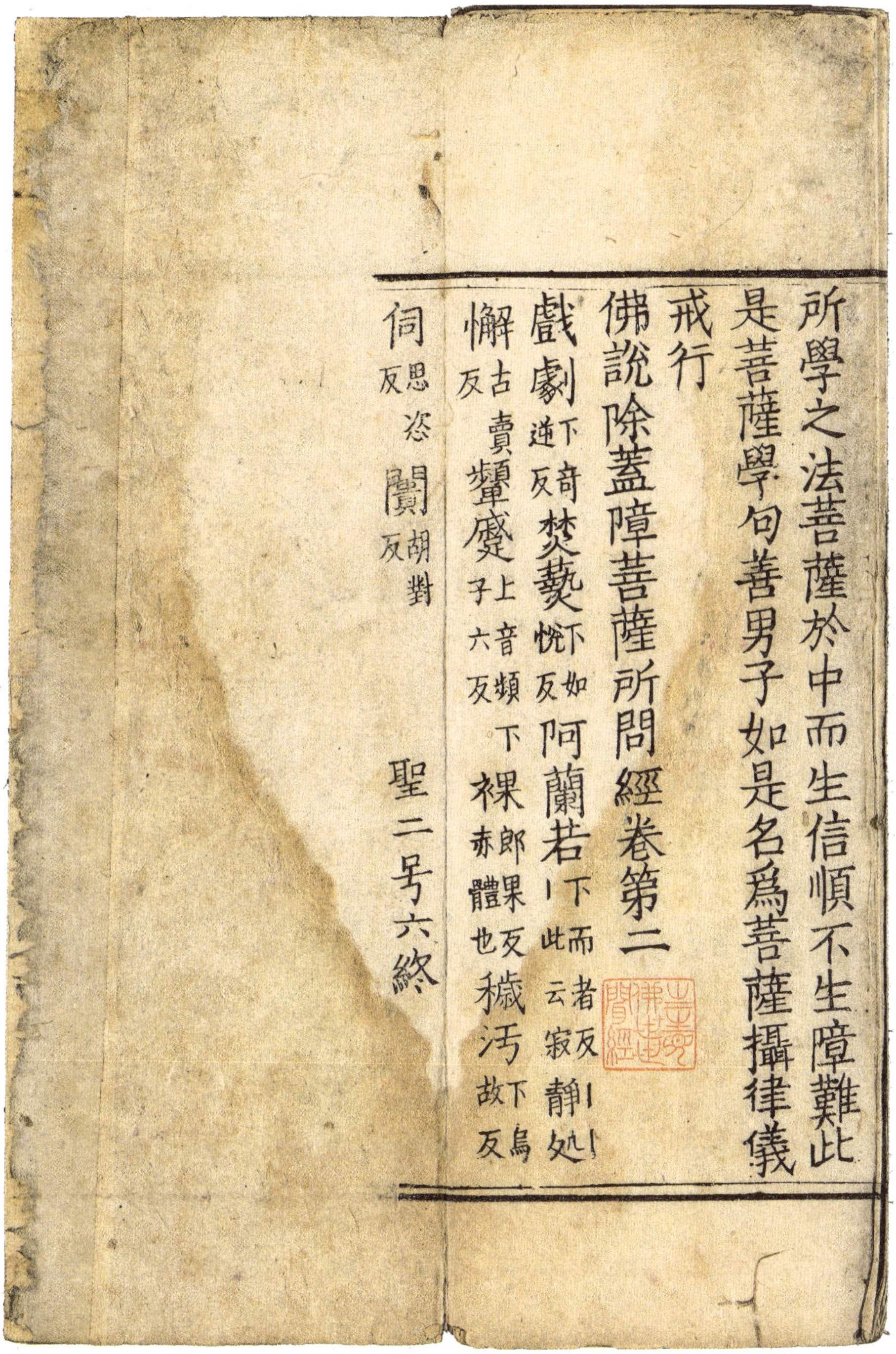

佛说除盖障菩萨所问经卷第二　（西晋）法护等译　元代官刻大藏经本

经折装。

（成贤斋收藏）

出相观世音菩萨普门品经不分卷　明万历十八年（1590）慈圣宣文明肃皇太后刻本

经折装。《观世音菩萨普门品经》又称《观音经》或《普门品经》，是《妙法莲华经》“观世音普门品”的单行本，宣说观世音菩萨之示现妙用，劝导人们崇信佛教，单行后被视为疑伪经。此出相本观音经有“大明慈圣宣文明肃皇太后万历庚寅年正月吉日发心刊板印施”牌记，为明李太后捐资刊刻，难得一见。本书为周绍良旧藏。

（独翠堂收藏）

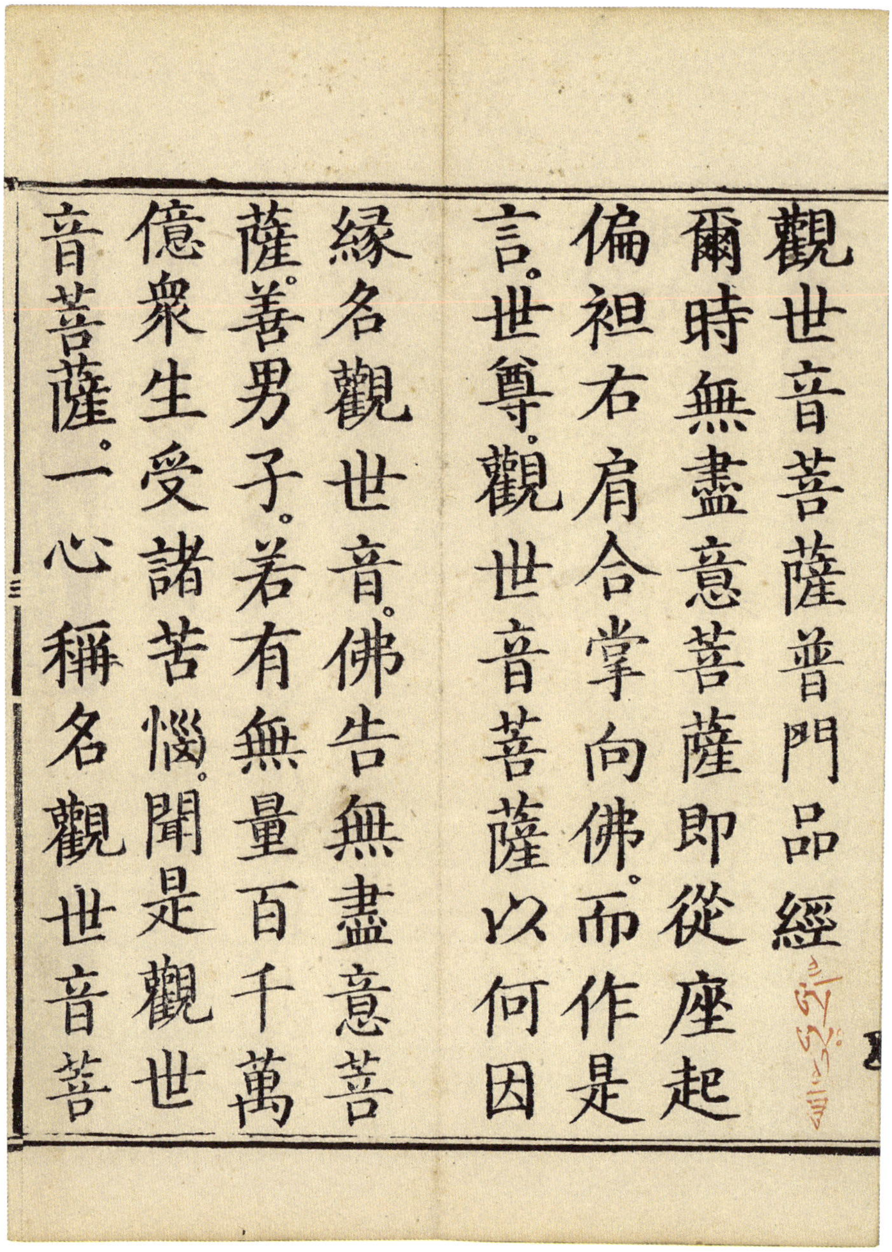

觀世音菩薩普門品經

爾時無盡意菩薩即從座起偏袒右肩合掌向佛而作是言。世尊。觀世音菩薩以何因緣名觀世音。佛告無盡意菩薩。善男子。若有無量百千萬億衆生受諸苦惱。聞是觀世音菩薩。一心稱名觀世音菩

大明慈聖宣文明肅皇太后
萬曆庚寅年正月吉日發心刊板印施

佛说观世音菩萨救苦经　明万历郑贵妃刻本

经折装。全书实为四经，另三经为《佛说消灾吉祥陀罗尼经》《佛说大藏宝积经》及《佛说解百生冤结陀罗尼经》。卷末龙牌上题“大明皇贵妃郑　发心印施”字样。郑贵妃是明神宗朱翊钧的贵妃。周绍良旧藏。

（周启晋收藏）

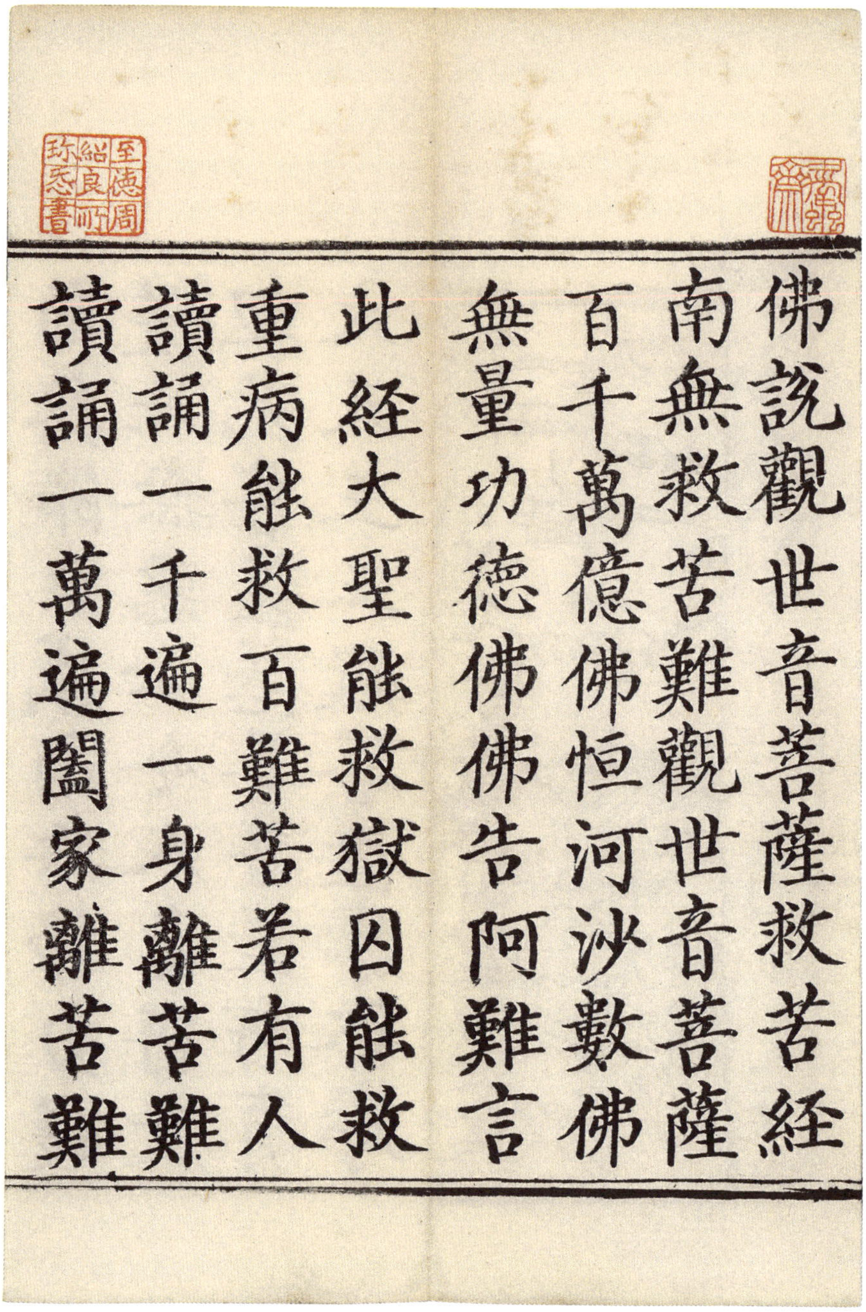

佛説觀世音菩薩救苦經
南無救苦難觀世音菩薩
百千萬億佛恒河沙數佛
無量功德佛佛告阿難言
此經大聖能救獄囚能救
重病能救百難苦若有人
讀誦一千遍一身離苦難
讀誦一萬遍闔家離苦難

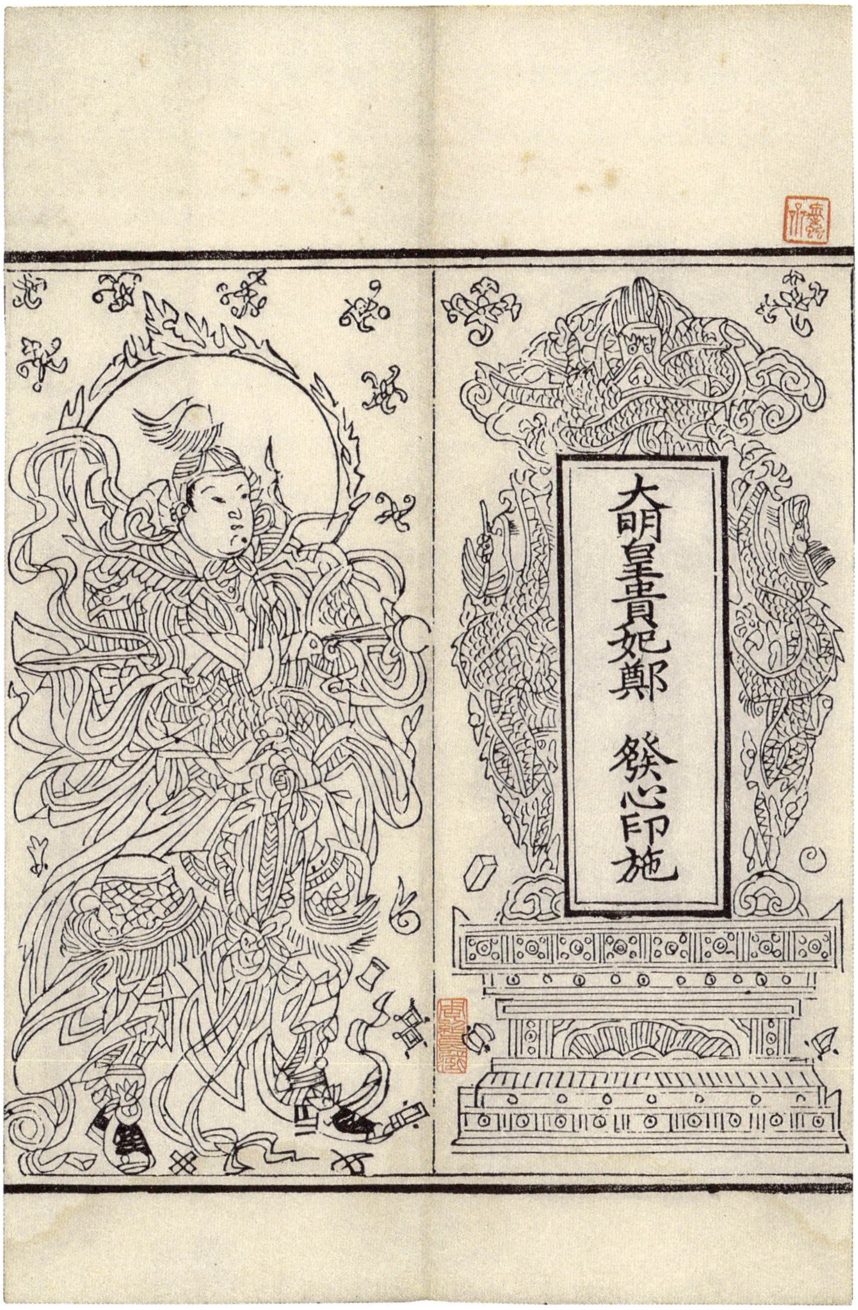
大明皇貴妃鄭　發心印施

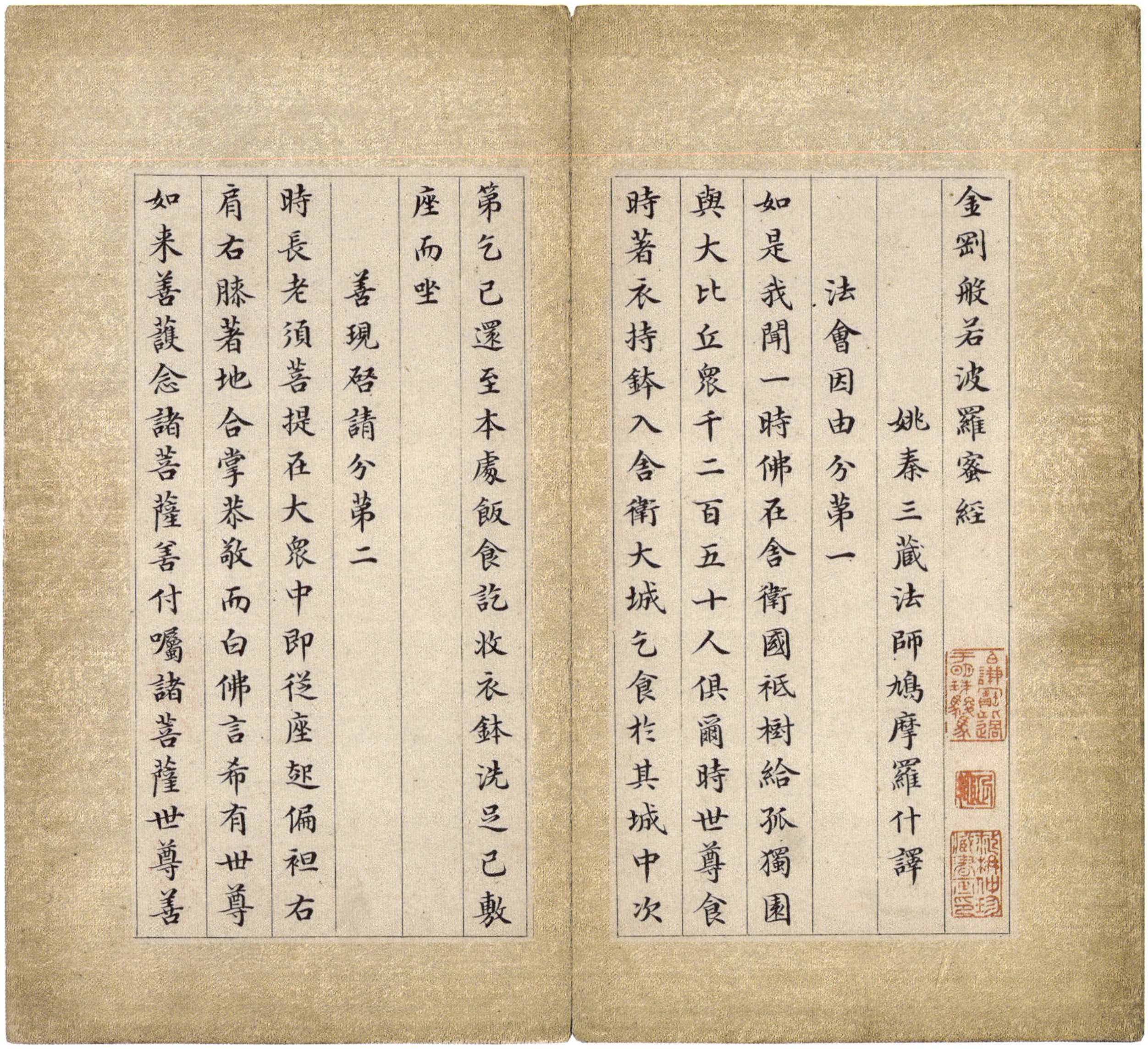

金刚般若波罗蜜经　（后秦）鸠摩罗什译　（明）董其昌抄本

册页装。董其昌（1555—1636）字玄宰，号思白、香光居士，华亭（今上海市松江区）人。明代书画家，其书法出入晋唐，自成一格，有“颜骨赵姿”之美。其所抄《金刚般若波罗蜜经》颇有唐经生之风，精妙绝伦。

（王水衷收藏）

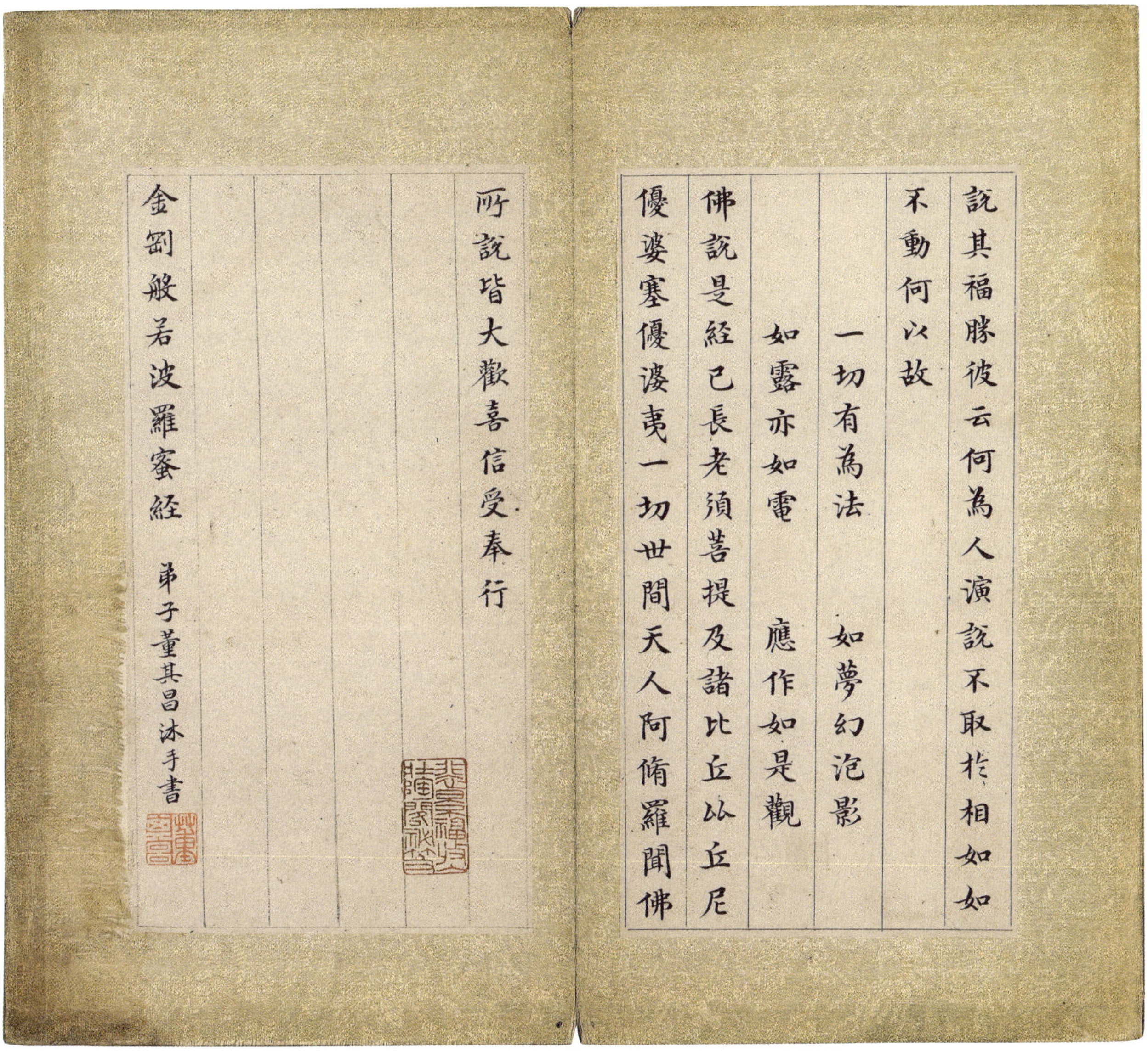

說其福勝彼云何為人演說不取於相如如

不動何以故

一切有為法　如夢幻泡影

如露亦如電　應作如是觀

佛說是經已長老須菩提及諸比丘比丘尼

優婆塞優婆夷一切世間天人阿脩羅聞佛

所說皆大歡喜信受奉行

金剛般若波羅蜜經

弟子董其昌沐手書

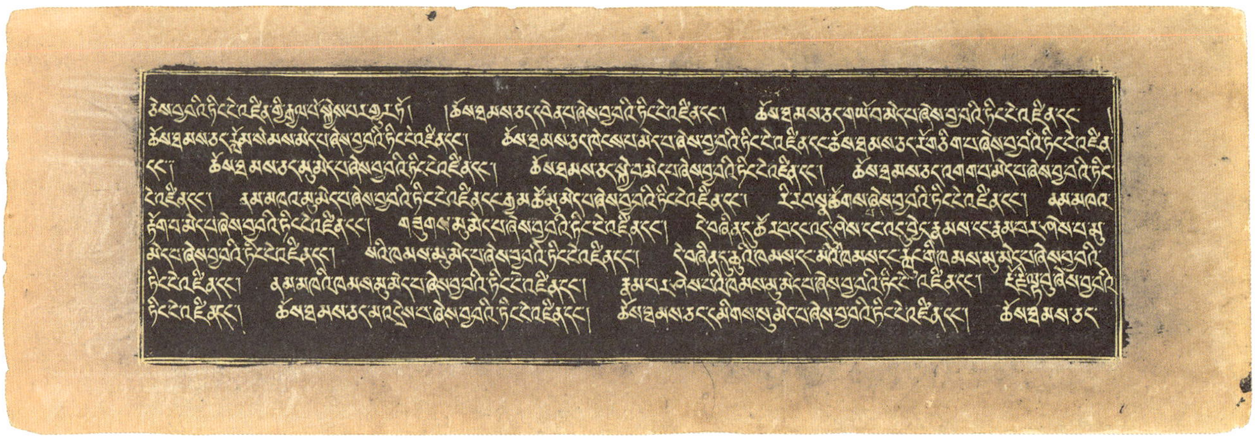

般若波罗蜜多八千颂（藏文）　（吐蕃）释迦军、智成、法性戒译　明泥金写本

梵夹装。《般若波罗蜜多经》是早期大乘佛教经典，为佛教徒日常背诵的佛经。“般若”指“智慧”，“波罗”指到彼岸，“蜜多”意为无极。《般若波罗蜜多八千颂》是藏区最为流行的佛典之一，凡二十九品，相当于《大般若经》第四会，即《小品般若经》。王尧、启功跋。

（胡关妙收藏）

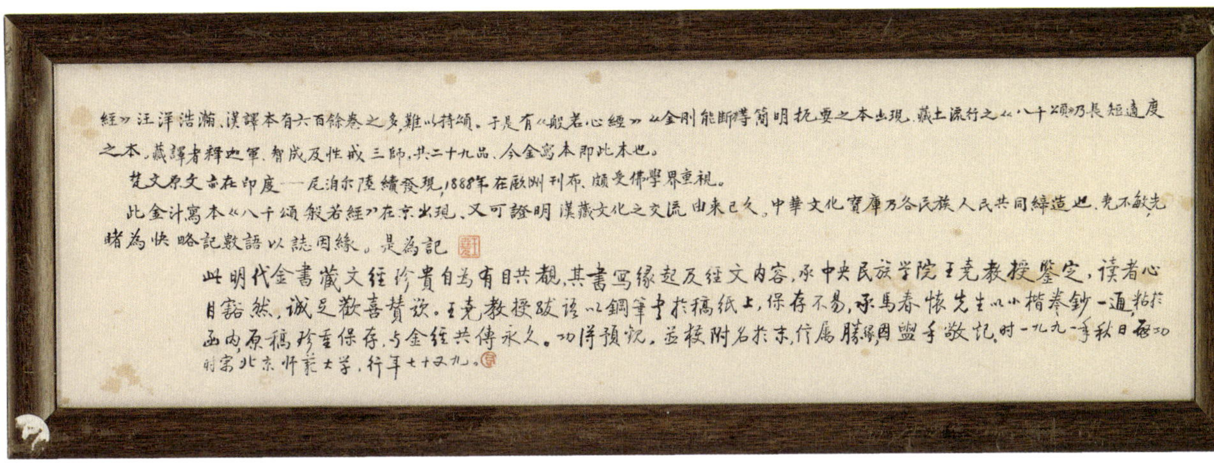

經》汪洋浩瀚，漢譯本有六百餘卷之多，難以持頌。于是有《般若心經》《金剛能斷》等簡明扼要之本出現，藏土流行之《八千頌》乃長短適度之本。藏譯者釋迦軍、智成及性戒三師，共二十九品，今金寫本即此本也。

梵文原文亦在印度——尼泊尔陸續發現，1888年在歐洲刊布，頗受佛學界重視。

此金汁寫本《八千頌般若經》在京出現，又可證明漢藏文化之交流由来已久。中華文化寶庫乃各民族人民共同締造也，堯不敏，先睹為快，略記數語以誌因緣。是為記

此明代金書藏文经珍貴自為有目共睹，其書写缘起及经文内容，承中央民族学院王堯教授鑒定，讀者心目豁然，诚足歡喜贊歎。王堯教授跋語以鋼筆書於稿纸上，保存不易，承馬春懷先生以小楷恭鈔一通，粘於函内，原稿珍重保存，与金经共傳永久。功得預観，並校附名於末，行属勝缘，因盥手敬記。时一九九一年秋日啓功时寓北京师範大学，行年七十又九。

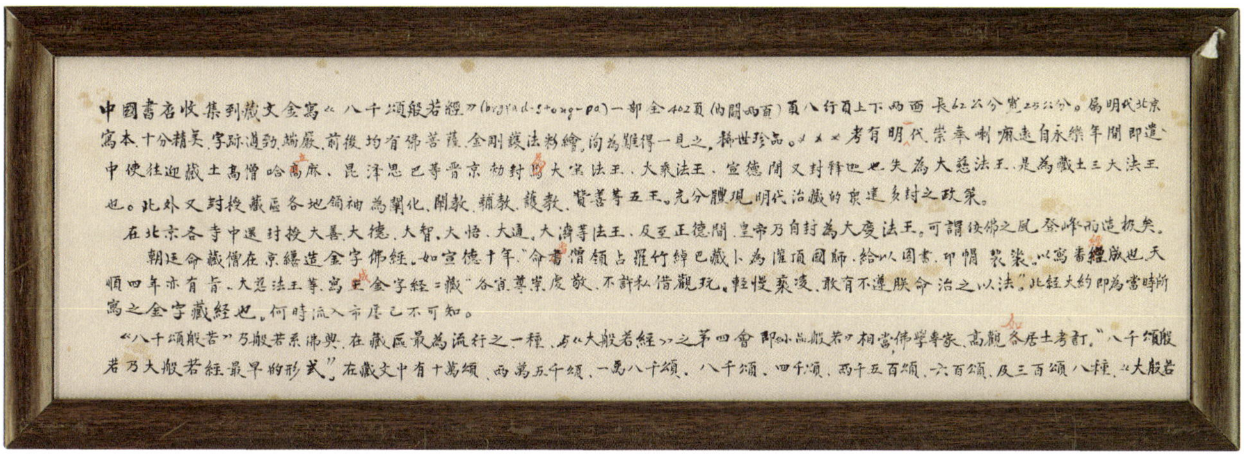

中國書店收集到藏文金寫《八千頌般若經》(brgyad-stong-pa)一部，全402頁(内闕兩頁)，頁八行，頁上下兩面，長62公分，寬25公分。爲明代北京寫本，十分精美，字跡遒勁，端嚴，前後均有佛菩薩、金剛護法彩繪，向為難得一見之稀世珍品。×××考：有明一代崇奉喇嘛，遠自永樂年間即遣中使往迎藏土高僧哈立麻、昆澤思巴等晉京，勅封為大寶法王、大乘法王，宣德間又封釋迦也失為大慈法王，是為藏土三大法王也。此外又封授藏區各地領袖為闡化、闡教、輔教、護教、贊善等五王。充分體現明代治藏的衆建多封之政策。

在北京各寺中選封授大善、大德、大智、大悟、大通、大濟等法王、及至正德間，皇帝乃自封為大慶法王。可謂佞佛之風登峰而造极矣。

朝廷命藏僧在京繕造金字佛經。如宣德十年"命番僧領占羅竹綽巴藏卜為灌頂國師，給以誥書、印帽、袈裟，以寫番經成也。"天順四年亦有旨，大慈法王等寫成金字經二藏"各宜尊崇虔敬，不許私借觀玩，輕慢褻凌，敢有不遵朕命，治之以法。"此經大約即為當時所寫之金字藏經也。何時流入市廛已不可知。

《八千頌般若》乃般若系佛典，在藏區最為流行之一種，與《大般若經》之第四會即《小品般若》相當，佛學專家、高觀如居士考訂："八千頌般若乃大般若經最早的形式"。在藏文中有十萬頌、兩萬五千頌、一萬八千頌、八千頌、四千頌、兩千五百頌、六百頌、及三百頌八種。《大般若

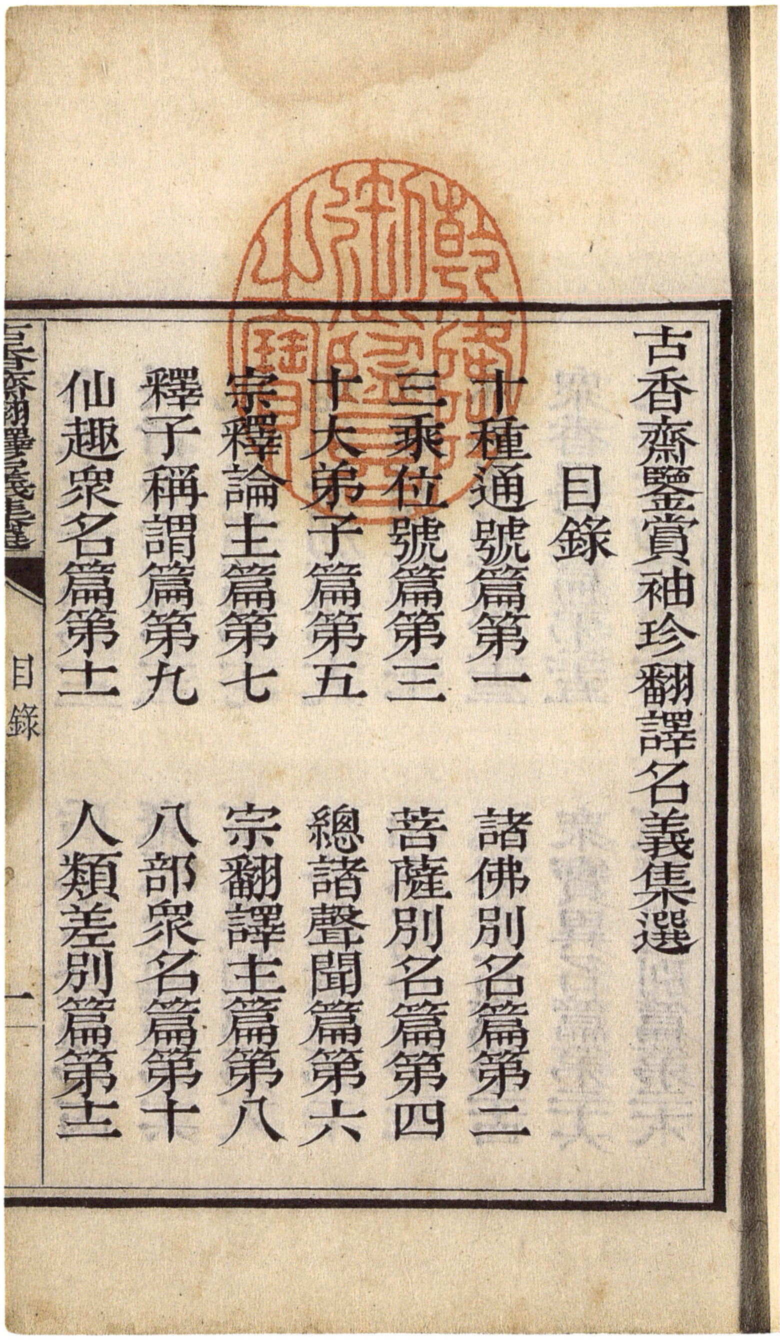

古香齋鑒賞袖珍翻譯名義集選

目錄

十種通號篇第一　諸佛別名篇第二
三乘位號篇第三　菩薩別名篇第四
十大弟子篇第五　總諸聲聞篇第六
宗釋論主篇第七　宗翻譯主篇第八
釋子稱謂篇第九　八部衆名篇第十
仙趣衆名篇第十一　人類差別篇第十二

古香齋翻譯名義集選　目錄　一

古香斋鉴赏袖珍佛经两种　清雍正古香斋袖珍抄本

线装。古香斋位于故宫重华宫保中殿内，雍正五年（1727）乾隆成婚后在此居住。

此本书写精妙，图画细致。第一册为节抄《翻译名义集》，第二册为“三界安立图说”“教乘法数摘要”十二卷及“五教断证全图”。本书为内府装潢，首、末页均钤有“乾隆御览之宝”椭圆形朱印。

（王德收藏）

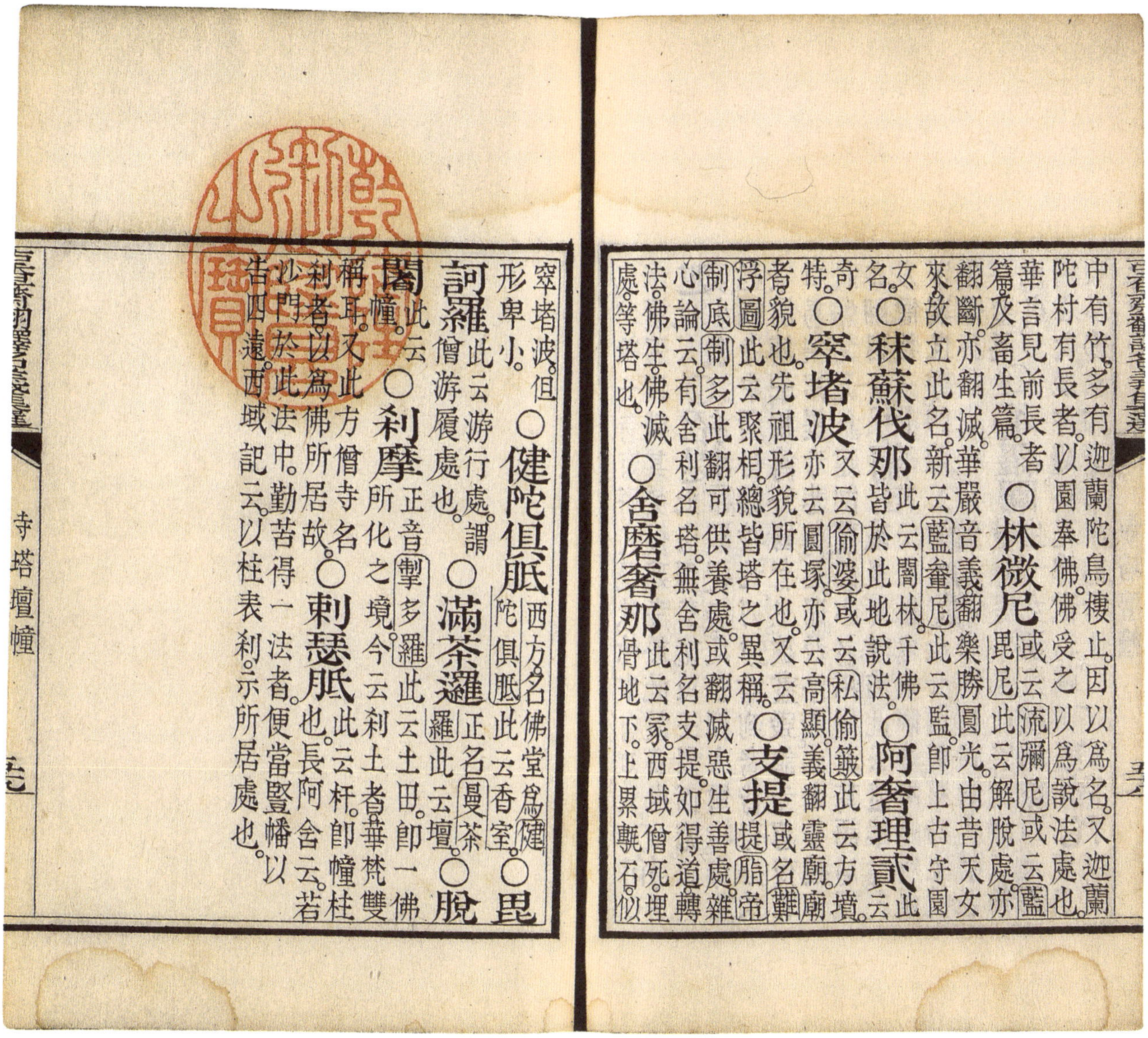
中有竹多有迦蘭陀鳥棲止因以爲名又迦蘭陀村有長者以園奉佛佛受之以爲說法處也華言見前長者篇及畜生篇 ○林微尼或云流彌尼或云藍毘尼此云解脫處亦翻斷亦翻滅華嚴音義翻樂勝圓光由昔天女來故立此名新云藍鞞尼此云監即上古守園女名 ○秣蘇伐那此云闇林千佛皆於此地說法 ○阿奢理貳此云奇特 ○窣堵波又云偷婆或云私偷簸此云方墳亦云圓塚亦云高顯義翻靈廟廟者貌也先祖形貌所在也又云浮圖此云聚相總皆塔之異稱 ○支提或名難提脂帝制底制多此翻可供養處或翻滅惡生善處雜心論云有舍利名塔無舍利名支提如得道轉法佛生佛滅處等塔也 ○舍磨奢那此云冢西域僧死埋骨地下上累甎石似窣堵波但形卑小 ○健陀俱胝西方名佛堂爲健陀俱胝此云香室 ○毘訶羅此云游行處謂僧游履處也 ○滿茶邏正名曼茶羅此云壇 ○脫闍此云幢 ○刹摩正音掣多羅此云土田即一佛所化之境今云刹土者華梵雙稱耳又此方僧寺名刹者以爲佛所居故 ○刺瑟胝此云杆即幢柱也長阿含云若沙門於此法中勤苦得一法者便當豎幡以告四遠西域記云以柱表刹示所居處也

寺塔壇幢

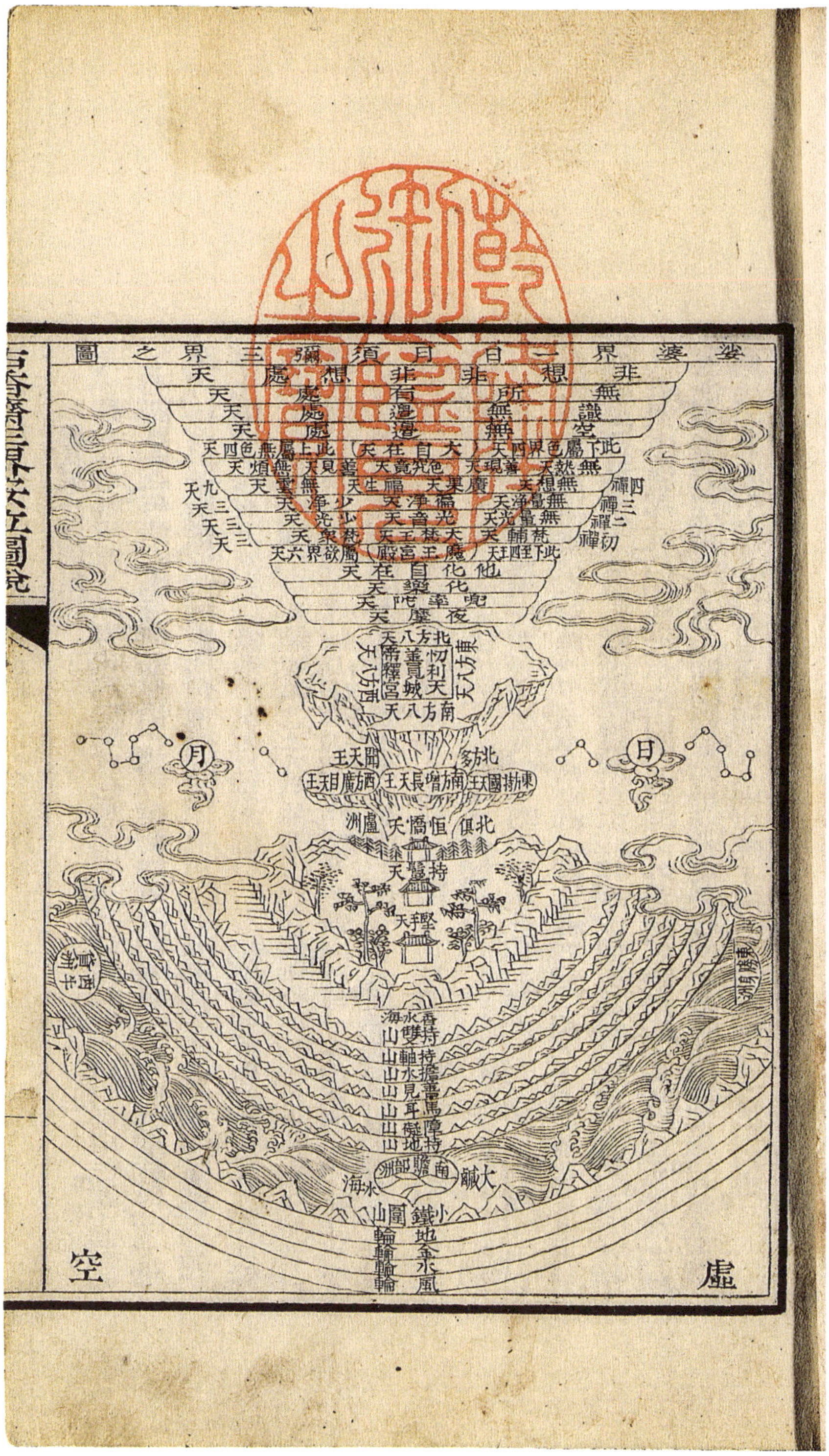
娑婆界一日月須彌三界之圖
日
月
虛
空

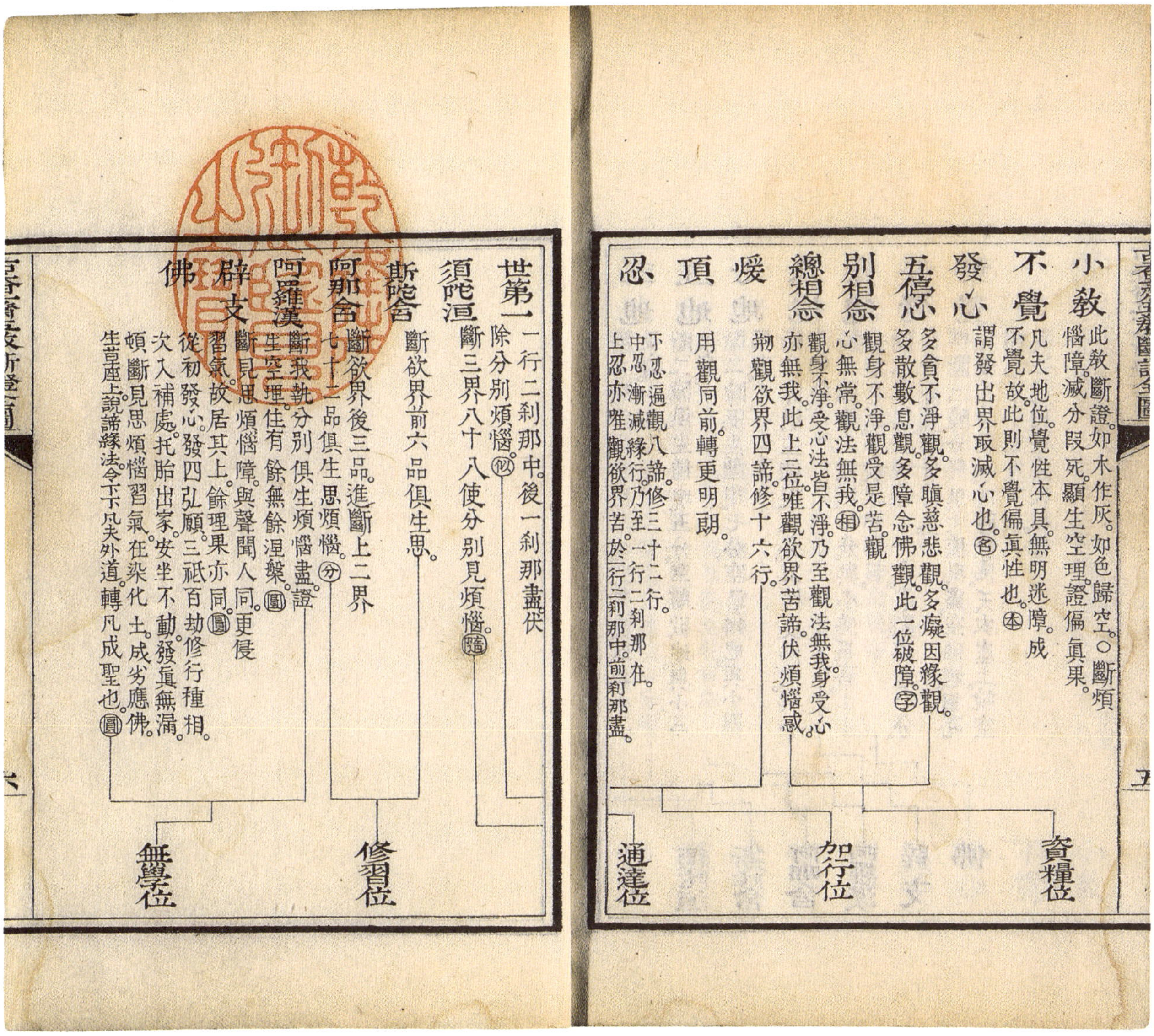

小教 此教斷證。如木作灰。如色歸空。○斷煩惱障。滅分段死。顯生空理。證偏眞果。
不覺 凡夫地位。覺性本具。無明迷障。成不覺故。此則不覺偏眞性也。㊍
發心 謂發出界取滅心也。㊔
五停心 多貪不淨觀。多瞋慈悲觀。多癡因緣觀。多散數息觀。多障念佛觀。此一位破障。㊫
別想念 觀身不淨。觀受是苦。觀心無常。觀法無我。㊊
總想念 觀身不淨。受心法皆不淨。乃至觀法無我。身受心亦無我。此上二位唯觀欲界苦諦。伏煩惱惑。
煖 初觀欲界四諦。修十六行。
頂 用觀同前。轉更明朗。
忍 下忍遍觀八諦。修三十二行。中忍漸滅緣行。乃至一行二刹那在。上忍亦唯觀欲界苦。於一行二刹那中。前刹那盡。
資糧位
加行位
通達位
世第一 一行二刹那中。後一刹那盡。伏除分別煩惱。㊙
須陀洹 斷三界八十八使分別見煩惱。㊖
斯陀含 斷欲界前六品俱生思。
阿那含 斷欲界後三品。進斷上二界七十二品俱生思煩惱。㊎
阿羅漢 斷我執分別俱生煩惱盡。證生空理。住有餘無餘涅槃。㊐
辟支 斷見思煩惱障。與聲聞人同。更侵習氣。故居其上。餘理果亦同。㊐
佛 從初發心。發四弘願。三祇百劫修行種相。次入補處。托胎出家。安坐不動。發眞無漏。頓斷見思煩惱習氣。在染化土。成劣應佛。生草座上。說諦緣法。令下下凡夫外道。轉凡成聖也。㊐
修習位
無學位

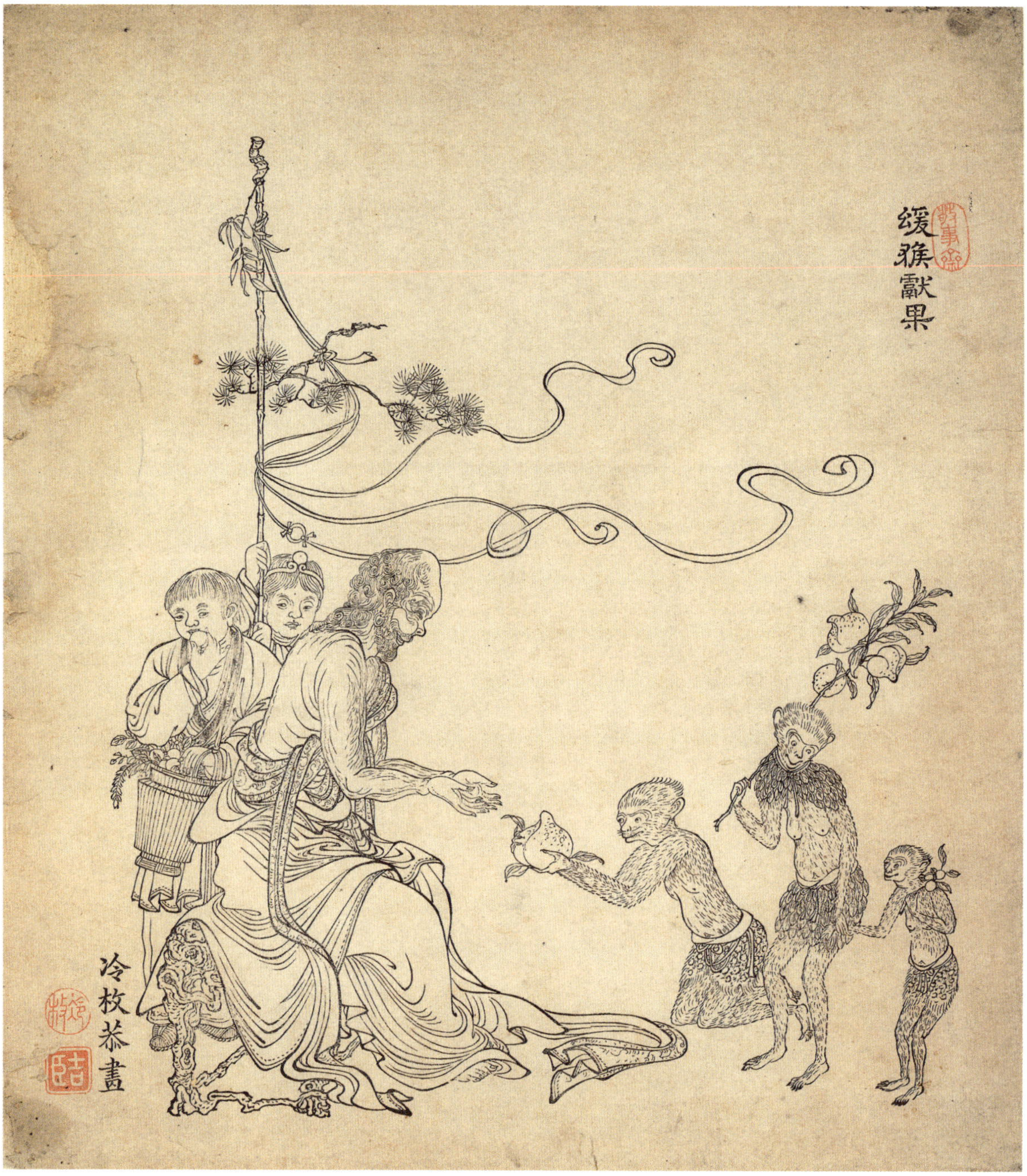

罗汉图册　（清）冷枚绘　清内府刻本　存十九张

冷枚（1669—1742?）字吉臣，号金门画史，山东胶州人，在康熙、乾隆两朝是内府画院画师，享有盛名。此版画原稿在《秘殿珠林》卷二十二中著录，是冷枚在康熙五十六年（1717）仿宋代李公麟《罗汉图》所绘，全本为二十幅，首尾有观音大士及韦陀像，包括“指上蜃楼”“印月谈经”“顽石点头”等18个禅宗故事，传神地再现了画作精妙笔法。此本缺观音像。

（李希海收藏）

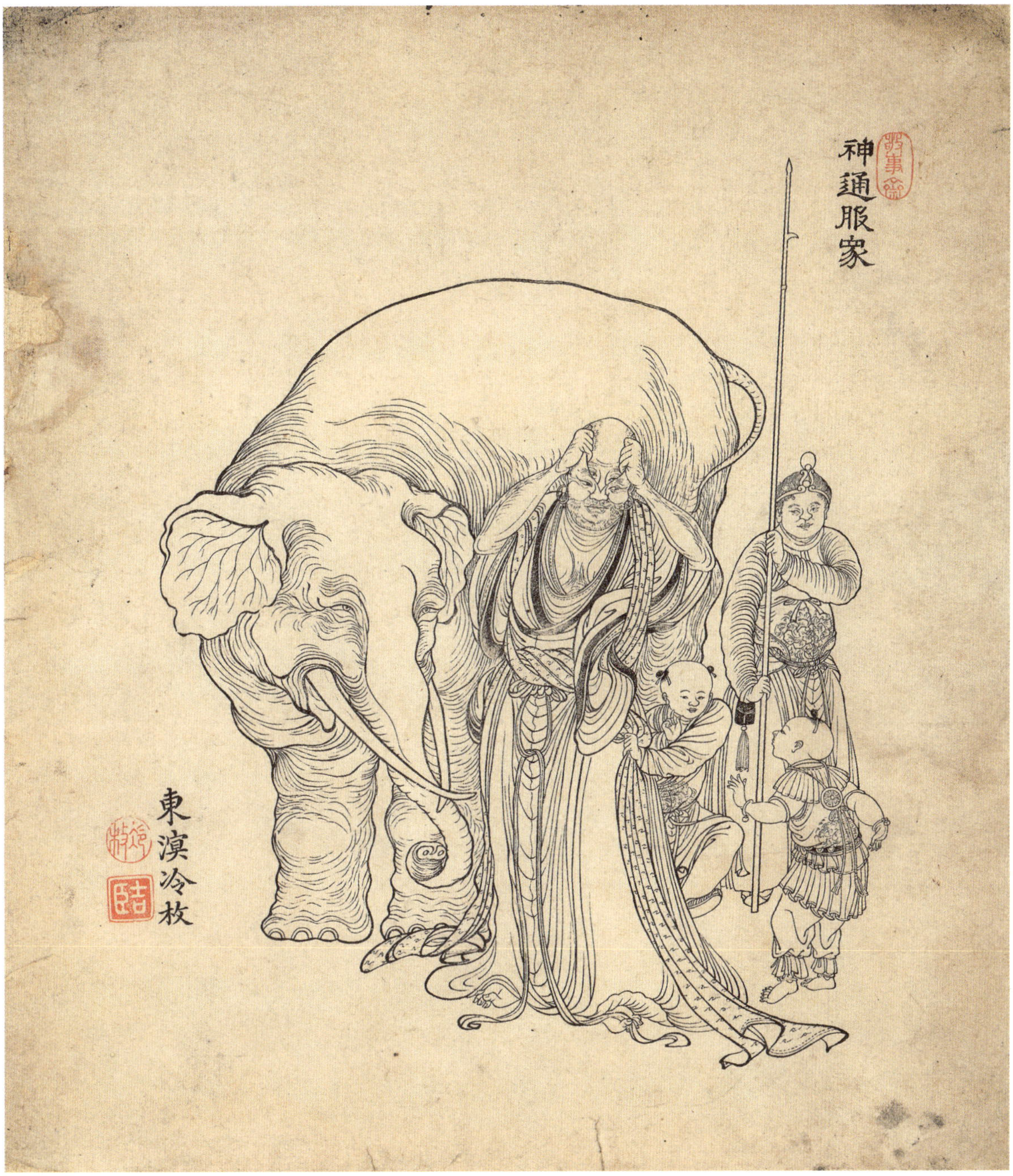
神通服家
東滇冷枚

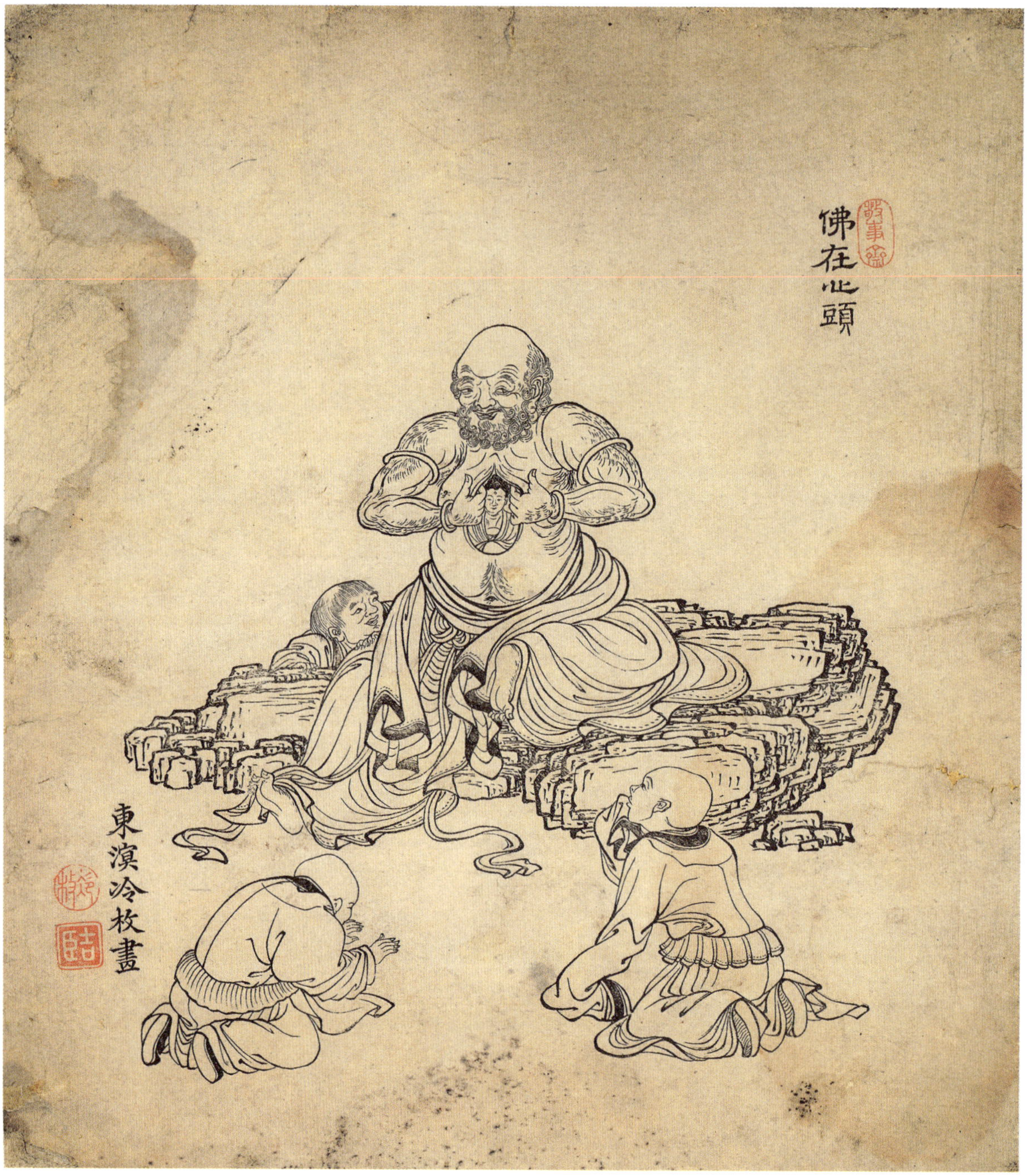
佛在心頭
東滇冷枚畫

康熙丁酉春三月
冷枚薰沐敬畫

灵山说法图　简诏绘、张国瑞临　清光绪十二年（1886）金陵刻经处刻印　幅面180×97cm

金陵刻经处是我国著名的佛教文化机构，由杨仁山于清同治五年（1866）创办，作为居士道场及刻印、流通经籍之场所，为中国近代佛教的复兴作出了贡献。此画版面阔大，人物众多，线条细腻流畅。

（王坤收藏）

南无观世音菩萨像　周璕绘、张益摹　清光绪四年（1878）金陵刻经处刻印　幅面180×97cm

此画中观音足踏莲花，手结法印，持净瓶，神态安详，衣纹飘逸流畅，版幅极大而墨色均匀。

（王坤收藏）

西方极乐世界依正庄严之图　张益绘、潘文法刻、曾纪泽书　清光绪五年（1879）金陵刻经处刻印　幅面180×97cm

此画中图作圆形，图中诸物均标识名称。上部殿阁楼台，栉比鳞次，错落有致，界画严整，镌刻工巧。中央佛像及诸贤菩萨、圣贤、佛弟子数十尊皆栩栩有生气。杨仁山《等不等观杂录》卷三收录其所写此《西方极乐世界依正庄严圆图》跋文。

（王坤收藏）

净土莲宗图　清光绪九年（1883）金陵刻经处刻印　幅面高140厘米，宽70厘米

净土莲宗，即净土宗，中国佛教宗派，因专修往生阿弥陀佛净土法门，故名，其始祖慧远曾在庐山建立莲社提倡往生净土，故又称莲宗。图左下角镌“谨按净土三经及莲宗著述绘成此图以资净侣临终观行”指明其用途。雕刻细致精美，人物生动。

（王坤收藏）

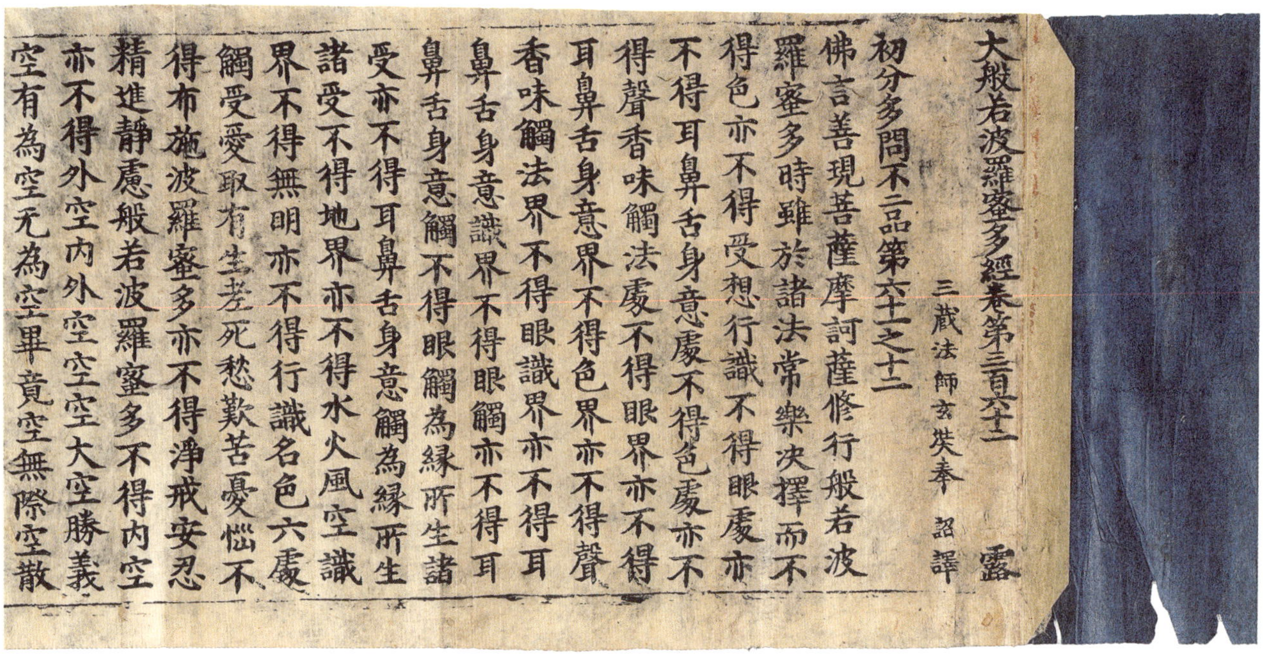

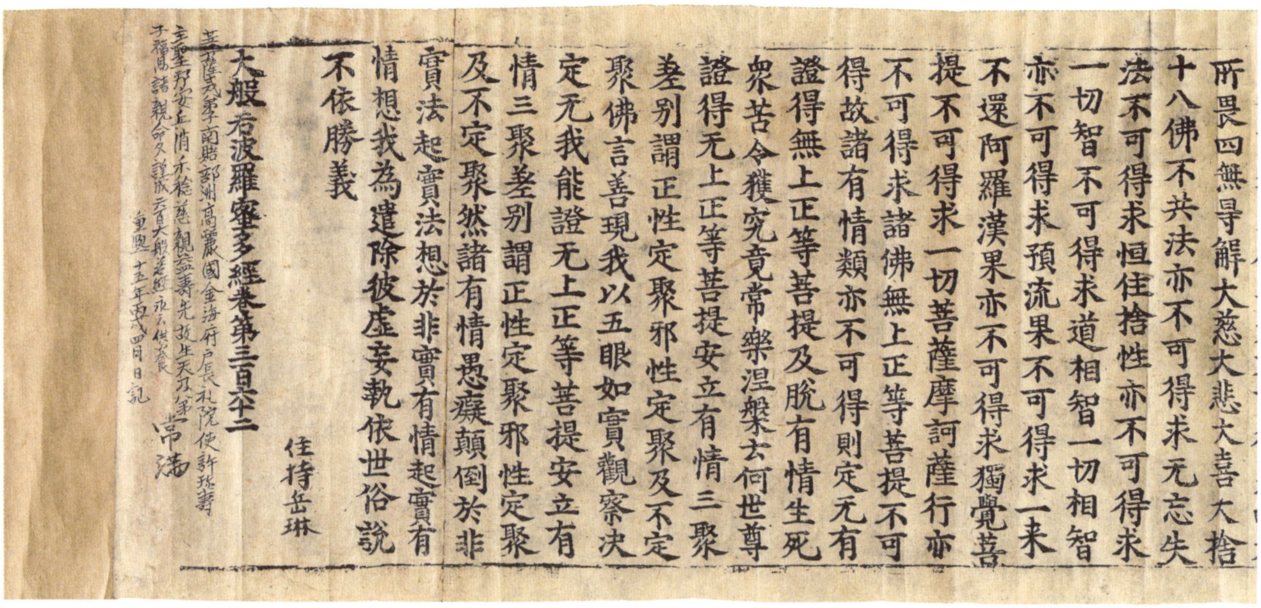

大般若波罗蜜经卷第三百六十二　（唐）玄奘译　高丽初刻大藏经本

卷轴装。高丽藏以《开宝藏》为底本覆刻，其初刻本一般指从高丽显宗二年（1011）至宣宗四年（1087）雕造的大藏经，该经版于高宗十九年（1232）因蒙古军队入侵为兵火所焚毁，故《初雕高丽藏》印本存者寥寥。此经首尾俱全，殊为难得。尾有辽重熙十五年（1046）高丽人许珍寿墨书供养题记，其时高丽奉辽正朔，故用辽年号。

（王德收藏）

经　部

经部书籍，士人业举者所常习；而对于清玩赏鉴者，则失去很大优势，除非是很好的本子。清代藏书家黄丕烈曾云："余于宋元经学不甚喜购，然遇旧刻亦间收焉。"1912年，傅增湘在孙伯恒处寓目元至正六年（1346）虞氏务本堂刻本《周易程朱传义》十卷。此本是为初印，刊刻精美，"至可宝爱"；然因当时"收书者喜子集小帙，而薄群经。至宋人说经之书，尤无人过问"，以至于此书搁置厂肆五六年之久。1917年，周叔弢以重金收得此书，傅增湘称其为"读书者之藏书"。

本次展出的私人收藏品百余件，其中经部九件，数量固然不多，仍不乏珍本佳椠。如元至正九年（1349）建阳积德书堂刻本《晦庵先生校正周易系辞精义》二卷，传世罕见，洵可宝贵。元积德书堂刻书，据叶德辉《书林清话》，仅见于杨守敬《日本访书志》。清光绪年间黎庶昌刻《古逸丛书》即据此本影刻。又如元刻《标题注疏小学集成》十卷，仅存卷四《内篇》"敬身第三"。然是本传世稀少，故不宜因残见轻。

另有西夏文《择要常传同名杂字》，书中对西夏常用字词加以音译、解释，是西夏文古籍中难得一见的世俗文献，国内外仅存，反映了西夏时期刻书、印书面貌，具有重要的文物、文献价值。

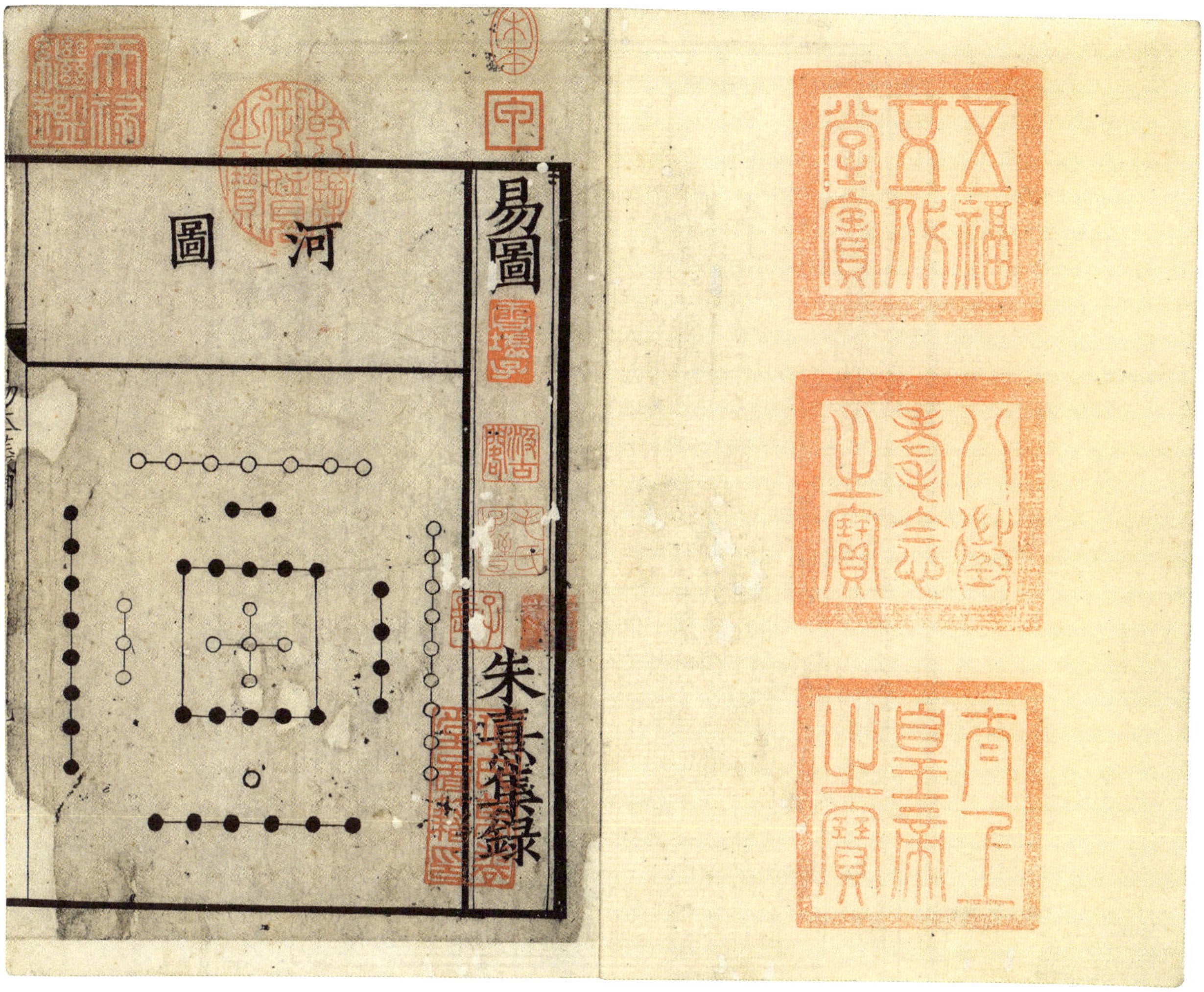

周易本义十二卷易图一卷　（宋）朱熹集录　宋刻本　存卷：易图一卷

朱熹《周易本义》集宋代易学之大成，在中国哲学史和易学史上有重要地位。是书流传甚广，为元、明、清三代官学所用，一度成为科举考试标准用书。

此本为明代项氏万卷堂、毛氏汲古阁旧藏，清代入藏天禄琳琅。书中钤“项氏万卷堂图籍印”“毛氏子晋”“天禄琳琅”“乾隆御览之宝”诸印记。

（兆兰堂收藏）

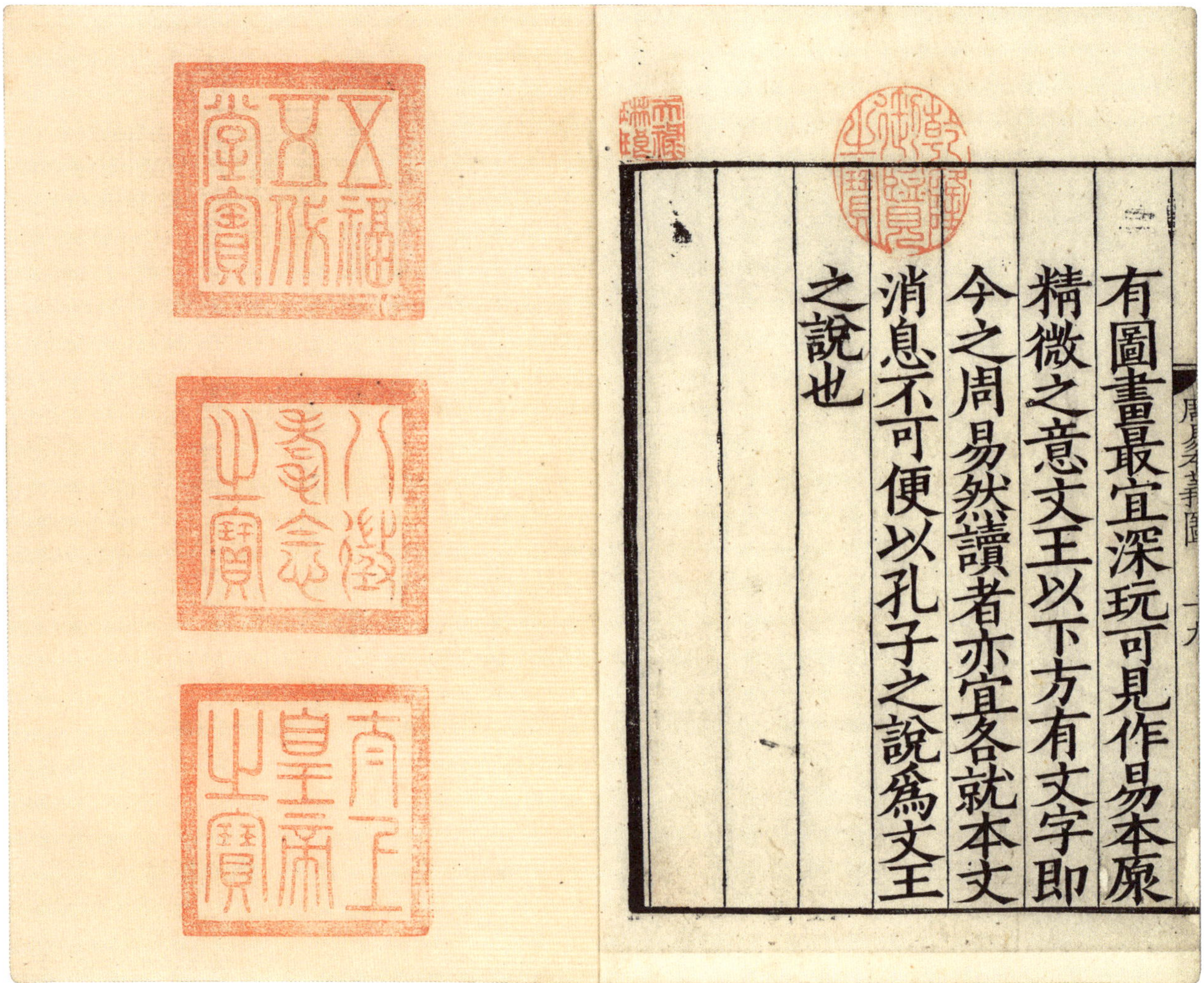
有圖畫最宜深玩可見作易本原
精微之意文王以下方有文字即
今之周易然讀者亦宜各就本文
消息不可便以孔子之說爲文王
之說也

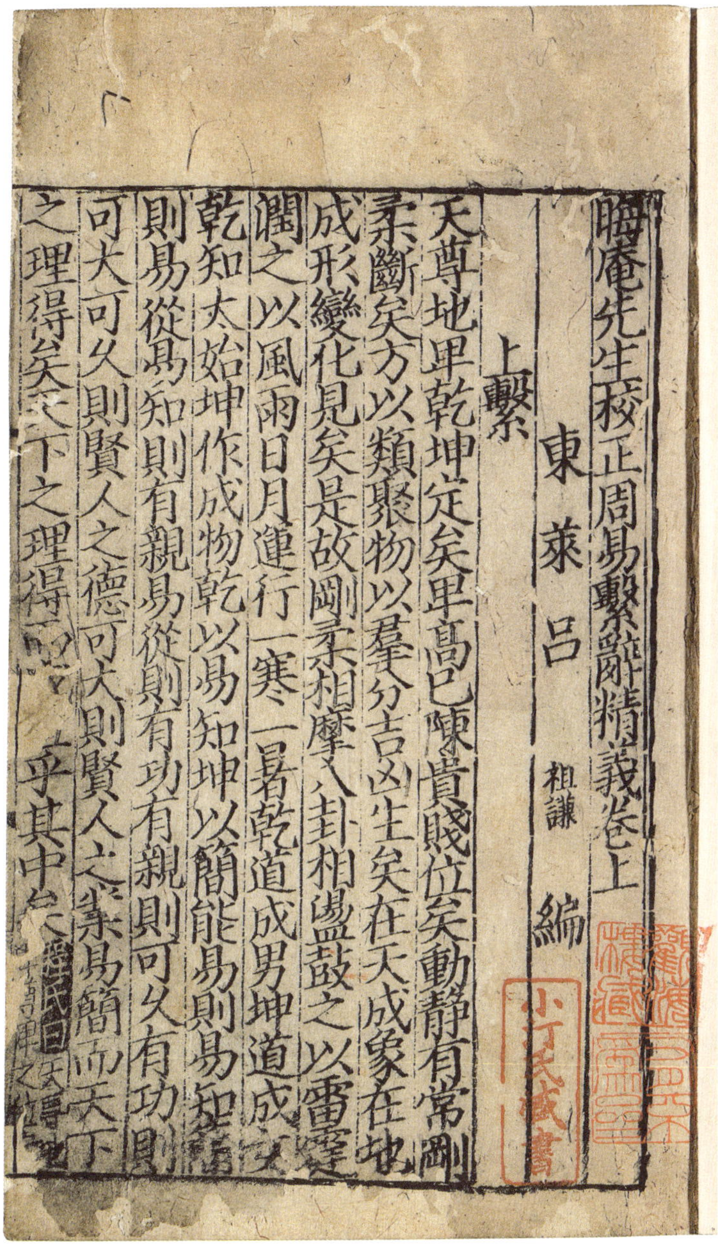

晦庵先生校正周易系辞精义二卷　（宋）吕祖谦编　元至正九年（1349）建阳积德书堂刻本

程颐作《易传》，不及《系辞》。吕祖谦因集程氏诸家之说，补其所缺，然其去取未为精审。陈振孙《直斋书录解题》引《馆阁书目》，认为是书乃假托吕祖谦之名。

杨守敬《日本访书志》著录积德书堂"至正九年刻《伊川易解》六卷，《系辞精义》二卷"，清光绪年间黎庶昌刻《古逸丛书》即据此本影刻。是本传世罕见，《中国古籍善本书目》未见著录，洵可宝贵。

（美国艾思仁收藏）

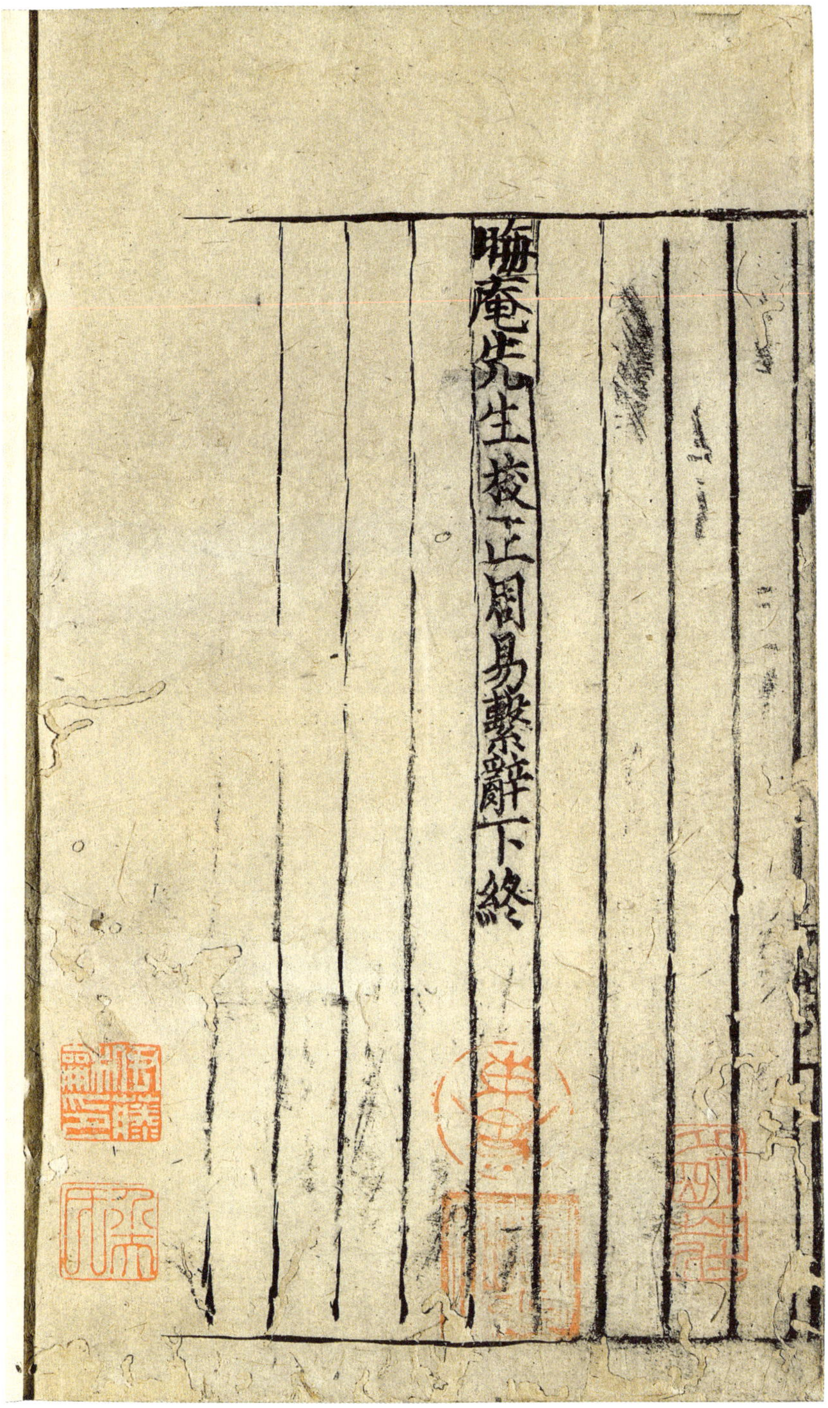

晦庵先生校正周易繫辭下終

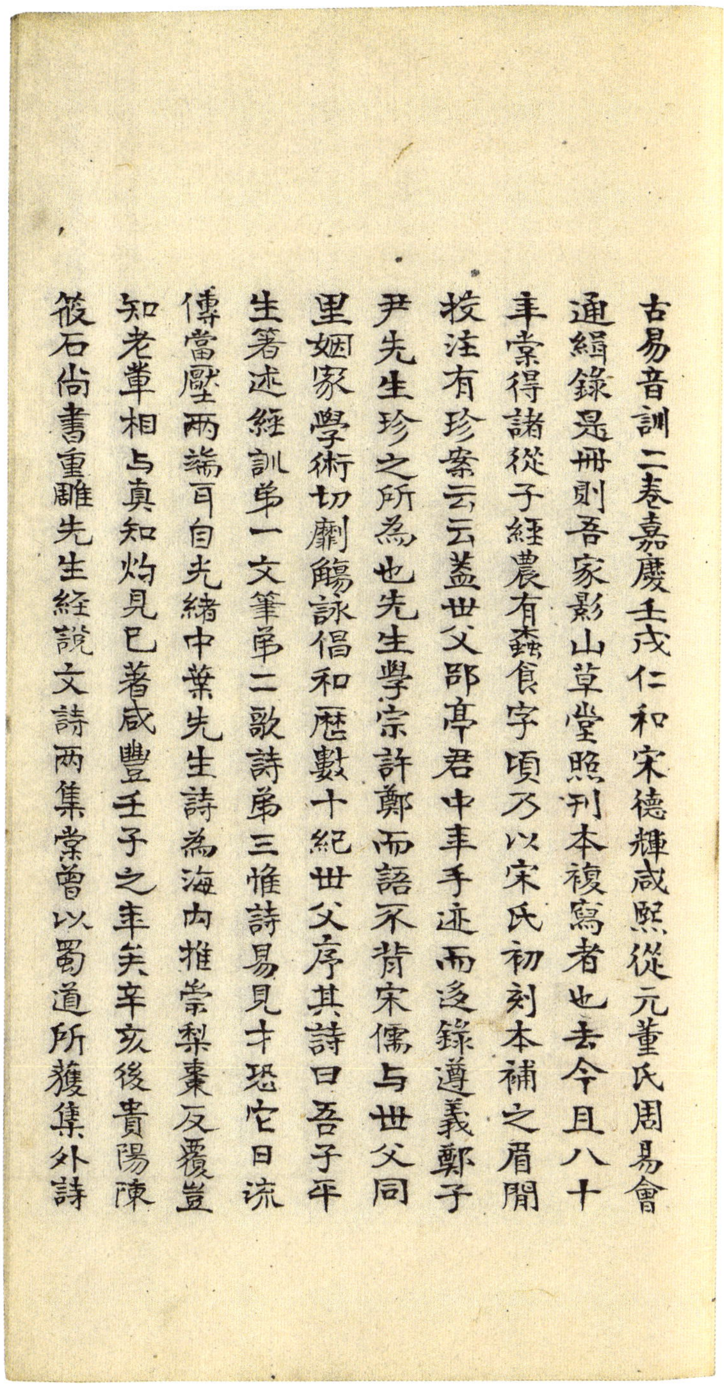
古易音訓二卷嘉慶壬戌仁和宋德輝咸熙從元董氏周易會
通緝錄是冊則吾家影山草堂照刊本複寫者也去今且八十
年棠得諸從子經農有蠹食字頃乃以宋氏初刻本補之眉間
校注有珍案云云蓋世父郘亭君中年手迹而迻錄遵義鄭子
尹先生珍之所為也先生學宗許鄭而語不背宋儒與世父同
里姻家學術切劘觴詠倡和歷數十紀世父序其詩曰吾子尹
生著述經訓第一文筆第二歌詩第三惟詩易見才恐它日流
傳當壓兩端耳自光緒中葉先生詩為海內推崇梨棗反覆豈
知老輩相與真知灼見已著咸豐壬子之年矣辛亥後貴陽陳
筱石尚書重雕先生經說文詩兩集棠曾以蜀道所獲集外詩

古易音训二卷　（清）宋咸熙辑　清莫氏家抄本

吕祖谦曾撰《古易音训》十四卷，惜原书失传，仅散见于元代董真卿《周易会通》之中。清嘉庆七年（1802），宋咸熙依照吕氏篇第，从董氏书中辑成《古易音训》二卷。是本为莫氏影山草堂所抄，书眉有莫友芝墨笔批校，另有莫棠1926年题跋。书中钤“独山莫氏铜井文房”等印。

（美国艾思仁收藏）

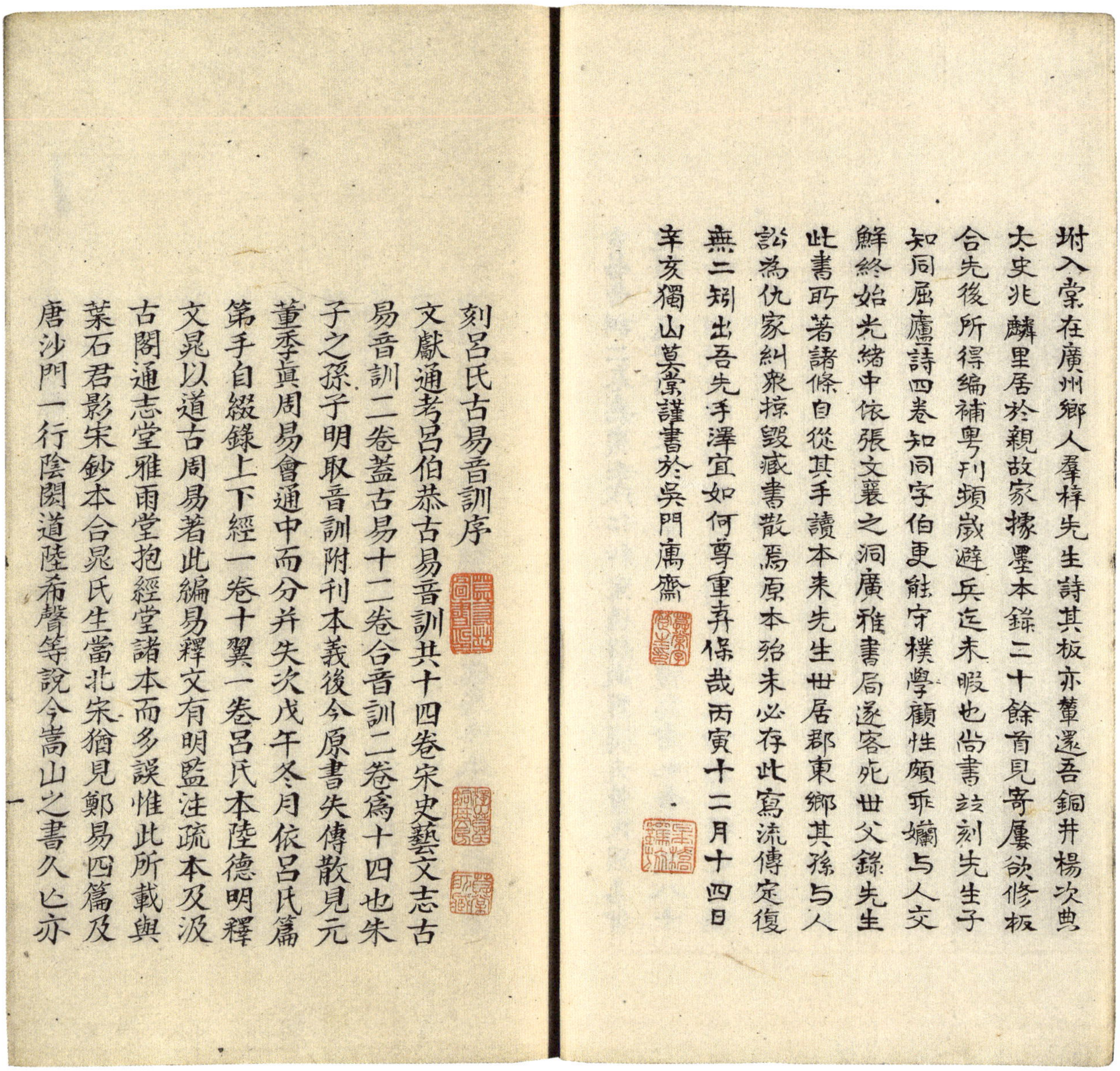
坿入棠在廣州鄉人羣梓先生詩其板亦輦還吾銅井楊次典
太史兆麟里居於親故家據墨本錄二十餘首見寄屢欲修板
合先後所得編補粤刊頻歲避兵迄未暇也尚書茲刻先生子
知同屈廬詩四卷知同字伯更能守樸學顧性頗乖孏与人交
鮮終始光緒中依張文襄之洞廣雅書局遂客死世父錄先生
此書所著諸條自從其手讀本來先生世居郡東鄉其孫与人
訟為仇家糾衆掠毀藏書散爲原本殆未必存此寫流傳定復
無二矧出吾先手澤宜如何尊重弆保哉丙寅十二月十四日
辛亥獨山莫棠謹書於吳門厲齋

刻呂氏古易音訓序
文獻通考呂伯恭古易音訓共十四卷宋史藝文志古
易音訓二卷蓋古易十二卷合音訓二卷爲十四也朱
子之孫子明取音訓附刊本義後今原書失傳散見元
董季眞周易會通中而分并失次戊午冬月依呂氏篇
第手自綴錄上下經一卷十翼一卷呂氏本陸德明釋
文晁以道古周易著此編易釋文有明監注疏本及汲
古閣通志堂雅雨堂抱經堂諸本而多誤惟此所載與
葉石君影宋鈔本合晁氏生當北宋猶見鄭易四篇及
唐沙門一行陰閎道陸希聲等說今嵩山之書久亡亦

古易音訓卷上

呂氏

仁和宋咸熙輯

亢說文作忼。忼慨也。从心亢聲。一曰易忼龍有悔。汗簡引古周易亦同。

上經 案前漢藝文志易經十二篇。顏師古曰上下經及十翼故十二篇。杜預春秋左氏傳集解後序曰。汲郡汲縣有發舊冢者大得古書周易上下篇與今正同。別有陰陽說而无彖象文言繫辭疑于時仲尼造之於魯尚未播之於遠國也。然則戰國時易固分上下經矣。繫辭上傳曰二篇之策萬有一千五百二十。所謂二篇則上下二篇也。然則孔子時易固分上下經矣。以此考之。易經之分上下。必始於文王作周易之時。近世晁氏編古周易乃合而爲一。且謂後人妄有上下經之辨。何其考之不詳哉。

☰ 乾下乾上

乾 陸德明釋文竭然反。

亨 陸氏曰許庚反。卦德也。訓通

龍 陸氏曰喻陽氣及聖人。

見 陸氏曰賢遍反。象同。

利見 陸如字。下皆同。

惕 陸它歷反。

厲 陸力世反。晁說之曰說文作夤。敬惕也。易夕惕若夤。籀作夤。奠

无 陸曰易內皆作此字。

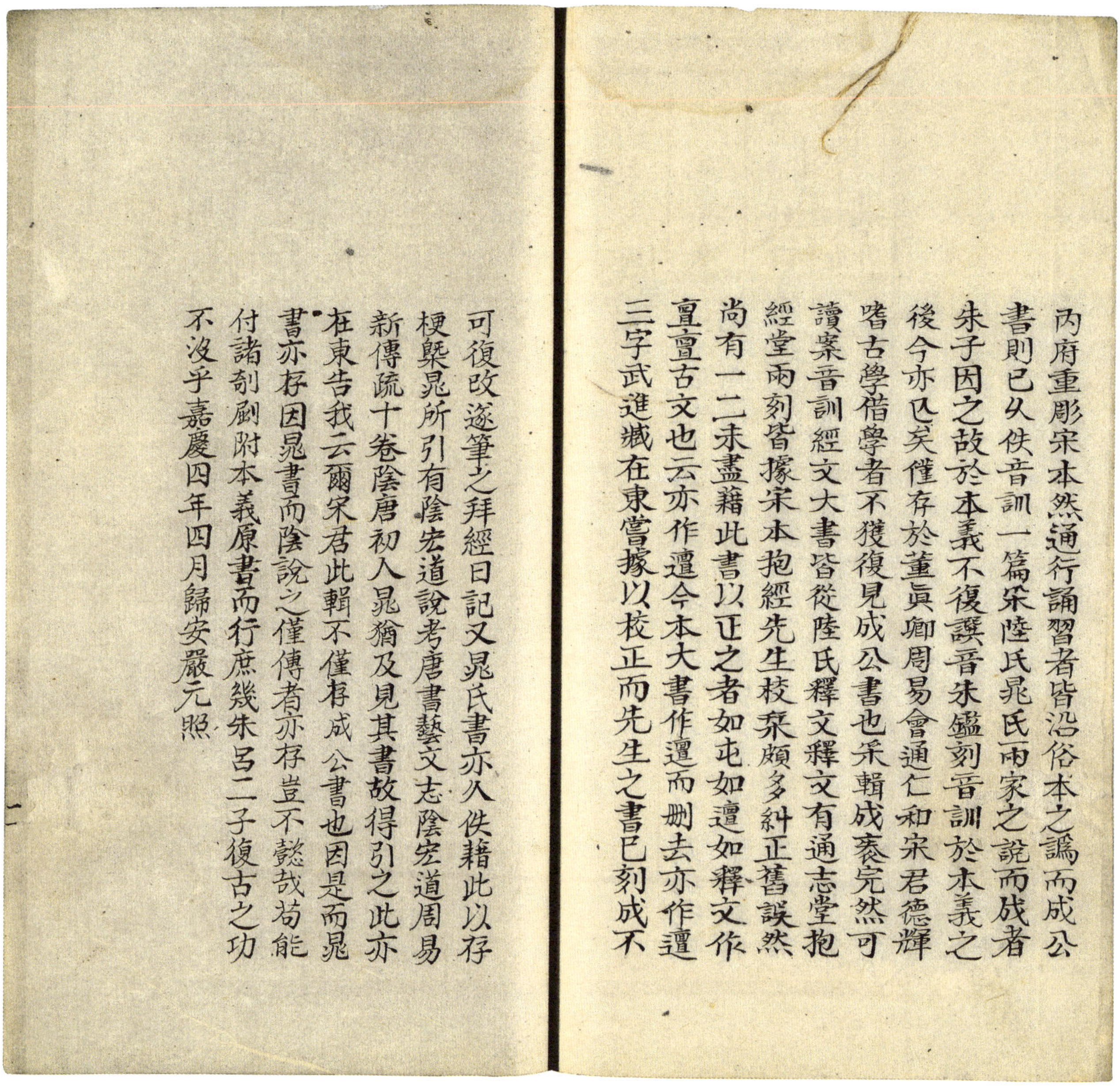
内府重彫宋本然通行誦習者皆沿俗本之譌而成公書則已久佚音訓一篇采陸氏晁氏兩家之說而成者朱子因之故於本義不復譔音朱鑑刻音訓於本義之後今亦亡矣僅存於董眞卿周易會通仁和宋君德輝嗜古學偕學者不獲復見成公書也采輯成袠完然可讀案音訓經文大書皆從陸氏釋文釋文有通志堂抱經堂兩刻皆據宋本抱經先生校栞頗多糾正舊誤然尚有一二未盡藉此書以正之者如屯如邅如釋文作亶亶古文也云亦作邅今本大書作邅而刪去亦作邅三字武進臧在東嘗據以校正而先生之書已刻成不可復改遂筆之拜經日記又晁氏書亦久佚藉此以存梗槩晁所引有陰宏道說考唐書藝文志陰宏道周易新傳疏十卷陰唐初人晁猶及見其書故得引之此亦在東告我云爾宋君此輯不僅存成公書也因是而晁書亦存因晁書而陰說之僅傳者亦存豈不懿哉苟能付諸剞劂附本義原書而行庶幾朱呂二子復古之功不沒乎嘉慶四年四月歸安嚴元照

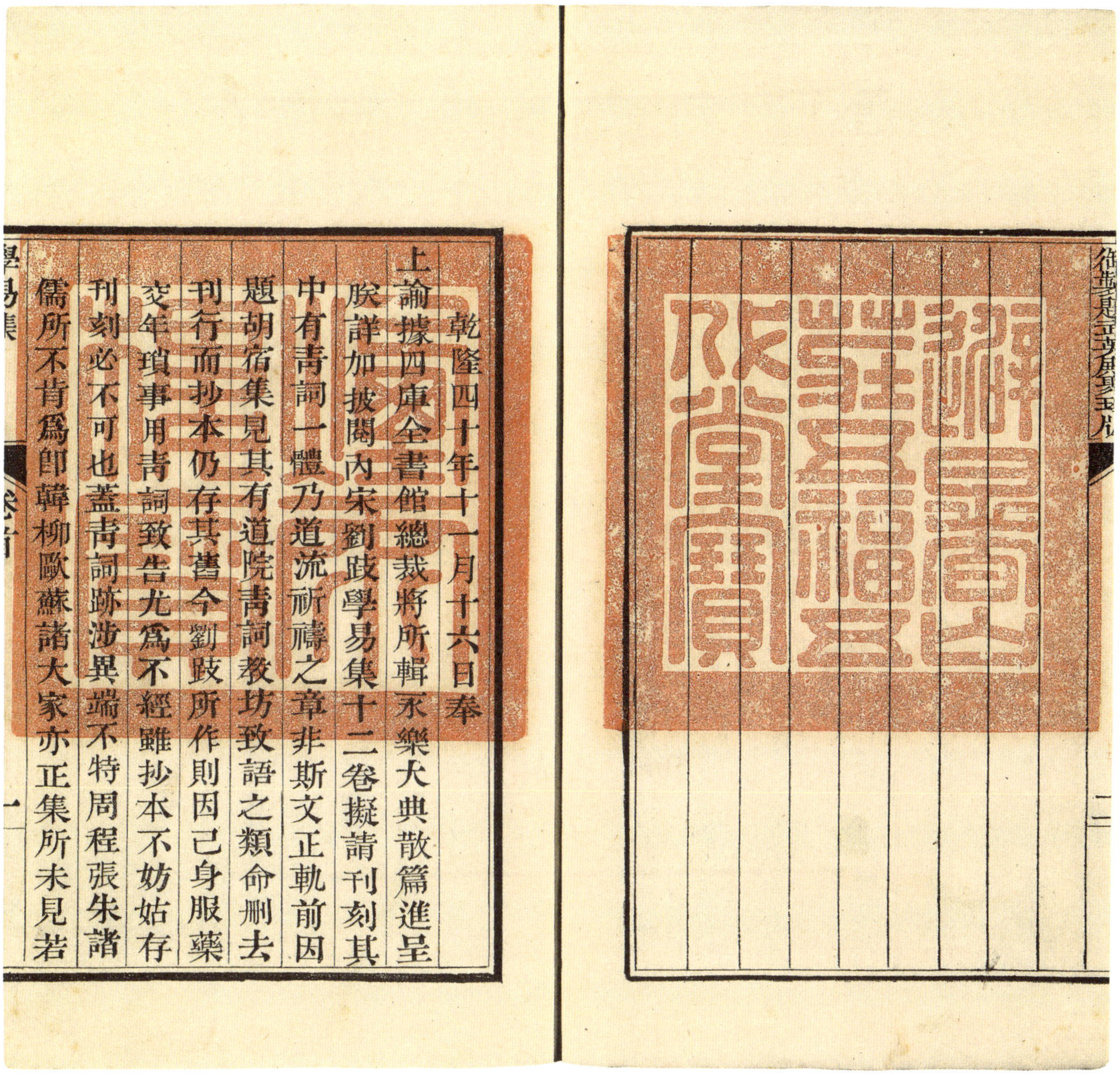
乾隆四十年十一月十六日奉
上諭據四庫全書館總裁將所輯永樂大典散篇進呈
朕詳加披閱內宋劉跂學易集十二卷擬請刊刻其
中有青詞一體乃道流祈禱之章非斯文正軌前因
題胡宿集見其有道院青詞教坊致語之類命刪去
刊行而抄本仍存其書今劉跂所作則因己身服藥
交年瑣事用青詞致告尤爲不經雖抄本不妨姑存
刊刻必不可也蓋青詞跡涉異端不特周程張朱諸
儒所不肯爲即韓柳歐蘇諸大家亦正集所未見若

学易集八卷　（宋）刘跂撰　清乾隆三十八年（1773）至嘉庆八年（1803）武英殿聚珍本

刘跂字斯立，永静东光（今属河北）人，尚书右仆射刘挚之子。晚号学易堂，人称“学易先生”，《学易集》之名当源于此。其所作古文，简劲有法度，诗则多似陈师道体。

此书罕传，是本乃四库馆臣从《永乐大典》辑出，重加编次，厘为八卷。

（沈岗收藏）

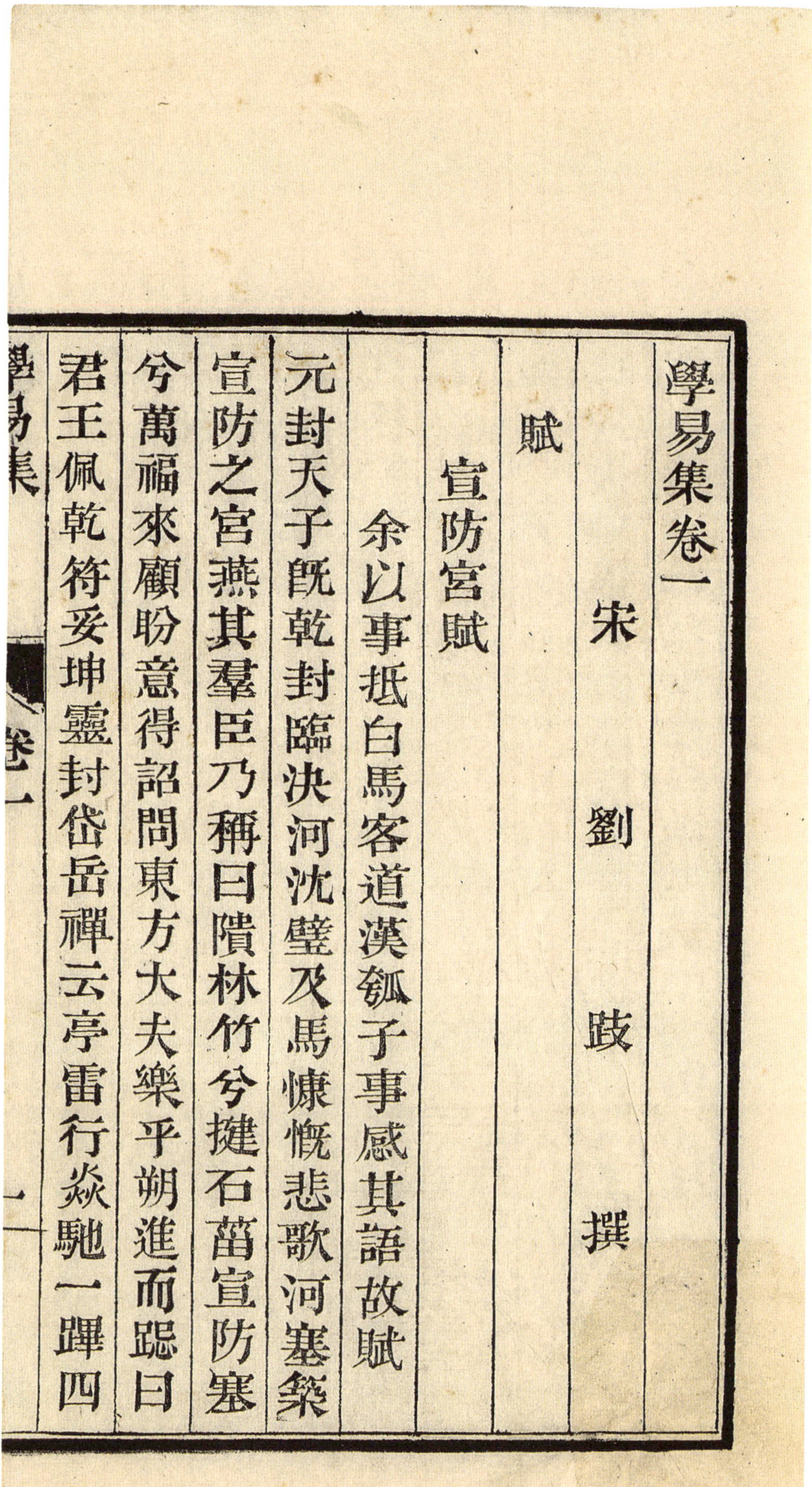

學易集卷一

宋　劉跂　撰

賦

宣防宮賦

余以事抵白馬客道漢瓠子事感其語故賦

元封天子既乾封臨决河沈璧及馬慷慨悲歌河塞築宣防之宮燕其羣臣乃稱曰隤林竹兮揵石菑宣防塞兮萬福來顧盼意得詔問東方大夫樂乎朔進而跽曰君王佩乾符妥坤靈封岱岳禪云亭雷行焱馳一蹕四

學易集　卷一　一

玉川涕泣訟月蝕蟾蜍無光玳瑁魄委照墨海鸜鴒石
恐是雲龍小蒼璧我家得之天人家天家金盤薦玉食
豈堪書生啾糠覈牀頭什襲封未拆不辭屑玉遺君飲
要君錦繡生肝膈意中佳句甚了了口不能道空脈脈
諸公椽筆好相過莫道彭城譏水厄

學易集卷二

纂图互注尚书十三卷　题（汉）孔安国传　宋刻本　存二卷：一至二

《尚书》是儒家经典之一，又称《书》或《书经》。“尚”即“上”，《尚书》意为上古之书，是中国上古历史文献和部分追述古代事迹著作的汇编。

此书卷首有“尚书举要图”“尚书篇名”“尚书序”等，与国家图书馆所藏宋刻本《纂图互注尚书》（存卷七至十三）为同一部书。钤有“天禄琳琅”“五福五代堂宝”“八徵耄念之宝”“太上皇帝之宝”“乾隆御览之宝”“天禄继鉴”，为清宫旧藏。

（韦力收藏）

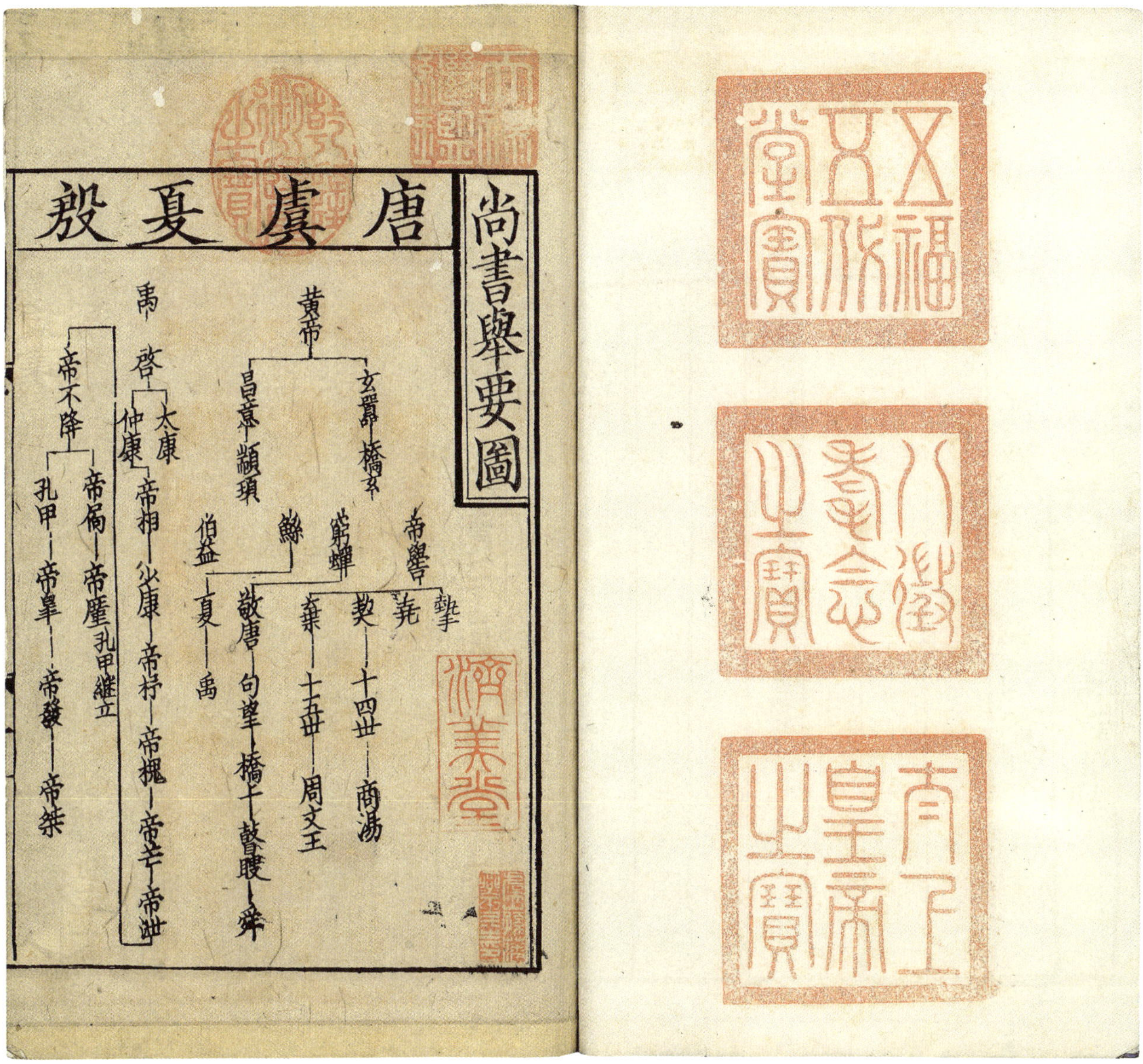

尚書舉要圖

唐　虞　夏　殷

黃帝

玄囂　昌意

蟜極　顓頊

帝嚳　窮蟬　鯀　伯益

摯　堯　契　棄　敬康　夏

十四世　十三世　句望　禹

商湯　周文王　蟜牛　瞽瞍　舜

禹　啓　太康　仲康　帝相　少康　帝杼　帝槐　帝芒　帝泄

帝不降　帝扃　帝廑　孔甲繼立

孔甲　帝皐　帝發　帝桀

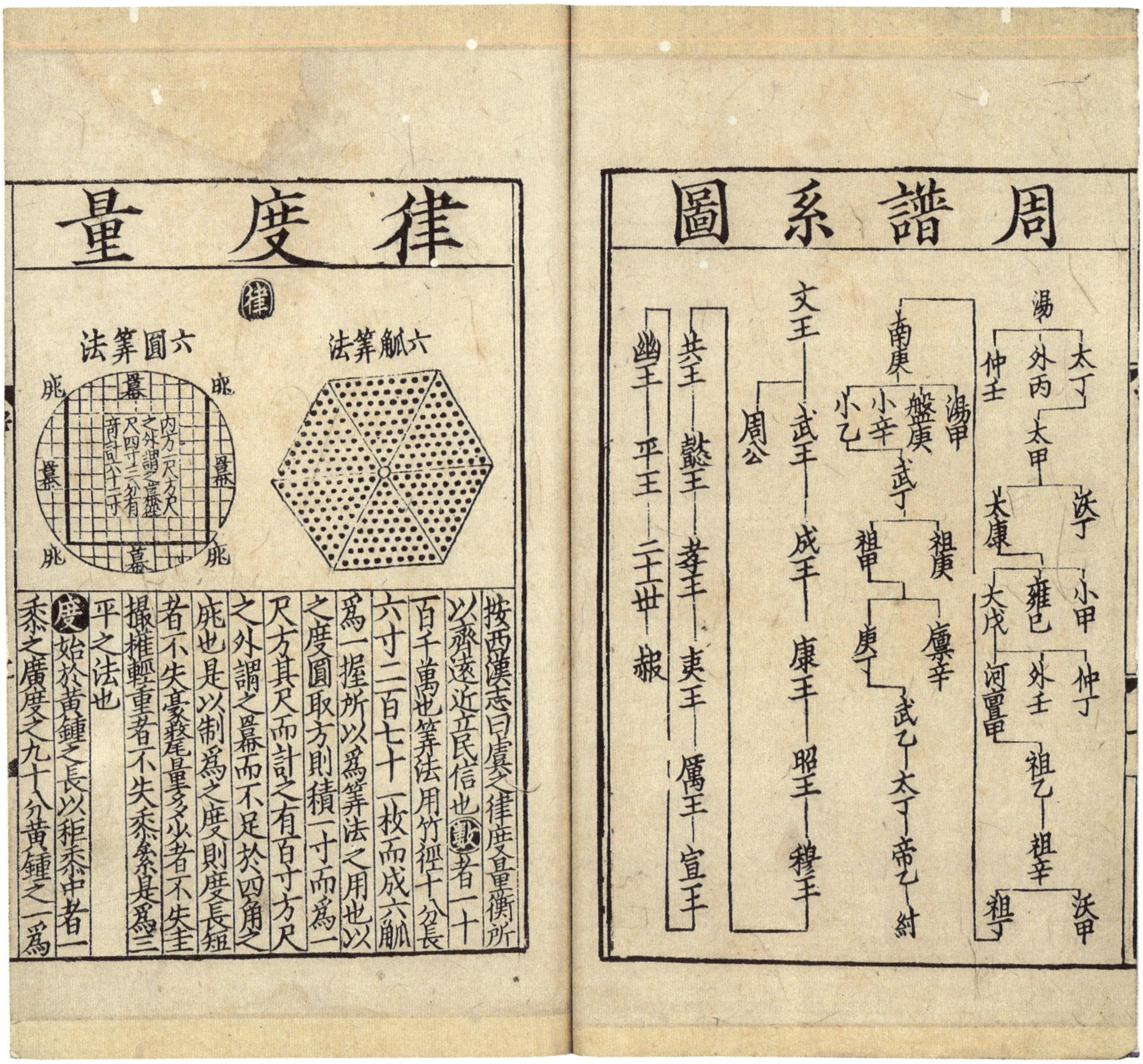

周譜系圖

律度量

律

按西漢志曰虞書之律度量衡所以齊遠近立民信也數者一十百千萬也筭法用竹徑一分長六寸二百七十一枚而成六觚為一握所以為筭法之用也以之度圓取方則積一寸而為一尺方其尺而計之有百寸方尺之外謂之冪而不足於四角之庛也是以制為之度則度長短者不失豪氂量多少者不失圭撮權輕重者不失黍絫是為三平之法也

度 始於黃鍾之長以秬黍中者一黍之廣度之九十分黃鍾之一為

近故引之各冠其篇首（冠，工亂反）定五十八篇既畢會國有巫蠱事（漢武帝末征和中江充造蠱敗戾太子故經籍道息焉○巫音無○蠱音古）經籍道息用不復以聞傳之子孫以貽後代（貽以之反遺也）若好古博雅君子與我同志亦所不隱也

纂圖互註尚書序

纂圖互註尚書卷第一

虞書○陸德明音義曰凡十六篇十一篇亡五篇見存

孔氏傳○陸曰傳即註也以傳述為義舊說漢已前稱傳

堯典第一

昔在帝堯聰明文思光宅天下（言聖德之遠著○昔古也堯唐帝名馬融云謚也翼善傳聖曰堯○聰千公反○思息嗣反又如字下同○著張慮反）

○重意　昔在帝堯聰明文思　景命昔在文武聰明齊聖

將遜于位讓于虞舜（遜遁也老使攝遂禪之○遜本又作遜徒遜反退也避也○禪時戰反讓也授也）作堯典（言堯可為百代常行之道）

○重言　若稽古四重見舜典大禹皐陶又周官唐虞稽古微子之命惟稽古

曰若稽古帝堯（若順稽考也能順考古道而行之者帝堯）曰放勳欽明文思安安（勳功欽敬也言堯放上世之功化而以敬明文思之四德安天下之當安者○放方往反注同徐云鄭王如字○勳許云反功也馬云放勳堯名皇甫謐同一云放勳堯字欽明文思馬云威儀表備謂之欽照臨四方謂之明經緯天地謂之文道德純備謂之思）允恭克讓光被四表格于上下（允信克能光充格至也既有四德又信恭能讓故其

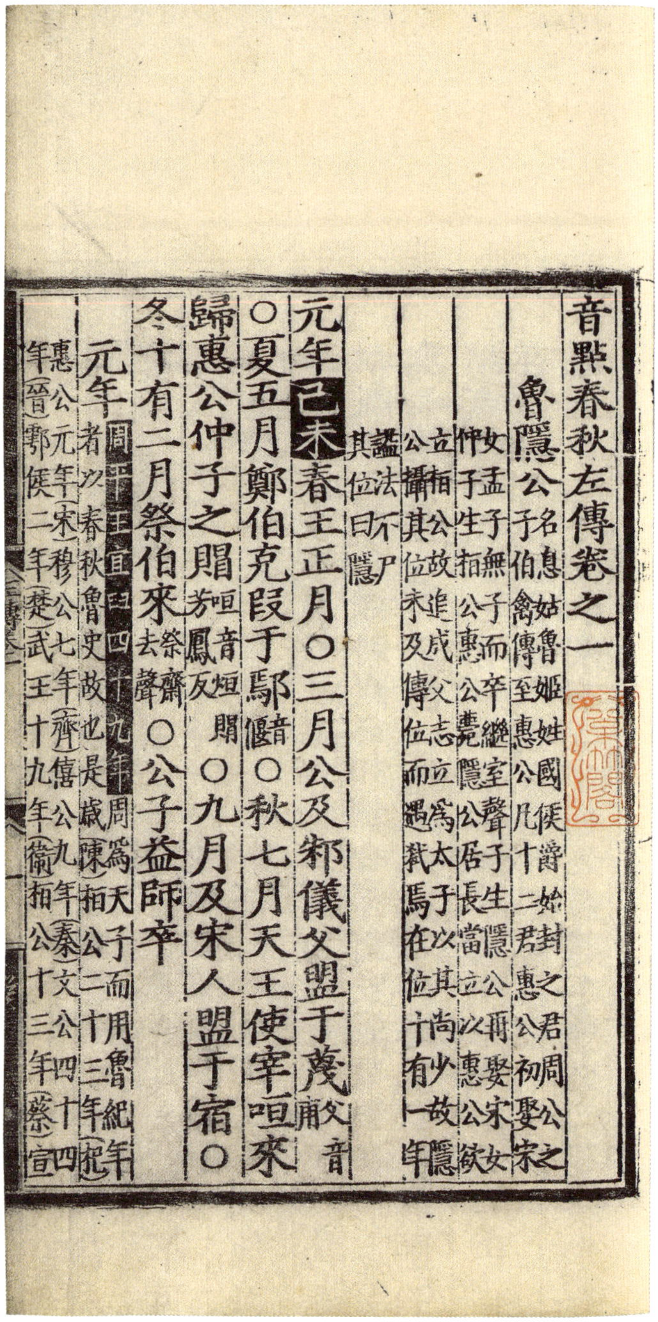

音點春秋左傳卷之一

魯隱公名息姑魯姬姓國侯爵始封之君周公之子伯禽傳至惠公凡十二君惠公初娶宋女孟子無子而卒繼室聲子生隱公再娶宋女仲子生桓公惠公薨隱公居長當立以惠公欲立桓公故追成父志立爲太子以其尚少故隱公攝其位未及傳位而遇弑焉在位十有一年謚法不尸其位曰隱

元年己未春王正月○三月公及邾儀父盟于蔑父音甫○夏五月鄭伯克段于鄢鄢音偃○秋七月天王使宰咺來歸惠公仲子之賵咺音烜賵芳鳳反○九月及宋人盟于宿○冬十有二月祭伯來祭齋去聲○公子益師卒

元年周平王宜臼四十九年周爲天子而用魯紀年者以春秋魯史故也是歲陳桓公二十三年杞惠公元年宋穆公七年齊僖公九年秦文公四十四年晉鄂侯二年楚武王十九年衛桓公十三年蔡宣

音点春秋左传十六卷　明弘治十五年（1502）徽州府陈理刻本

宋代林尧叟依据晋杜预《春秋经传集解》，取宋陈傅良议论而附益之，撰成《春秋经左氏传句解》，笺释字句，浅显易明，影响深远，后世采用颇多。

此书据《春秋经左氏传句解》旧本重刻于徽州郡斋，因杜林二氏注脱，不便初学而特加音点，以解疑难。

（卢平收藏）

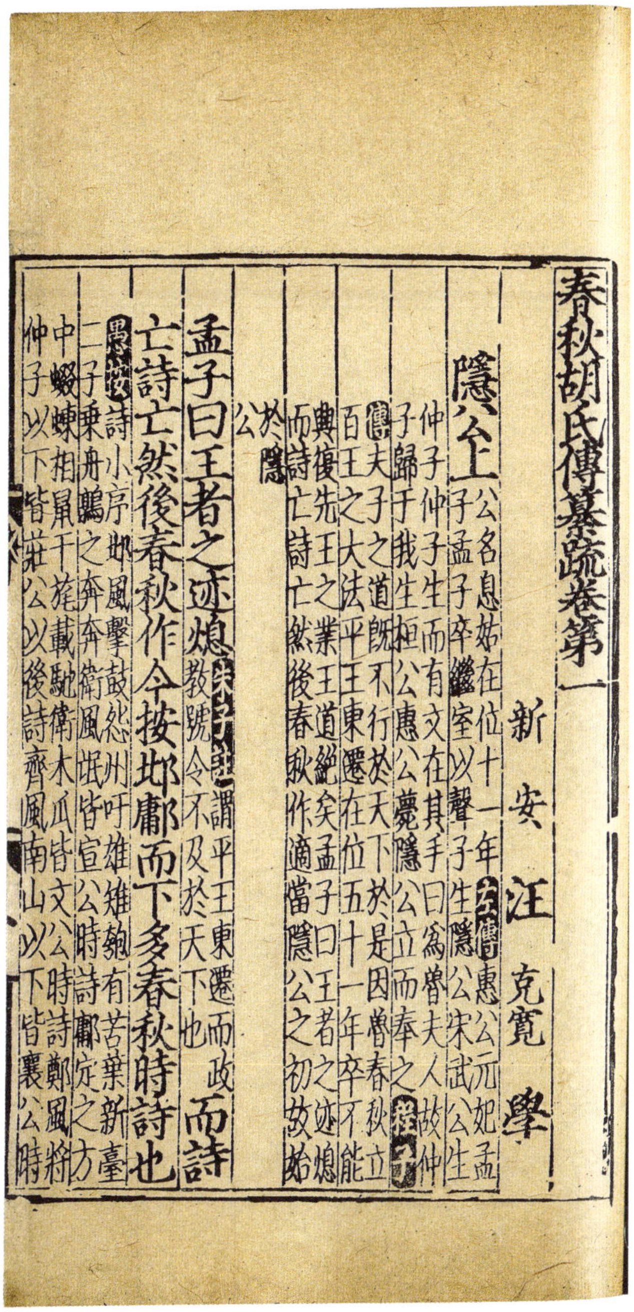

春秋胡氏传纂疏三十卷　（元）汪克宽撰　元至正八年（1348）日新堂刻本

宋胡安国作《春秋传》，颇受后人推崇。元汪克宽以胡《传》为主，博采百家，兼为科举而作此书，于元统二年（1334）荟萃成编。后此书因火灾而断简煨烬。汪氏又搜集旧闻，于至正元年重新编集成册，至正八年建安刘锦文将此书锓木。卷首凡例末镌“建安刘叔简刊于日新堂”牌记二行。此本文字笔画不清晰，当属后印本。

（水清收藏）

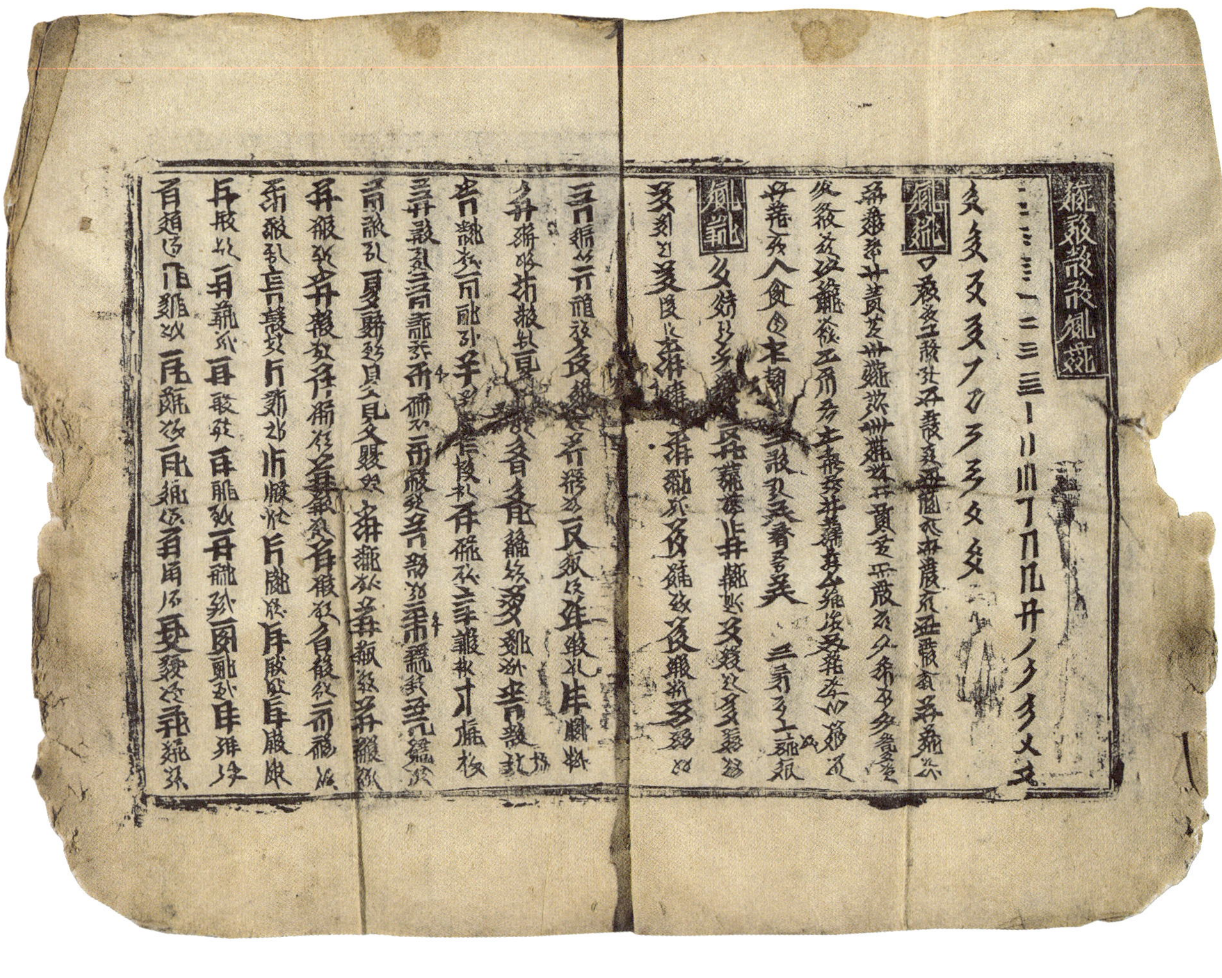

择要常传同名杂字（西夏文）　著者不详　西夏时期刻本　存卷不详

西夏（1038—1227）灭亡后，其典籍和文字逐渐消亡。清嘉庆九年（1804），在甘肃武威发现《重修凉州护国寺感通塔碑》，西夏文字才重新被发现。20世纪初，俄国探险家科兹洛夫在黑水城发现大批西夏典籍，西夏书籍状况始被重新发现。本件展品为字书类典籍，存14叶，前3叶为两种序，其后2叶为对西夏文构造、偏旁部首的说明。正文为西夏文常用字词的音译、解释，是西夏文古籍中难得一见的世俗文献，国内外仅存，反映了西夏时期刻书、印书面貌，具有重要的文物、文献价值。

（童志新收藏）

史　部

我国文化发达，历史悠久，很早就有以文字记载的历史。在《汉书·艺文志》中，历史书籍附于《六艺略》（即后来的经部）。自西晋荀勖《中经新簿》开始，史部成为独立的、自成体系的一大部类。《隋书·经籍志》确立了经史子集四部分类法的正统地位，史部位列第二，又称“乙部”，涵盖各种体裁的历史著作。

本次展出的私人收藏品，史部书有30种之多，不仅有很高的文物、文献价值，而且极具欣赏性。其中宋刻元明递修本正史就有四种，其他如《通志》《通鉴总类》虽是残本，但为天禄琳琅插架旧物，弥足珍贵；《大清穆宗毅皇帝圣训》《同治大婚典礼全档》都是内府写本，宫内原装，颇为豪华；清道光十年（1830）泥活字印本《绎史摭遗绎史恤谥考》是现存最早的泥活字印刷品；《三公山碑》《常季繁墓志》《董美人墓志》等清拓本均有名家题跋，为传世佳本。

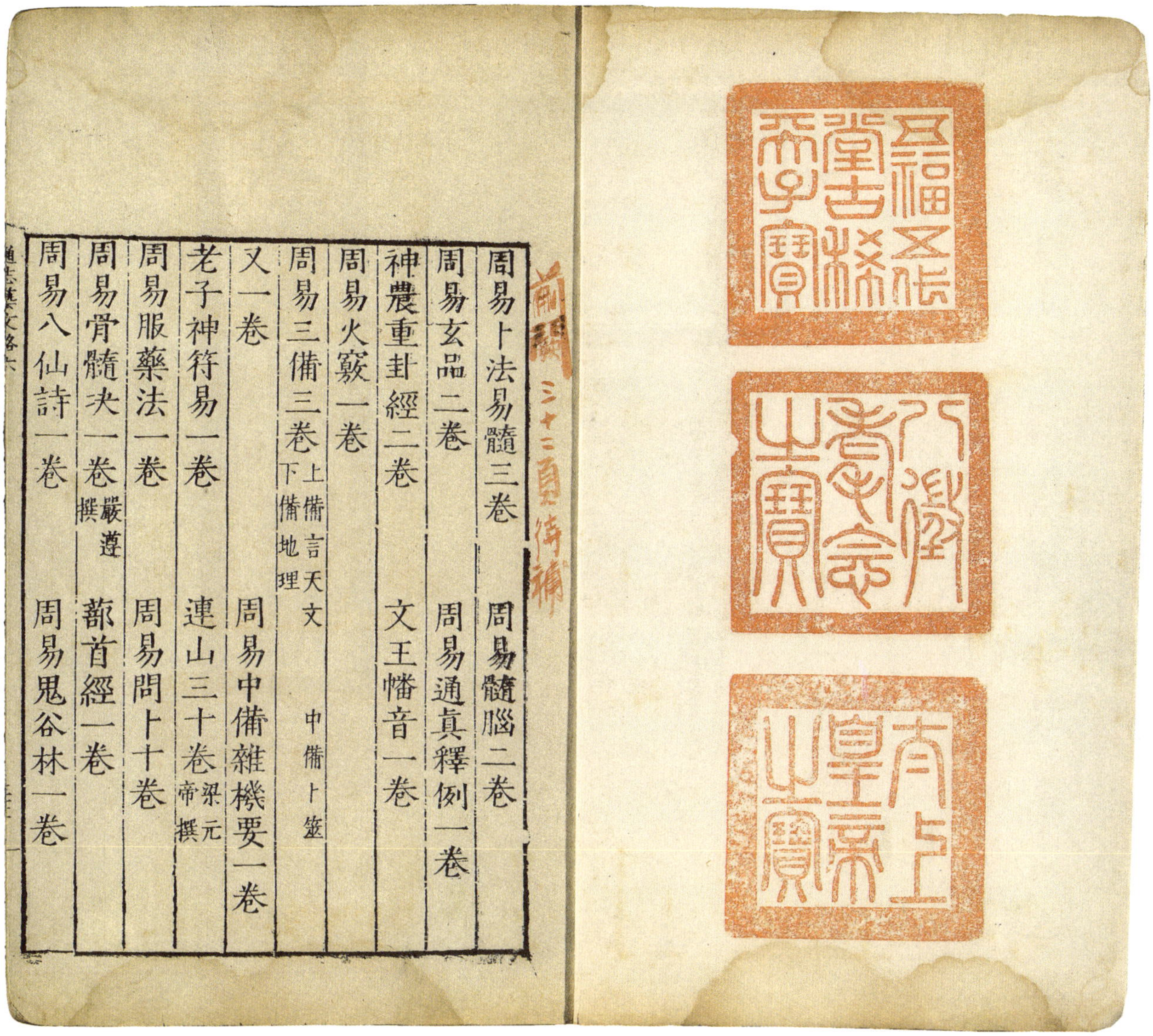
前闕三十二頁待補

周易卜法易髓三卷　周易髓腦二卷
周易玄品二卷　周易通真釋例一卷
神農重卦經二卷　文王幡音一卷
周易火竅一卷
周易三備三卷 上備言天文 中備卜筮 下備地理
又一卷　周易中備雜機要一卷
老子神符易一卷　連山三十卷 梁元帝撰
周易服藥法一卷　周易問卜十卷
周易骨髓决一卷 嚴遵撰　蔀首經一卷
周易八仙詩一卷　周易鬼谷林一卷

通志二百卷　（宋）郑樵撰　明刻本　存半卷：卷六十八

郑樵（1103—1162），字渔仲，兴化军莆田（今属福建）人，南宋史学家、目录学家。《通志》是其毕生心血的结晶，其中二十略是郑樵得意之作。是书与杜佑《通典》、马端临《文献通考》并称“三通”。此本仅存卷六十八艺文略第六中的五行类。天禄琳琅旧藏。

（胡关妙收藏）

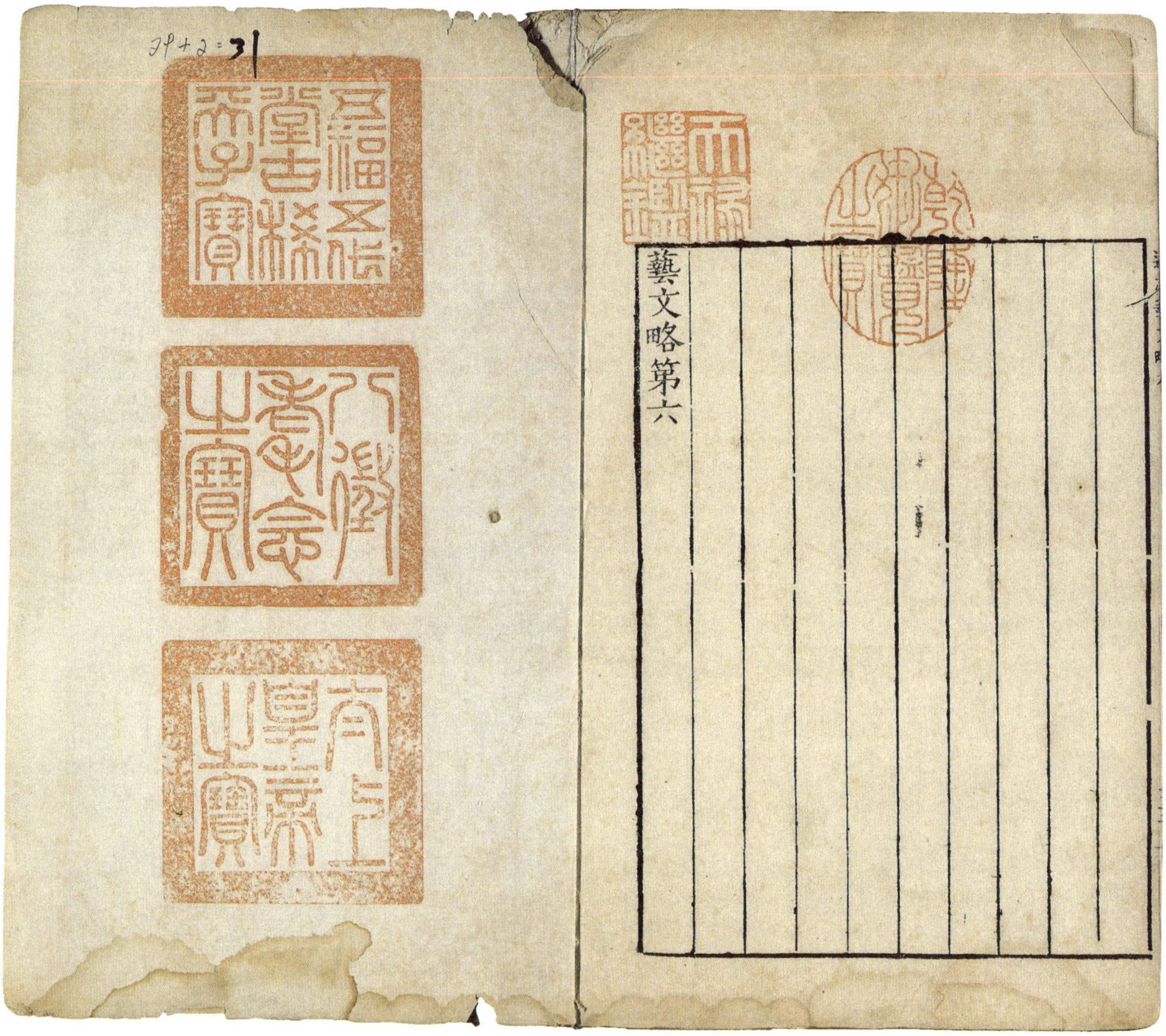
藝文略第六

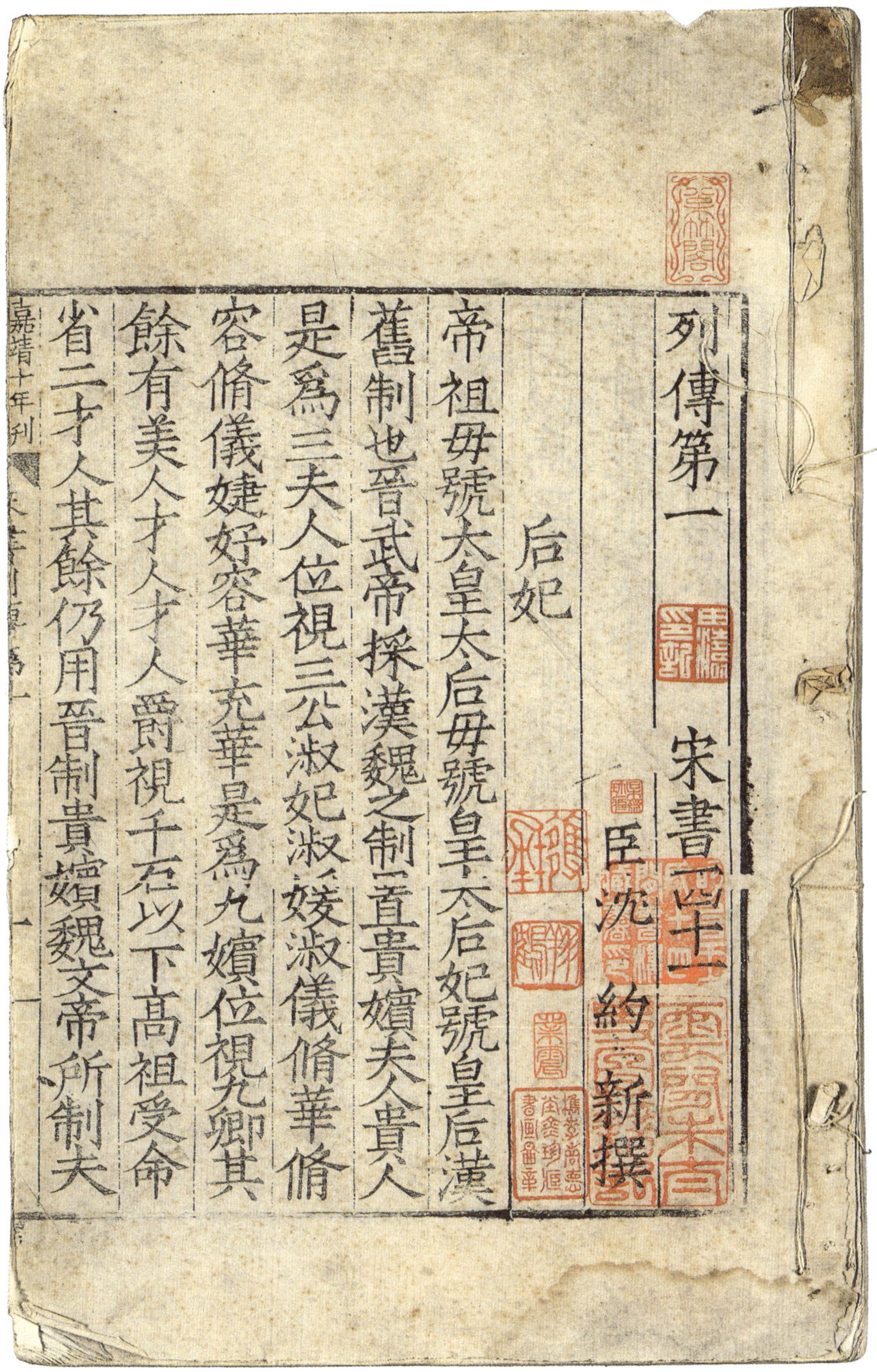

宋书一百卷　（梁）沈约撰　宋刻元明递修本　存十六卷：四十一至五十六

现存该书最早版本之一。版心有“弘治四年”“嘉靖十年刊”“嘉靖十年补刊”等。明国子监监生补刊。

（卢平收藏）

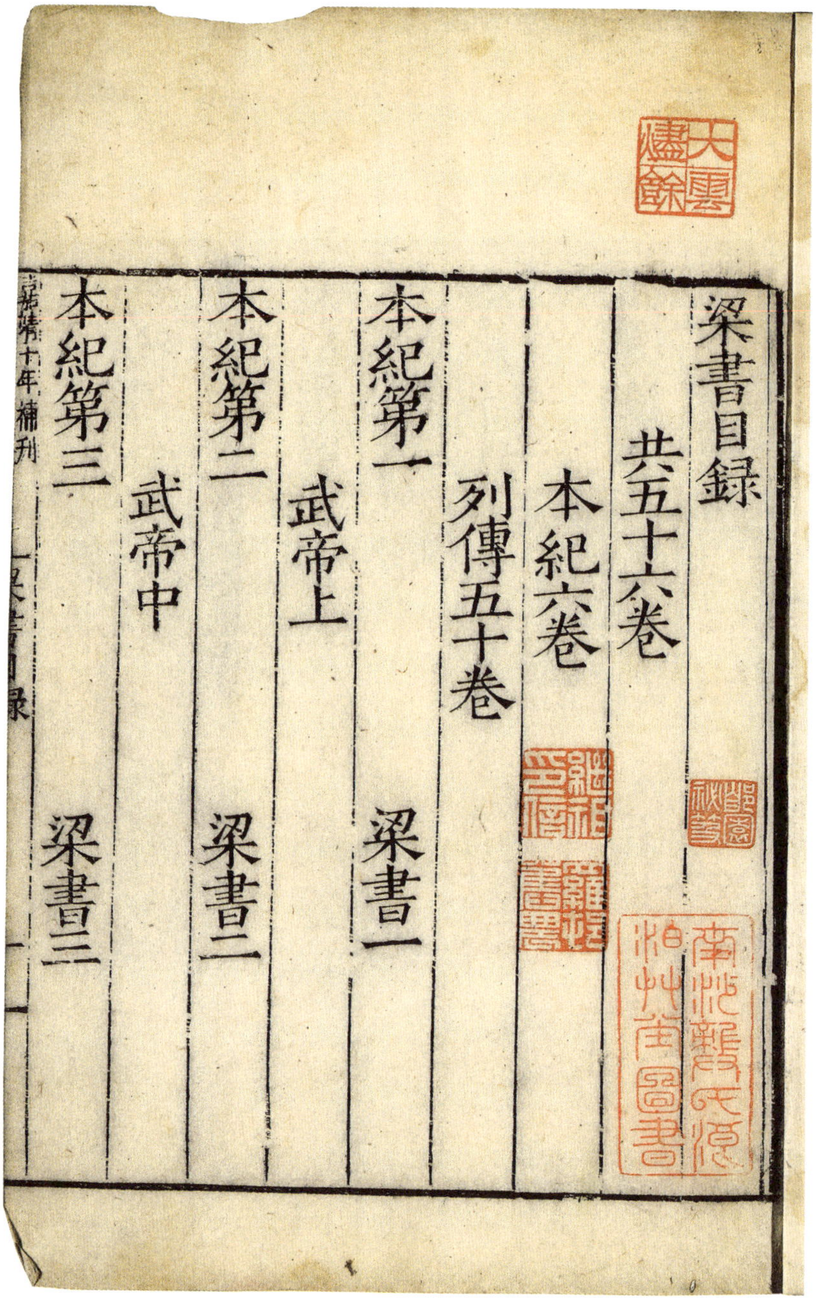

梁书五十六卷　（唐）姚思廉撰　宋刻元明递修本

记述梁武帝天监元年（502）至梁敬帝太平二年（557）五十余年的史事，分本纪六卷、列传五十卷。由姚察、姚思廉父子相继撰成。现存该书最早的版本之一，为南宋刻明嘉靖八至十年（1529—1531）补版重印者。书内有明代著名藏书家杨仪校字。罗振玉大云书库旧物，钤有“南沙龚氏浪泊草堂图书”“郎园祕笈”“罗郙旧农”等印。罗继祖跋。

（沈岗收藏）

紀第一　　梁書一

散騎常侍姚　思廉　撰

武帝上

高祖武皇帝諱衍字叔達小字練兒南蘭陵中都里人漢相國何之後也何生鄼定侯延延生侍中彪彪生公府掾章章生皓皓生仰仰生太傅望之望之生光祿大夫育育生御史中丞紹紹生光祿勳閎閎生濟陰太守闡闡生吳郡太守冰冰生中山相苞苞生博士周周生蛇丘長

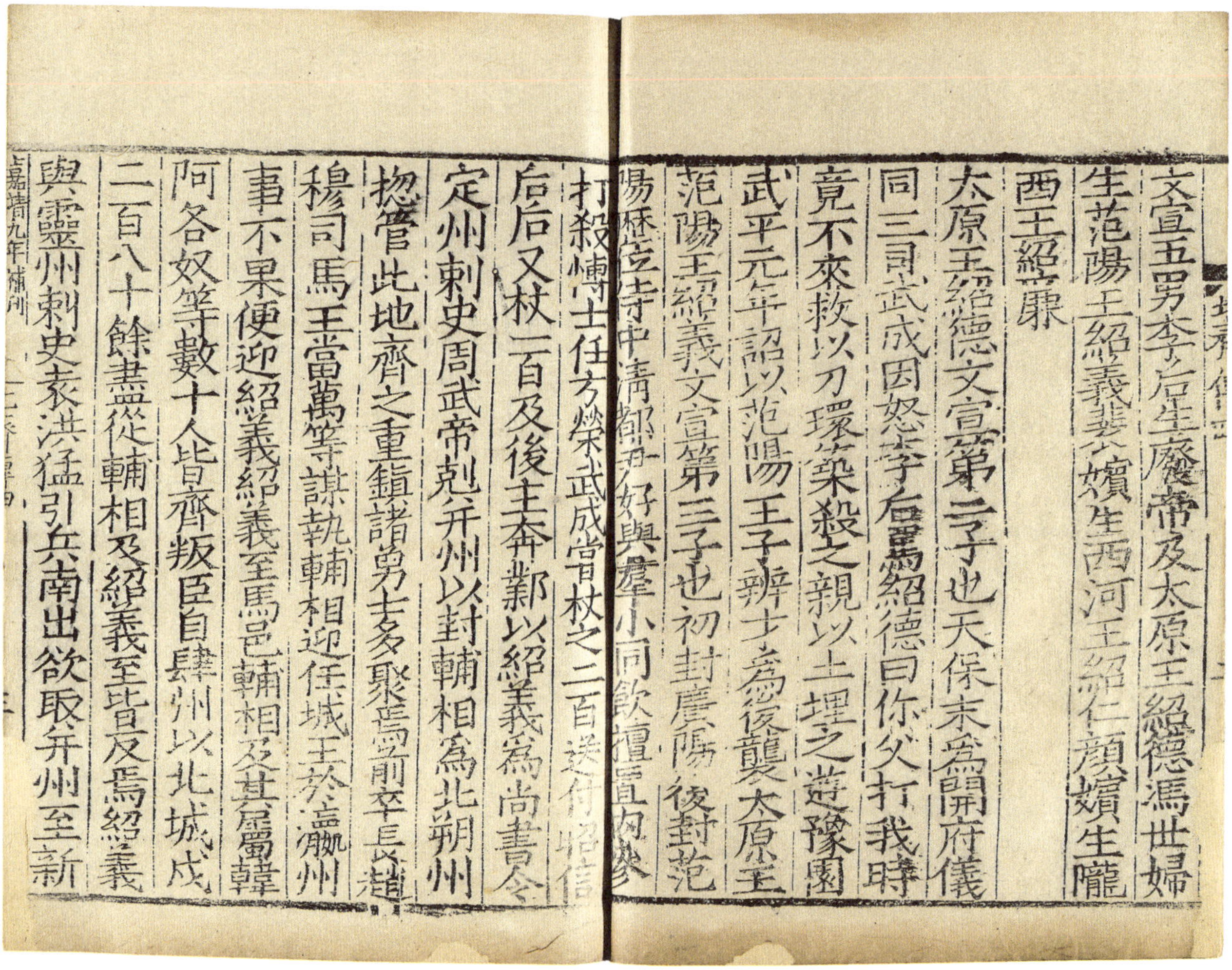

北齐书五十卷　（唐）李百药撰　宋刻元明递修本

现存该书最早版本之一。首有著名版本目录学家黄永年和顾廷龙题跋。黄永年先生跋曰："细审补板止于嘉靖，字画仍多清晰。盖刷印当在万历之先，即以宋本视之可矣。"

（卢平收藏）

此九行十八字本北齊書世所謂眉山七史之一其實是南宋臨安官刻蒙元時板歸西湖書院明初復入南監多經補刻遞修三朝本者也此細審補板心於嘉靖字畫仍多清晰

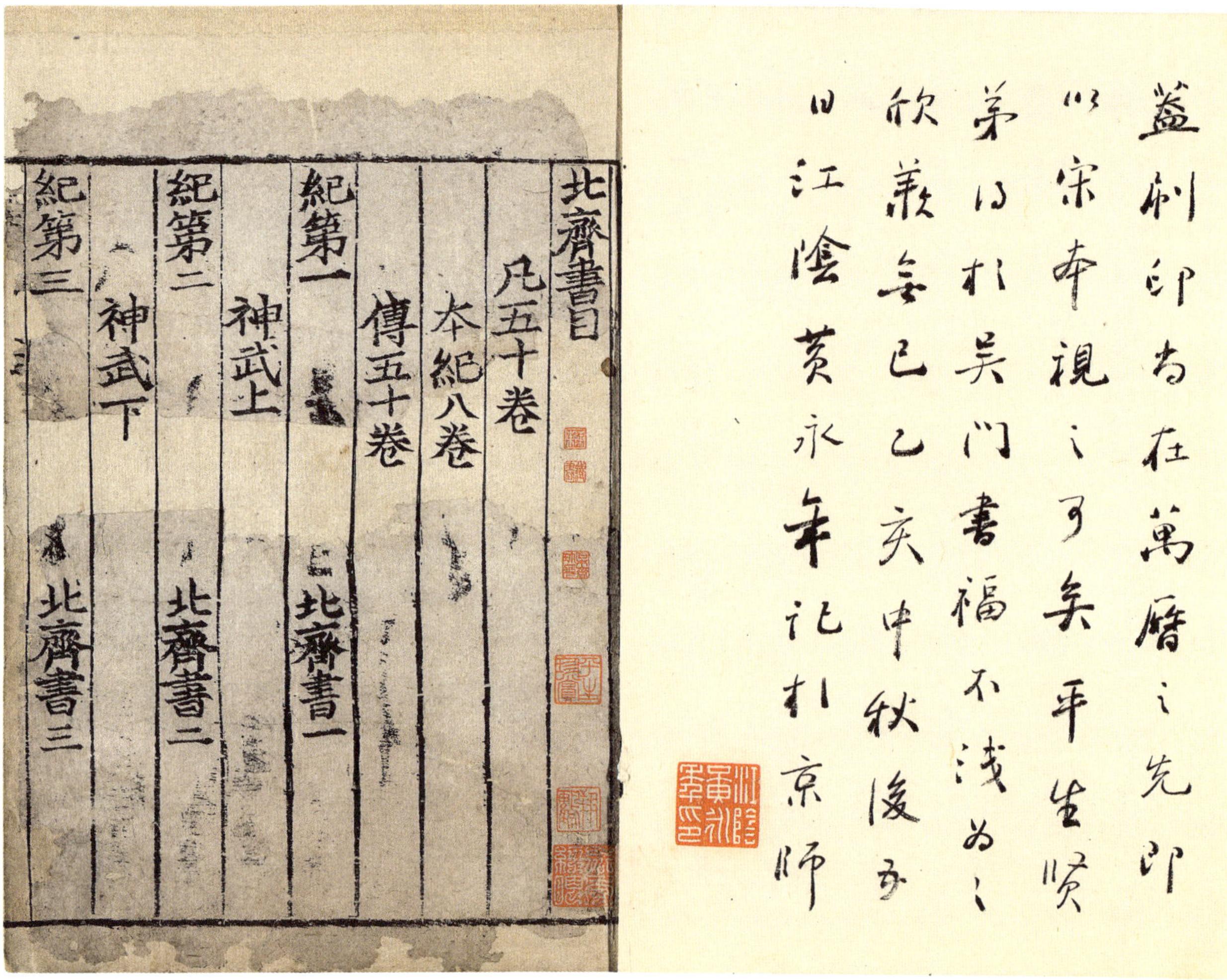

北齊書目
凡五十卷
本紀八卷
傳五十卷
紀第一　神武上　北齊書一
紀第二　神武下　北齊書二
紀第三　北齊書三

蓋刻印當在萬曆之先即
以宋本視之可矣平生賢
弟得於吳門書福不淺為之
欣羨無已乙亥中秋後五
日江陰黄永年記於京師

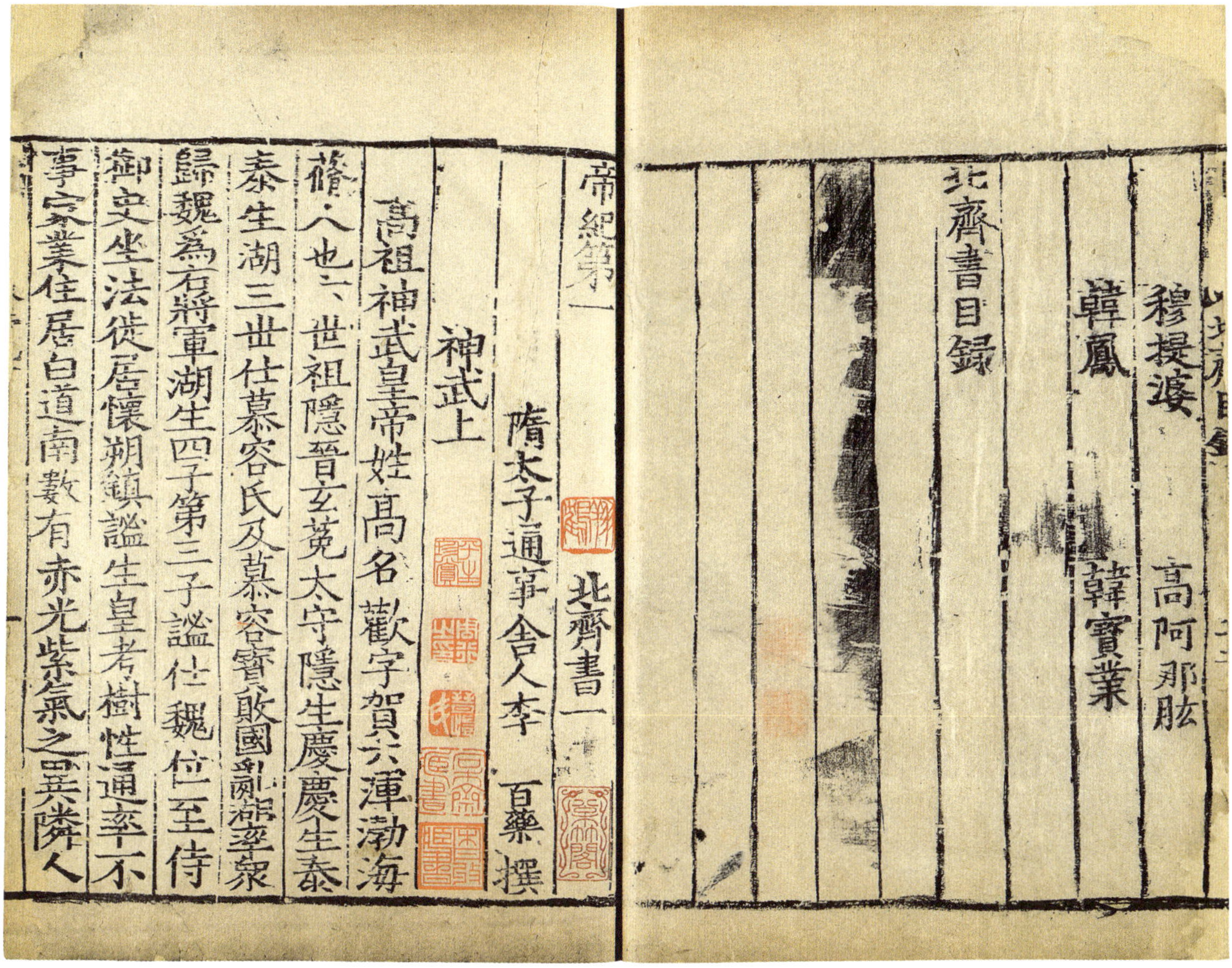
穆提婆　高阿那肱
韓鳳　韓寶業
北齊書目録

帝紀第一　北齊書一
隋太子通事舍人李　百藥　撰
神武上
高祖神武皇帝姓高名歡字賀六渾渤海
蓨人也六世祖隱晉玄菟太守隱生慶慶生泰
泰生湖三世仕慕容氏及慕容寶敗國亂湖率衆
歸魏爲右將軍湖生四子第三子謐仕魏位至侍
御史坐法徙居懷朔鎮謐生皇考樹性通率不
事家業住居白道南數有赤光紫氣之異隣人

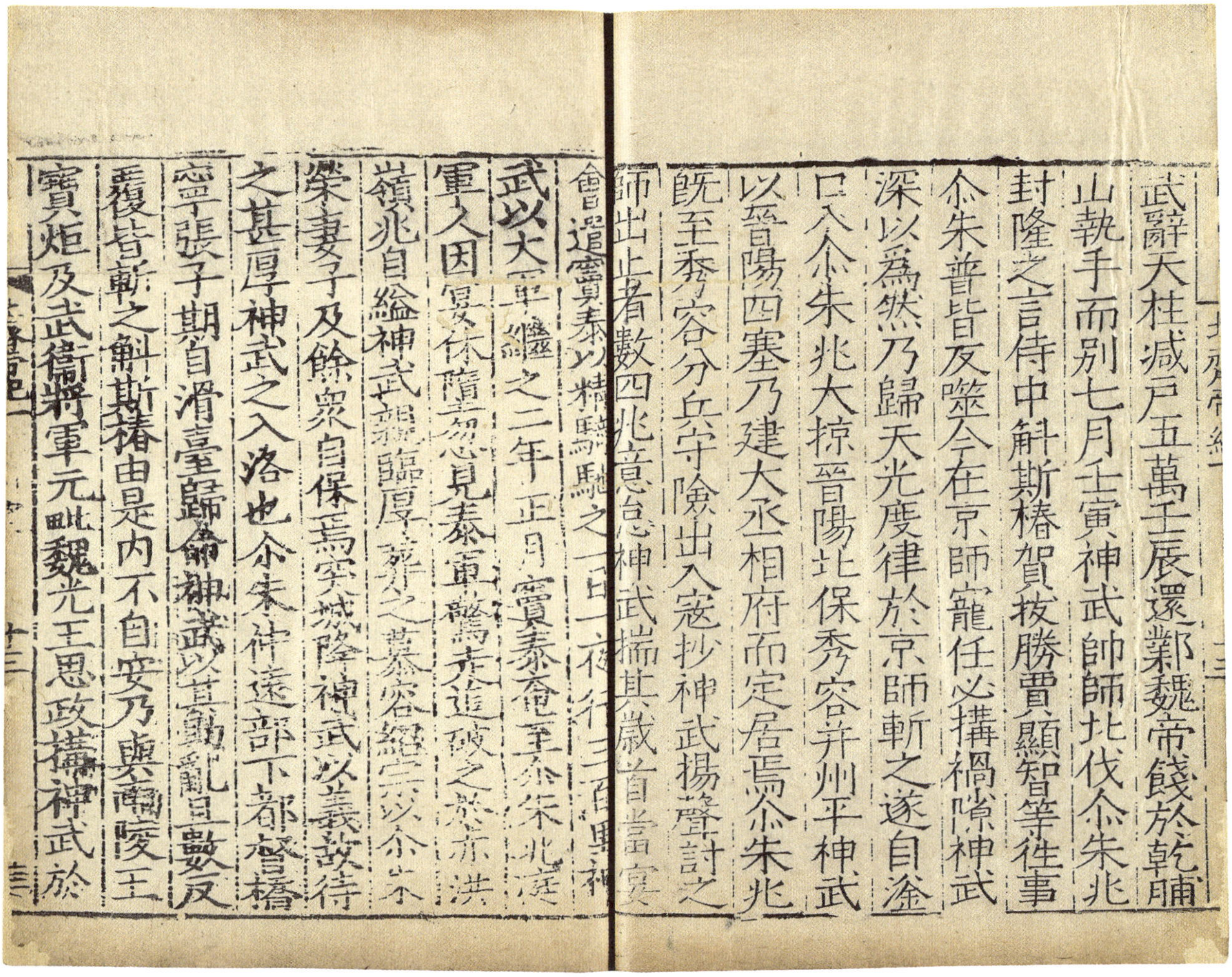
武辭天柱減戶五萬壬辰還鄴魏帝餞於乾脯
山執手而別七月壬寅神武帥師北伐尒朱兆
封隆之言侍中斛斯椿賀拔勝賈顯智等往事
尒朱普皆反噬今在京師寵任必搆禍隙神武
深以爲然乃歸天光度律於京師斬之遂自滏
口入尒朱兆大掠晉陽北保秀容并州平神武
以晉陽四塞乃建大丞相府而定居焉尒朱兆
既至秀容分兵守險出入寇抄神武揚聲討之
師出止者數四兆意怠神武揣其歲首當宴
會遣竇泰以精騎馳之一日一夜行三百里神
武以大軍繼之二年正月竇泰奄至尒朱兆庭
軍人因宴休惰忽見泰軍驚走追破之於赤洪
嶺兆自縊神武親臨厚葬之慕容紹宗以尒朱
榮妻子及餘衆自保烏突城降神武以義故待
之甚厚神武之入洛也尒朱仲遠部下都督橋
寧張子期自滑臺歸命神武以其助亂且數反
覆皆斬之斛斯椿由是內不自安乃與南陽王
寶炬及武衛將軍元毗魏光王思政搆神武於

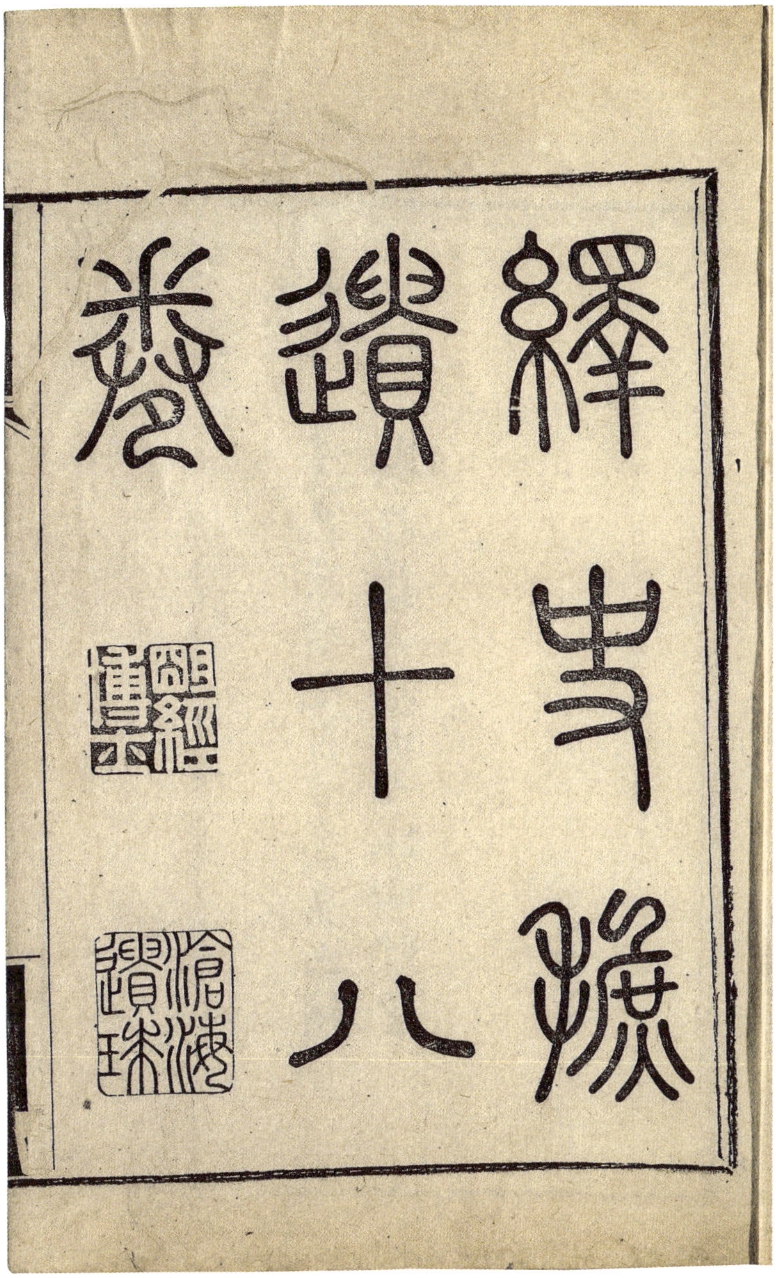

绎史摭遗十八卷绎史恤谥考八卷　（清）李瑶纂辑　清道光十年（1830）泥活字印本

李瑶字子玉，清道光苏州人，寄居杭州。清温睿临撰《南疆绎史勘本》，为南明政权人物传记，李瑶用泥活字摆印，并附自己纂辑的《绎史摭遗》及《恤谥考》，为迄今所知存世最早的泥活字印刷品。此本仅存《绎史摭遗》及《恤谥考》，排布规整，字体清晰，行款均匀，刷印清润，反映了成熟的泥活字印刷技术。

（刘继辉收藏）

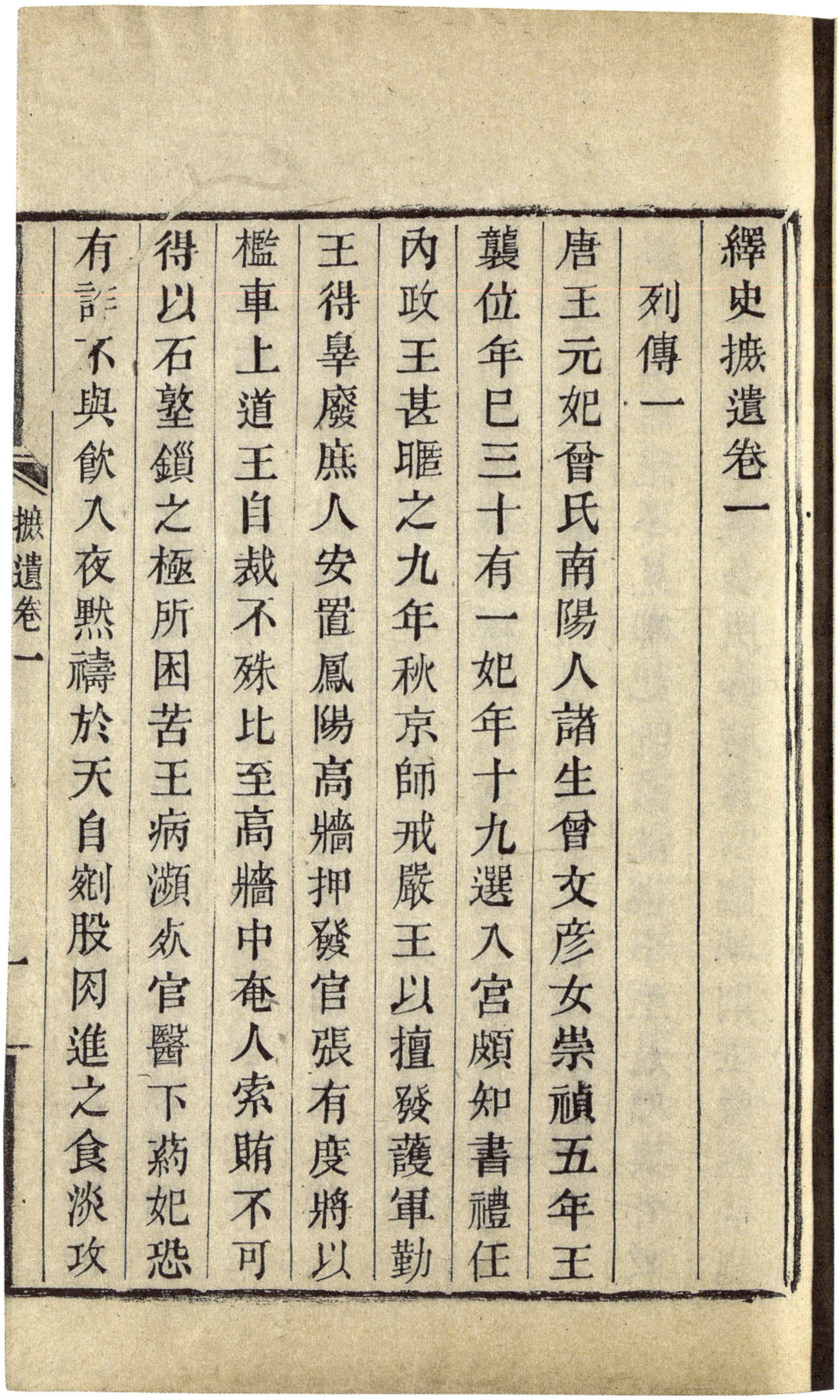

繹史摭遺卷一

列傳一

唐王元妃曾氏南陽人諸生曾文彦女崇禎五年王襲位年已三十有一妃年十九選入宮頗知書禮任內政王甚暱之九年秋京師戒嚴王以擅發護軍勤王得辠廢庶人安置鳳陽高牆押發官張有度將以檻車上道王自裁不殊比至高牆中奄人索賄不可得以石墼鎖之極所困苦王病瀕死官醫下葯妃恐有詐不與飲入夜默禱於天自刲股肉進之食淡攻

摭遺卷一　一

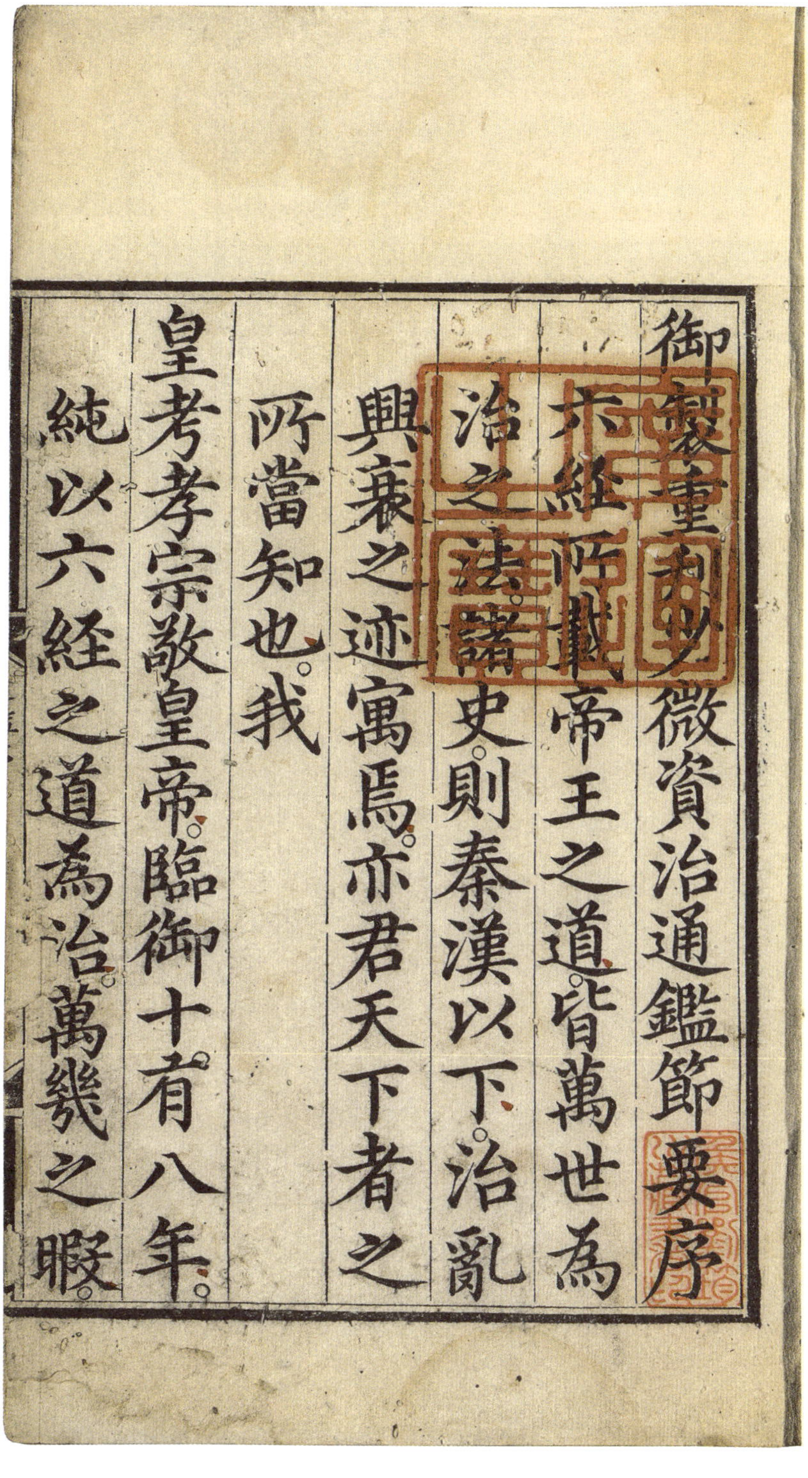

御製重刊少微資治通鑑節要序
六經所載帝王之道皆萬世為
治之法諸史則秦漢以下治亂
興衰之迹寓焉亦君天下者之
所當知也我
皇考孝宗敬皇帝臨御十有八年
純以六經之道為治萬幾之暇

少微通鉴节要五十卷外纪四卷　（宋）江贽撰　明正德九年（1514）司礼监刻本

《资治通鉴》之摘要，《外纪》述三皇五帝至周考王之事。钤“广运之宝”。

（胡关妙收藏）

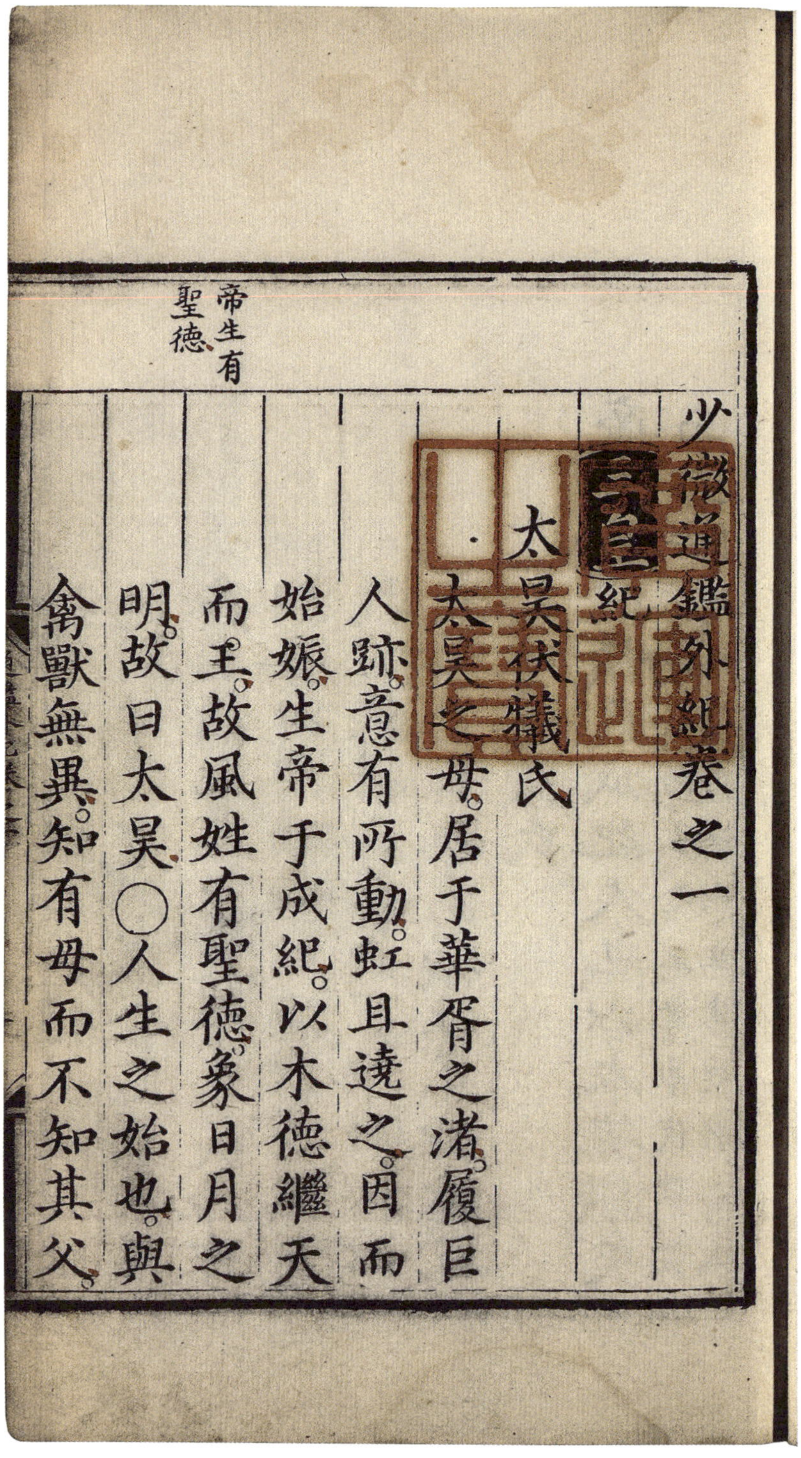
帝生有聖德

少微通鑑外紀卷之一

太昊紀

太昊伏羲氏

太昊之母居于華胥之渚履巨人跡意有所動虹且遶之因而始娠生帝于成紀以木德繼天而王故風姓有聖德象日月之明故曰太昊○人生之始也與禽獸無異知有母而不知其父

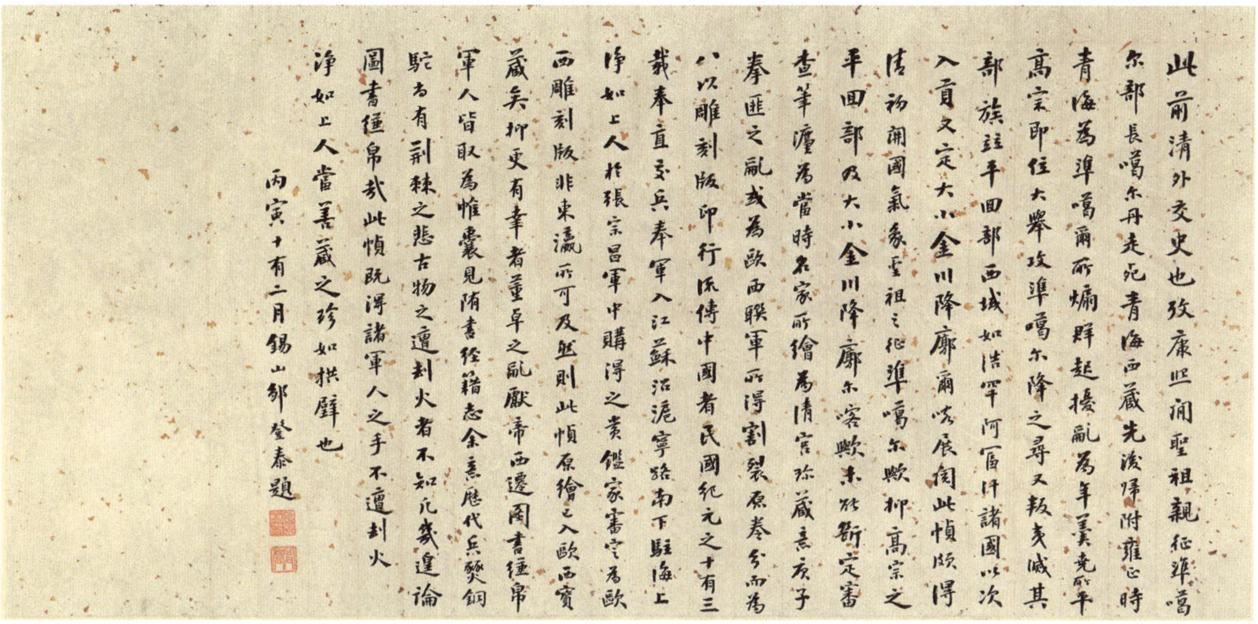

此前清外交史也攷康熙間聖祖親征準噶尔部長噶尔丹走死青海西藏先後歸附雍正時青海為準噶爾所煽畔起擾亂爲年羹堯所平高宗即位大舉攻準噶尔降之尋又叛复滅其部族鉏平回部西域如浩罕阿富汗諸國以次入貢又定大小金川降廓爾喀展閱此幀頗得清初開國氣象聖祖之征準噶尔歟抑高宗之平回部及大小金川降廓尔喀歟未能斷定審査筆墨為當時名家所繪為清宮珍藏意庚子拳匪之亂或為歐西聯軍所得割裂原卷分而為八以雕刻版印行流傳中國者民國紀元之十有三載奉直交兵奉軍入江蘇沿滬寧路南下駐海上淨如上人於張宗昌軍中購得之貴鑑家審定為歐西雕刻版非東瀛所可及然則此幀原繪之入歐西寶藏矣抑更有幸者董卓之亂獻帝西遷閣書縑帛軍人皆取為帷囊見隋書經籍志余意歷代兵燹銅駝為有荊棘之悲古物之遭刦火者不知凡幾遑論圖書縑帛哉此幀既得諸軍人之手不遭刦火淨如上人當善藏之珍如拱璧也

丙寅十有二月錫山鄒登泰題

平定西域得胜图　清铜版印本

题签“清宫宝藏郎世宁绘征准噶尔图”。首有邹登泰1926年跋。该图描写清朝乾隆时期平定准噶尔、回疆得胜之景。

（东壁书屋收藏）

大清穆宗毅皇帝圣训一百六十卷　清光绪内府抄本　存五卷：十六至二十

《圣训》系清代皇帝诏令谕旨的分类汇编，为后代恪守的祖训。自顺治十二年（1655）始，至光绪朝共修《圣训》十部九百二十二卷，统称“十朝圣训”。《清穆宗圣训》为同治帝（1856—1873）的诏令谕旨专辑，编修于光绪五年（1879），次年完成。清宫大内旧藏之物，函套、书衣均为大红织锦宫内原装，朱丝栏加厚白绵纸馆阁体墨笔抄写，纸白墨漆，开本阔大，一副皇家气派。

（兆兰堂收藏）

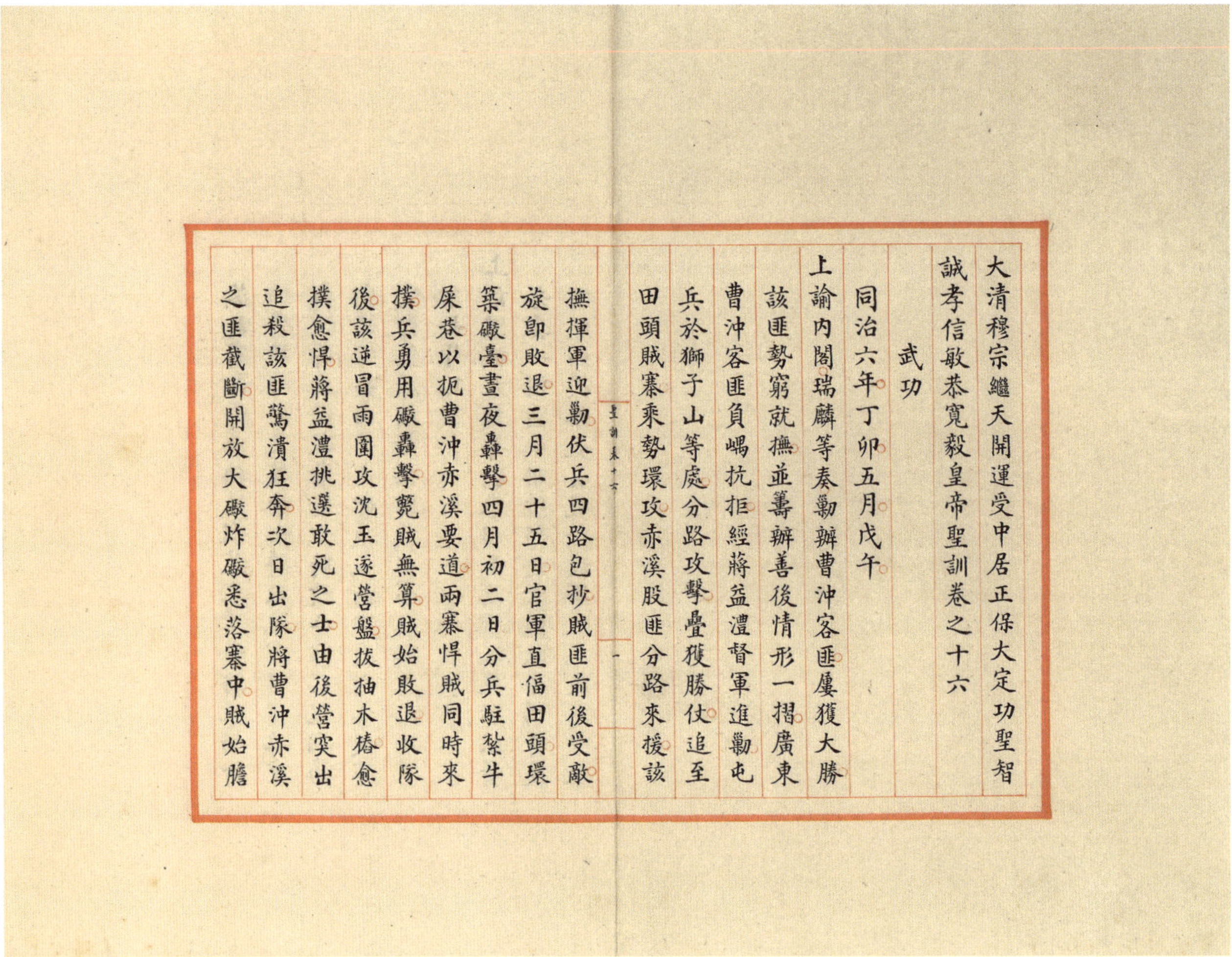

大清穆宗繼天開運受中居正保大定功聖智
誠孝信敏恭寛毅皇帝聖訓卷之十六

武功

同治六年丁卯五月戊午

上諭内閣瑞麟等奏勦辦曹沖客匪屢獲大勝
該匪勢窮就撫並籌辦善後情形一摺廣東
曹沖客匪負嵎抗拒經蔣益澧督軍進勦屯
兵於獅子山等處分路攻擊疊獲勝仗追至
田頭賊寨乘勢環攻赤溪股匪分路來援該
撫揮軍迎勦伏兵四路包抄賊匪前後受敵
旋即敗退三月二十五日官軍直偪田頭環
築礮臺晝夜轟擊四月初二日分兵駐紮牛
屎巷以扼曹沖赤溪要道兩寨悍賊同時來
撲兵勇用礮轟擊斃賊無算賊始敗退收隊
後該逆冒雨圍攻沈玉遂營盤拔抽木樁愈
撲愈悍蔣益澧挑選敢死之士由後營突出
追殺該匪驚潰狂奔次日出隊將曹沖赤溪
之匪截斷開放大礮炸礮悉落寨中賊始膽

皇訓卷十六　一

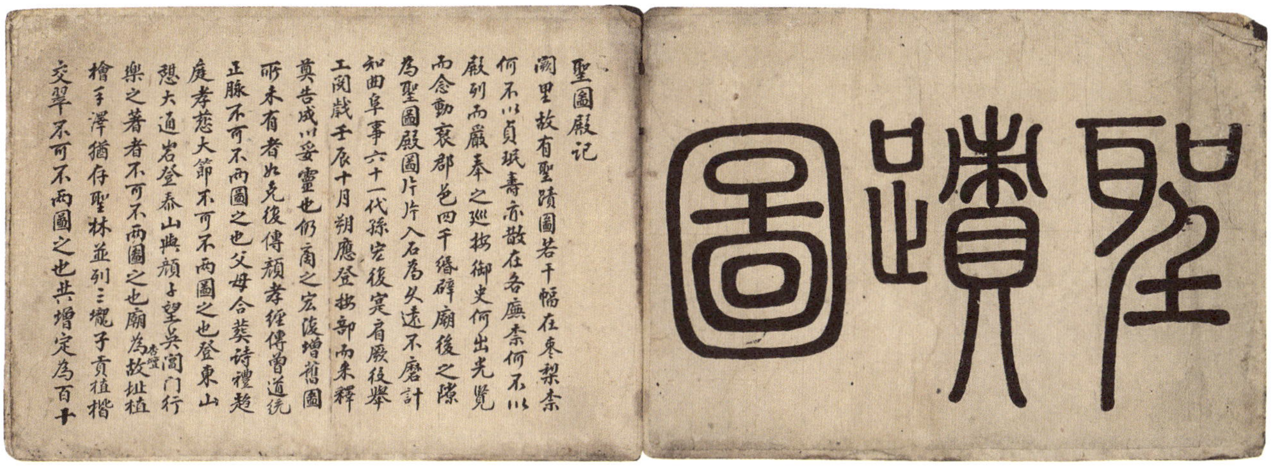

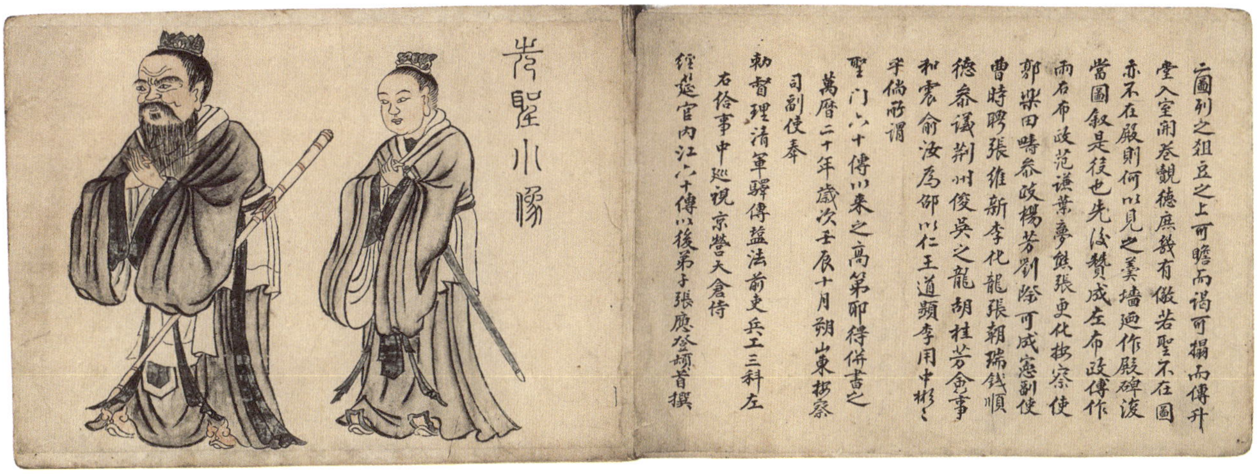

圣迹图　清初彩绘本

《孔子圣迹图》据《史记·孔子世家》等史料及一些神异传说，按照先后顺序，将多个独立的故事配图展现孔子生平事迹。这种形式在明代中期开始出现。

此书有图104幅，前有万历二十年（1592）十月山东按察副使张应登《圣图殿记》，知其以曲阜孔庙圣迹殿《孔子圣迹图》为底本绘制。书中“玄”字缺末笔，或为清康熙年间彩绘本。

（刘继辉收藏）

泰山問政
孔子適齊過泰山聞婦人
哭而哀曰此似重有憂者
使子路問之婦人曰昔舅
死於虎夫與子亦然子貢
曰何不去婦人曰無苛政
子貢以告子曰苛政猛於
虎也
觀鄉人射
孔子觀鄉射喟然嘆曰循聲而發不失正
鵠者其唯賢者乎若夫不肖安能以中詩
云發彼有的以祈爾爵

古史辑要六卷　（清）佚名纂　清抄本

书中“玄”“胤”“弘”等缺末笔避讳，“宁”字不讳。抄写精美，洵属难得。道光年间，潘仕成将此书收入《海山仙馆丛书》。于莲客旧藏。

（诒宋斋收藏）

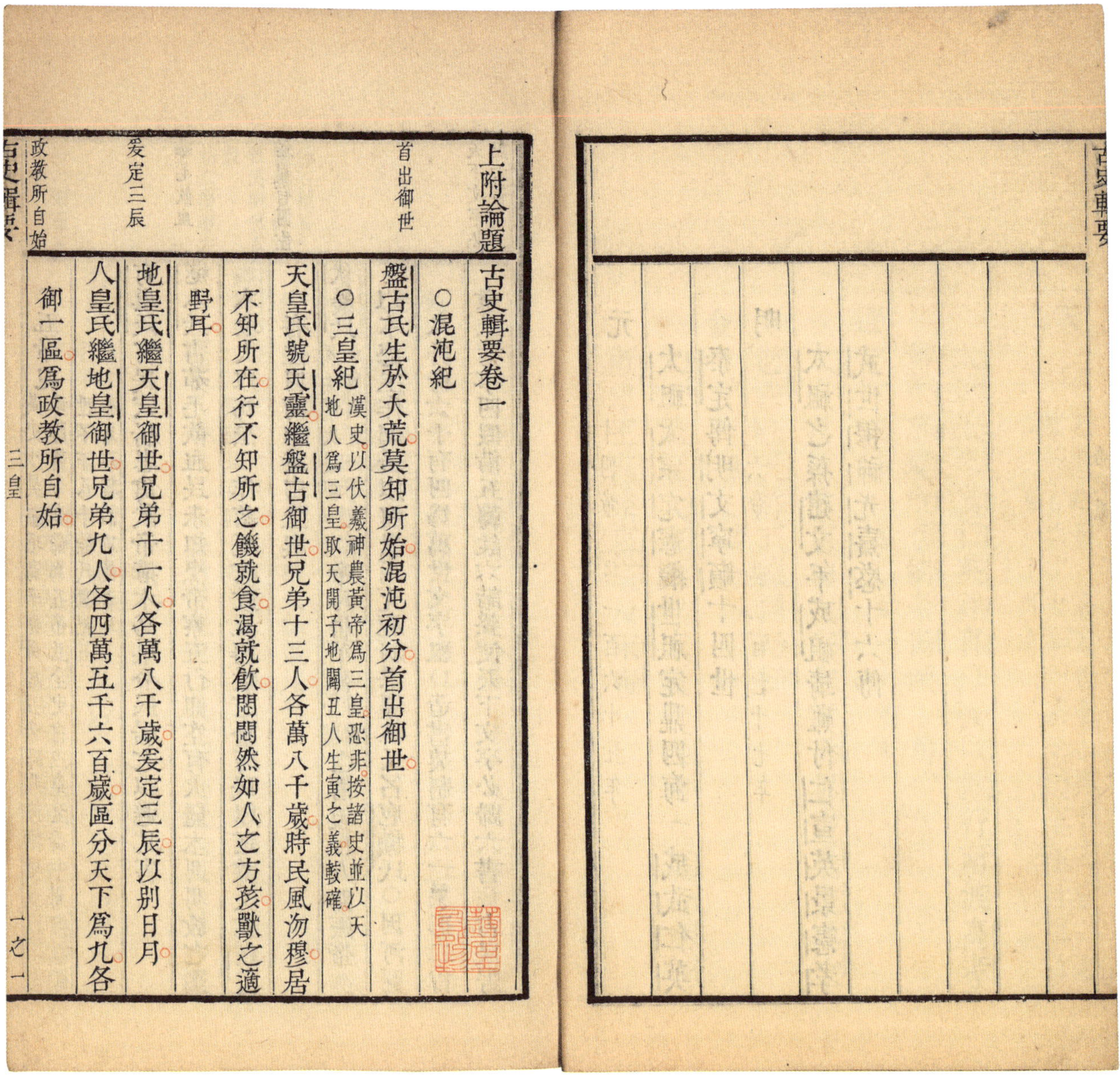

上附論題

首出御世

爰定三辰

政教所自始

古史輯要卷一

○混沌紀

盤古氏生於大荒莫知所始混沌初分首出御世

○三皇紀 漢史以伏羲神農黃帝爲三皇恐非按諸史並以天地人爲三皇取天開子地闢丑人生寅之義較確

天皇氏號天靈繼盤古御世兄弟十三人各萬八千歲時民風沕穆居不知所在行不知所之饑就食渴就飲悶悶然如人之方孩獸之適野耳

地皇氏繼天皇御世兄弟十一人各萬八千歲爰定三辰以別日月

人皇氏繼地皇御世兄弟九人各四萬五千六百歲區分天下爲九各御一區爲政教所自始

古史輯要　三皇　一之一

古史輯要

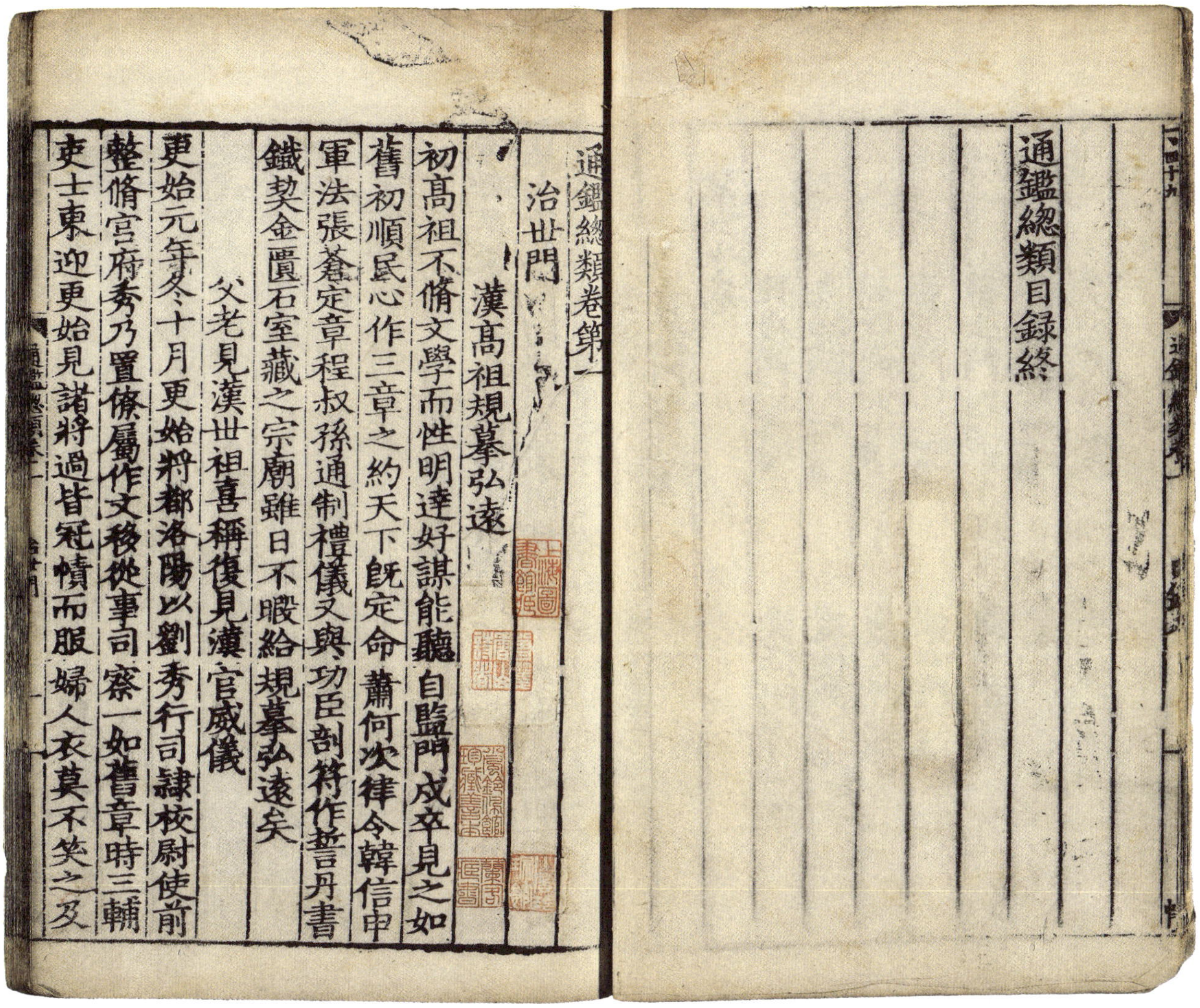

通鉴总类二十卷　（宋）沈枢辑　元至正二十三年（1363）吴郡庠刻后印本　存一卷：一

此本有断版或字迹漫漶。钤印“曾笺香山诗者”“小风铃佩馆珍藏善本”“兰客藏书”“小风铃珮馆”“朱兰客”。

（崔雄收藏）

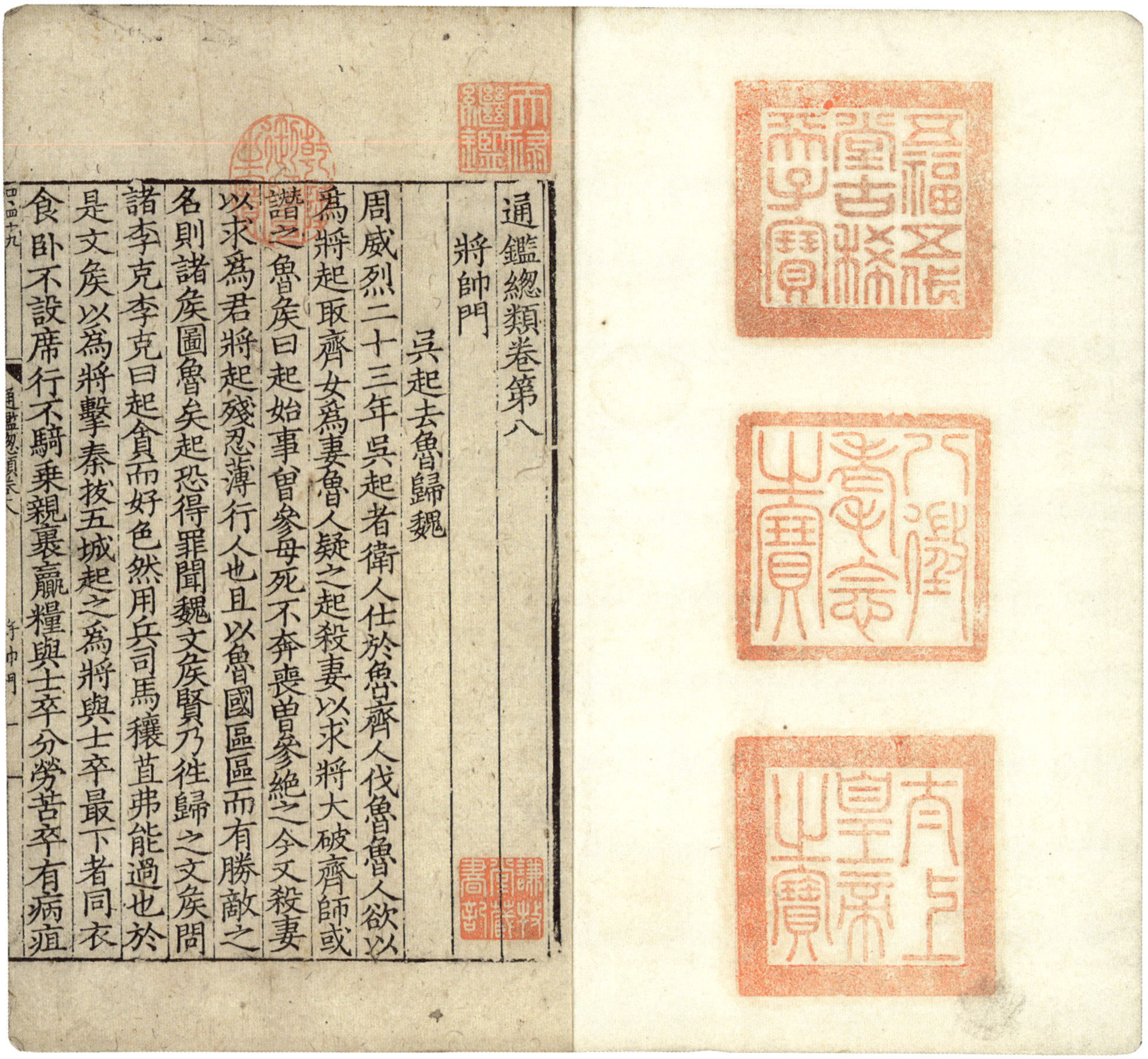
通鑑總類卷第八

將帥門

吳起去魯歸魏

周威烈二十三年吳起者衛人仕於魯齊人伐魯魯人欲以爲將起取齊女爲妻魯人疑之起殺妻以求將大破齊師或譖之魯侯曰起始事曾參母死不奔喪曾參絶之今又殺妻以求爲君將起殘忍薄行人也且以魯國區區而有勝敵之名則諸侯圖魯矣起恐得罪聞魏文侯賢乃往歸之文侯問諸李克李克曰起貪而好色然用兵司馬穰苴弗能過也於是文侯以爲將擊秦拔五城起之爲將與士卒最下者同衣食卧不設席行不騎乘親裹贏糧與士卒分勞苦卒有病疽

通鉴总类二十卷　（宋）沈枢辑　元至正二十三年（1363）吴郡庠刻本　存一卷：八

此书取材于《资治通鉴》事迹，仿《册府元龟》之例，内容分为二百七十一门。首刻于宋嘉定元年（1208），元至正时浙江行省命郡庠重刻之。南宋刻本今已不传。是本纸墨俱精。经揆叙、清宫天禄琳琅递藏。

（诒宋斋收藏）

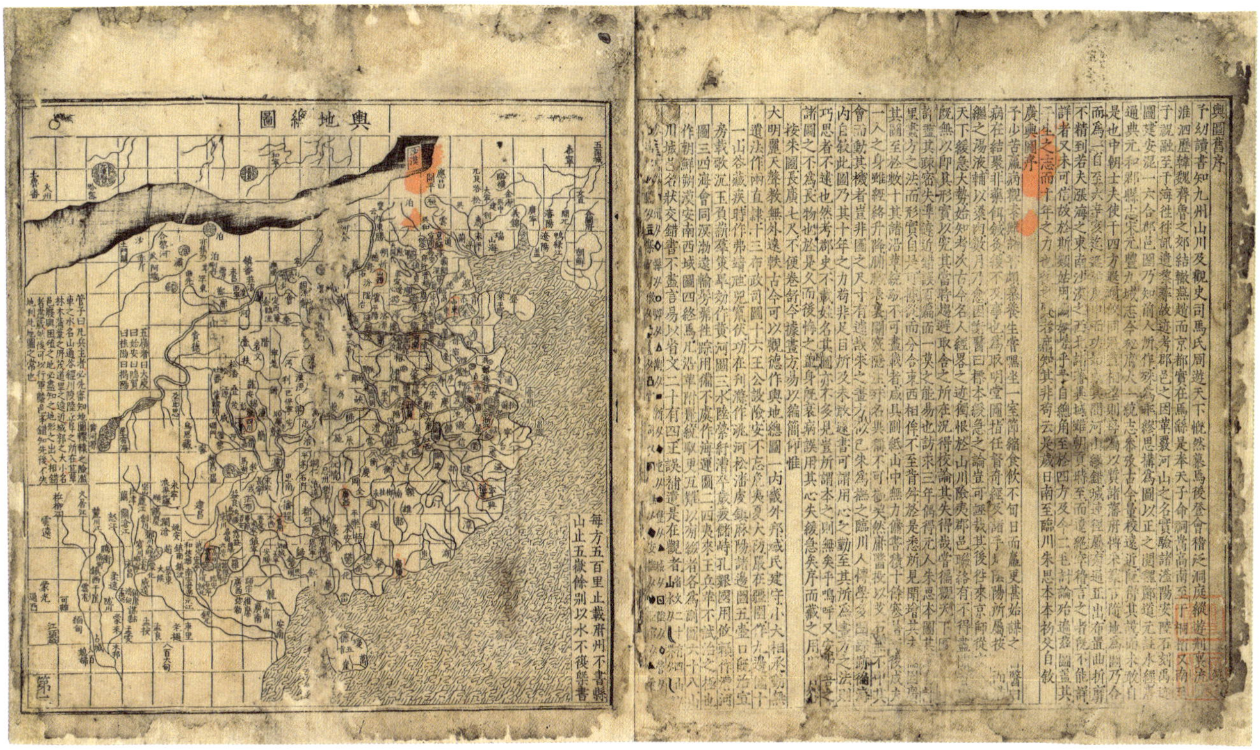

广舆图二卷　（元）朱思本撰　（明）罗洪先、胡松增补　明嘉靖刻本

此书是目前存世最早的综合性地图集，作者罗洪先在元代朱思本《舆地图》的基础上，扬长避短，新创二十四种图例符号，标注在全图之首，采用计里画方的制图方法，绘成《广舆图》，包括舆地总图、诸省图、诸边图等四十余幅。每图配有数千字的说明，涉及该地区的军事、行署、盐政及相关纪事。因其精确易得，故成明、清以来诸多传统舆图编绘时所据之底本。

（诒宋斋收藏）

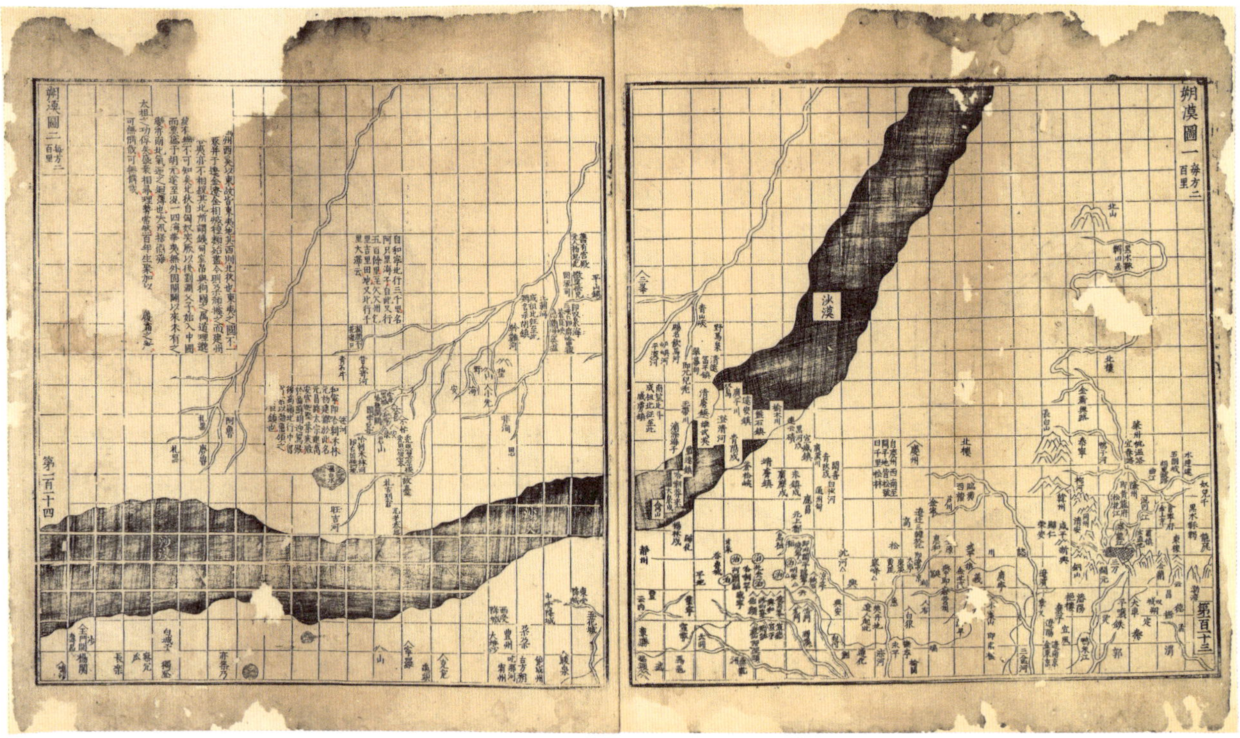
朔漠圖二
朔漠圖一
沙漠

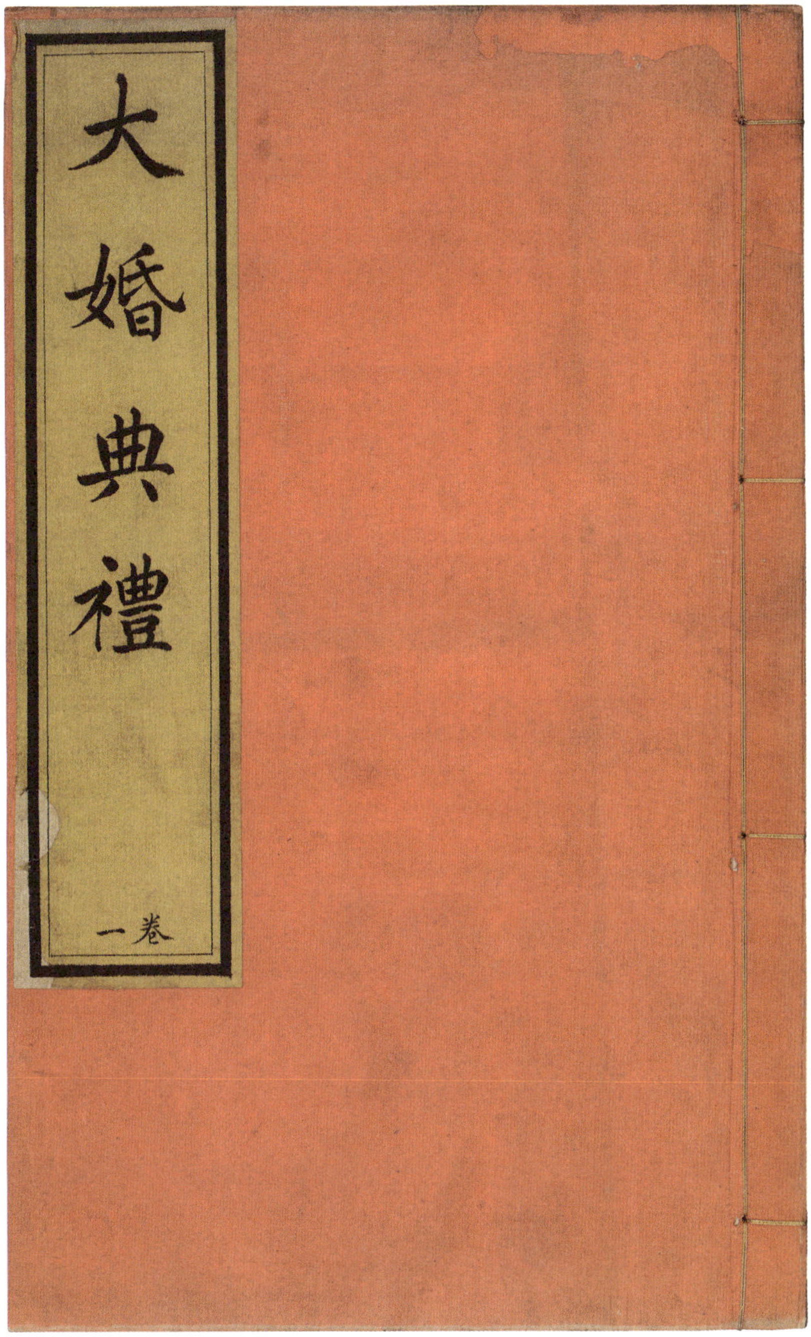

同治大婚典礼全档三十六卷　清同治十一年（1872）内府红格写本

是册为同治十一年记录其大婚的全档资料，内容极其丰富，煌煌36巨册，是研究清代历史的珍贵史料。据记载，同治大婚耗银1100万两，当时国家已经岌岌可危，仍如此奢靡，令人瞠目。

此书为内府原装原函，包括《大婚典礼》十卷、《册封嫔妃典礼》二卷、《崇上徽号典礼》四卷、《大婚典礼全档》二十卷。

（兆兰堂收藏）

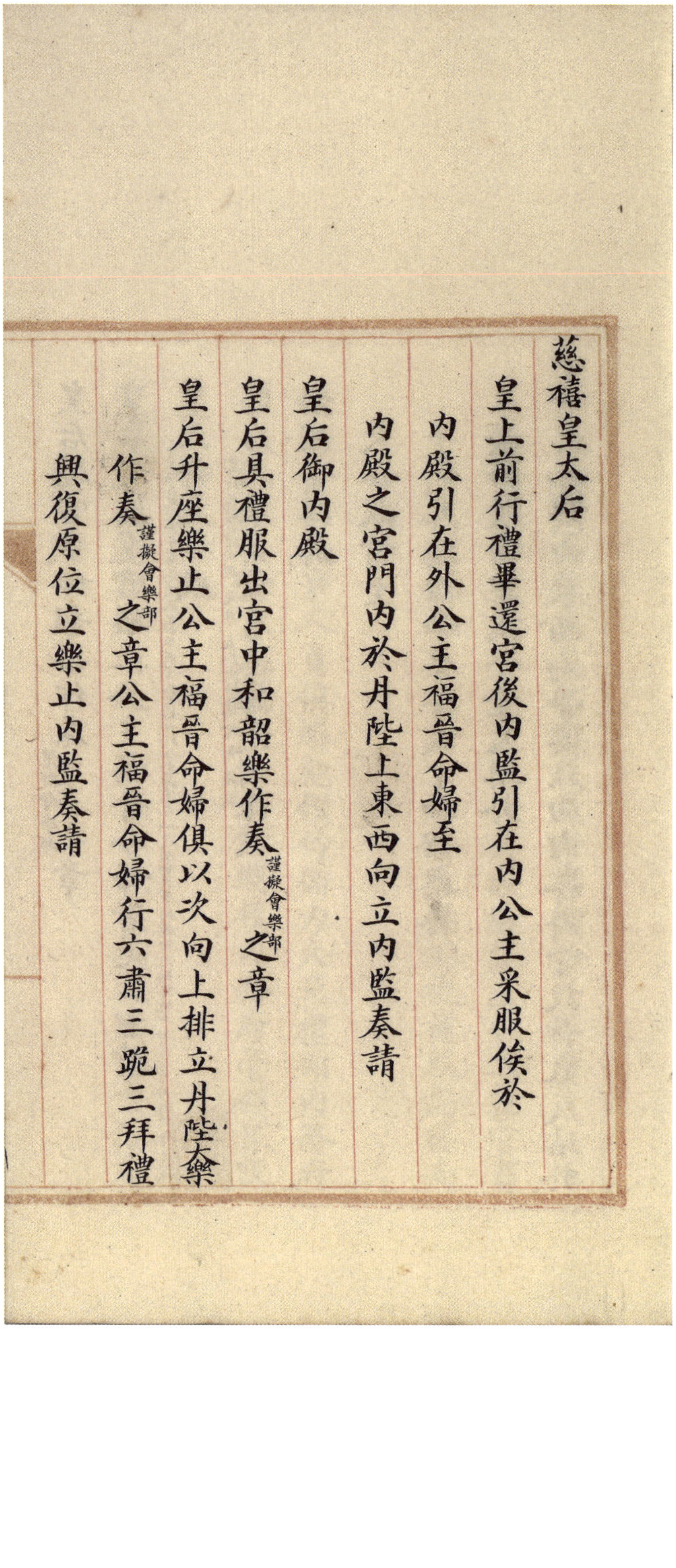
慈禧皇太后
皇上前行禮畢還宮後內監引在內公主采服候於
內殿引在外公主福晉命婦至
內殿之宮門內於丹陛上東西向立內監奏請
皇后御內殿
皇后具禮服出宮中和韶樂作奏謹擬會樂部之章
皇后升座樂止公主福晉命婦俱以次向上排立丹陛大樂
作奏謹擬會樂部之章公主福晉命婦行六肅三跪三拜禮
興復原位立樂止內監奏請

禮部恭辦

大婚禮儀處為片行事所有恭鑄

皇后金寶支領金兩前經行文內務府將派出造辦處官員及廣儲司給發金兩官員銜名知照過部以便具稿會同支領去後茲據造辦處將派出官員銜名知照前來惟廣儲司給發金兩官員銜名尚未開送相應將支領金兩會稿片送內務府即將廣儲司給發金兩官員銜名自行填寫畫押並造辦處之官員一併畫齊於三日內即行送部以便行文具領再開爐

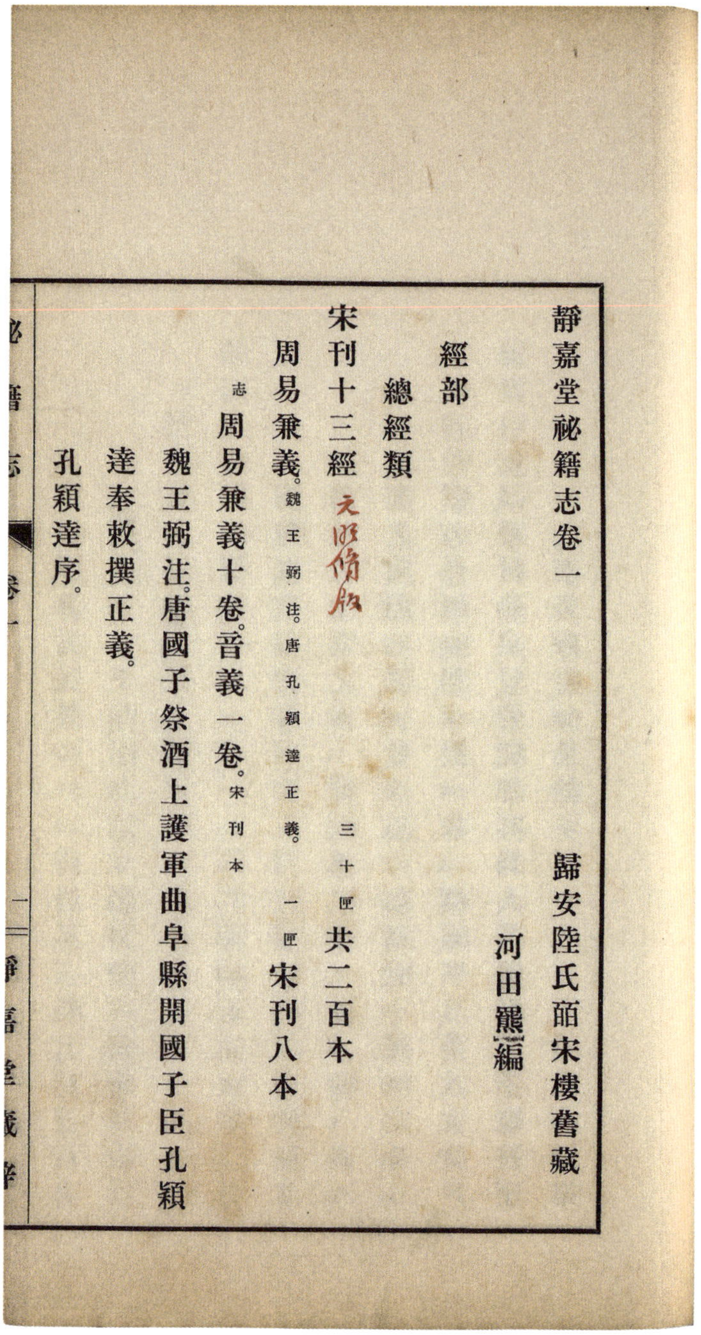
静嘉堂祕籍志卷一　　歸安陸氏皕宋樓舊藏

河田羆編

經部

總經類

宋刊十三經　三十匣　共二百本

周易兼義。魏王弼注。唐孔穎達正義。　一匣　宋刊八本

志　周易兼義十卷。音義一卷。宋刊本

魏王弼注。唐國子祭酒上護軍曲阜縣開國子臣孔穎達奉敕撰正義。

孔穎達序。

静嘉堂祕籍志五十卷　［日］河田罴编　日本大正六年（1917）铅印本　存十卷：一至七、十至十二

河田罴，日本明治、大正时期的目录学家。此书是河田罴受静嘉堂主人岩崎重野之请，参考《皕宋楼藏书志》《仪顾堂题跋》《四库全书总目》等编制的静嘉堂所收陆氏皕宋楼旧藏中版本精善、内容重要者的提要式目录。此本有1930年傅增湘对此书目著录的多处校改。

（叶健民收藏）

有士禮居藏、吳國汪士鐘印、毛晉私印、夢伯卿父之印

志

群賢梅苑十卷。汲古影宋本　卷十五第三至八葉

宋黃大輿編。

自序。

案提要云。大輿字載萬。錢曾讀書敏求記。引王灼之語云。字載方。殆書萬爲万。又譌万爲方。如蕭方等之轉爲萬等歟。其爵里未詳。厲鶚宋詩紀事。稱爲蜀人。亦以原序自署岷山耦耕。及成都文類載其詩。以意推之耳。無確證也。王灼稱。大輿歌詞。與唐名輩相角。其樂府號廣變風。有賦梅花數曲。亦自奇特。然樂府今不傳。惟此集僅存。所錄皆詠梅之詞。起於唐代。止於南北宋間。

庚午七月十四夜三鼓校錄畢　藏園居士

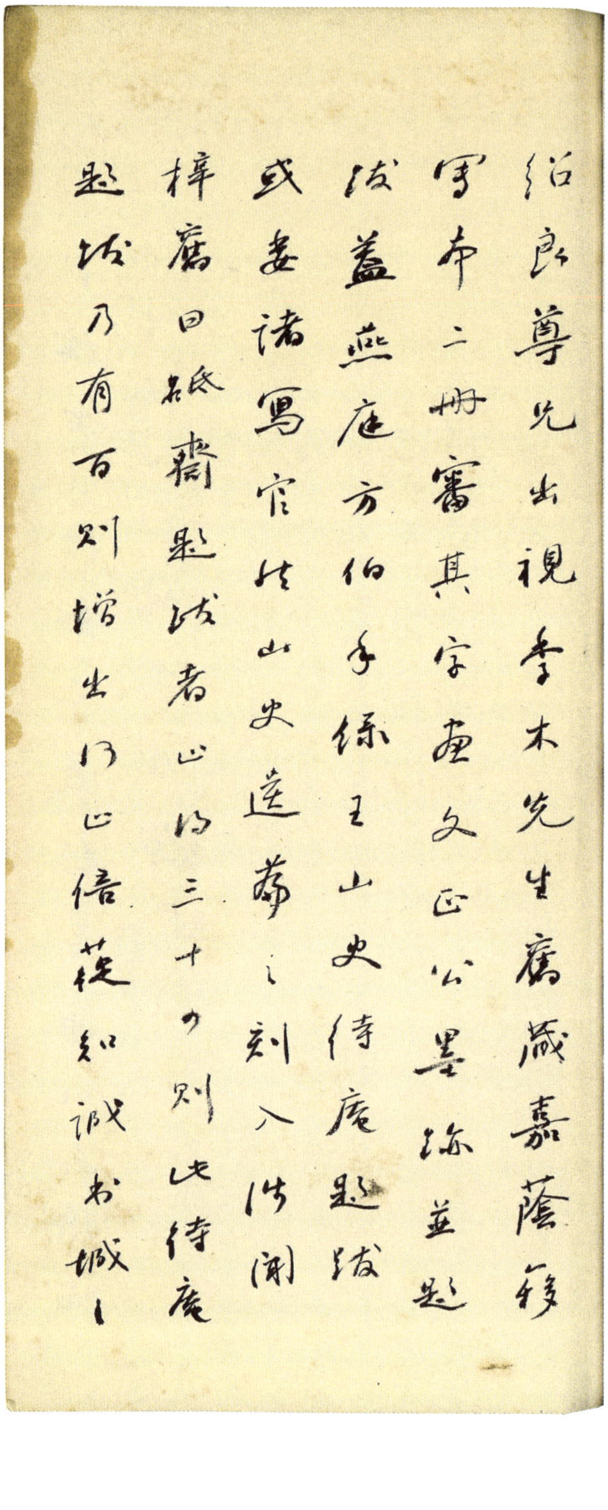
紹良尊兄出視李木先生舊藏嘉蔭簃寫本二冊審其字畫文正公墨跡並題跋蓋燕庭方伯手録王山史待庵題跋或要諸寫官於山史遺稿之刻入涉聞梓舊曰砥齋題跋者止得三十四則此待庵題跋乃有百則增出乃止倍蓰知識於城之

待庵题跋不分卷　（清）王弘撰著　（清）刘燕庭抄本

王弘撰（1622—1702），华阴（今属陕西）人，字文修，号太华山史、砥斋、待庵等。王氏曾选编题跋刻入《涉闻梓旧》，名《砥斋题跋》，仅收入三十四则。而此本为清代金石学家、藏书家刘燕庭手钞，收录王氏题跋百则，甚为难得。此本为周进、周绍良旧藏，版本学家黄永年经眼题跋。

（周启晋收藏）

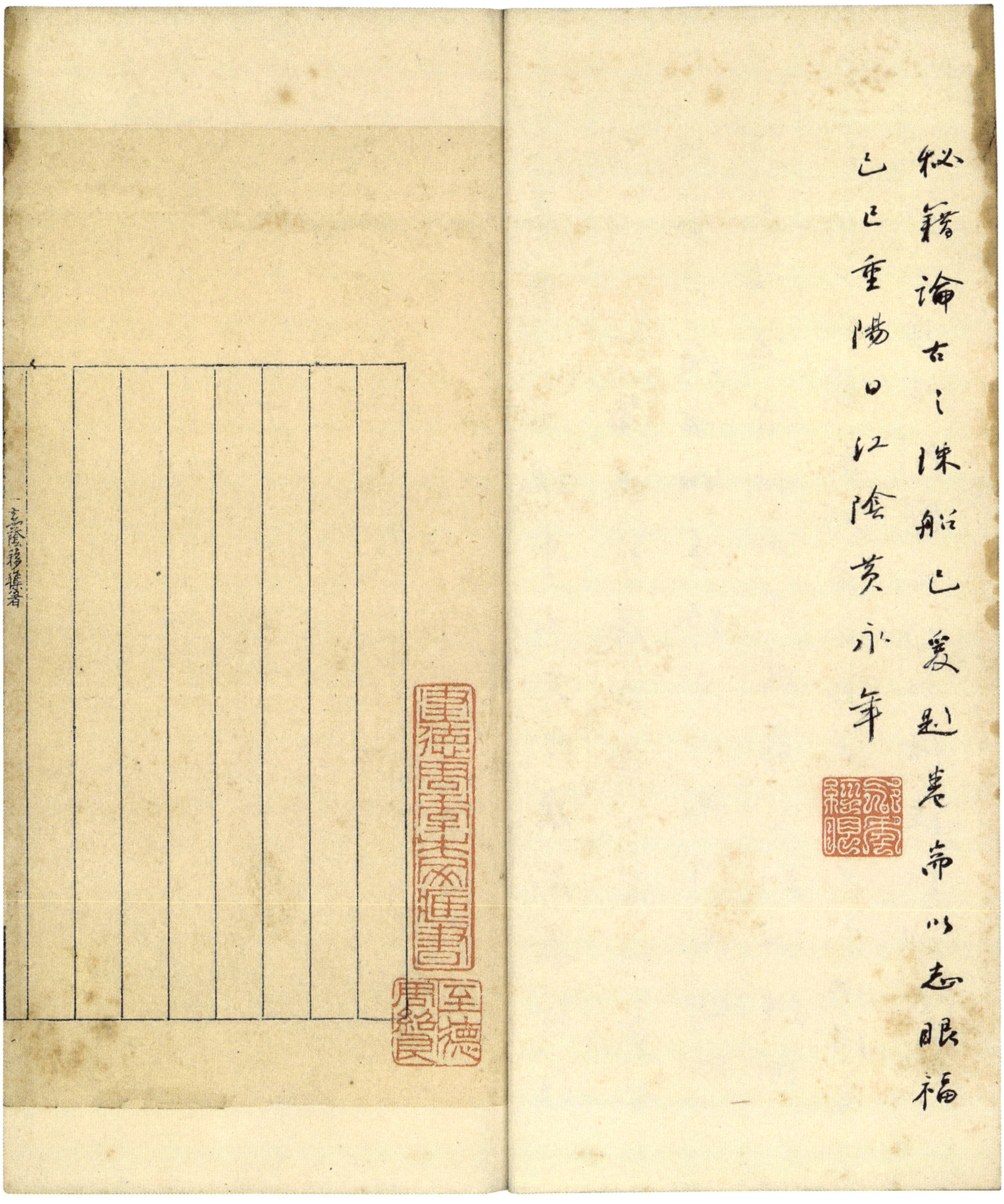
秘籍論古之深船已爰題其耑以志眼福
乙巳重陽日江陰黄永年
江陰繆荃孫著

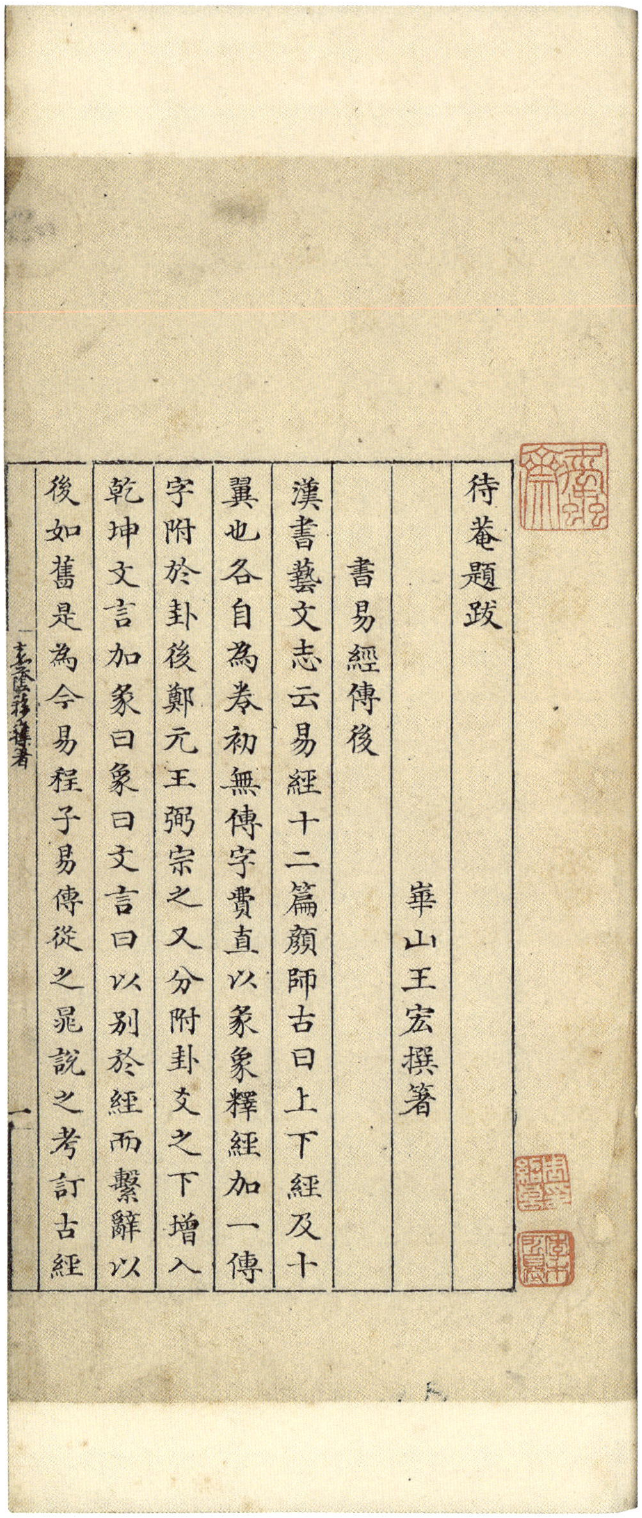

待菴題跋

崋山王宏撰著

書易經傳後

漢書藝文志云易經十二篇顏師古曰上下經及十翼也各自為卷初無傳字費直以彖象釋經加一傳字附於卦後鄭元王弼宗之又分附卦爻之下增入乾坤文言加彖曰象曰文言曰以別於經而繫辭以後如舊是為今易程子易傳從之晁說之考訂古經

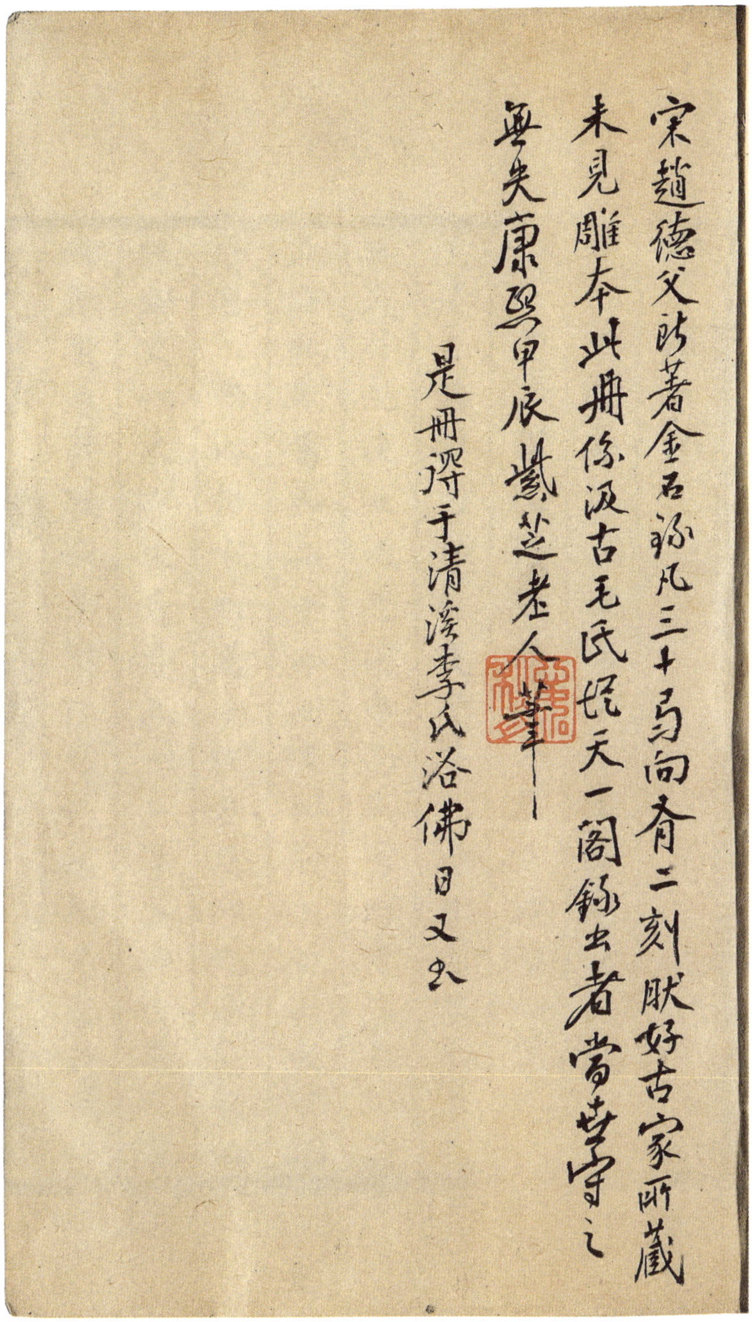

金石录三十卷　（宋）赵明诚撰　明末毛氏汲古阁抄本

宋代金石学名著，历时二十年方完成，著录从上古三代至隋唐五代以迄宋的金石铭文、拓片两千余种，考订颇为精核。此本系用毛氏汲古阁版格纸抄录而成，缮写精良，字体娟秀。卷前有康熙三年（1664）紫芝老人题记，谓“此册系汲古毛氏经天一阁录出者”，知其底本为天一阁旧藏。钤“虞山汲古阁图书”“徐紫珊藏”“曾藏顾少梅家”等印。

（卢平收藏）

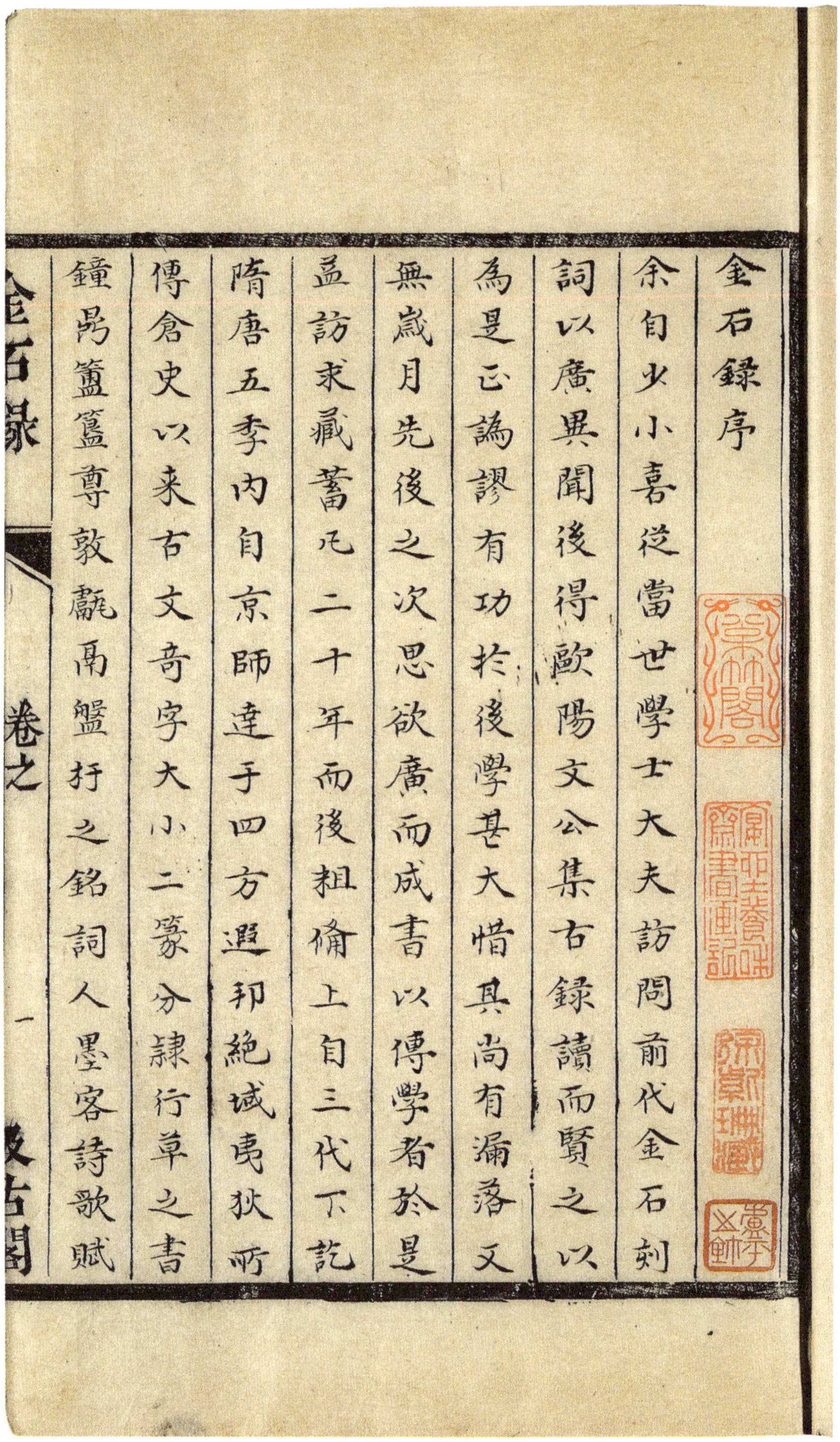

金石録序

余自少小喜從當世學士大夫訪問前代金石刻詞以廣異聞後得歐陽文公集古録讀而賢之以為是正譌謬有功於後學甚大惜其尚有漏落又無歲月先後之次思欲廣而成書以傳學者於是益訪求藏蓄凡二十年而後粗備上自三代下訖隋唐五季内自京師達于四方遐邦絶域夷狄所傳倉史以來古文奇字大小二篆分隸行草之書鍾鼎簠簋尊敦甗鬲盤杅之銘詞人墨客詩歌賦

金石録　卷之一　汲古閣

愽奕之比乎輙録而傳諸後世好古博雅之士其必有補焉東武趙明誠序

金石録卷第一　　目録一　　三代　秦　漢

第一古器物銘一

第二古器物銘二

第三古器物銘三

第四古器物銘四

第五古器物銘五

第六古器物銘六

第七古器物銘七

第八古器物銘八

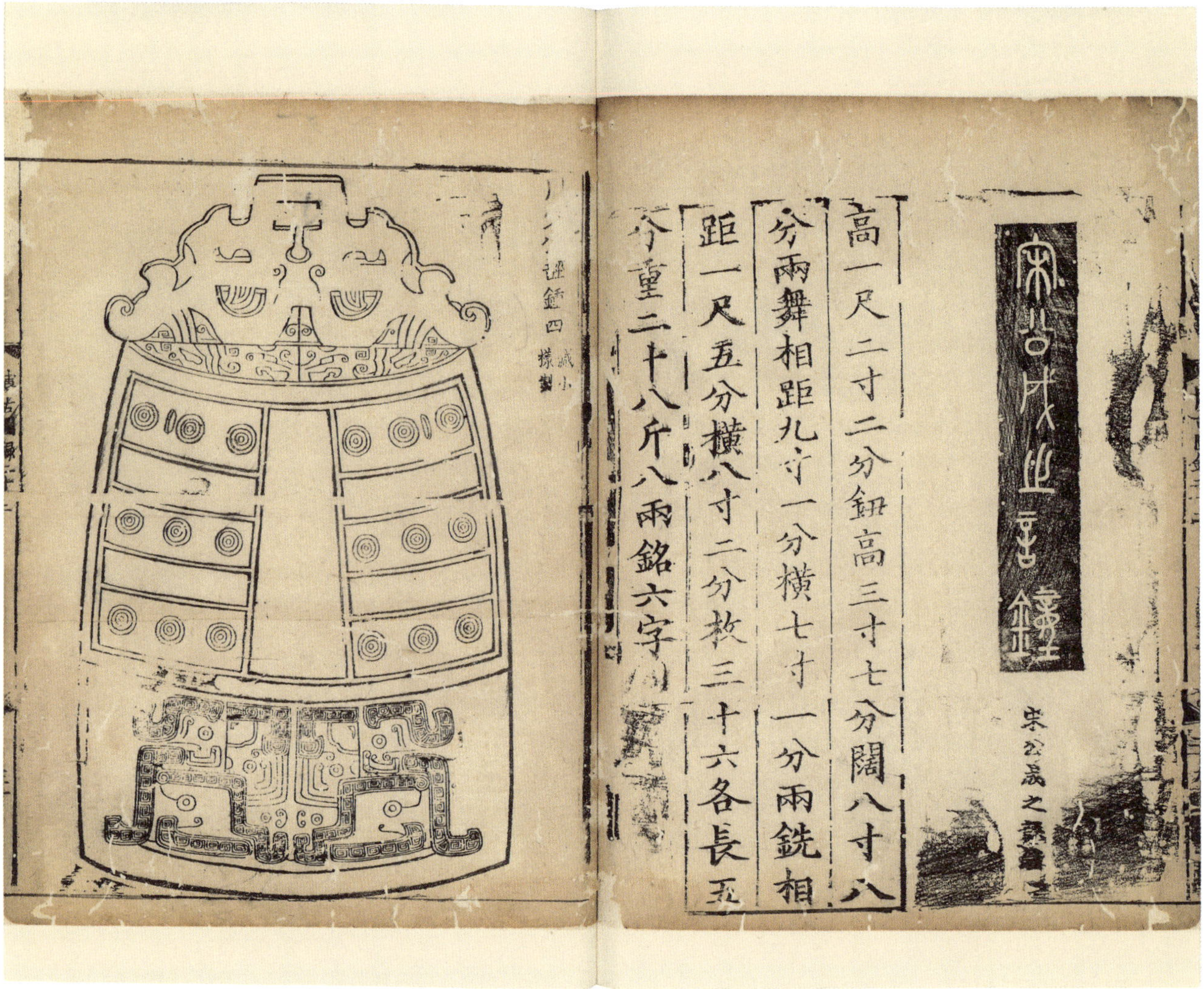

至大重修宣和博古图录三十卷　（宋）王黼等撰　元刻本　存二卷：十九、二十二

《宣和博古图录》是宋代金石学著作，著录宋代皇宫宣和殿收藏的商至唐代青铜器839件，北宋大观初年至宣和年间编纂成书。元至大年间修版再印即为《至大重修宣和博古图录》。此为现存较早之版本。卷二十二首题“至大重修宣和博古图录”。

（东壁书屋收藏）

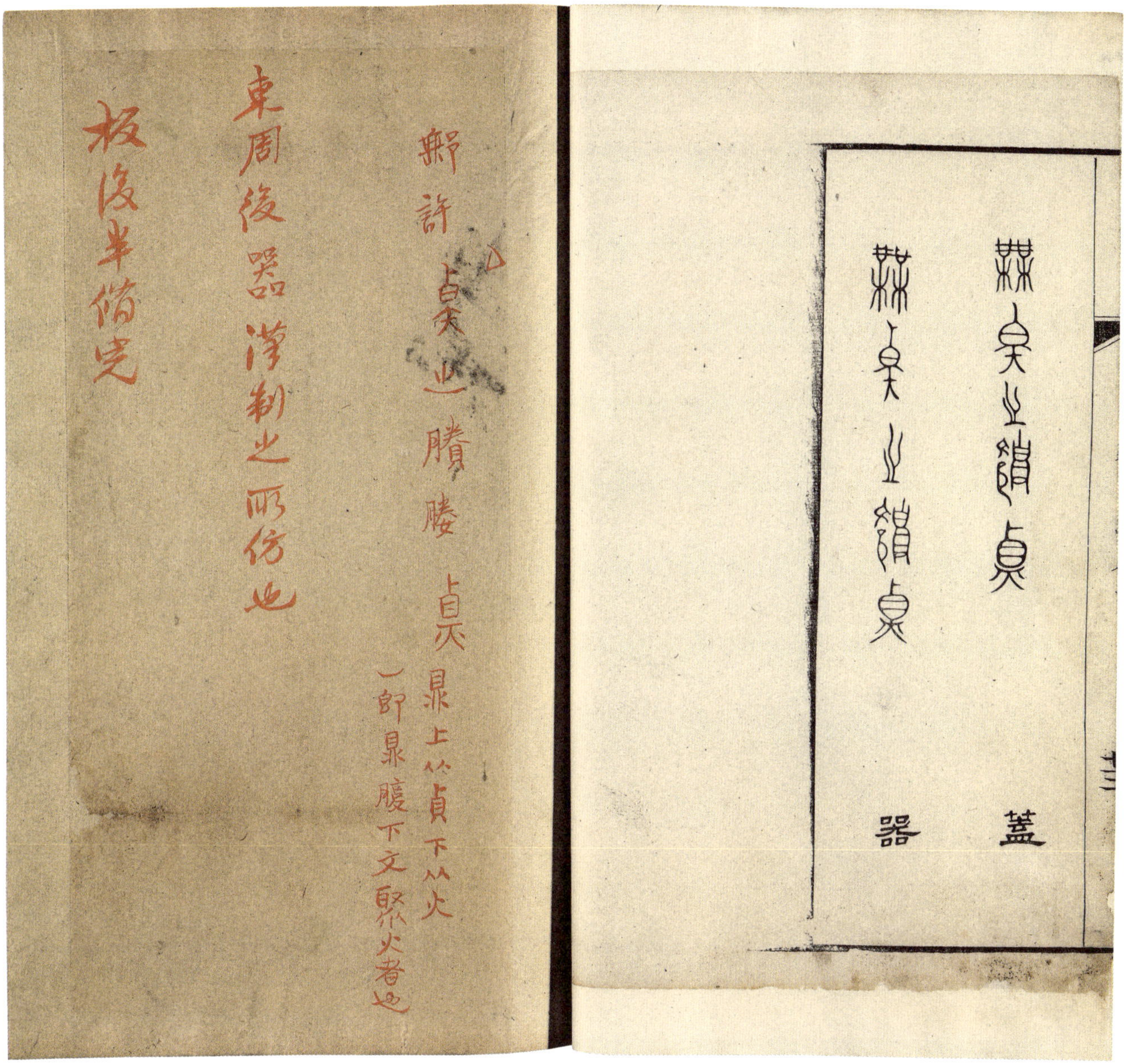

长安获古编二卷补一卷　（清）刘喜海编　清刻本

此书辑入陕西出土的商周、秦汉古器物全形图谱百余种，包括青铜彝器、酒器、衡器、兵器以及瓦当、封泥、印篆等。良工绘刻，精细绝伦，描摹文字亦颇精当。刘氏去世时本书并未完成，书稿几经辗转，为金石大家陈介祺所得。陈氏校订后嘱鲍康刊印行世，又取初印本详加批点校正，刊为定本。此本后经书画家俞绍爵收藏，有吴湖帆题签。

（刘禹收藏）

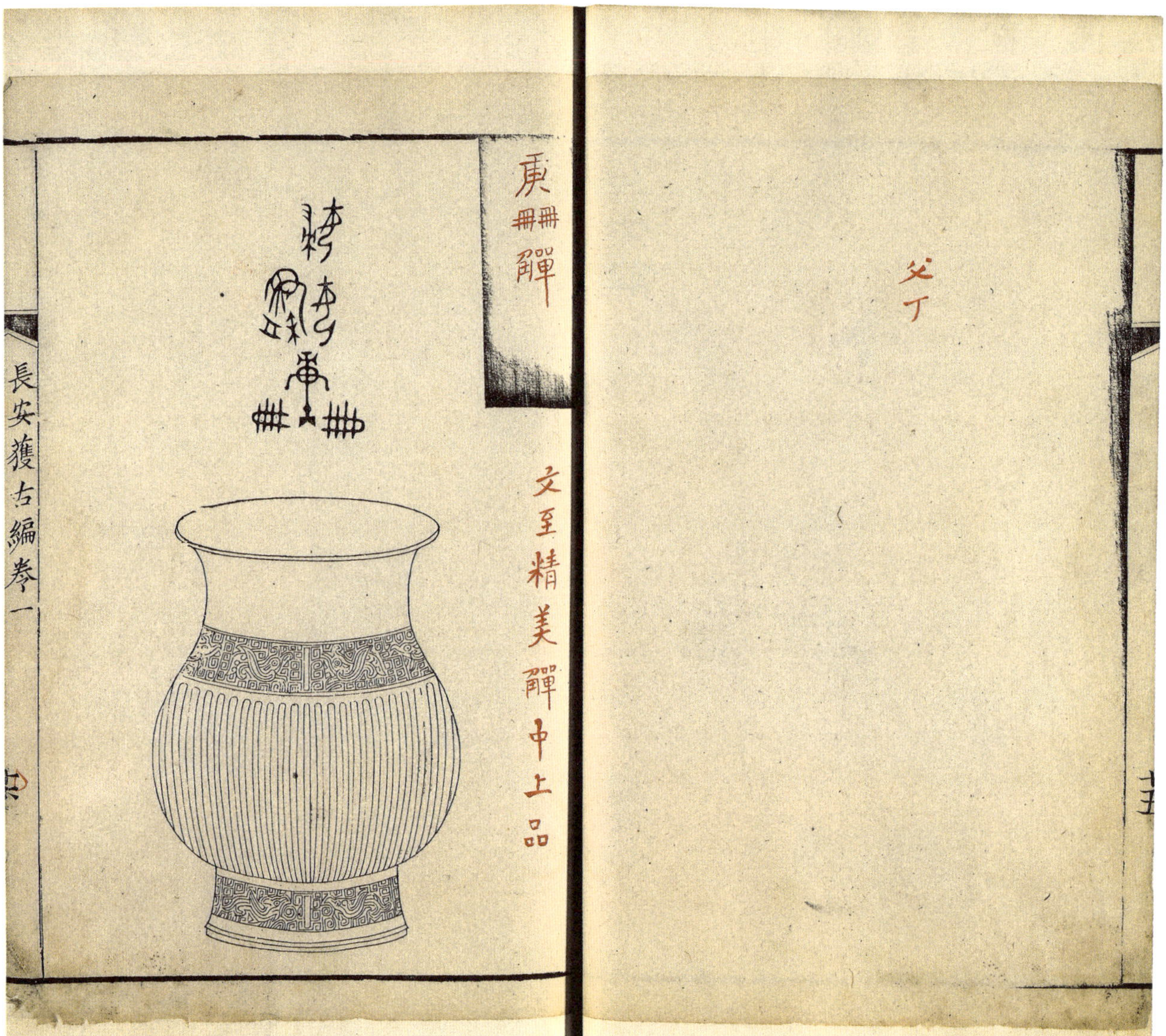
長安獲古編卷一
文至精美觶中上品
父丁

秦量詔版 二

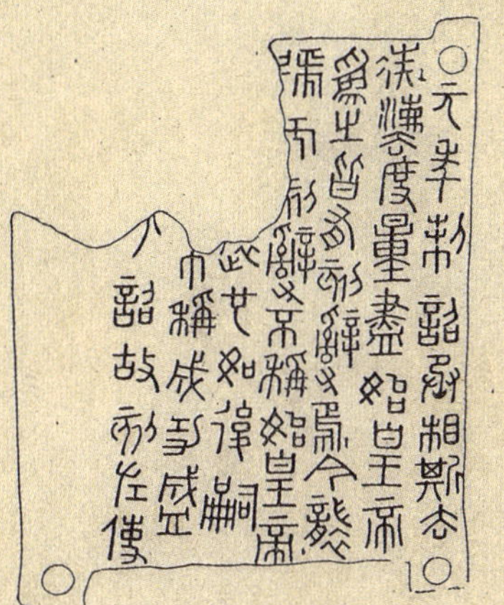

面

長安獲古編卷二

十九

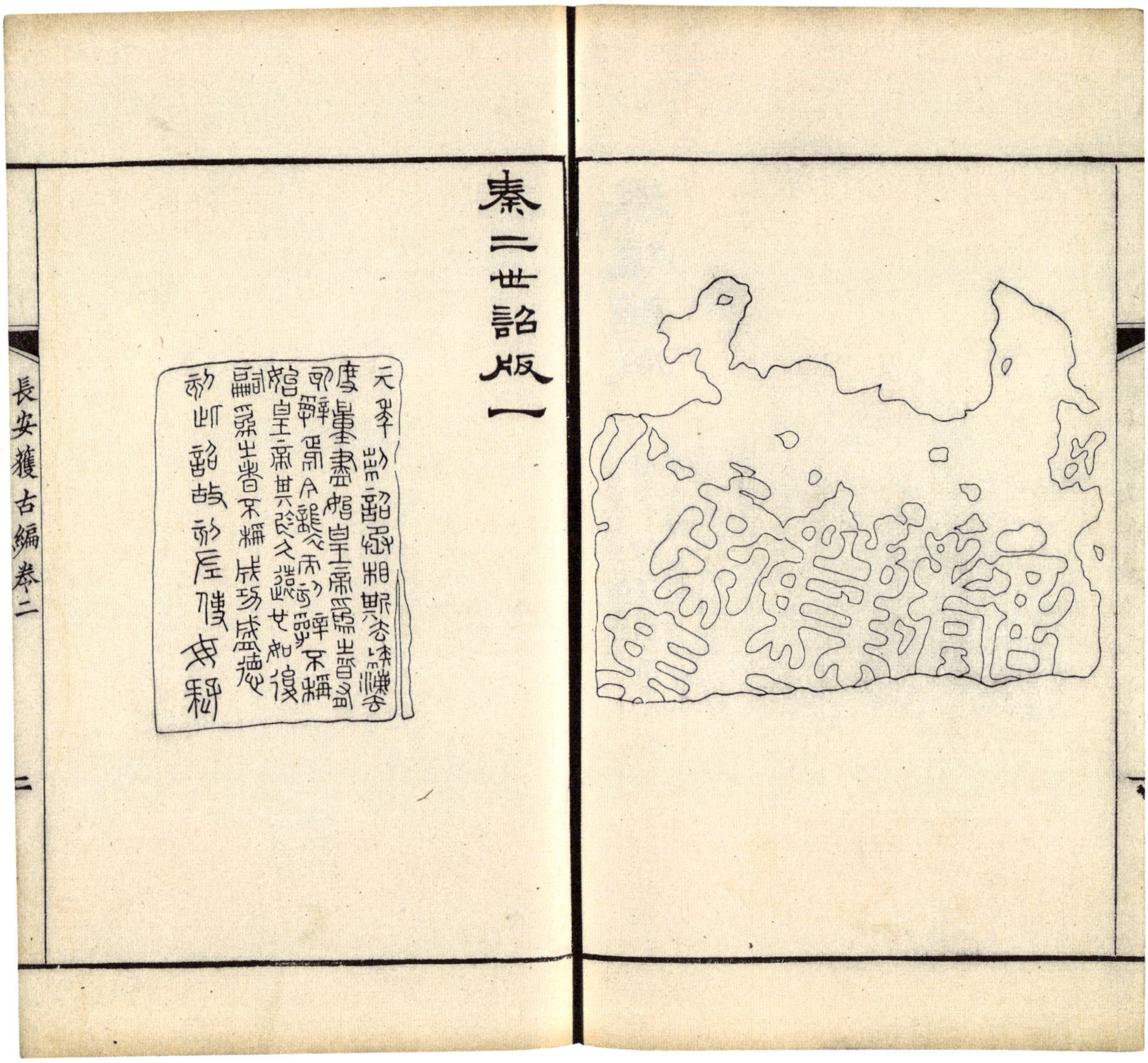
長安獲古編卷二
二
秦二世詔版一
元年制詔丞相斯去疾灋度量盡始皇帝爲之皆有刻辭焉今襲號而刻辭不稱始皇帝其於久遠也如後嗣爲之者不稱成功盛德刻此詔故刻左使毋疑

三公山碑　清初拓本　墨心高152厘米，宽72厘米

东汉元初四年（117）刻，在河北省元氏县封龙山下，清乾隆三十九年（1774）为世人所知。此本为清初拓整幅本，第六行末“熹”字完好。经清末顾曾寿、民国张伯英递藏，有张伯英、张延厚题跋。

（小残卷斋收藏）

三体石经·尚书残石拓本　清末拓本　墨心高95厘米，宽51厘米

三国魏齐王芳正始年间（240—249）刻立古文《尚书》《春秋》及曹丕《典论》，故又称“正始石经”或“魏石经”。原碑早损，仅存残石。此本为清末拓本，存字较多，有王国维题跋。

（小残卷斋收藏）

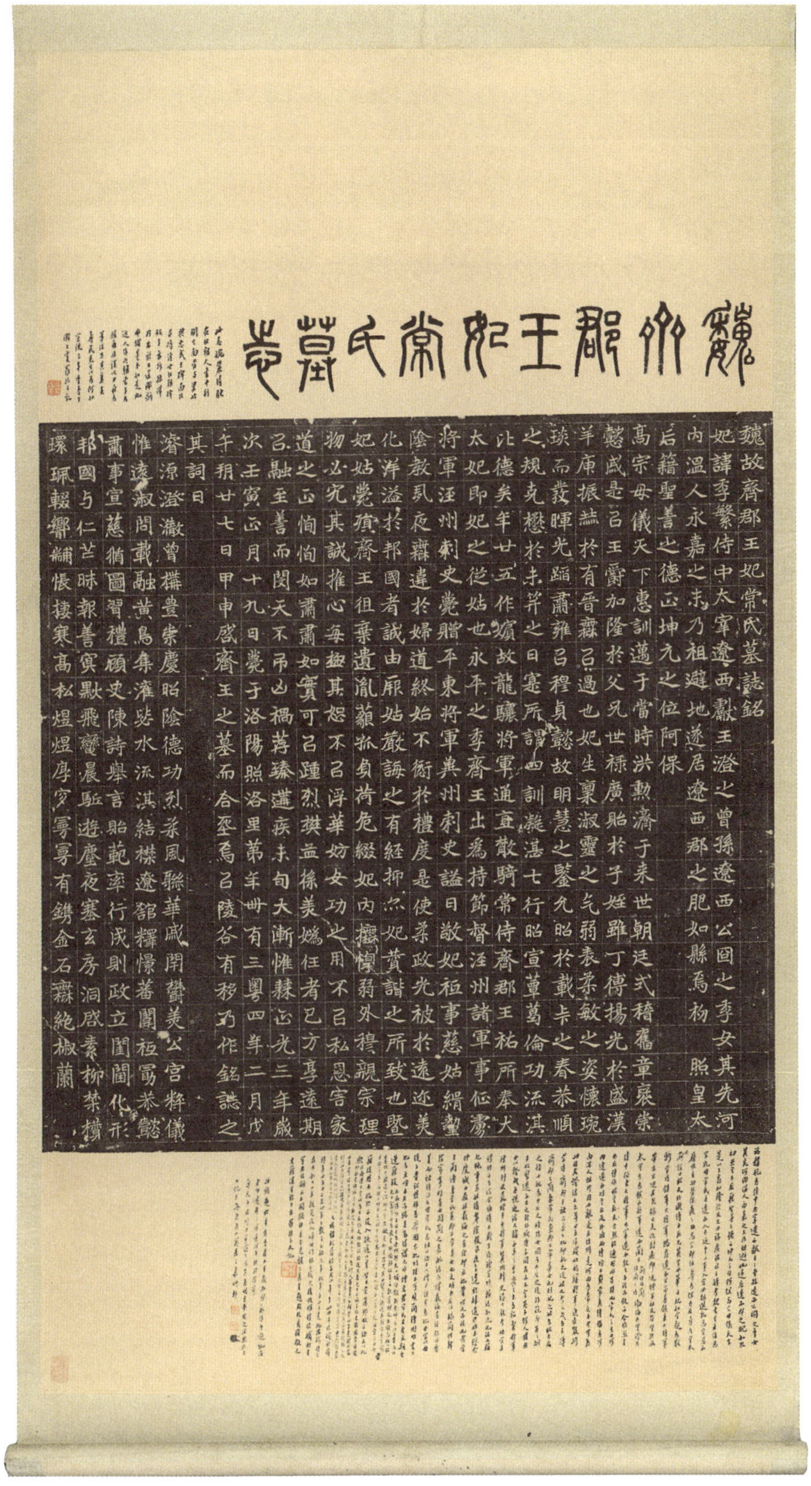

常季繁墓志　清末拓本　墨心高62厘米，宽62厘米

北魏正光四年（523）二月二十七日葬，河南省洛阳市出土。原石现存日本，拓本稀见。正书，26行，行26字，首题“魏齐郡王妃常氏墓志”。此本罗振玉题端并跋。

（小残卷斋收藏）

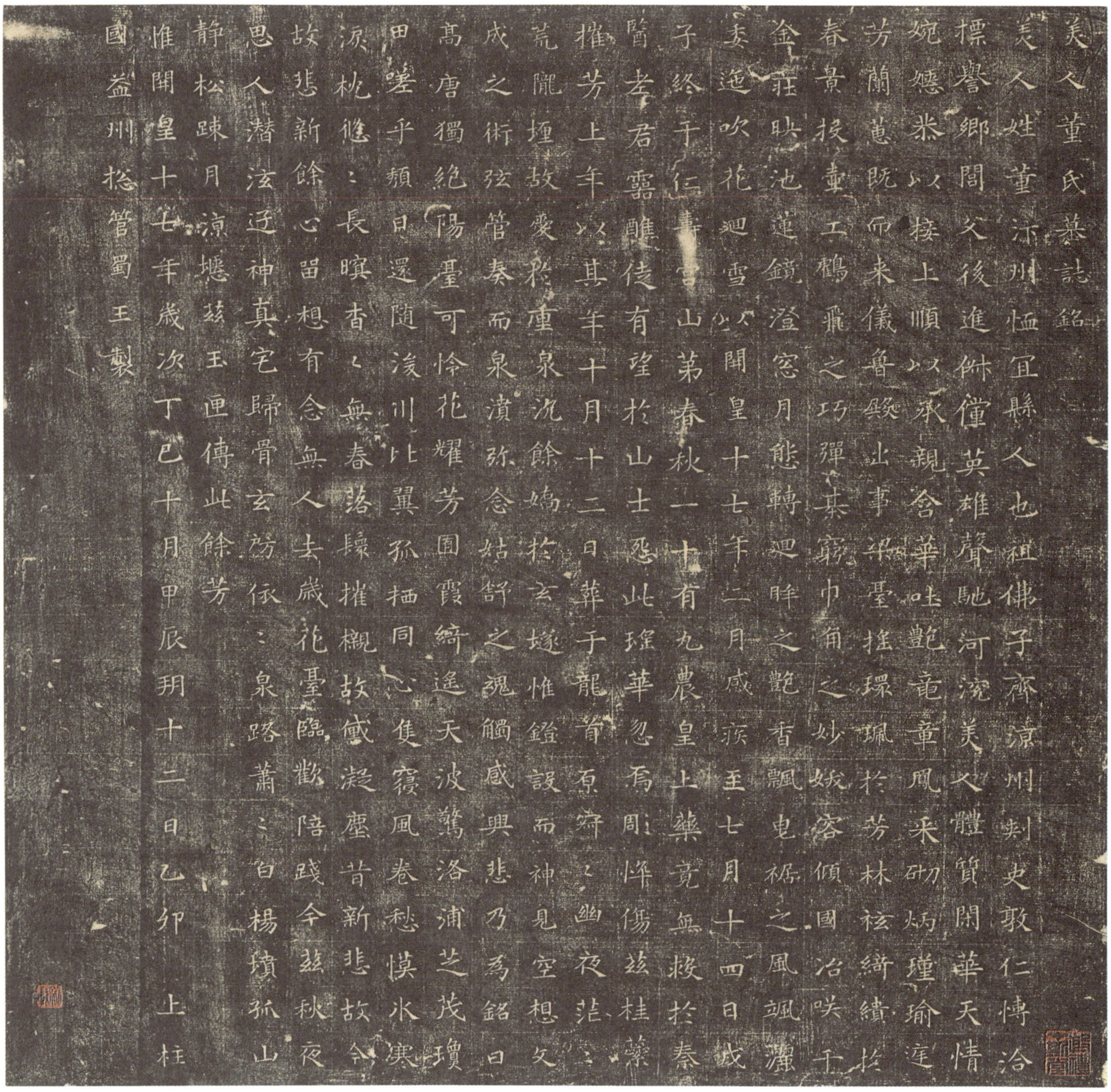

董美人墓志　（隋）蜀王杨秀撰　清拓本　墨心高51厘米，宽47厘米

陕西省西安市出土，隋开皇十七年（597）十月十二日制。正书21行，行23字，原石存世时间很短，拓本流传稀少，非常珍贵。首题“美人董氏墓志铭”。此本为关中淡墨拓本，钤“熙载”“殷礼在斯堂”印。

（小残卷斋收藏）

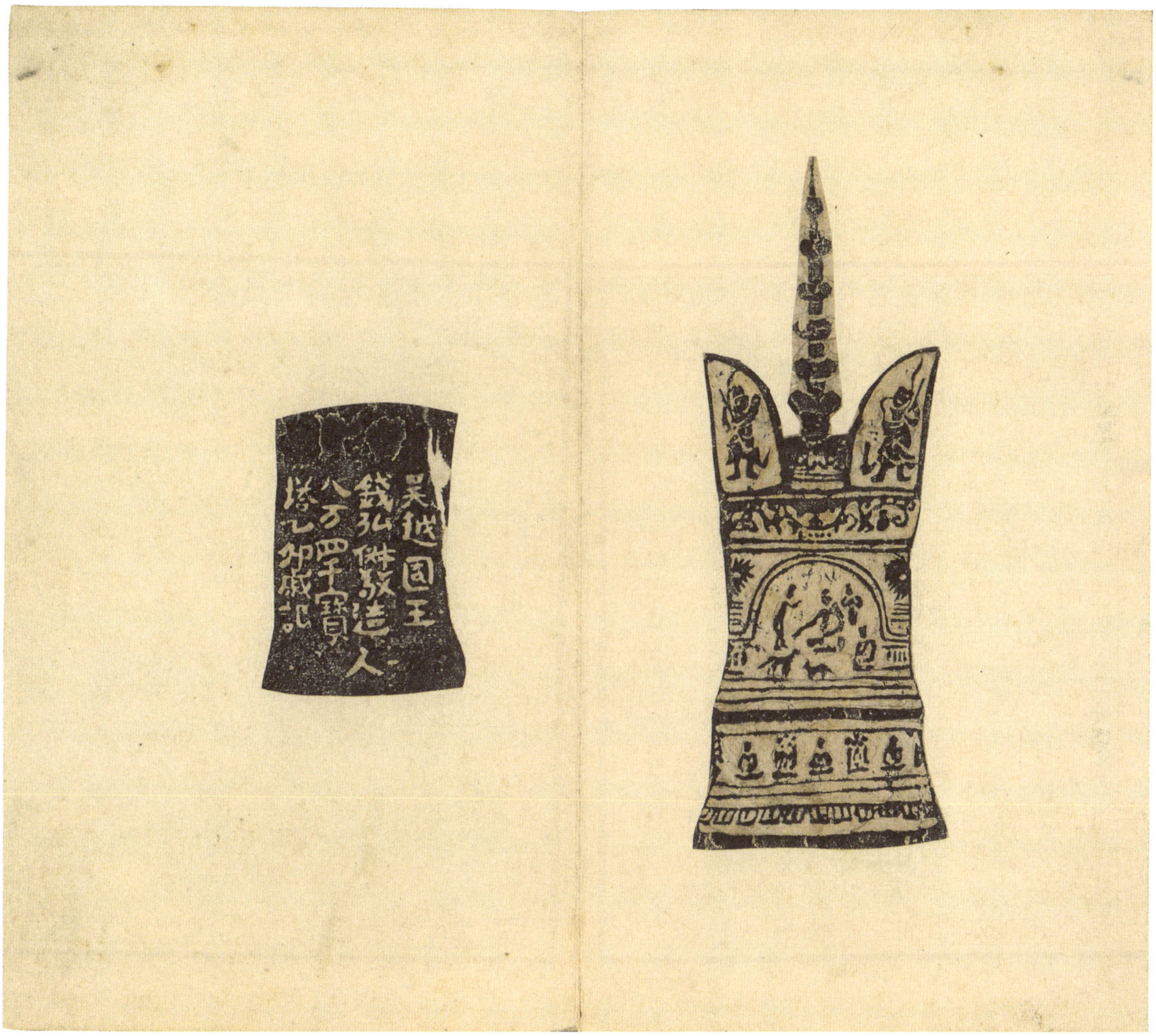

吴越金涂塔银龙简合册　清雍正拓本　开本高30厘米，宽33厘米

银龙简投于吴越武肃王钱镠宝正三年（928），金涂塔铸于吴越钱俶乙卯年（955）。此本经折装，共九开。有罗振玉、翁大年题签，翁广平、钱祖翼、薛凤昌题跋。

（刘禹收藏）

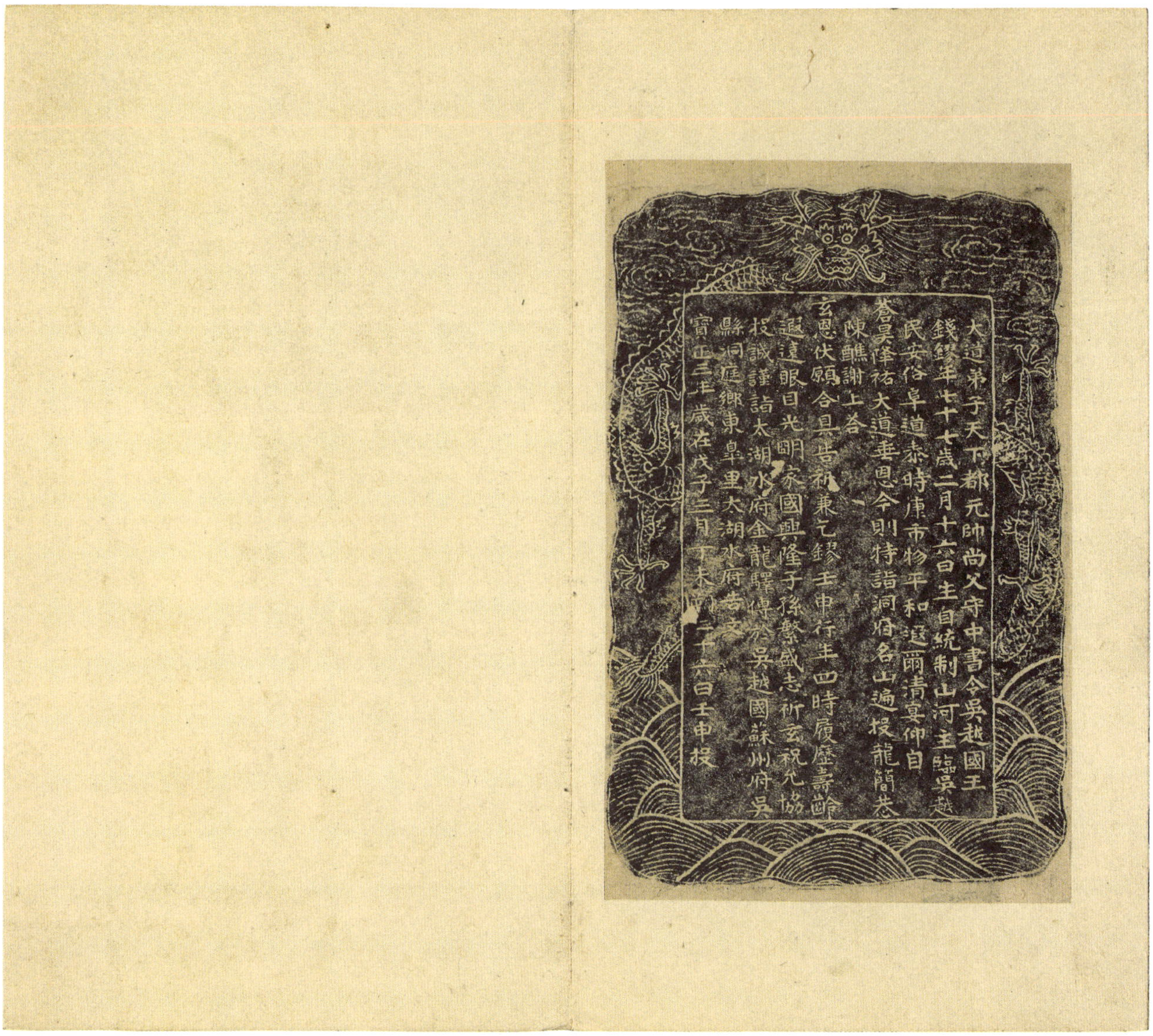

大道弟子天下都元帥尚父守中書令吳越國王
錢鏐年七十七歲二月十六日生自統制山河主臨吳越
民安俗阜道泰時康市物平和遐爾清宴仰自
蒼昊降祐大道垂恩今則特詣洞府名山遍投龍簡恭
陳醮謝上荅
玄恩伏願合具告祈兼乞鏐壬申行生四時履歷壽齡
遐遠眼目光明家國興隆子孫繁盛志祈玄祝允協
投誠謹詣太湖水府金龍驛傳於吳越國蘇州府吳
縣洞庭鄉東皋里太湖水府告文
寶正三年歲在戊子三月丁未朔二十六日壬申投

錢武肅王銀龍簡文

國朝順治元年夏吴中大旱太湖龜坼簡村居民于湖底得錢武肅王龍簡蓋投水府之告文也其文一百八十九字楷法頗侶麻姑壇記畧有剥蝕處四旁有一龍環之其質銀重二十兩雍正中先外大父拙齋沈公欲以銀四十兩易之不可乃假搨數十紙藏之後聞其子以鎔燬之矣嘉慶七年春予至沈氏索之尚存數幅因乞歸以附金石集録之末云文中稱尚父吴越國王錢鏐年七十七歲又曰壬申行年後紀寶正三年歲在戊子按余公緯閩王事跡云梁同光元年策錢鏐為尚父來年改寶正元年閩自若次聞録云同光四年京師亂朝命斷絶鏐遂僭大號改元保正予按同光元年是癸未若來年即改寶正元年則三年當在丙戌非戊子也司馬温公通鑑載錢鏐止有寶正一號而玉海載有天寶寶大寶正廣初四號薛氏甲子會紀曰天寶改于戊辰唐天祐五年朱梁之開平二年也寶大改于甲申唐同光二年也寶正改于丙戌天成元年也夫丙戌為寶正元年則三年實歲在戊子而余閩兩書紀載之差繆顯然矣又康熙中錢霑續吴江縣志亦載此文壬申行年譌作庚申寶正三年譌作二年蓋由壬申數至戊子正符七十七歲之數若庚申則不符也歐陽集古録曰金石文字可與史傳正其闕繆予于龍簡文而益信云

海邨翁廣平跋

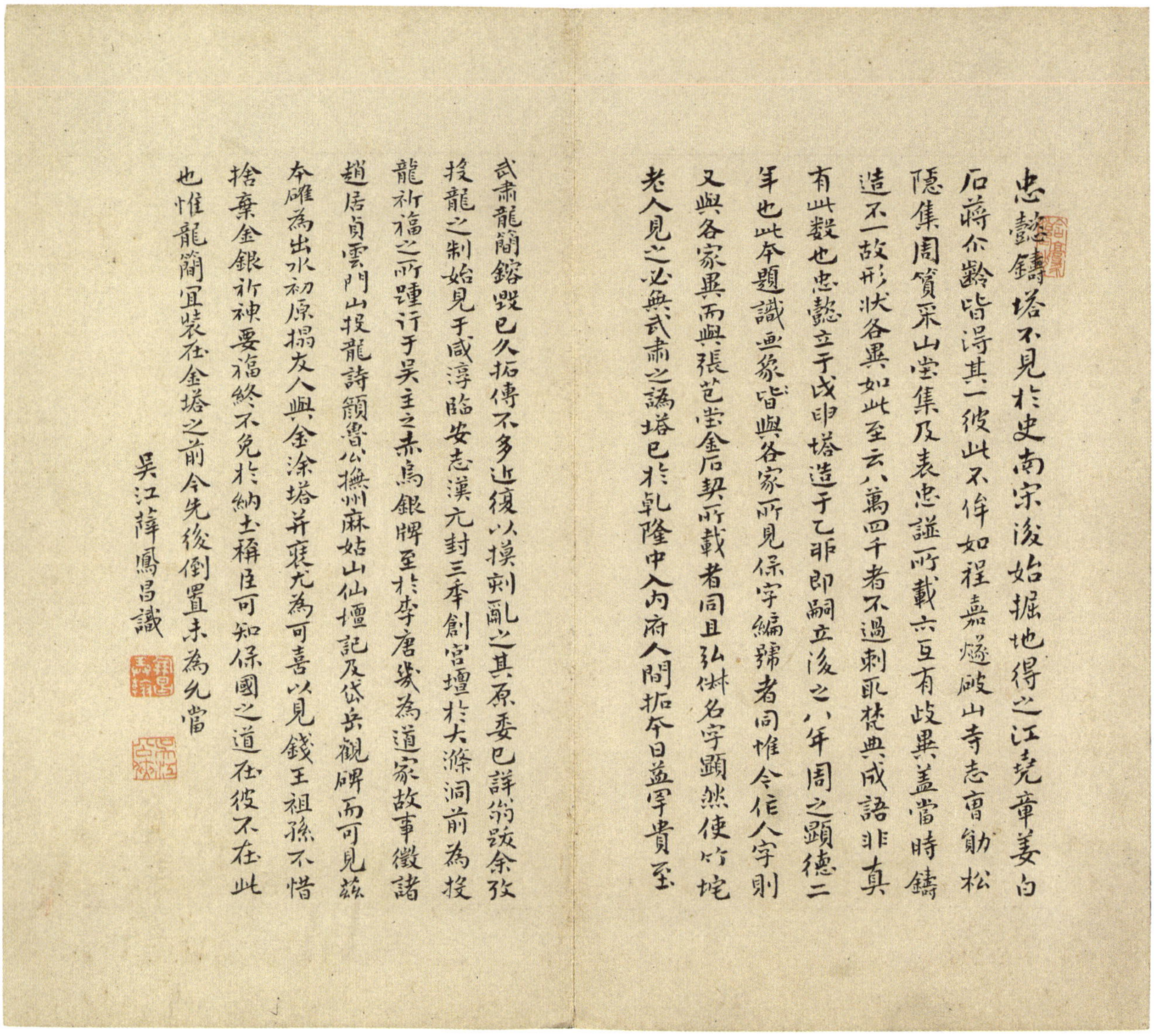

忠懿鑄塔不見於史南宋後始掘地得之江堯章姜白石蔣介巖皆得其一彼此不侔如程嘉燧破山寺志曾鼎松隱集周貧采山堂集及表忠謚所載亦互有歧異蓋當時鑄造不一故形狀各異如此至云八萬四千者不過剌取梵典成語非真有此數也忠懿立于戊申塔造于乙卯即嗣立後之八年周之顯德二年也此本題識畫象皆與各家所見保守編歸者同惟今佗人守則又與各家異而與張芑堂金石契所載者同且弘俶名字顯然使竹垞老人見之必無武肅之譌塔已於乾隆中入內府人間拓本日益罕貴至

武肅龍簡鎔毀已久拓傳不多近復以摸刻亂之其原委已詳翁跋余攷投龍之制始見于咸淳臨安志漢元封三年創宮壇於大滌洞前為投龍祈福之所踵行于吳王之赤烏銀牌至於李唐遂為道家故事徵諸趙居貞雲門山投龍詩顏魯公撫州麻姑山仙壇記及岱岳觀碑而可見茲本雖為出水初原搨友人與金涂塔并裒尤為可喜以見錢王祖孫不惜捨棄金銀祈神要福終不免於納土稱臣可知保國之道在彼不在此也惟龍簡宜裝在金塔之前今先後倒置未為允當

吳江薛鳳昌識

先武肅王龍簡四圍雲龍製作精妙簡高五寸六分廣三寸七分上有文百
七十九字順治初吳中大旱洞庭山漁人太湖内摸魚得之爲里人某氏
購藏於家者八十年後乃銷鎔獨搨本數紙留于人間此其一也按葉
奕苞金石錄補云武肅嘗于林屋洞投金簡宋淳祐丁未大旱山間
人于水濱得之長一尺五寸闊六寸上刻字曰天下兵馬副元帥吳越
錢王十一字與此不同又林屋紀遺云嘉定初民于山下採藻獲吳越
龍簡長九寸篆文隱樊皆以朱漆填飾題云太歲壬戌時宋建隆之年
事也觀此則知當日吳越名山洞府所在遍投不止洞庭鄉東皋里一
也

三十六世孫祖翼謹跋

先忠懿王金塗銅塔高六寸重三十五兩塔内有十九字
文曰吳越國王錢宏俶敬造八萬四千寶塔乙卯歲記
又四面脚下有一保字或人字外四面鏤佛歷劫捨身
事蹟上出四角八脈外金剛八面佛相四其下每面羅漢
三塔上有頂作浮屠狀王漁洋朱竹垞誤爲武肅王
所造俱未見其物而臆斷也此拓獨留正面角頂俱
全與表忠譜圖校對正同確是原物洵足珍也

三十四世孫祖夔又記

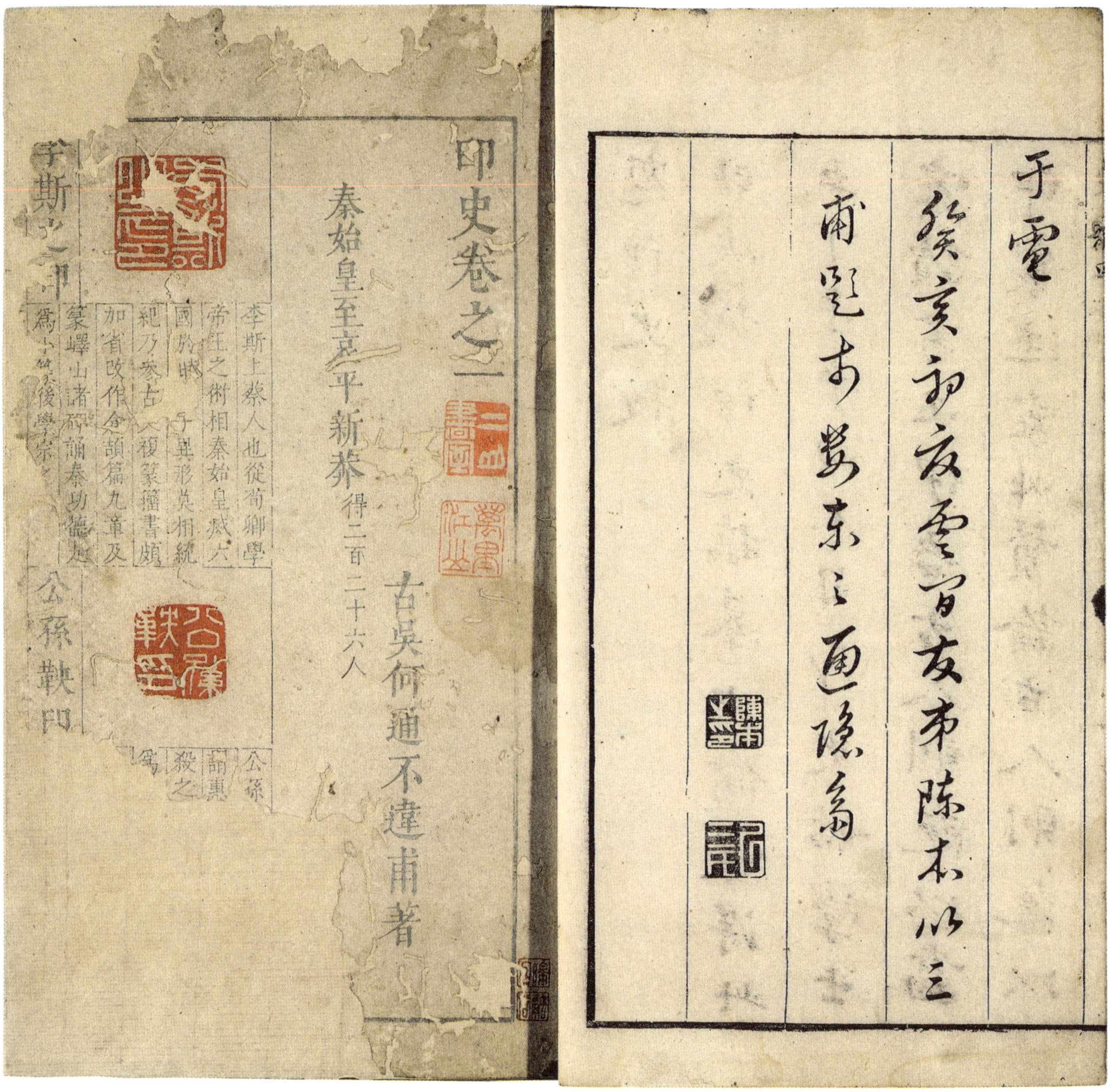

印史五卷　（明）何通撰　明天启刻钤印本

何通，字不达，亦作不韦。江苏太仓人，或曰松江人。原为王锡爵家世仆，性喜篆刻，致力于汉印。是书成于万历末年，取历代名人900余人各为镌刻一印，小传略附其下。书中钤“婺邑梦憩轩珍藏善本”“万里江山”“二山书室”等印。

（胡关妙收藏）

東方朔印

太史公贊曰應諧似優不窮似智正諫似直穢德似隱首陽爲拙柱下爲工飽食安步以仕易農依隱玩世詭時不逢其滑稽之雄乎

韓安國印

韓安國字長孺梁人事梁爲中大夫吳楚反時孝王使安國及張羽捍兵於東界吳楚破安國由此顯名漢使使者拜安國爲梁內史武帝即位拜御史大夫

兒寬

兒寬千乘人家貧賃作帶經而鉏以射策補廷尉文學卒史廷尉有疑奏再見卻寬代爲奏即得可上知寬所作奏乃以寬爲掾後拜御史大夫從東封太山

王先生

王先生齊人也多奇計梁孝王坐事恐誅令鄒陽往見語其事王先生曰子行往見王長君必能爲子謀矣陽徑至長安見王長君長君王美人兄也乘間入而言之梁事果不治

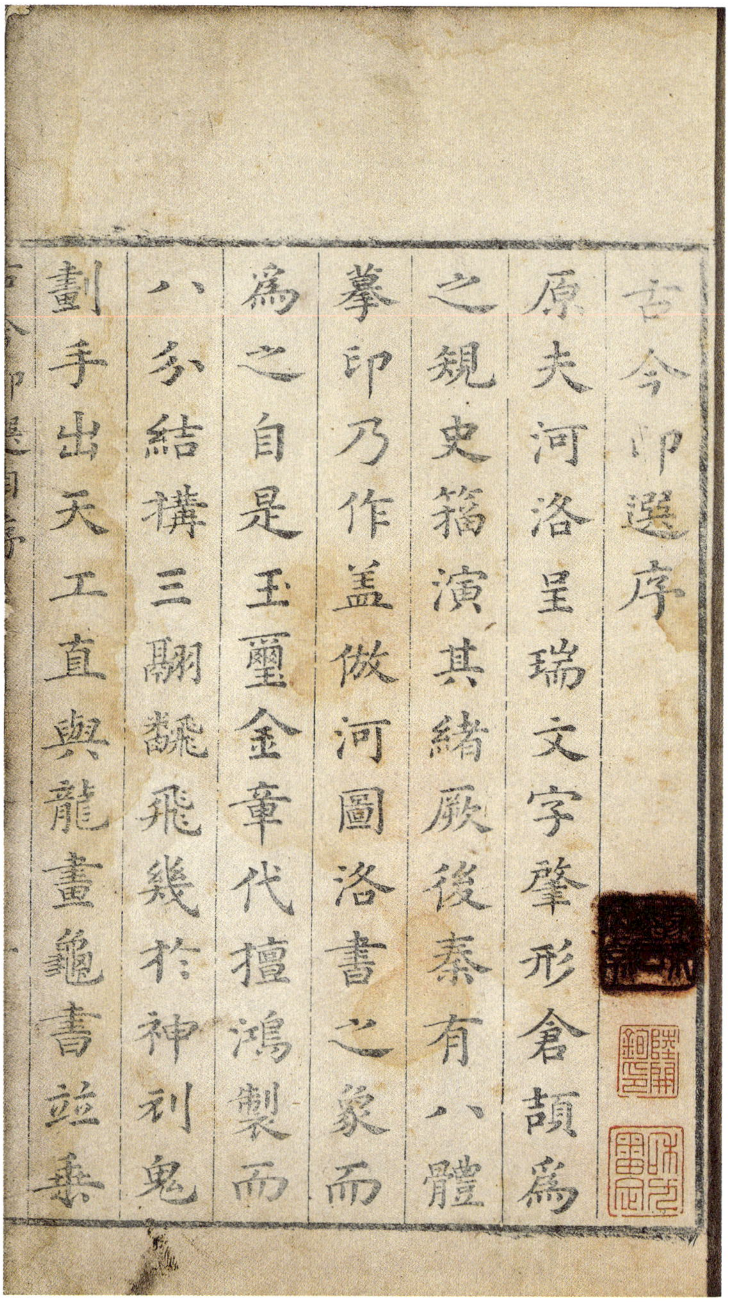

古今印选四卷　（明）吴可贺辑　明万历刻钤印本

是书以诸世家所藏原印为主，兼及《印史》、顾从德《集古印谱》诸书。印章以御玺冠于诸印之首，次及王印、君印、官印等为序，私家藏印以姓次为序，以便查检。各谱印章木刻纹理断续，字画欹斜，书中均以铜石摹之。诸名家通用及斋堂馆阁等印于义合者，另集一类，当即后二卷。

吴可贺堪称明代镌刻名手，《古今印选》传世较少。此本为清末画家陆和九旧藏，卷末有其1900年墨笔题记。

（艾俊川收藏）

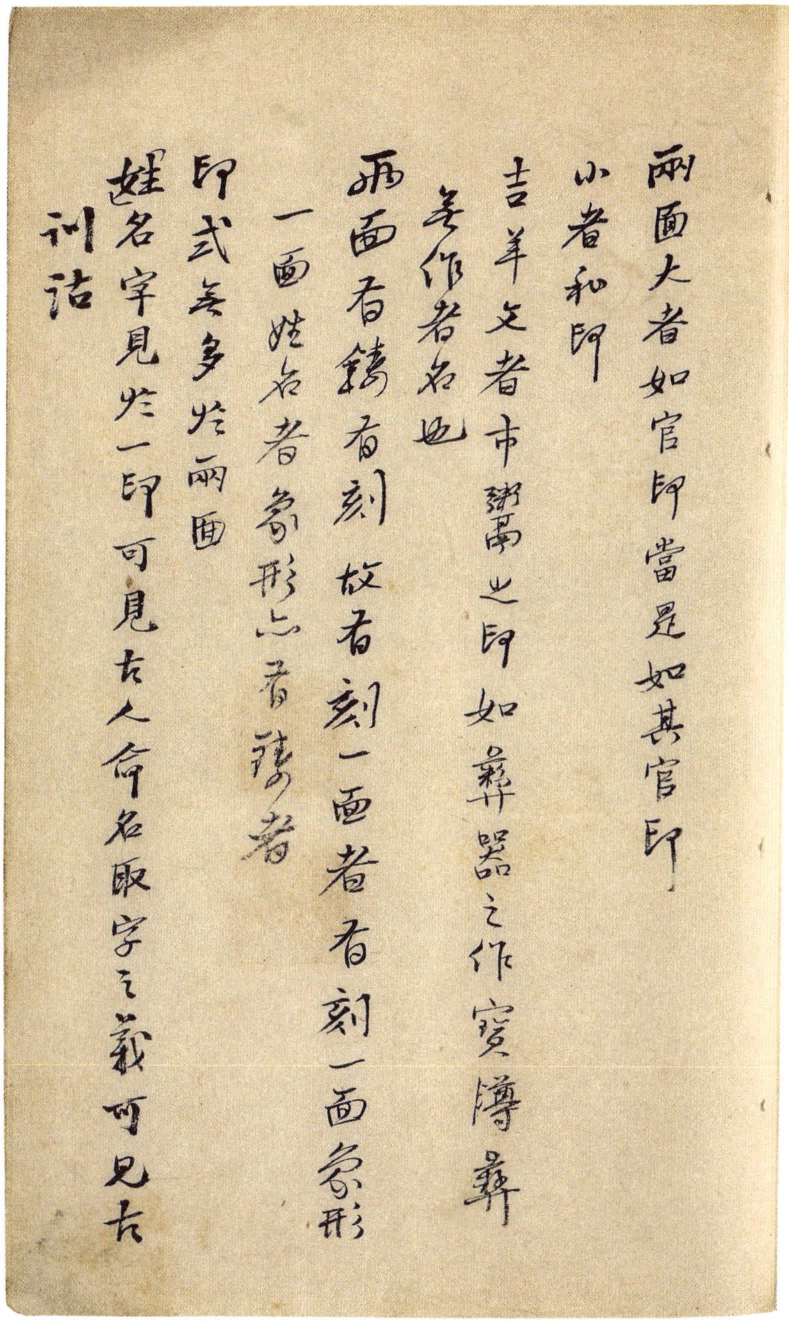

兩面大者如官印當是如其官印
小者私印
吉羊文者市鬻之印如彝器之作寶尊彝
無作者名也
兩面有鑄有刻故有刻一面者有刻一面篆形
一面姓名者篆形亦有鑄者
印式無多於兩面
姓名字見於一印可見古人命名取字之義可見古
訓詁

淮水陈氏万印楼印谱六卷　（清）陈介祺辑　清同治钤印本

陈介祺（1813—1884），山东潍县人，清金石学家。因藏有商周青铜器十余件及秦汉印七千余方，名其居所曰“十钟山房”和“万印楼”。该印谱系陈介祺辑《十钟山房印举》之精华而成，“印举编成当以所举择其精者别刻一书曰‘古印一隅’，每举只一二印”。叙述文字为陈介祺墨笔书写。

（王德收藏）

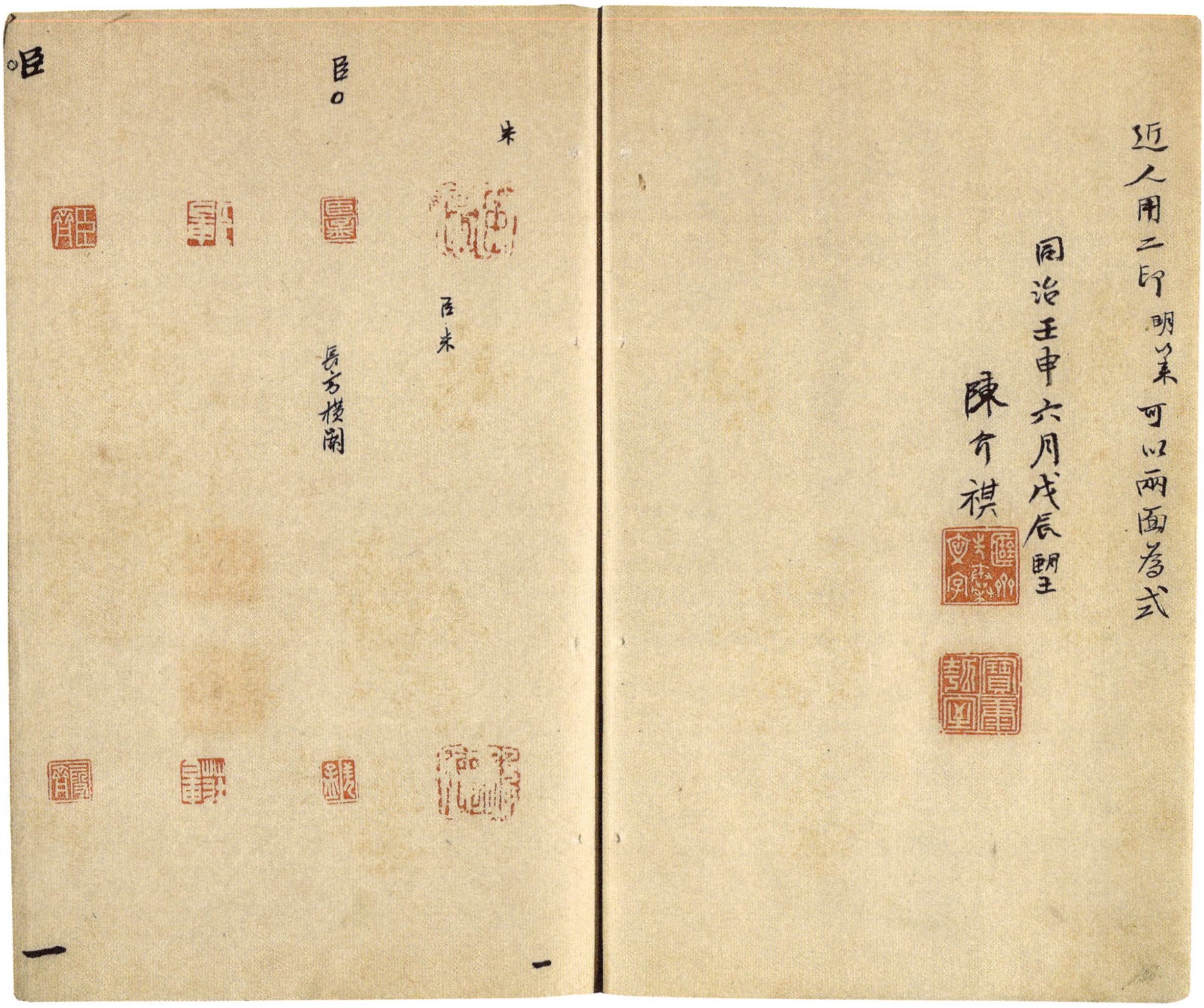
同治壬申六月戊辰望
陳介祺

四

攜來多鈕印泥弟俟可供撰級(?)後使
足下盡可為之，或有精細妥人助成，亦可。弟金玉銅
印或可有三四千紐，
足下每印二三十部，亦大好。併覓美但杭連是不耐久，切
不可用小綿連廣料，即好竹紙。硃砂必須極細研碎，
好可用洋法者。人工久研更佳，硃不細則泥必不能佳，此
第一要事也。漢碑以無石者為上，宋拓次之，明拓國初
拓又次之。多覓平生所見帖，皆收弟所藏，何能念碑能也(?)

吳棠所買亦未盡還原石者。二王帖乃南宗，漢魏六朝
碑乃北宗。弟老來乃兼北宗書，畫佳而古者亦不知
好。但弟不及年來酷好竹，已得與可二軸，從來收梅道
人緣慳。梅菊佳者亦佳，終不敵與律(?)
足下所來打譜拓吉金，切勿遠借，多費照直也。乞
屢屢見手此。即頌
近祉。不具。弟期頓首
同治冬至後三日庚子

五

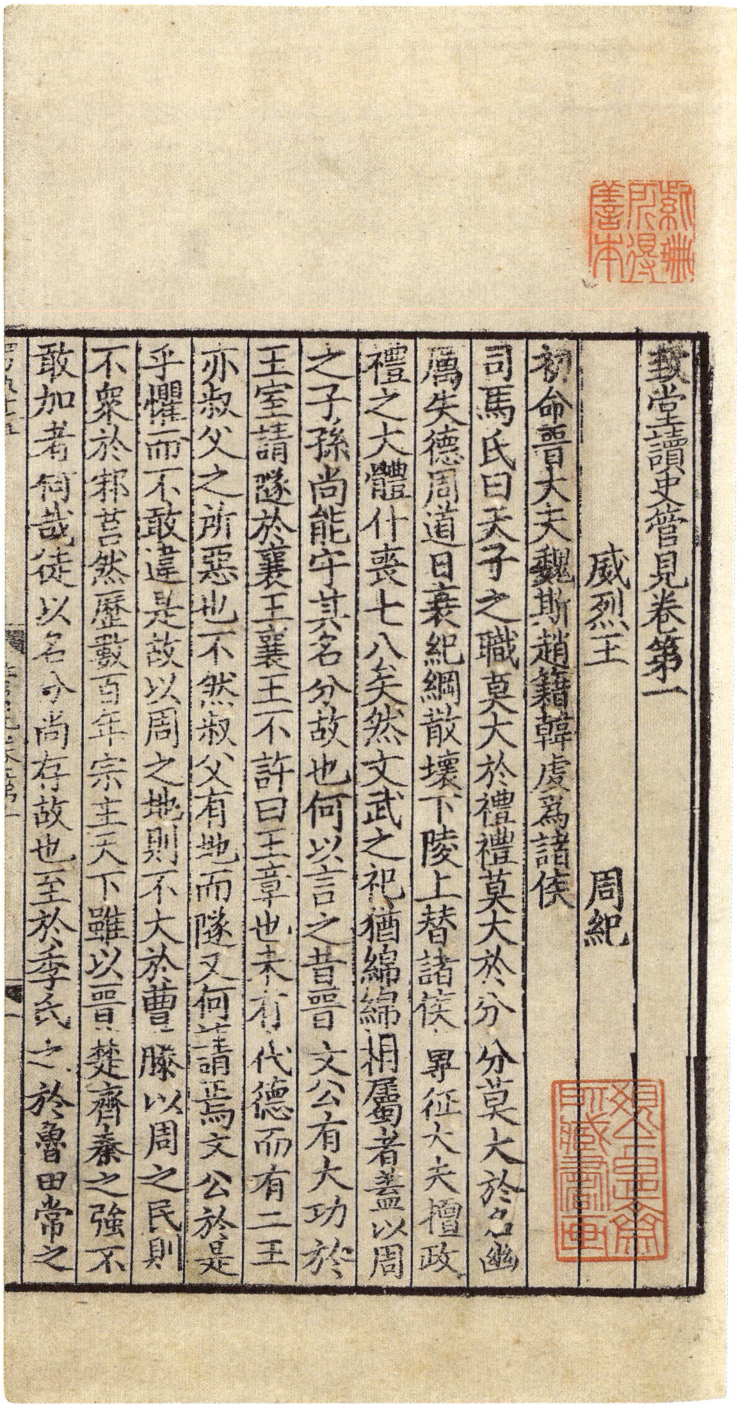
致堂讀史管見卷第一
威烈王　周紀
初命晉大夫魏斯趙籍韓虔爲諸侯
司馬氏曰天子之職莫大於禮禮莫大於分分莫大於名幽
厲失德周道日衰紀綱散壞下陵上替諸侯專征大夫擅政
禮之大體什喪七八矣然文武之祀猶綿綿相屬者盖以周
之子孫尚能守其名分故也何以言之昔晉文公有大功於
王室請隧於襄王襄王不許曰王章也未有代德而有二王
亦叔父之所惡也不然叔父有地而隧又何請焉文公於是
乎懼而不敢違是故以周之地則不大於曹滕以周之民則
不衆於邾莒然歷數百年宗主天下雖以晉楚齊秦之強不
敢加者何哉徒以名分尚存故也至於季氏之於魯田常之

致堂读史管见三十卷　（宋）胡寅撰　宋宝祐二年（1254）刻元明递修本　存一卷：一

胡寅（1098—1156）字明仲，宋建州崇安人，学者称致堂先生。南宋著名经学家、理学家胡安国侄子并养子。此书系胡寅史学代表作，通过对《资治通鉴》所述史事之评论阐述理学主张。此为其较早版本。徐渭仁旧藏。

（崔雄收藏）

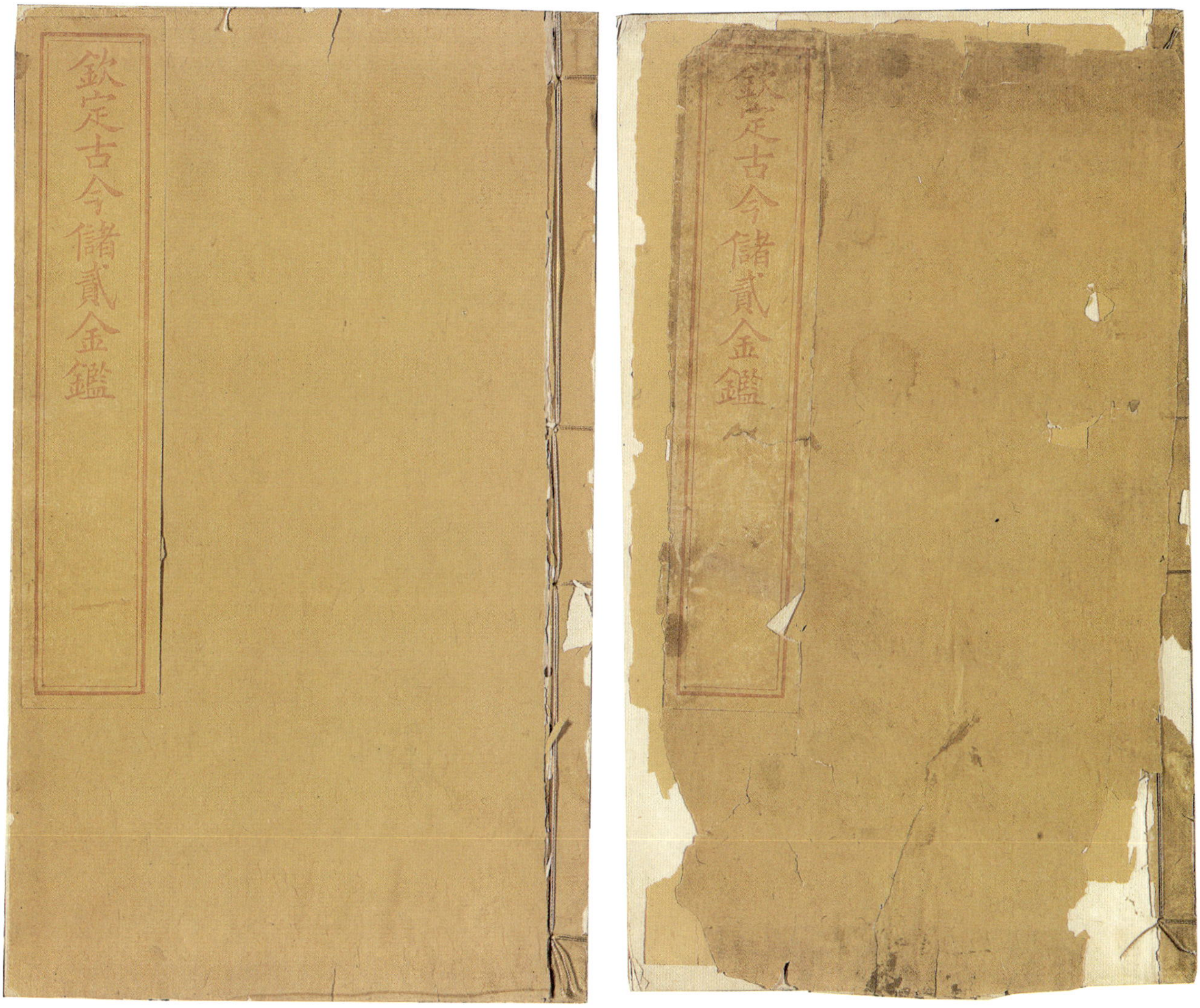

钦定古今储贰金鉴六卷　（清）高宗弘历敕撰　清乾隆内府刻朱印本

清乾隆四十八年（1783）命诸皇子同军机大臣上书房总师傅等，取历代册立太子事迹有关鉴戒者，按代纂辑成书。自周幽王立储始，止于明光宗，得三十三事，附见五事。首载乾隆上谕及御制文。朱印罕见。

（刘继辉收藏）

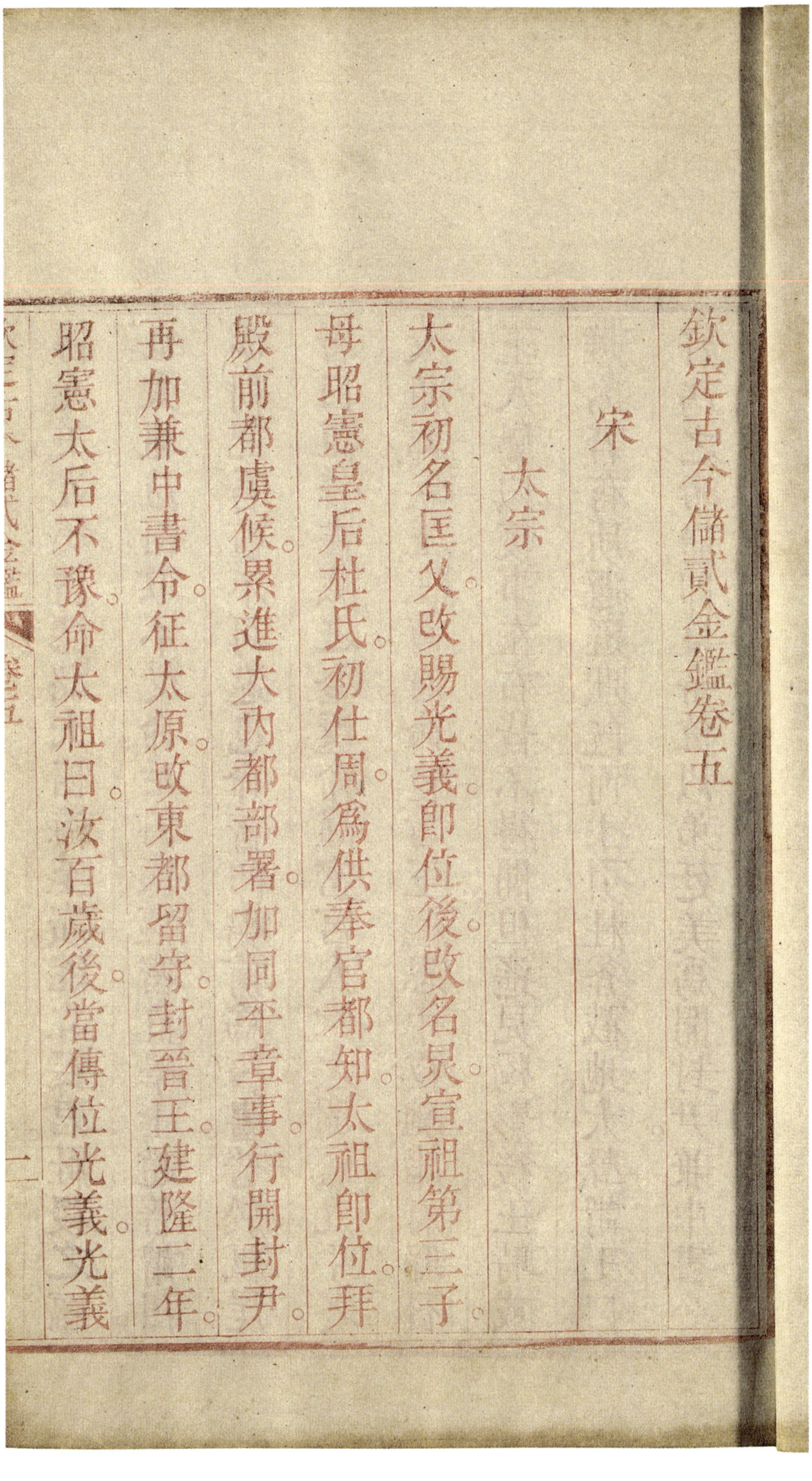
欽定古今儲貳金鑑卷五

宋

太宗

太宗初名匡乂改賜光義即位後改名炅宣祖第三子
母昭憲皇后杜氏初仕周爲供奉官都知太祖即位拜
殿前都虞候累進大內都部署加同平章事行開封尹
再加兼中書令征太原改東都留守封晉王建隆二年
昭憲太后不豫命太祖曰汝百歲後當傳位光義光義

欽定古今儲貳金鑑　卷五　二

子　部

传统的经史子集四部分类法中，子部书最为庞杂，百家杂说、方技、艺术、谱录、类书等均包括在内。

本次展出的私人收藏品都属于较为稀见的品种。其中明嘉靖六年（1527）司礼监刻本《大学衍义》是明内府藏书，有崇祯帝朱由检跋，极为罕见。明崇祯刻本还源教宝卷六种书品宽大，绰丝函套，泥金题名，实属难得。明万历二十一年（1593）金陵胡承龙刻《本草纲目》的初刻本国内仅知两部，此次展出的明重修本是近年《本草纲目》版本的重大发现，已入选第三批《国家珍贵古籍名录》。其他如明嘉靖孙沐万玉堂刻本《太玄经》、清乾隆十二年（1747）桐乡汪氏求是斋刻本《装潢志》、乾隆仿宋写刻本《冬心先生画竹题记》等均属于名扬书林、为人称道的善本佳椠。

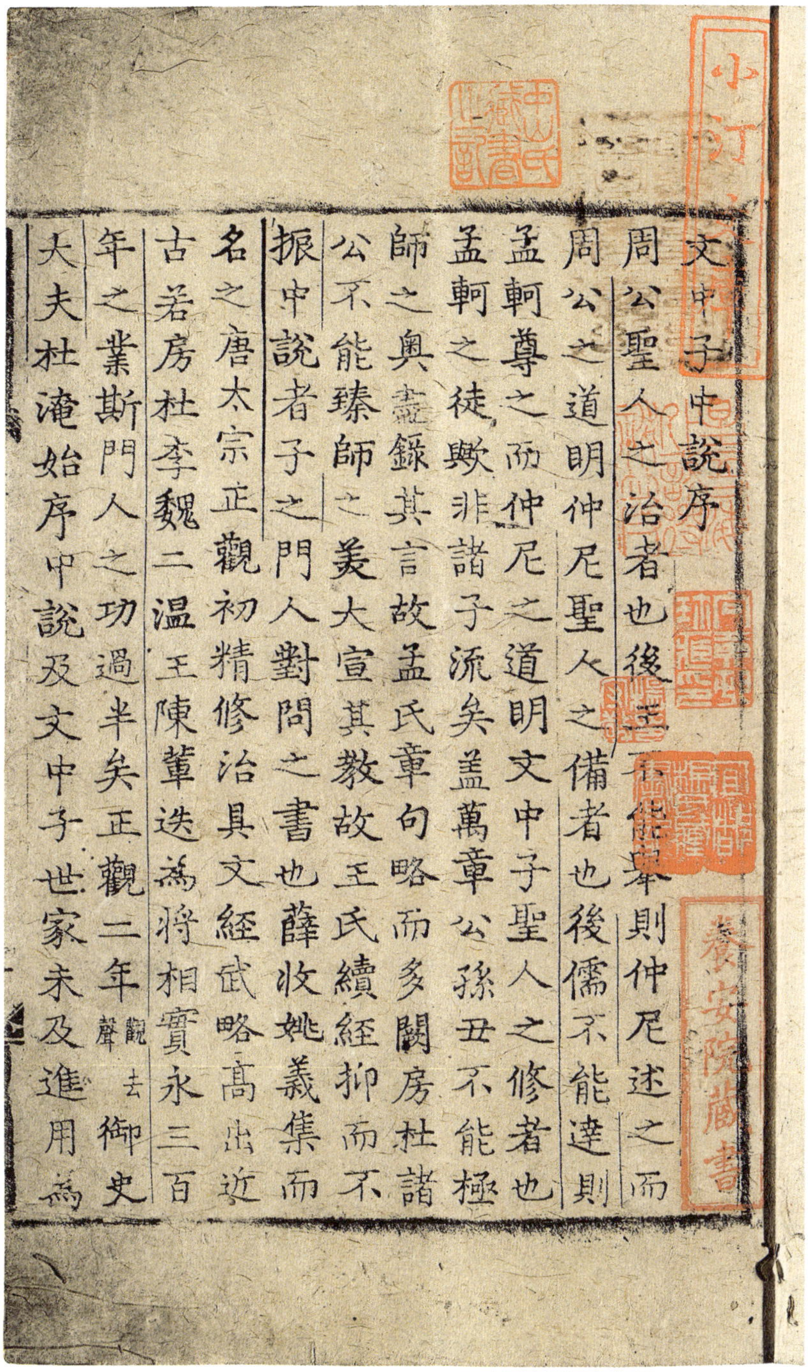

中说十卷　（宋）阮逸注　朝鲜成宗十五年（1484）铜活字印本

《中说》，又称《文中子》《文中子中说》，旧题隋王通撰，北宋时期阮逸为之作注。此本为杨守敬从日本访得，后为傅增湘收藏。书中钤有“养安院藏书”“向黄邨珍藏印”“星吾海外访得祕笈”“双鉴楼藏书印”等印记。《藏园群书经眼录》著录为“朝鲜活字本”。

（美国艾思仁收藏）

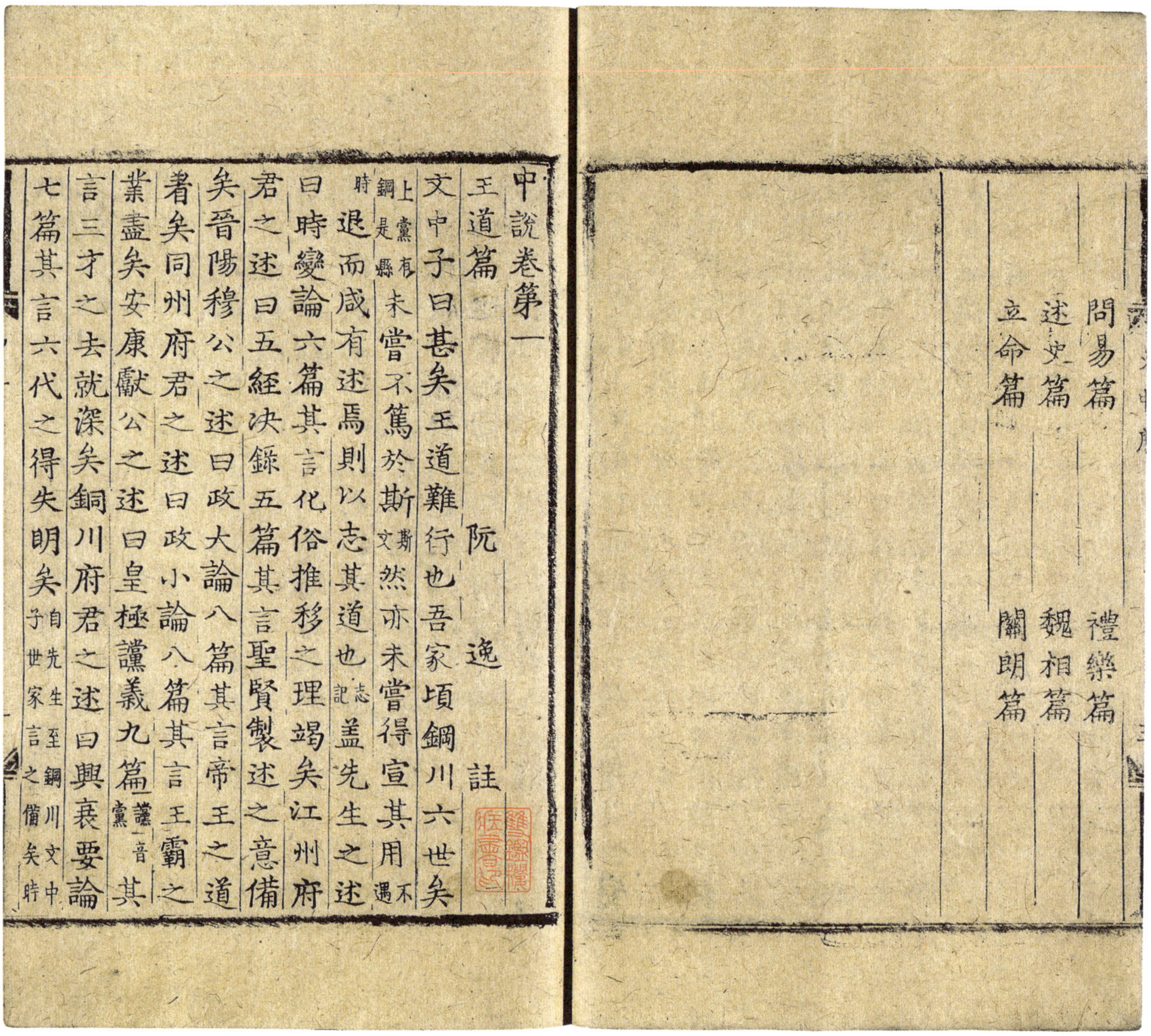

問易篇　禮樂篇
述史篇　魏相篇
立命篇　關朗篇

中說卷第一
王道篇　阮逸註
文中子曰甚矣王道難行也吾家頃銅川六世矣（上黨有銅鞮縣）未嘗不篤於斯（斯文）然亦未嘗得宣其用（不遇時）退而咸有述焉則以志其道也（志記）蓋先生之述曰時變論六篇其言化俗推移之理竭矣江州府君之述曰五經決錄五篇其言聖賢製述之意備矣晉陽穆公之述曰政大論八篇其言帝王之道著矣同州府君之述曰政小論八篇其言王霸之業盡矣安康獻公之述曰皇極讜義九篇（讜音黨）其言三才之去就深矣銅川府君之述曰興衰要論七篇其言六代之得失明矣（自先生至銅川文中子世家言之備矣時）

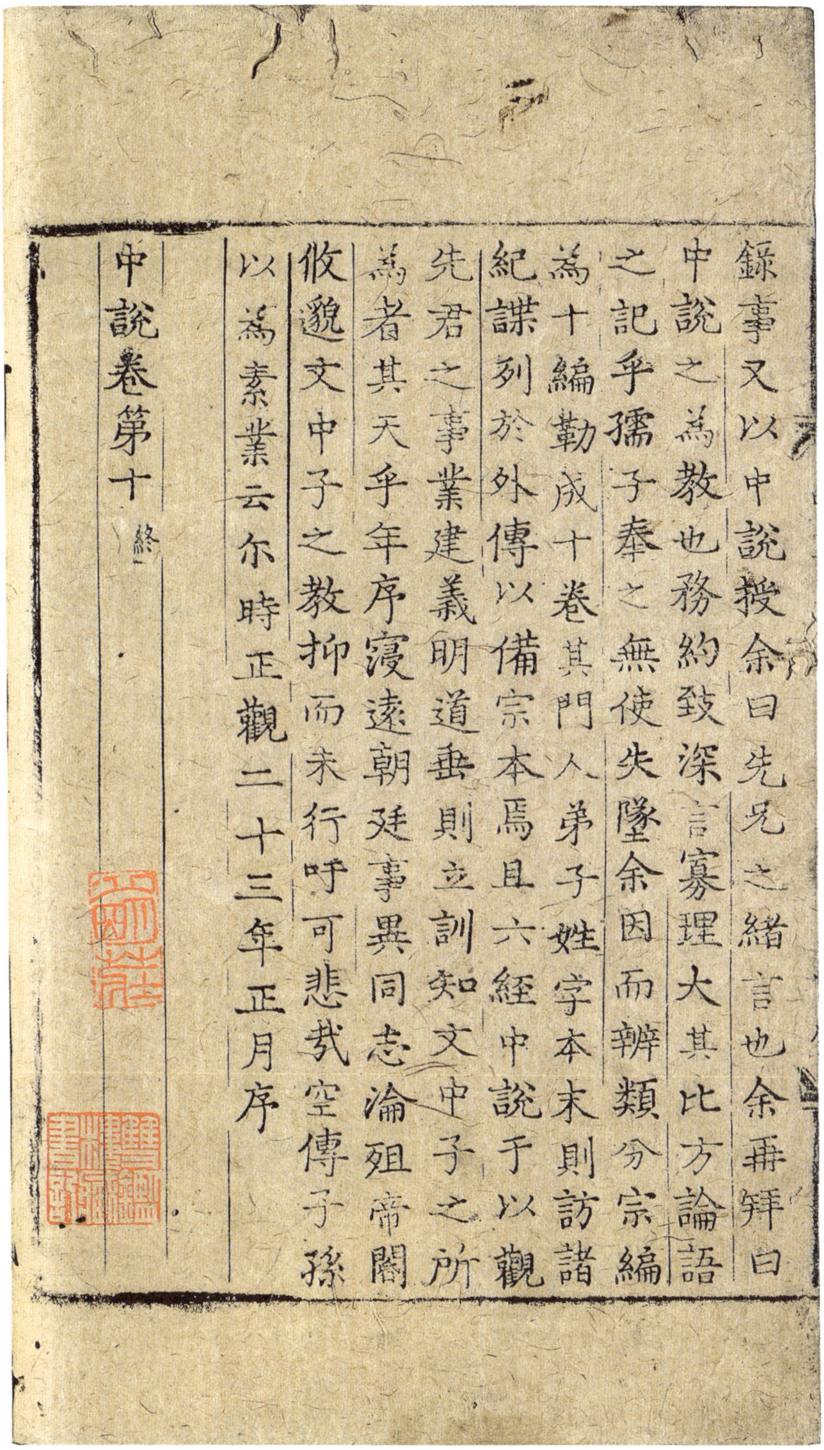

錄事又以中說授余曰先兄之緒言也余再拜曰
中說之為教也務約致深言寡理大其比方論語
之記乎孺子奉之無使失墜余因而辨類分宗編
為十編勒成十卷其門人弟子姓字本末則訪諸
紀諜列於外傳以備宗本焉且六經中說于以觀
先君之事業建義明道垂則立訓知文中子之所
為者其天乎年序寖遠朝廷事異同志淪殂帝閣
攸邈文中子之教抑而未行吁可悲哉空傳子孫
以為素業云尔時正觀二十三年正月序

中說卷第十　終

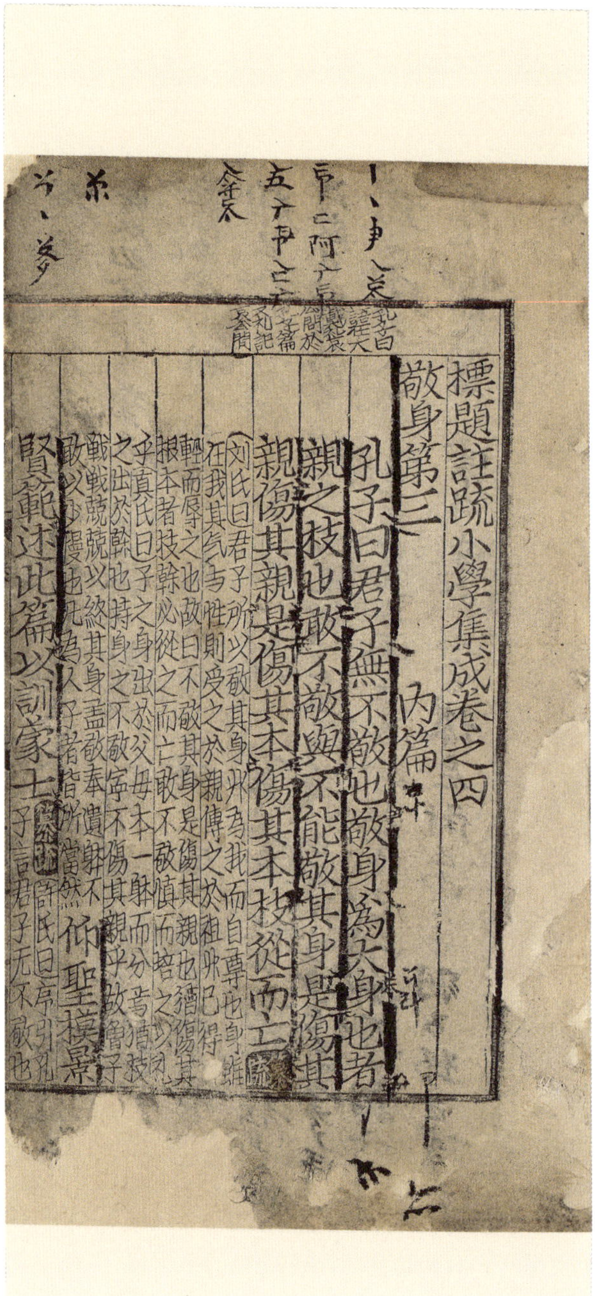

標題註疏小學集成卷之四

敬身第三　內篇

孔子曰君子無不敬也敬身為大身也者親之枝也敢不敬與不能敬其身是傷其親傷其親是傷其本傷其本枝從而亡

賢範述此篇以訓蒙士

标题注疏小学集成十卷　（元）何士信撰　元刻本　存一卷：四

宋朱熹搜集古圣格言纂成《小学》，教授幼童。元建安何士信纂集诸家之说，纂《小学集成》，为后来士子必读之书。

是本分上下两栏，上栏标篇名，或音义。书中“纂疏”“标题”“附录”“考异”等镌墨围白字，诸家评说如“孔氏曰”“朱子曰”“耶律氏曰”等以白围墨字区别。有墨笔圈点批注。《小学集成》分《内篇》《外篇》，此本仅存《内篇》“敬身第三”。传世稀少，不宜以残卷轻之。

（水清收藏）

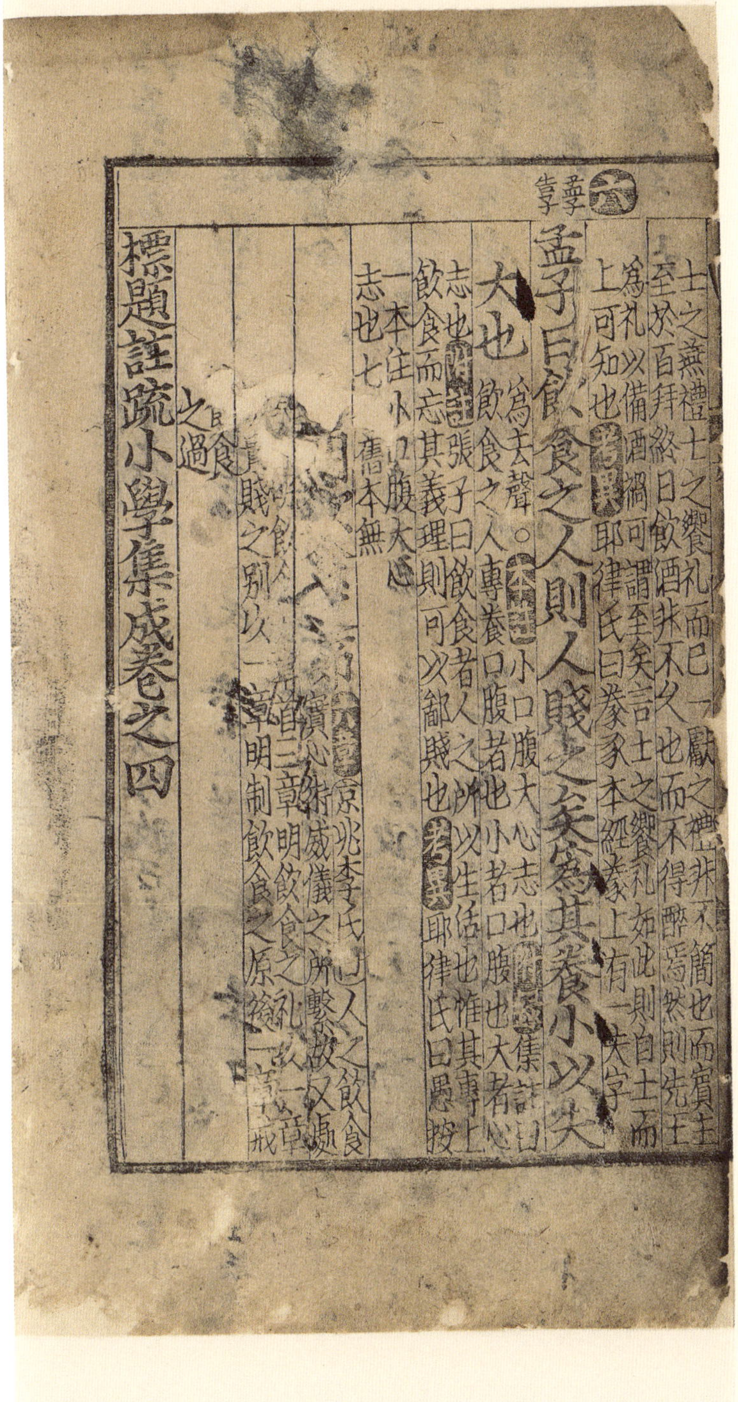

六 [illegible]

士之燕禮士之饗禮而已一獻之禮非不簡也而賓主至於百拜終日飲酒非不久也而不得醉焉然則先王爲禮以備酒禍可謂至矣言士之饗禮如此則自士而上可知也[考異]耶律氏曰豢豕本經豢上有一大字

孟子曰飲食之人則人賤之矣爲其養小以失大也爲去聲。[本註]小口腹大心志也[集註]飲食之人專養口腹者也小者口腹也大者心志也[附註]張子曰飲食者人之所以生活也惟其專[illegible]飲食而忘其義理則可以鄙賤也[考異]耶律氏曰愚按[illegible]一本注小口腹大心志也七舊本無

[大旨]京兆李氏曰人之飲食[illegible]賓心術威儀之所繫故又以[illegible]首三章明飲食之禮以一章[illegible]貴賤之別以一章明制飲食之原終一章[illegible]戒[illegible]食之過

標題註疏小學集成卷之四

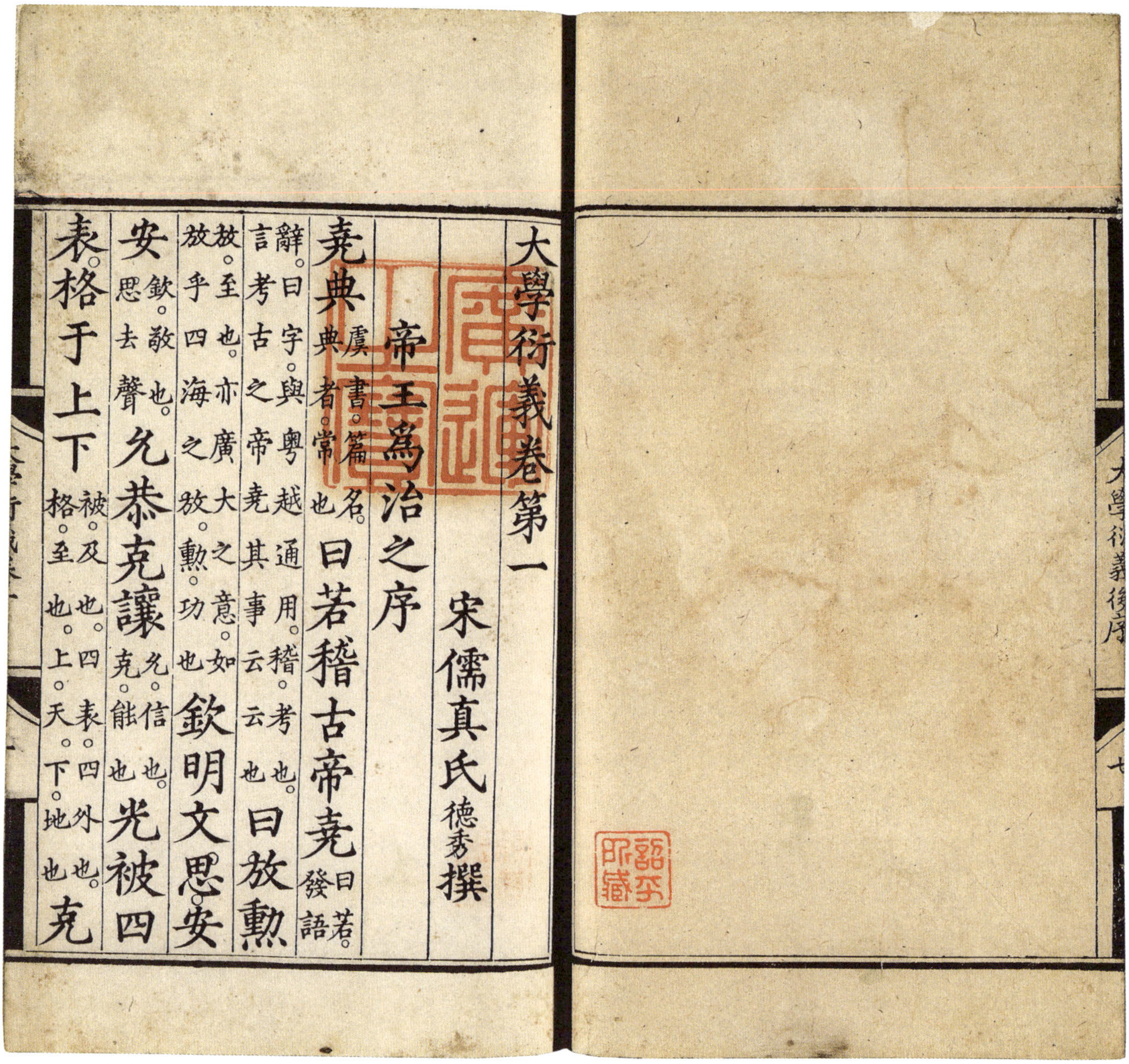

大学衍义四十三卷　（宋）真德秀撰　明嘉靖六年（1527）司礼监刻本

真德秀（1178—1235），本姓慎，因避孝宗讳改姓真，字景元，后改希元，号西山，后世称西山先生，朱熹再传弟子。此系真德秀为宋理宗进讲《大学》的文稿。

明内府藏书，入清后为王士禛收藏。有明崇祯帝朱由检、清王士禛跋。钤有“钦文之玺”“广运之宝”“崇祯宸翰”“池北书库”等印。

（胡关妙收藏）

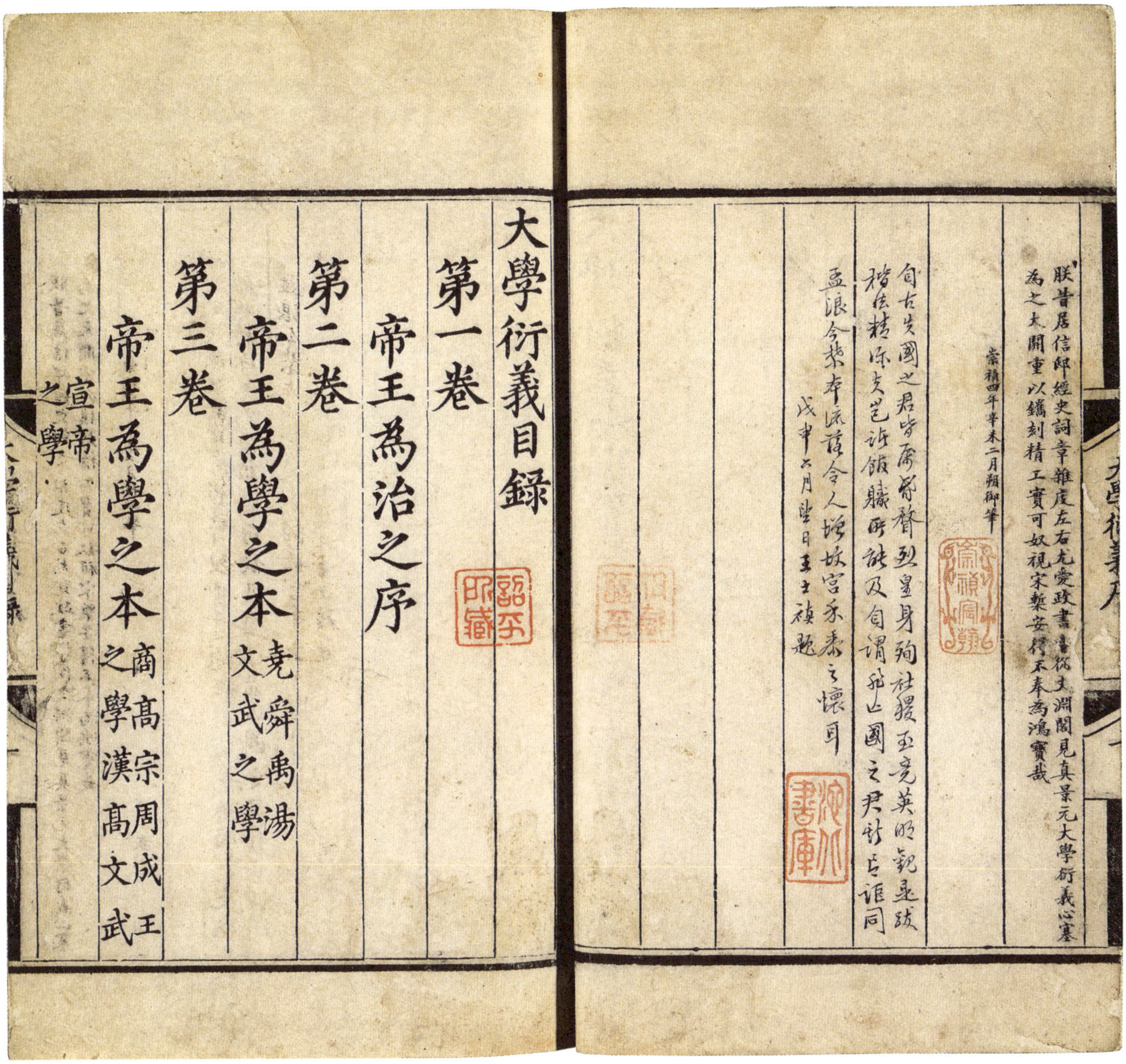

朕昔居信邸經史詞章雜度左右尤愛政書嘗從文淵閣見真景元大學衍義心塞為之大開重以鐫刻精工實可奴視宋槧安得不奉為鴻寶哉

崇禎四年辛未二月朔御筆

自古亡國之君皆庸前督烈皇身殉社稷至竟英明觀是跋楷法精深文筆詳贍所能及自謂非亡國之君者詎同孟浪今裝本流落令人增故宮禾黍之懷耳

戊申六月望日王士禎題

大學衍義目錄

第一卷

帝王為治之序

第二卷

帝王為學之本 堯舜禹湯文武之學

第三卷

帝王為學之本 商高宗周成王之學漢高文武宣帝之學

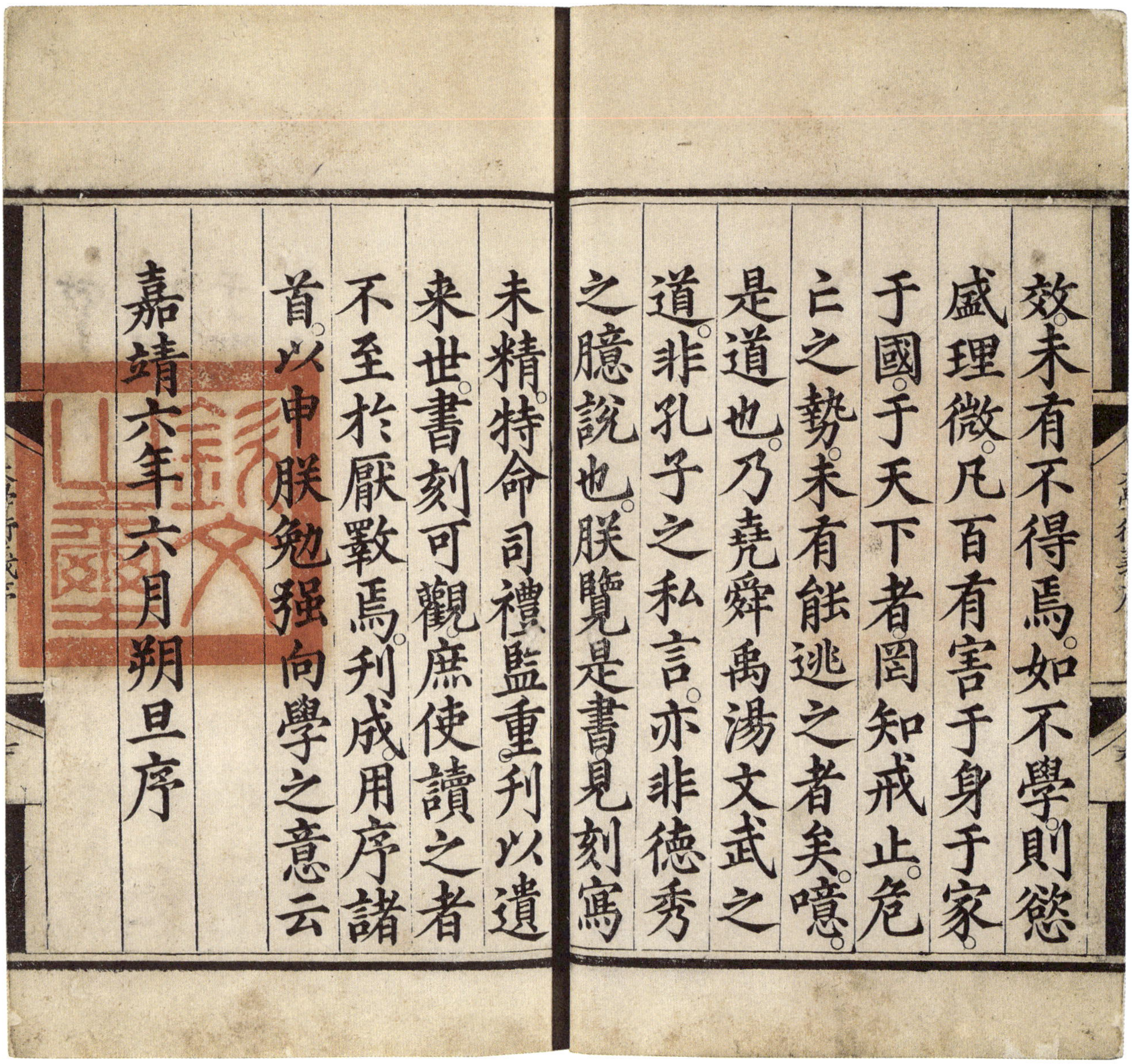
效。未有不得焉。如不學則慾
盛理微。凡百有害于身于家
于國。于天下者。罔知戒止。危
亡之勢。未有能逃之者矣。噫。
是道也。乃堯舜禹湯文武之
道。非孔子之私言。亦非德秀
之臆說也。朕覽是書見刻寓
未精。特命司禮監重刊以遺
來世。書刻可觀。庶使讀之者
不至於厭斁焉。刊成。用序諸
首。以申朕勉强向學之意云
嘉靖六年六月朔旦序

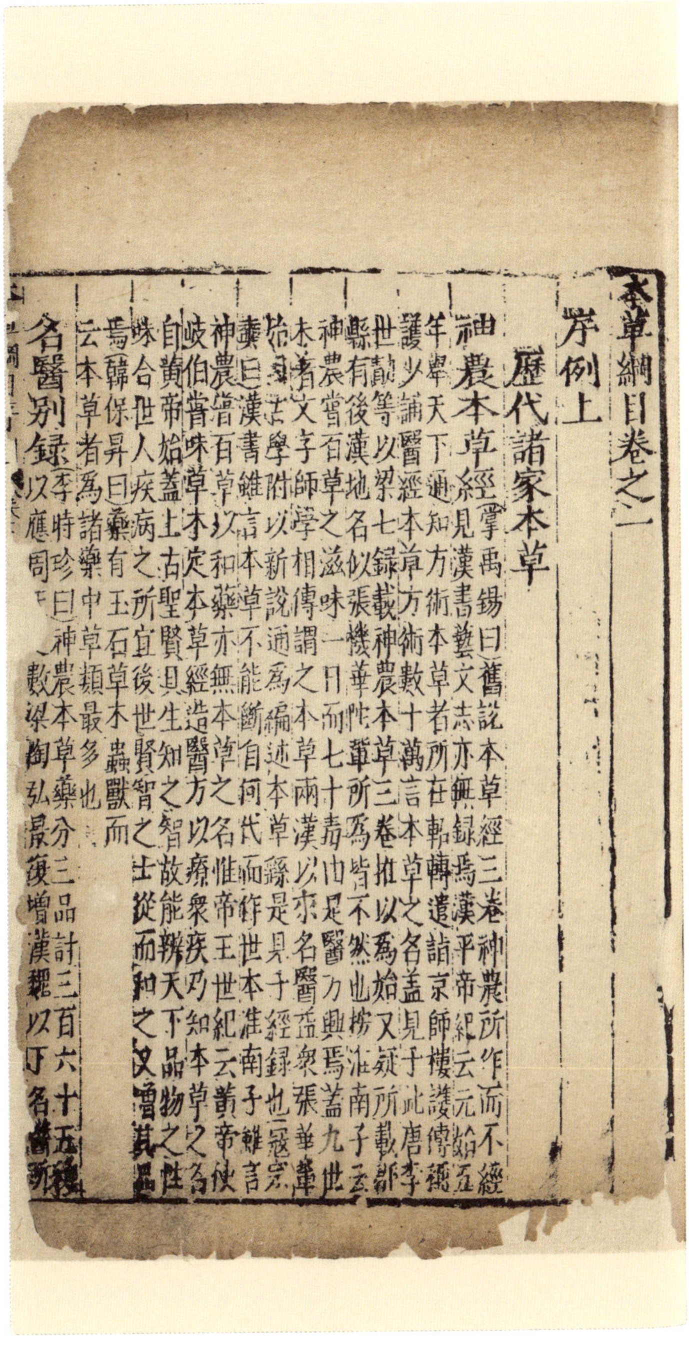

本草綱目卷之一

序例上

歷代諸家本草

神農本草經〔掌禹錫曰〕舊說本草經三卷神農所作而不經見漢書藝文志亦無錄焉漢平帝紀云元始五年舉天下通知方術本草者所在軺傳遣詣京師樓護傳稱護少誦醫經本草方術數十萬言本草之名蓋見于此唐李世勣等以梁七錄載神農本草三卷推以爲始又疑所載郡縣有後漢地名似張機華佗輩所爲皆不然也按淮南子云神農嘗百草之滋味一日而七十毒由是醫方興焉蓋九世之... 未著文字師學相傳謂之本草兩漢以來名醫益衆張華輩始因古學附以新說通爲編述本草由是見于經錄也〔寇宗奭曰〕漢書雖言本草不能斷自何代而作世本淮南子雖言神農嘗百草以和藥亦無本草之名惟帝王世紀云黃帝使岐伯嘗味草木定本草經造醫方以療衆疾乃知本草之名自黃帝始蓋上古聖賢具生知之智故能辨天下品物之性味合世人疾病之所宜後世賢智之士從而和之又增其品焉〔韓保昇曰〕藥有玉石草木蟲獸而云本草者爲諸藥中草類最多也

名醫別錄〔李時珍曰〕神農本草藥分三品計三百六十五種以應周天之數梁陶弘景復增漢魏以下名醫所

本草纲目五十二卷图二卷　（明）李时珍撰　明万历二十一年（1593）金陵胡承龙刻明重修本

《本草纲目》为医药学巨著，影响深远，被英国生物学家达尔文称为“中国古代的百科全书”。此书初刻本为明万历二十一年金陵胡承龙刻本，由李氏子孙绘图辑校，最能体现李时珍原著风貌，称“金陵本”。初刻本国内仅知两部。洛阳白河书斋2008年发现此重修本（扉页为重印时后加），为近年《本草纲目》版本的重大发现，未见书目著录，2010年入选第三批《国家珍贵古籍名录》。

（晁会元收藏）

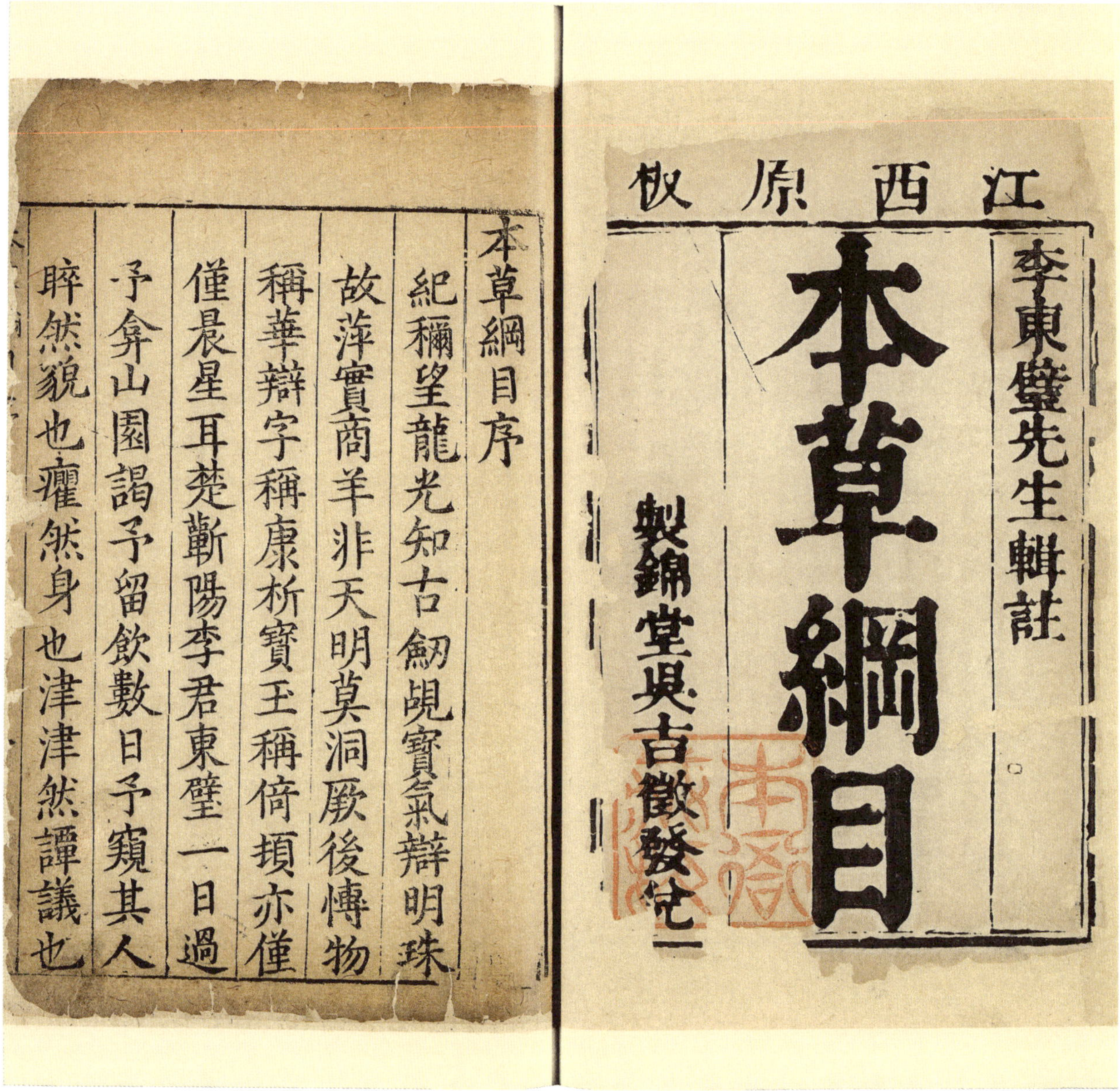

江西原板

李東璧先生輯註

本草綱目

製錦堂吳吉徽發兌

本草綱目序

紀稱望龍光知古劍覘寶氣辯明珠
故萍實商羊非天明莫洞厥後博物
稱華辯字稱康析寶玉稱倚頓亦僅
僅晨星耳楚蘄陽李君東璧一日過
予弇山園謁予留飲數日予窺其人
睟然貌也癯然身也津津然譚議也

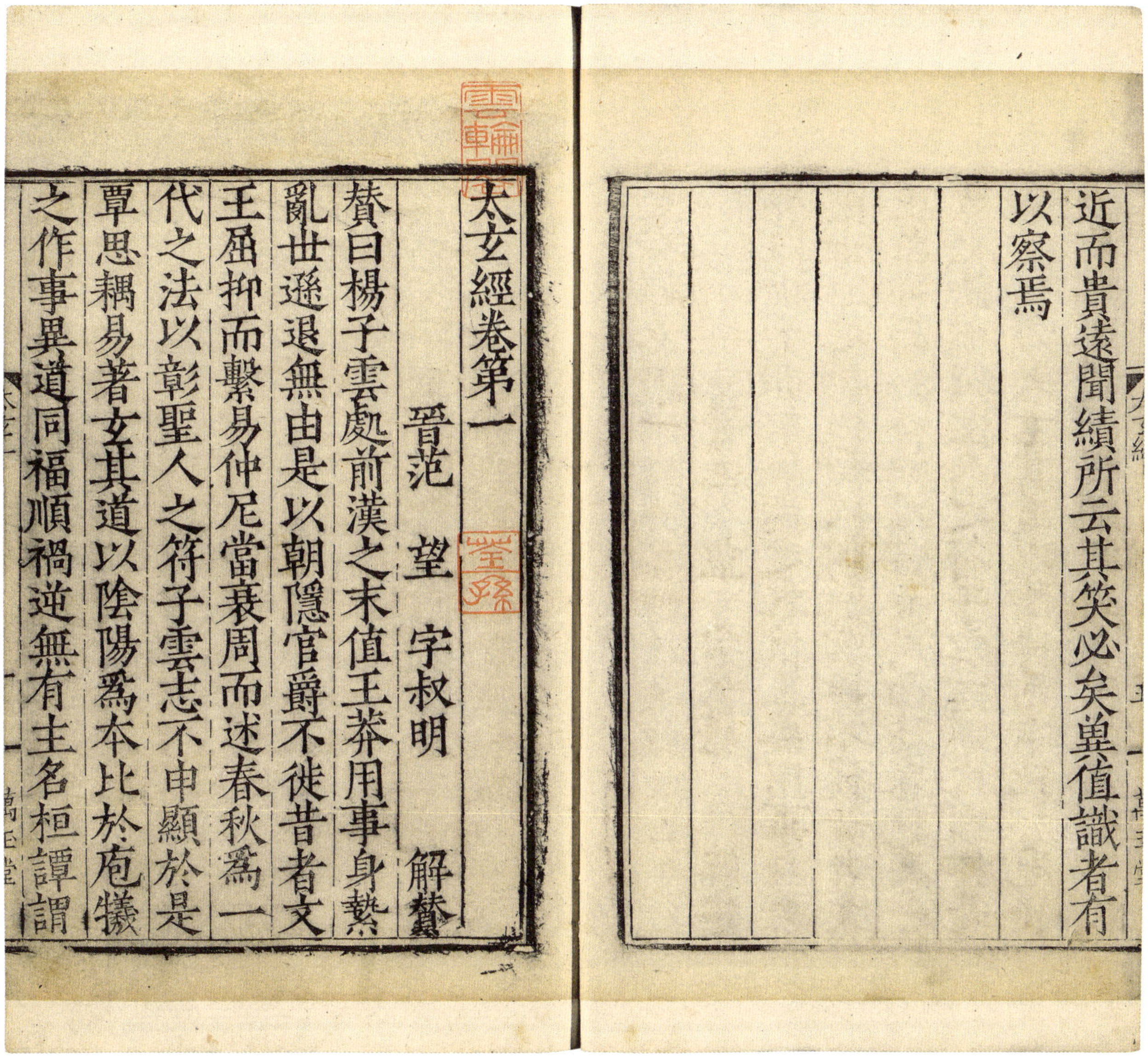

太玄经十卷　（汉）扬雄撰　（晋）范望解赞　说玄一卷　（唐）王涯撰　释文一卷　明嘉靖孙沐万玉堂刻本　存二卷：一至二

此书为汉扬雄拟《易》而作。注其书者，自汉以来，惟宋衷、陆绩最著。至晋范望，将二家之注勒为一编。此本被缪荃孙称为明人翻宋刻最善之书，又被收入《四部丛刊》，影响较广。缪荃孙旧藏。

（李希海收藏）

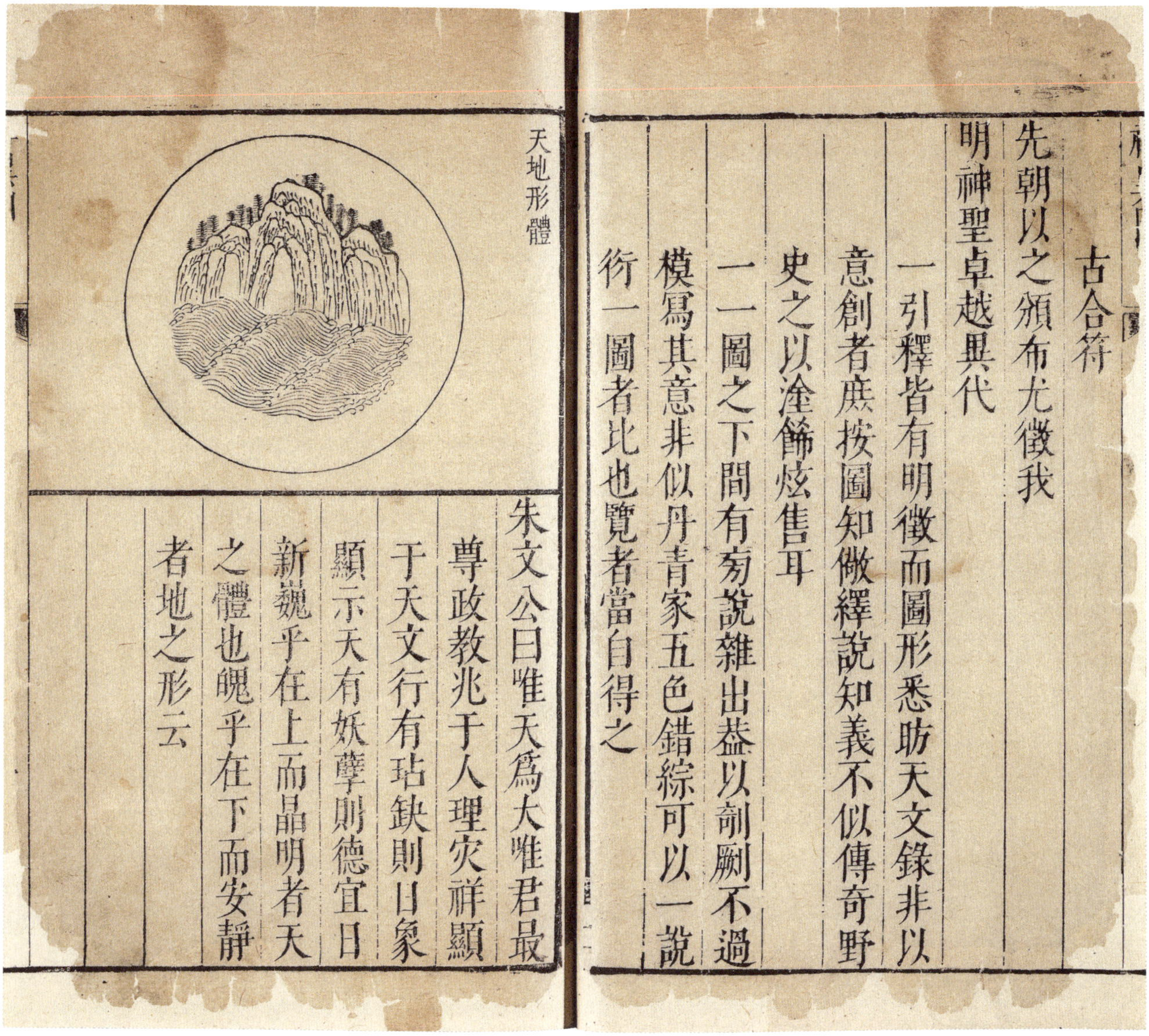

古合符

先朝以之須布尤徵我

明神聖卓越異代

一引釋皆有明徵而圖形悉昉天文錄非以

意創者庶按圖知儆繹說知義不似傳奇野

史之以塗飾炫售耳

一一圖之下間有旁說雜出萘以剞劂不過

模寫其意非似丹青家五色錯綜可以一說

衍一圖者比也覽者當自得之

天地形體

朱文公曰唯天爲大唯君最

尊政教兆于人理灾祥顯

于天文行有玷缺則日象

顯示天有妖孽則德宜日

新巍乎在上而晶明者天

之體也嵬乎在下而安靜

者地之形云

大明天元玉历祥异图说七卷　（明）余文龙编　明万历四十七年（1619）余文龙刻本

此书专言天象祥异，分天地、日、月、星缠、云气犯星、杂气雾虹、风候七卷。上图下文，绘刻精工。《四库禁毁书目》收录，流传较少。此本由编者校梓于金陵公署。

（范氏收藏）

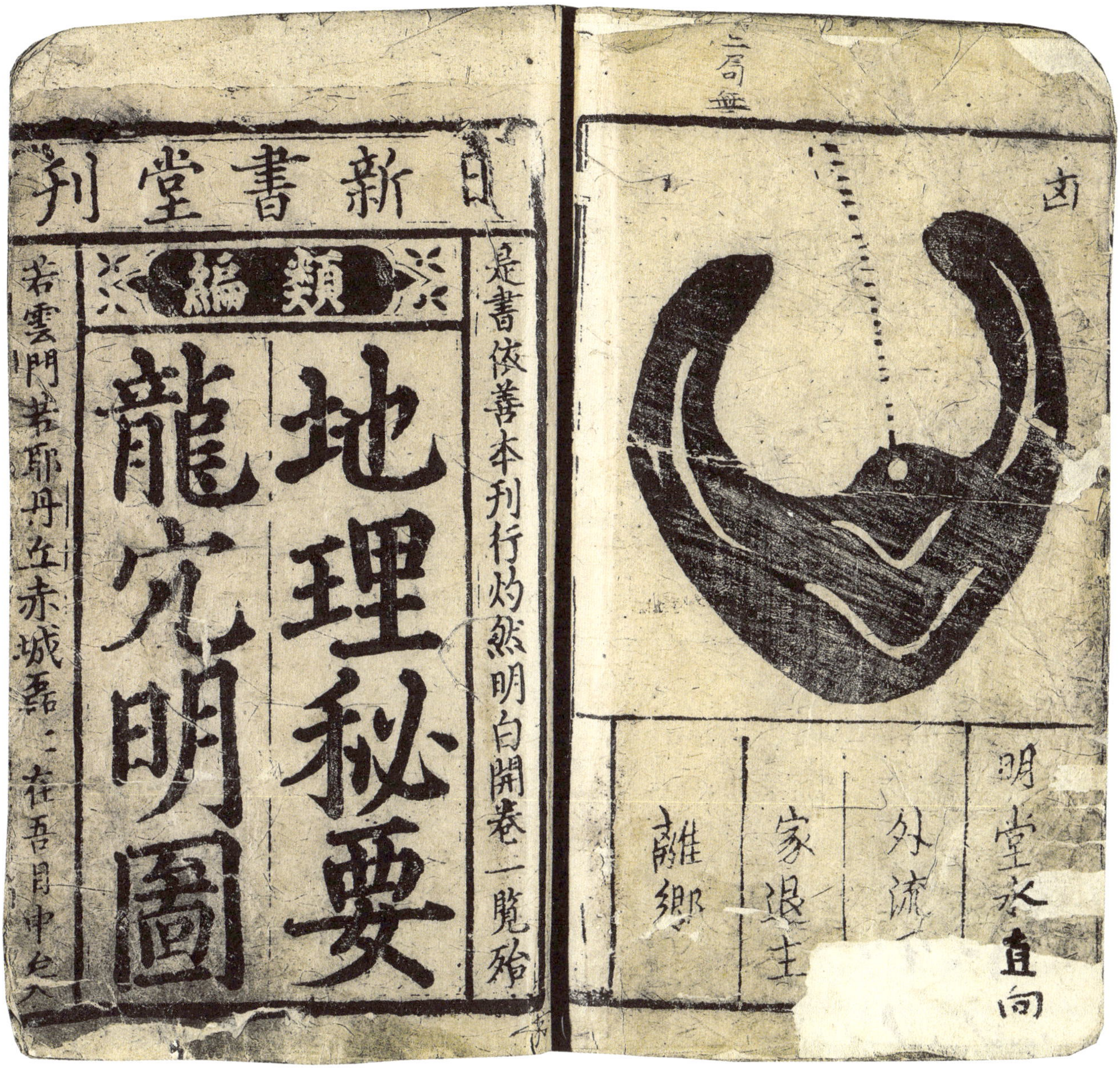

新编分类地理全书穴法秘要六卷　地理全书秘要龙穴明图十一卷　元日新书堂刻本　存十五卷：穴法秘要二至六、秘要龙穴明图一至十

术数风水类著作。现存该类文献版本多为明代以后，此本扉页有“日新书堂”字样，版印风格亦为元代，弥足珍贵。

（袁立章收藏）

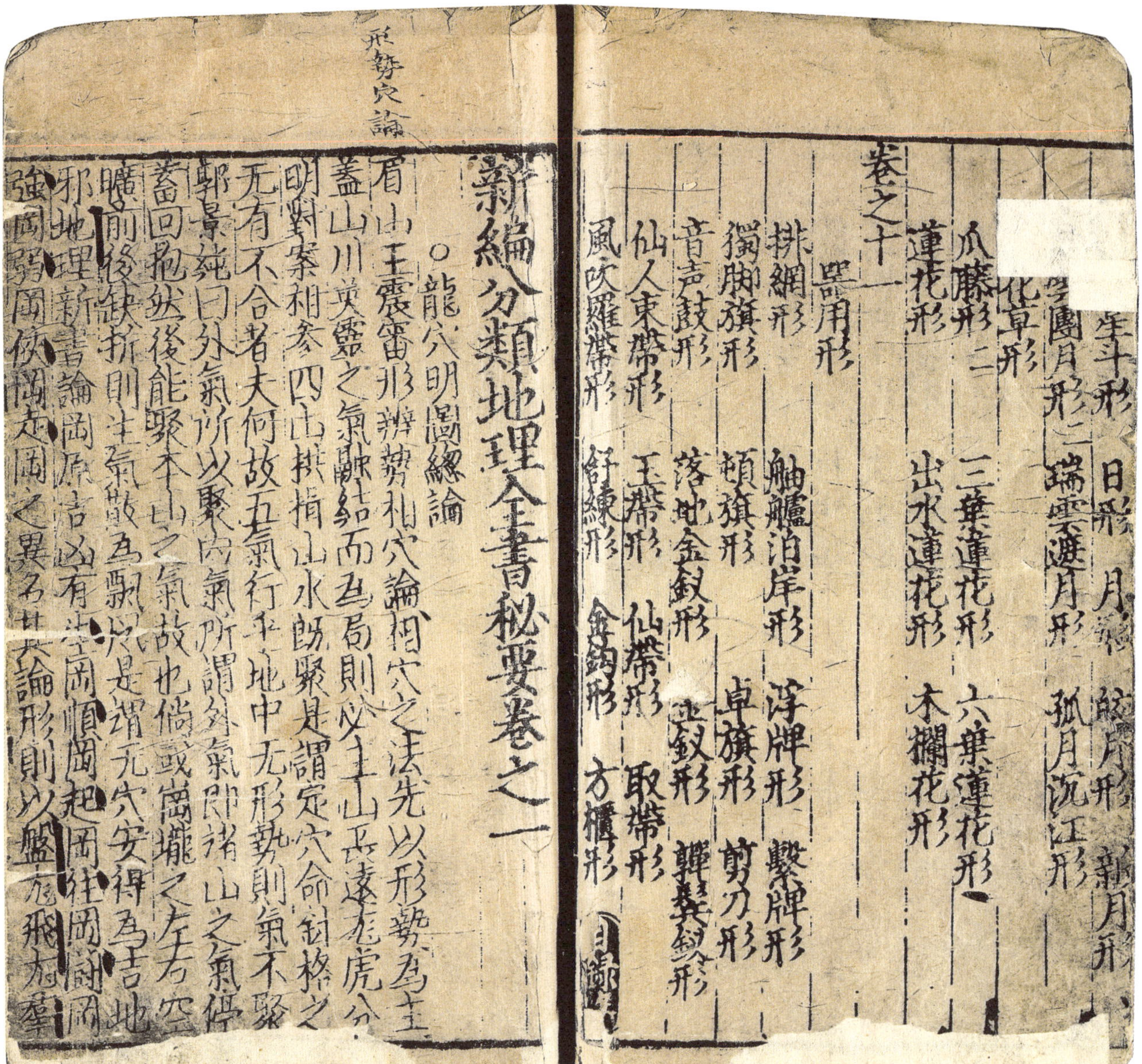
牽斗形 日形 月形 舷月形 新月形
團月形二 瑞雲遮月形 孤月沉江形
花草形
瓜藤形二 三葉蓮花形 六葉蓮花形
蓮花形 出水蓮花形 木欄花形
卷之十一
器用形
排網形 舳艫泊岸形 浮牌形 繫牌形
獨脚旗形 頓旗形 卓旗形 剪刀形
音声鼓形 落地金釵形 金釵形 雙股釵形
仙人束帶形 玉帶形 仙帶形 取帶形
風吹羅帶形 舒練形 金鈎形 方櫃形

形勢穴論

新編分類地理全書秘要卷之一

○龍穴明闇總論

看山王震雷形辨勢祖穴論捐穴之法先以形勢為主蓋山川英靈之氣融結而為局則必主山正遠龍虎分明對案相參四山拱揖山水的聚是謂定穴命結格之无有不合者夫何故五氣行乎地中无形勢則氣不聚郭景純曰外氣所以聚內氣所謂外氣即諸山之氣停蓄回抱然後能聚本山之氣故也倘或崗壠之左右空曠前後缺折則生氣散為飄風是謂无穴安得為吉地邪地理新書論岡原吉凶有坐岡順岡起岡往岡斷岡強岡弱岡依岡趍岡之異名其論形則以盤龍飛龍牽

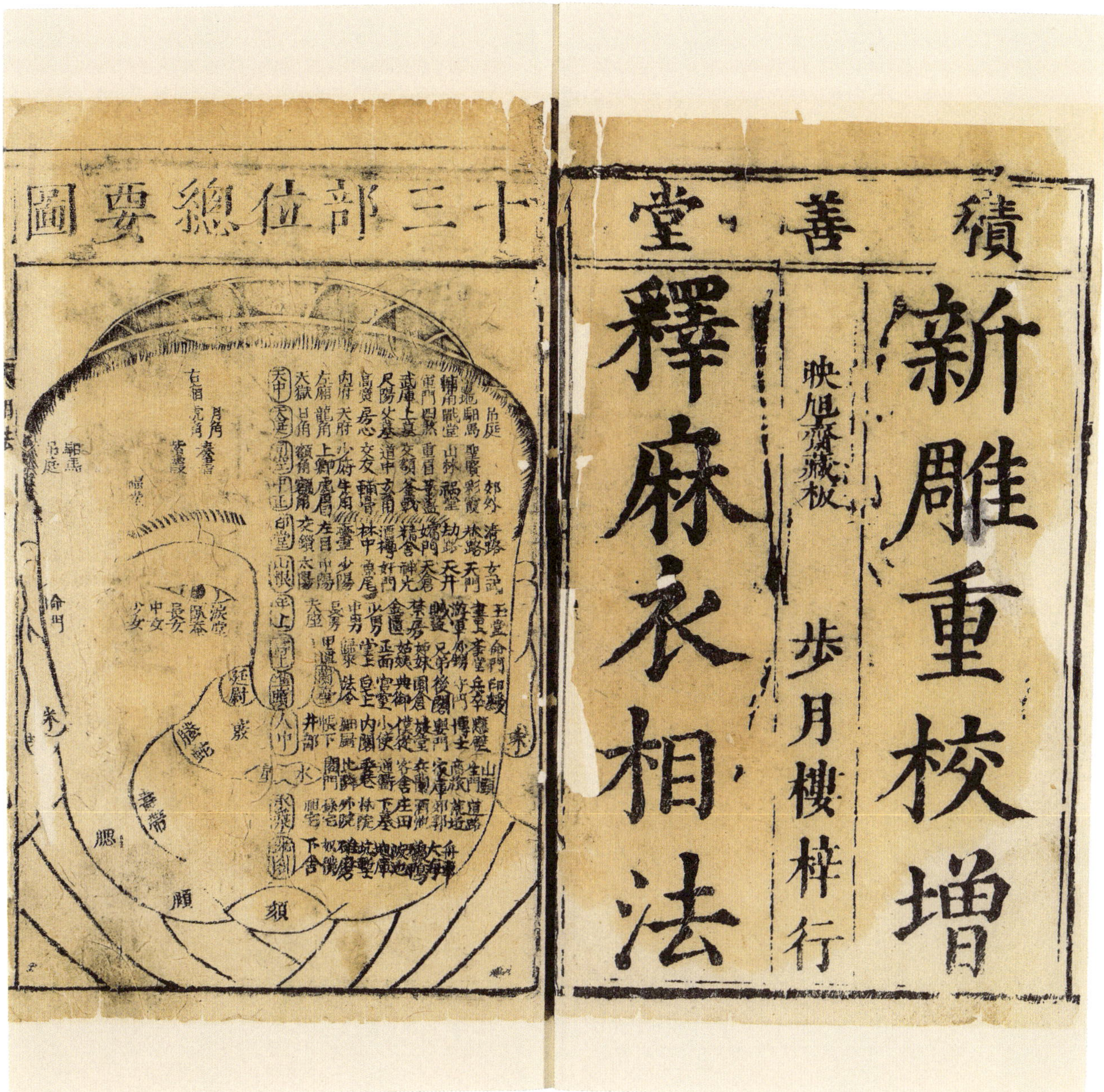

新刊校正增释合并麻衣先生人相编五卷　（明）陆位崇编　明末金陵唐锦池刻步月楼印本

此书为面相占卜类著作。卷前有面相图22张，卷中又有眉相、眼相、鼻相等图。此本较稀见，刊刻较早。

（叶健民收藏）

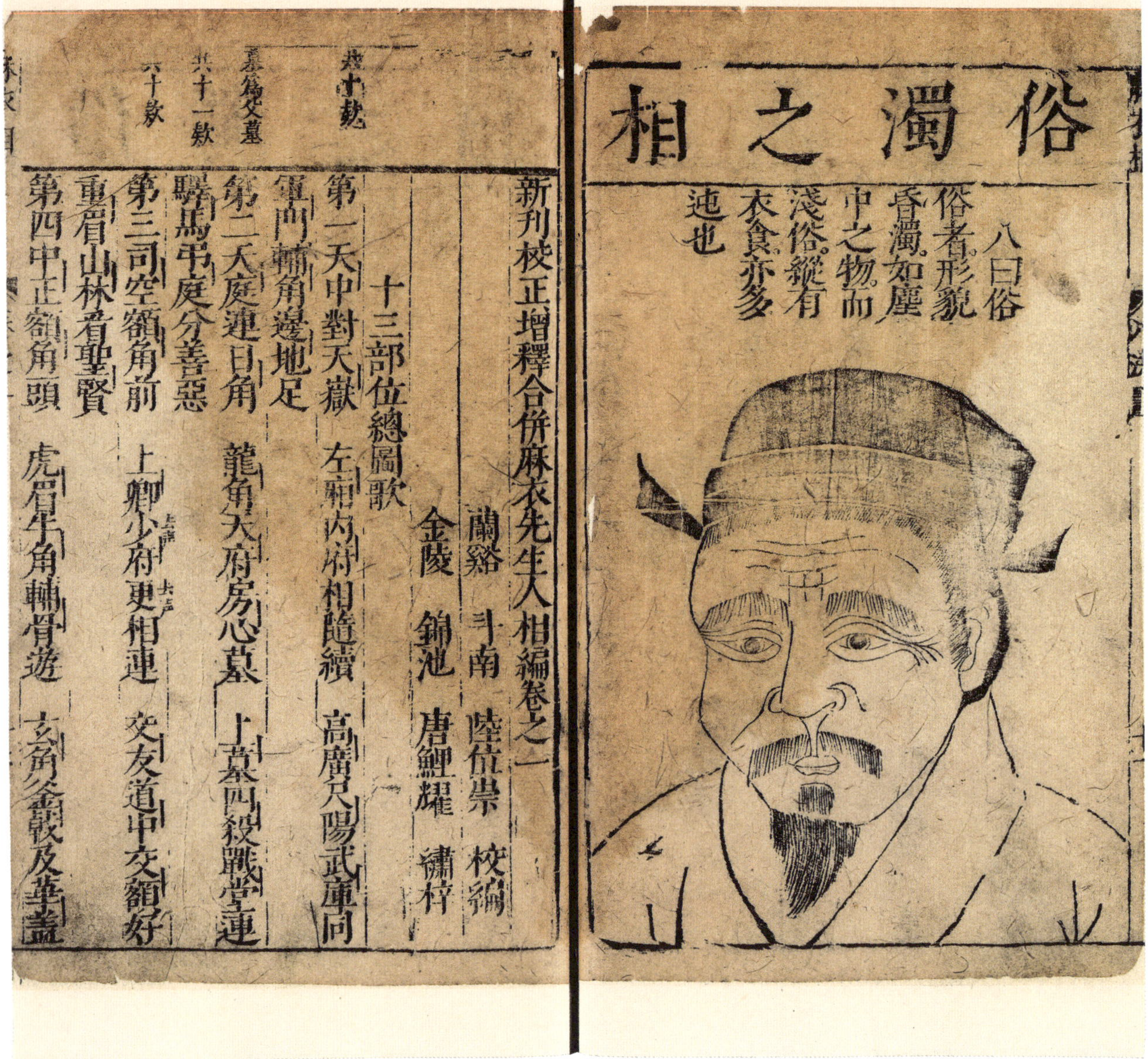

俗濁之相

八曰俗

俗者形貌昏濁如塵中之物而淺俗縱有衣食亦多迍也

新刊校正增釋合併麻衣先生人相編卷之一

蘭谿 斗南 陸位崇 校編

金陵 鍋池 唐鯉耀 繡梓

十三部位總圖歌

第一天中對天嶽 左廂內府相隨續 高廣尺陽武庫同

軍門輔角邊地足

第二天庭連日角 龍角天府房心墓 上墓四殺戰堂連

驛馬弔庭分善惡

第三司空額角前 上卿少府更相連 交友道中交額好

重眉山林看聖賢

第四中正額角頭 虎眉牛角輔骨遊 玄角斧鉞及華蓋

共十一款

六十款

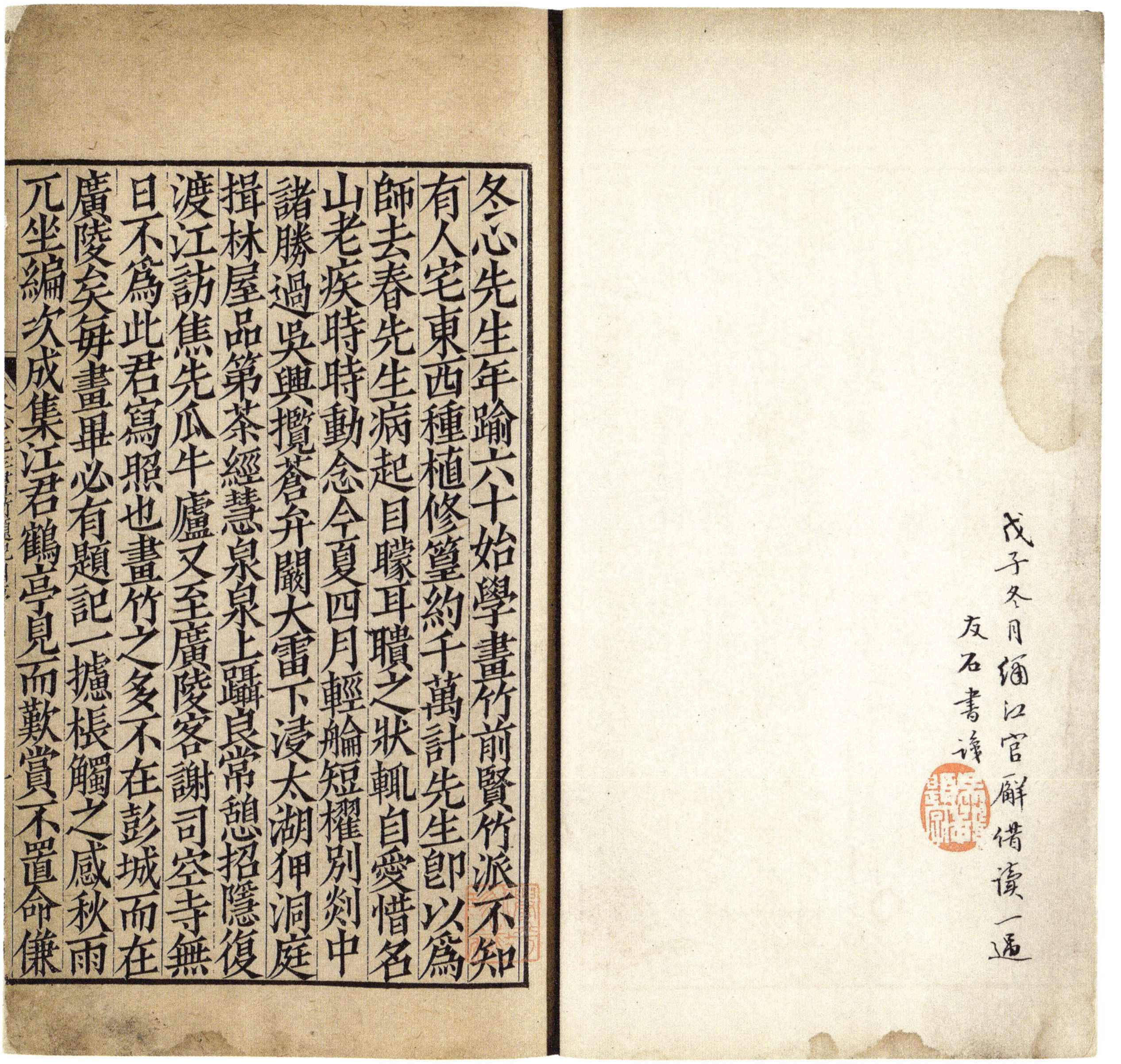
冬心先生年踰六十始學畫竹前賢竹派不知有人宅東西種植修篁約千萬計先生即以爲師去春先生病起目矇耳聵之狀輒自愛惜名山老疾時時動念今夏四月輕舳短櫂别剡中諸勝過吳興攬苕弁闞大雷下浸太湖狎洞庭揖林屋品第茶經慧泉泉上躡良常憩招隱復渡江訪焦先瓜牛廬又至廣陵客謝司空寺無日不爲此君寫照也畫竹之多不在彭城而在廣陵矣每畫畢必有題記一攄棖觸之感秋雨兀坐編次成集江君鶴亭見而歎賞不置命傔

戊子冬月缩江官廨借讀一遍
友石書識

冬心先生画竹题记一卷　（清）金农撰　清乾隆刻本

金农（1687—1763），清代书画家，年逾六十始学画竹，意将清高孤洁之品格寄托其中。每画必有题记，编次成集。是书以旧纸刊印，大字仿宋写刻，墨光如漆。书后有藏书家王贡忱题识。经陈祖经、友石、王贡忱收藏。

（小残卷斋收藏）

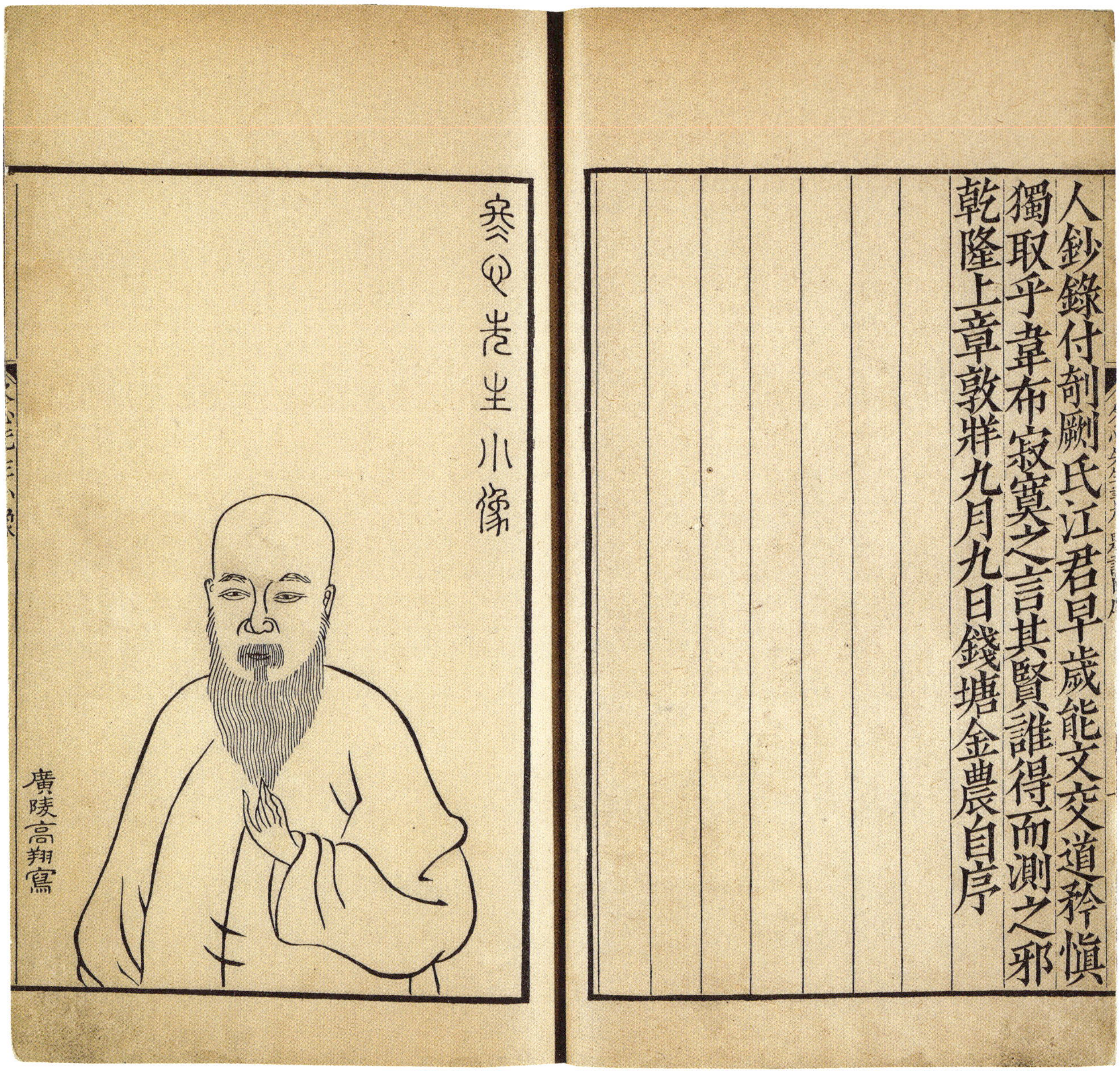
人鈔錄付剞劂氏江君早歲能文交道矜慎
獨取乎韋布寂寞之言其賢誰得而測之邪
乾隆上章敦牂九月九日錢塘金農自序

冬心先生小像

廣陵高翔寫

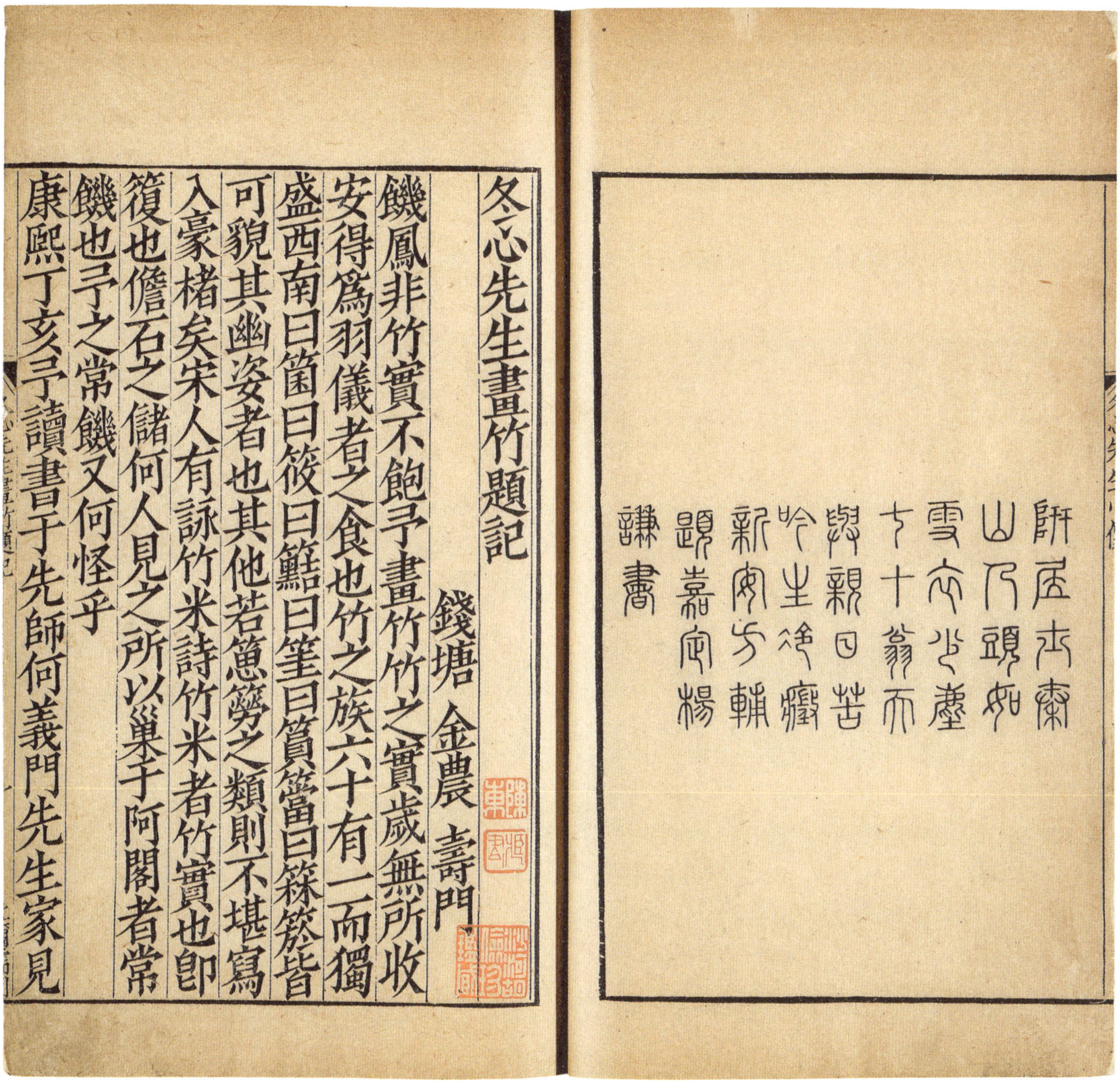

冬心先生畫竹題記

錢塘 金農 壽門

饑鳳非竹實不飽尋畫竹竹之實歲無所收安得爲羽儀者之食也竹之族六十有一而獨盛西南曰箘曰筱曰䈄曰筆曰篔簹曰篠簩皆可貌其幽姿者也其他若篦簩之類則不堪寫入豪楮矣宋人有詠竹米詩竹米者竹實也即篗也儋石之儲何人見之所以巢于阿閣者常饑也尋之常饑又何怪乎

康熙丁亥尋讀書于先師何義門先生家見

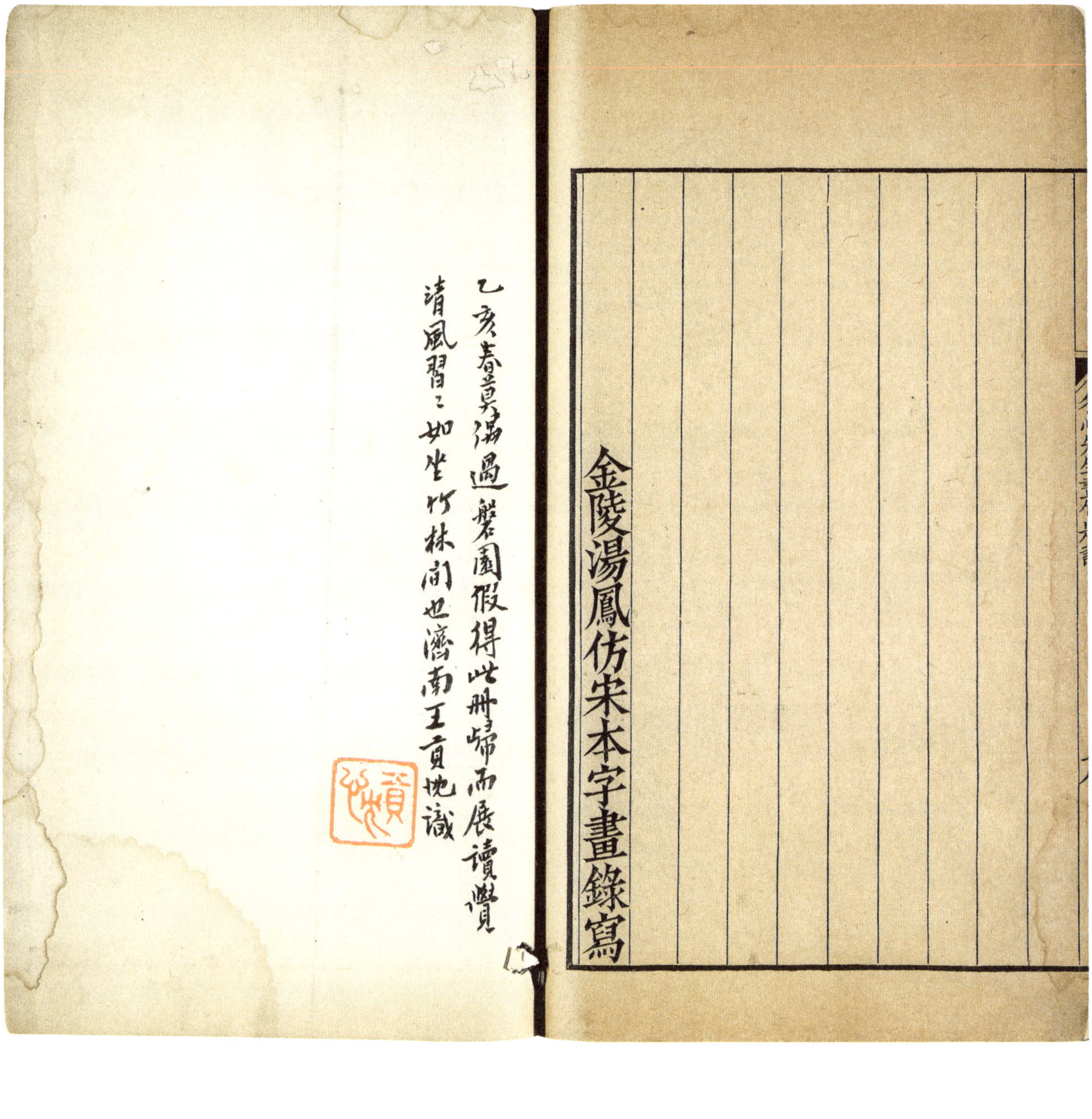
乙亥春莫偶過磐園假得此冊歸而展讀覺
清風習習如坐竹林間也濟南王貢忱識
金陵湯鳳仿宋本字畫錄寫

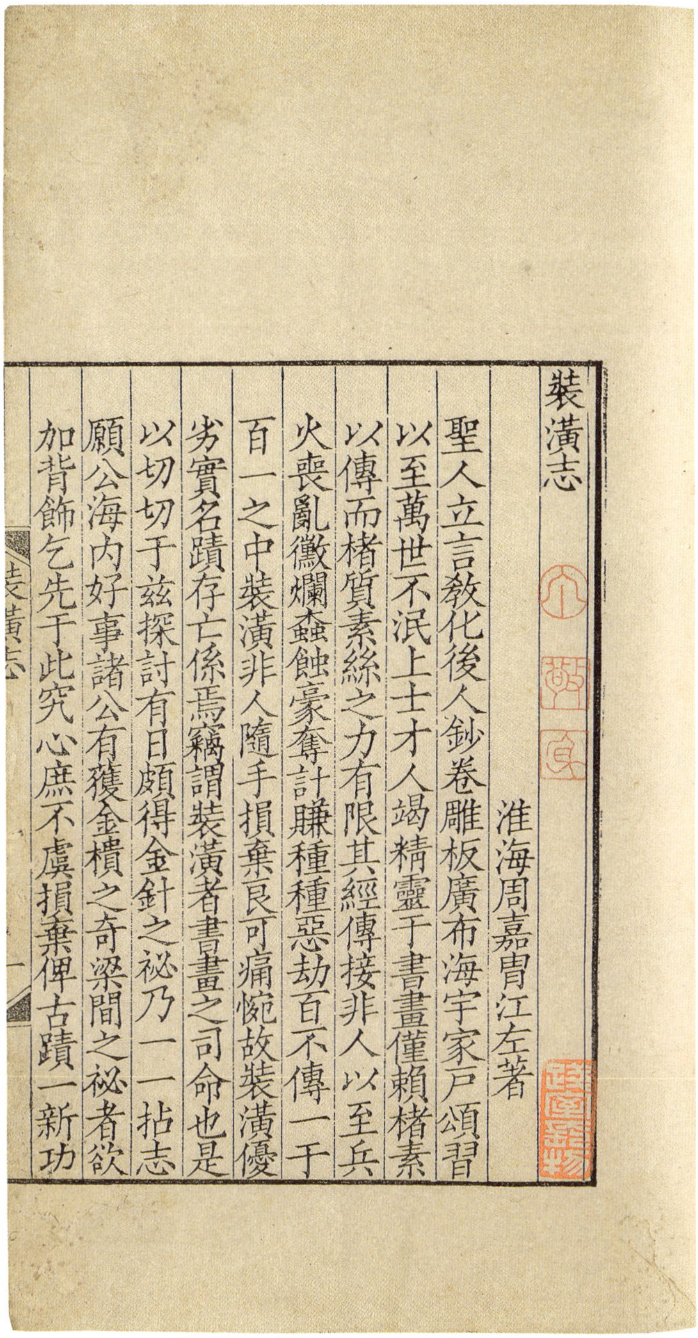
裝潢志

淮海周嘉冑江左著

聖人立言教化後人鈔卷雕板廣布海宇家戶頌習以至萬世不泯上士才人竭精靈于書畫僅賴楮素以傳而楮質素絲之力有限其經傳接非人以至兵火喪亂黴爛蠹蝕豪奪計賺種種惡劫百不傳一于百一之中裝潢非人隨手損棄良可痛惋故裝潢優劣實名蹟存亡係焉竊謂裝潢者書畫之司命也是以切切于茲探討有日頗得金針之祕乃一一拈志願公海內好事諸公有獲金櫃之奇深閒之祕者欲加背飾乞先于此究心庶不虞損棄俾古蹟一新功

裝潢志一卷　（明）周嘉胄撰　清乾隆十二年（1747）桐乡汪氏求是斋刻本

我国第一部系统论述书画装裱的专著，详细论述了书画和碑帖装裱的工艺工序，兼及相关的名人轶事。评述精到，为作者数十年实践经验的总结。是书现存多为丛书本，单行本罕见。此本刊印精丽，为清代书画篆刻家丁敬旧藏，颇为珍贵。

（小残卷斋收藏）

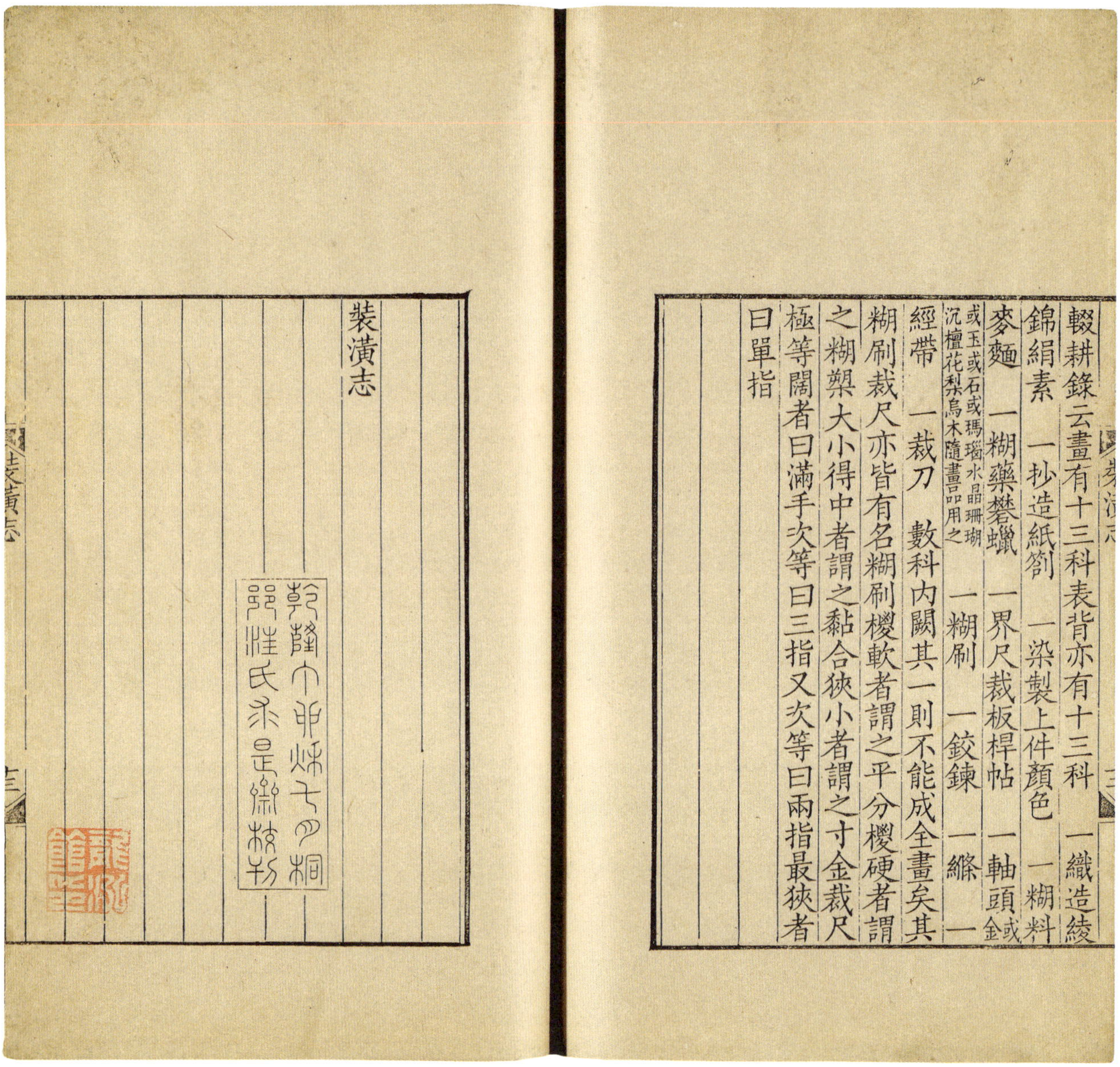

輟耕錄云畫有十三科表背亦有十三科 一織造綾錦絹素 一抄造紙劄 一染製上件顏色 一糊料麥麵 一糊藥礬蠟 一界尺裁板桿帖 一軸頭或金或玉或石或瑪瑙水晶珊瑚沉檀花梨烏木隨畫品用之 一糊刷 一鉸鍊 一縧 一經帶 一裁刀 數科內闕其一則不能成全畫矣其糊刷裁尺亦皆有名糊刷㯶軟者謂之平分㯶硬者謂之糊帚大小得中者謂之黏合狹小者謂之寸金裁尺極等闊者曰滿手次等曰三指又次等曰兩指最狹者曰單指

裝潢志

乾隆丁卯秋七月桐鄉汪氏求是齋校刊

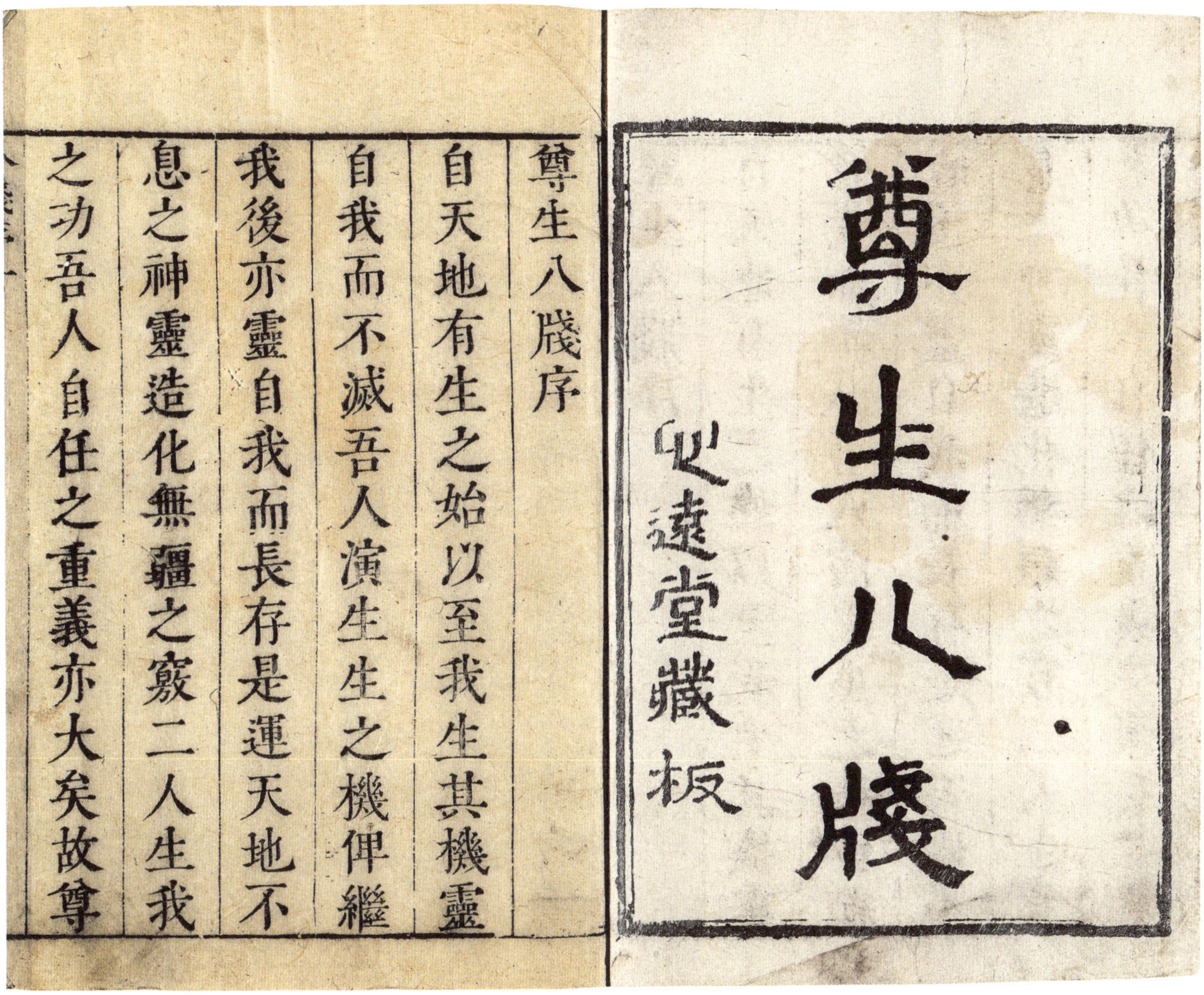

尊生八牋

心遠堂藏板

尊生八牋序

自天地有生之始以至我生其機靈自我而不滅吾人演生生之機俾繼我後亦靈自我而長存是運天地不息之神靈造化無疆之寰二人生我之功吾人自任之重義亦大矣故尊

遵生八笺不分卷　（明）高濂撰　明末刻心远堂后印本

全书内容丰富，分清修妙论、四时调摄、却病延年、起居安乐、饮馔服食、燕闲清赏、灵秘丹药、尘外遐举八笺，以养生延寿为主旨，介绍却病延年之术。书中亦收录“陈希夷坐功图”等图谱。

（侯晓强收藏）

立夏四月節坐功圖勢

運主少陰二氣　時配手厥陰心胞絡風木

坐功

每日以寅卯時閉息瞑目反換兩手抑掣兩膝各五七度叩齒吐納嚥液

治病

風濕留滯經絡腫痛臂肘攣急腋腫手心熱喜笑不休雜症

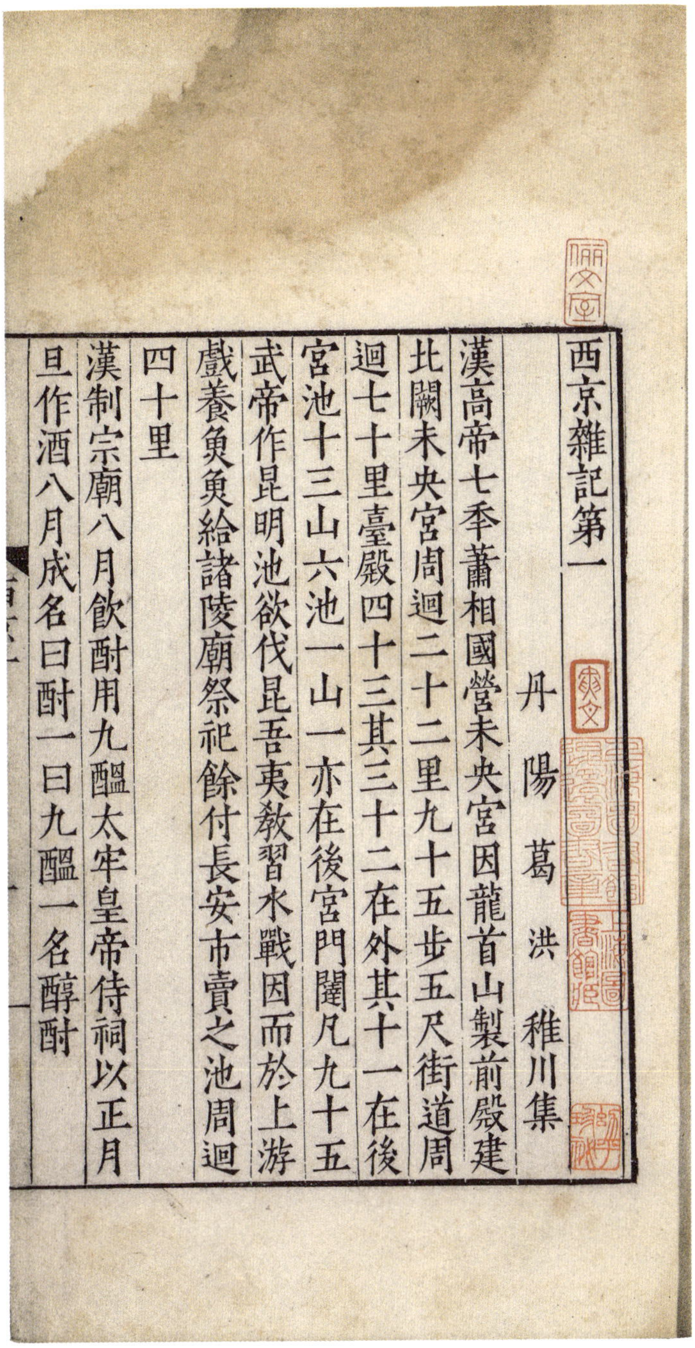

西京杂记六卷　题（晋）葛洪撰　明沈氏野竹斋刻本

记载西汉至魏晋南北朝遗闻轶事的笔记小说集，全书138条，“意绪秀异，文笔可观”。卷后有“吴郡沈与文野竹斋校勘翻雕”刊记二行。沈与文，字辨之，所刻书籍纸墨精良，皆为上品。此本钤有“萧山朱氏书藏”“幼平珍秘”“芜湖李氏”等印。

（崔雄收藏）

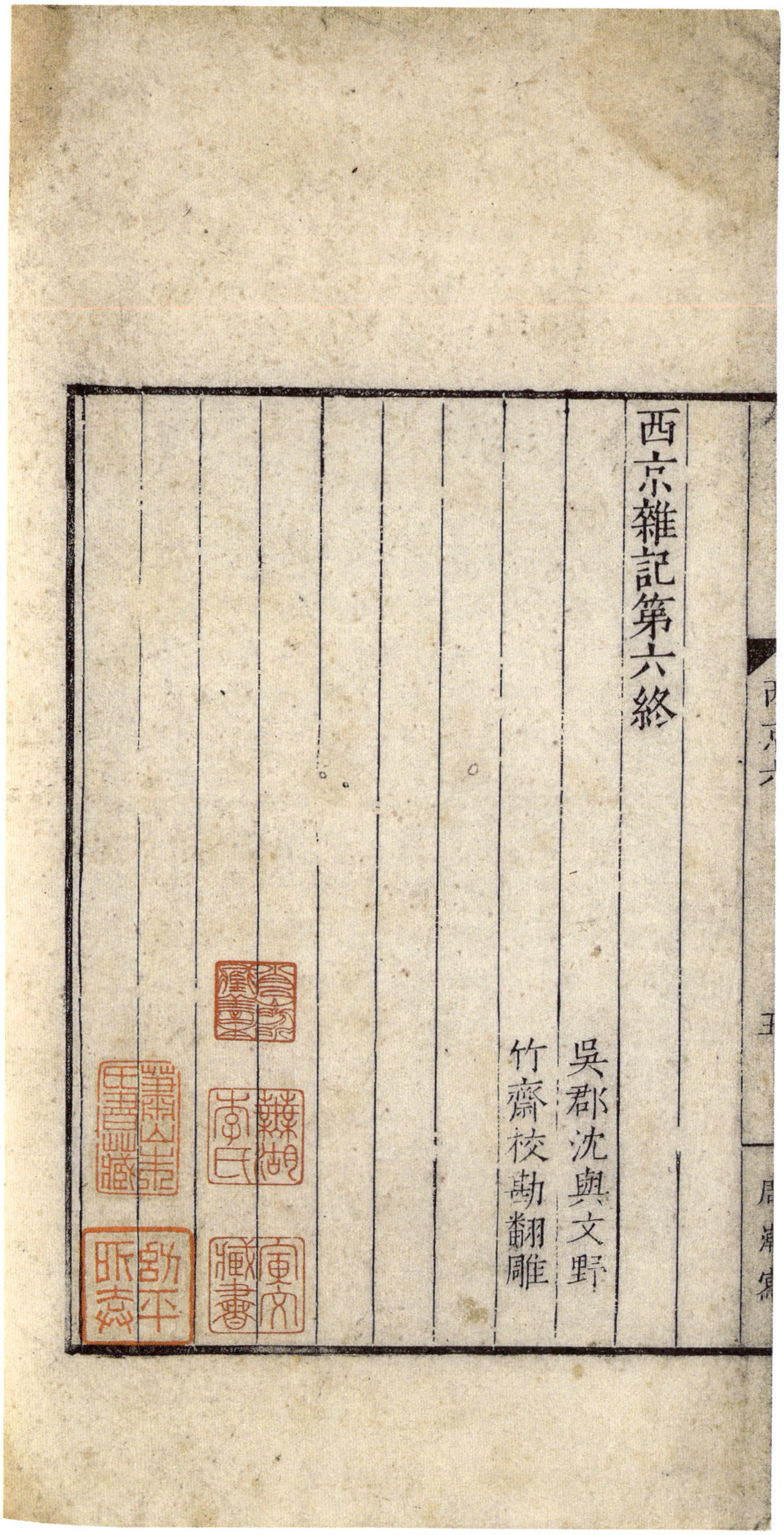
西京雜記第六終

吳郡沈與文野竹齋校勘翻雕

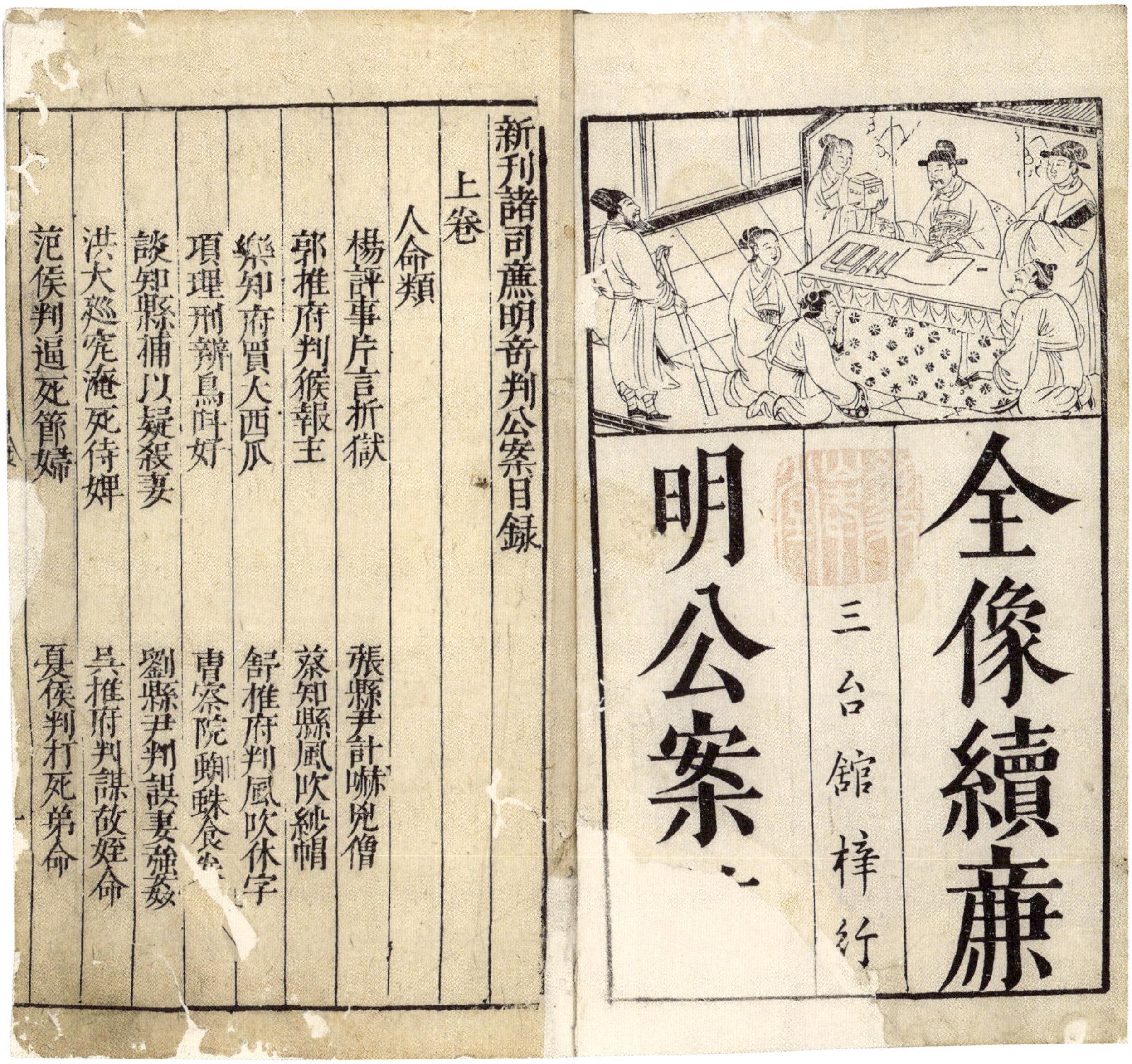
全像續廉明公案
三台館梓行

新刊諸司廉明奇判公案目録
上卷
人命類
楊評事片言折獄　張縣尹計嚇兇僧
郭推府判猴報主　蔡知縣風吹紗帽
樂知府買大西瓜　舒推府判風吹休字
項理刑辨鳥叫好　曹察院蜘蛛食卷
談知縣捕以疑殺妻　劉縣尹判誤妻強姦
洪大巡究淹死侍婢　吳推府判謀故姪命
范侯判逼死節婦　夏侯判打死弟命

全像续廉明公案二卷　（明）余象斗编述　明万历福建余氏三台馆刻本

余象斗是明代著名的小说编纂家和出版家，编辑出版小说颇多，影响很大。扉页题“全像续廉明公案”，各卷分类，类下分则，每则记一判案故事。全书分为“人命类”“奸情类”“盗贼类”“诈伪类”“争占类”“雪冤类”六类。以题材论，此书属于公案小说。

（独翠堂收藏）

刑部公選天

下諸司官職

皇明諸司廉明奇判公案傳上卷

三台山人　仰止　余象斗　集

建邑書林　余氏　雙峰堂　刊

人命類

楊評事片言折獄

廣東潮州府揭陽縣有趙信者與周義相友善邀同往南京買布先一日討定張潮稍公船隻約次日黎明船上會至期趙信先到船張潮見時尚四更路無人跡漸將船撐向深處去推趙信落水死再攏船近岸依然假睡黎明周義至叫稍公張潮方起至早飯邊不見趙信來周義乃令稍公去催趙信張潮到信家叫三娘子方出開門盖因早起造飯夫去復睡故又起遲潮因問信妻孫氏曰汝三官昨

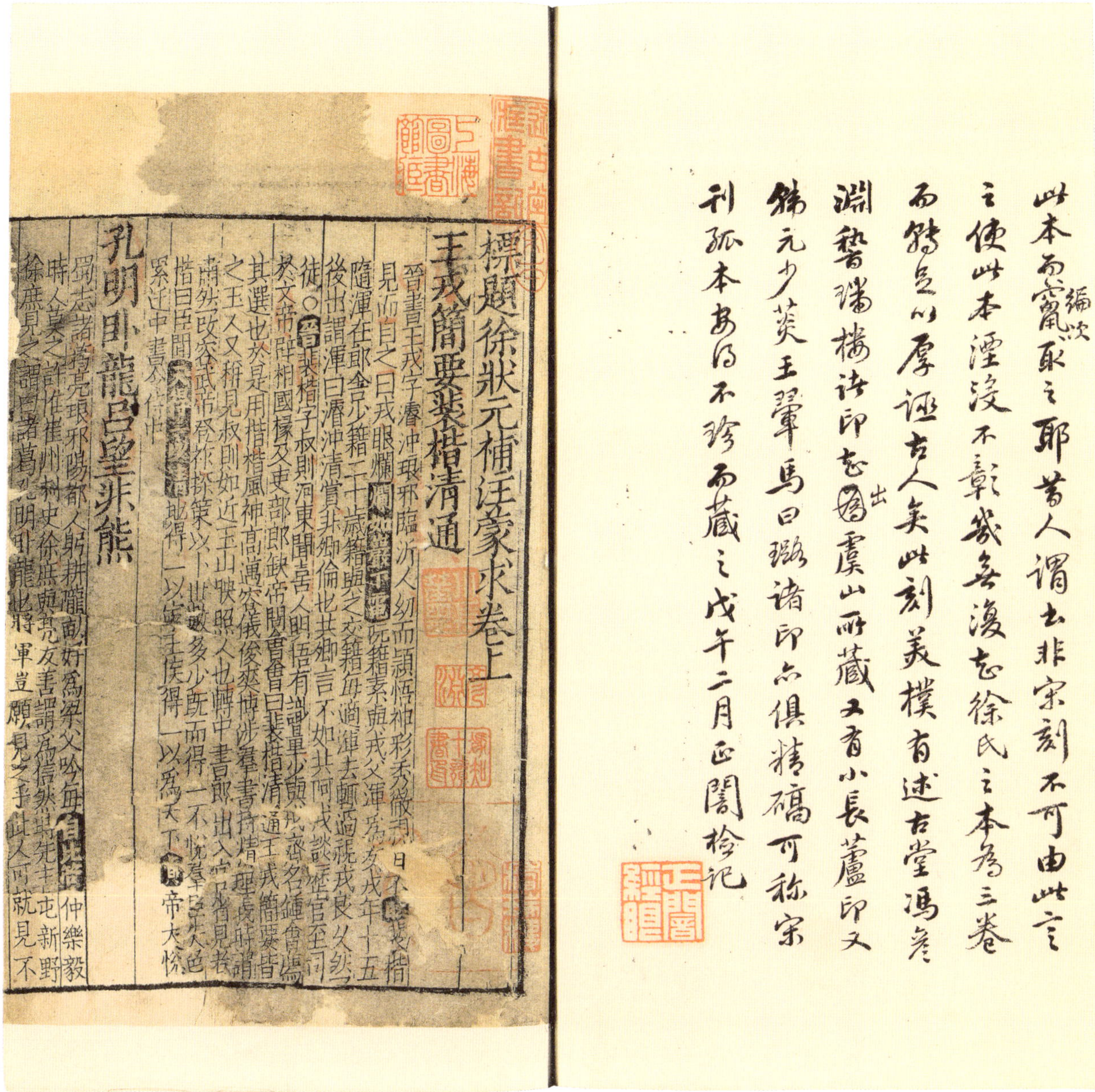

标题徐状元补注蒙求三卷　（唐）李翰撰　（宋）徐子光注　宋刻本

《蒙求》，典出《周易》“童蒙求我”，中唐至北宋为乡塾课蒙教本，用偶俪之语记古今事。宋元以后，逐渐为《三字经》《百家姓》所取代。是本写刻精工，曾经钱氏述古堂、冯知十、陈揆、邓邦述、王体仁等人收藏。钤“述古堂藏书记”“冯知十读书印”“稽瑞楼”“群碧楼”“杭州王氏九峰旧庐藏书之章”等印。

（兆兰堂收藏）

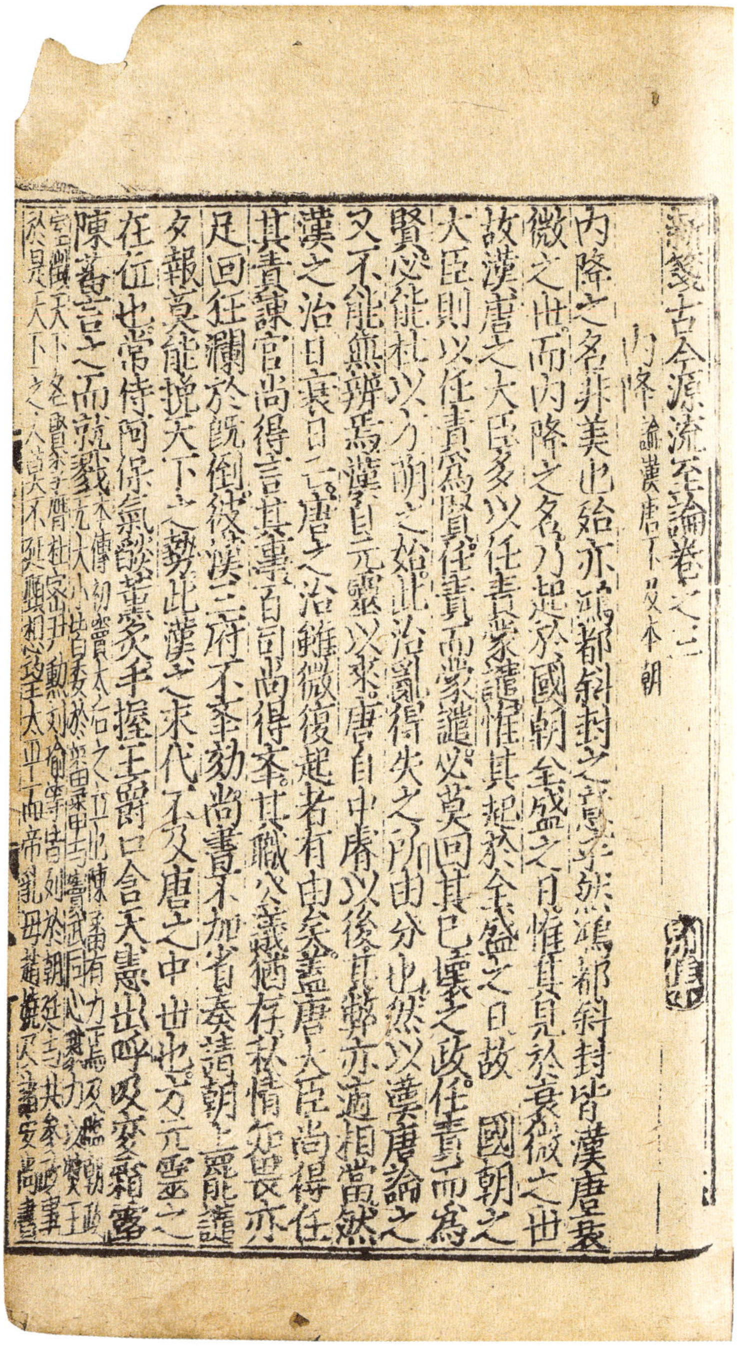

新笺决科古今源流至论别集十卷　（宋）黄履翁撰　明宣德二年（1427）建阳书林刘克常刻本　存八卷：二至九

“决科”即参加射策，决定科第，后指参加科举考试。此为科举考试参考书，对科举考试所涉内容分门别类。此为残本，内容包括君权、本朝官制、礼、历代人才、将权、军政等。

（侯晓强收藏）

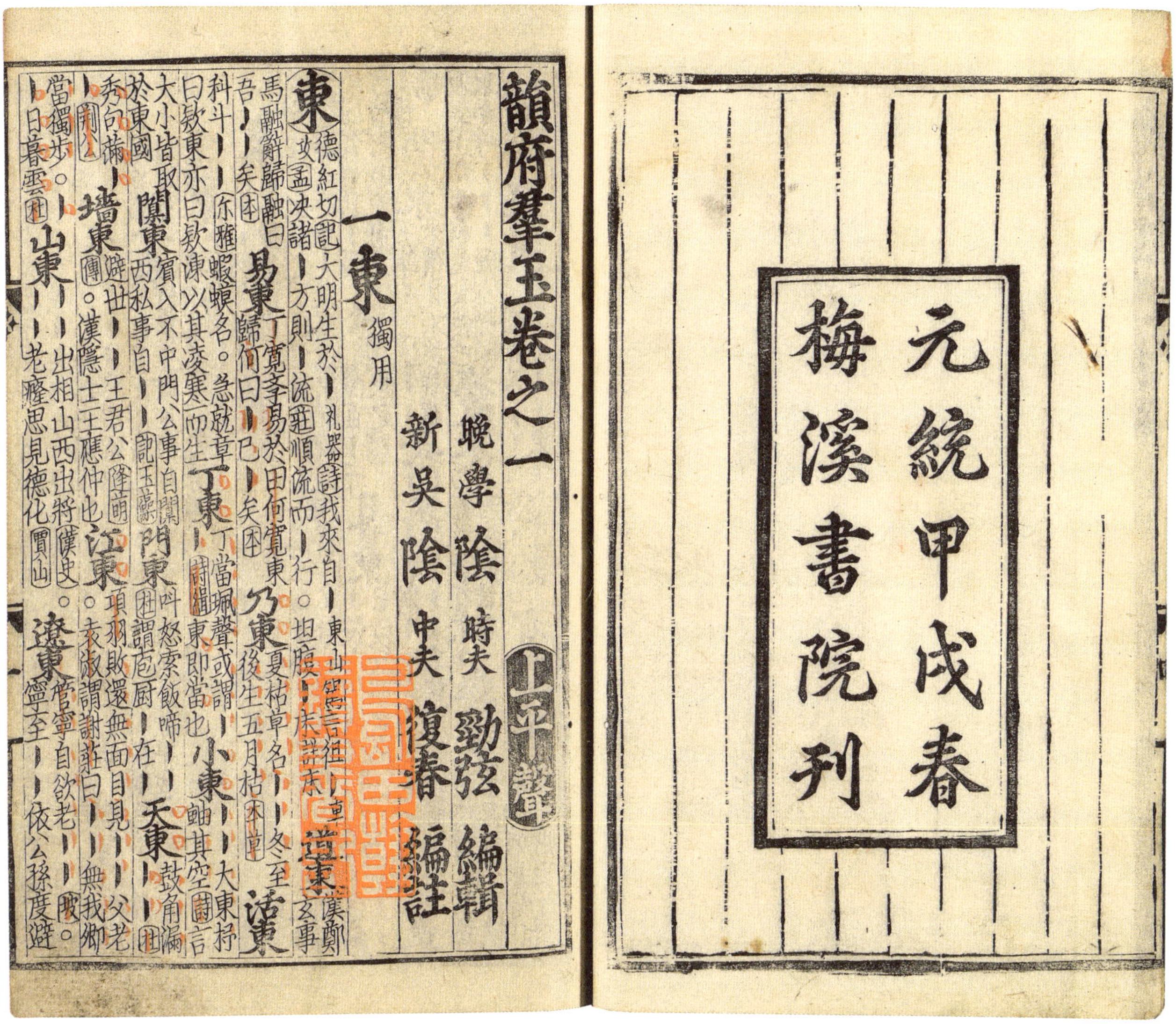

韵府群玉二十卷　（元）阴时夫撰　（元）阴中夫注　元元统二年（1334）梅溪书院刻本

《韵府群玉》是我国现存较早的韵书，在音韵学史上具有重要地位。全书分韵106部，按每个词语最后一字归韵。此本传世较罕。

（胡关妙收藏）

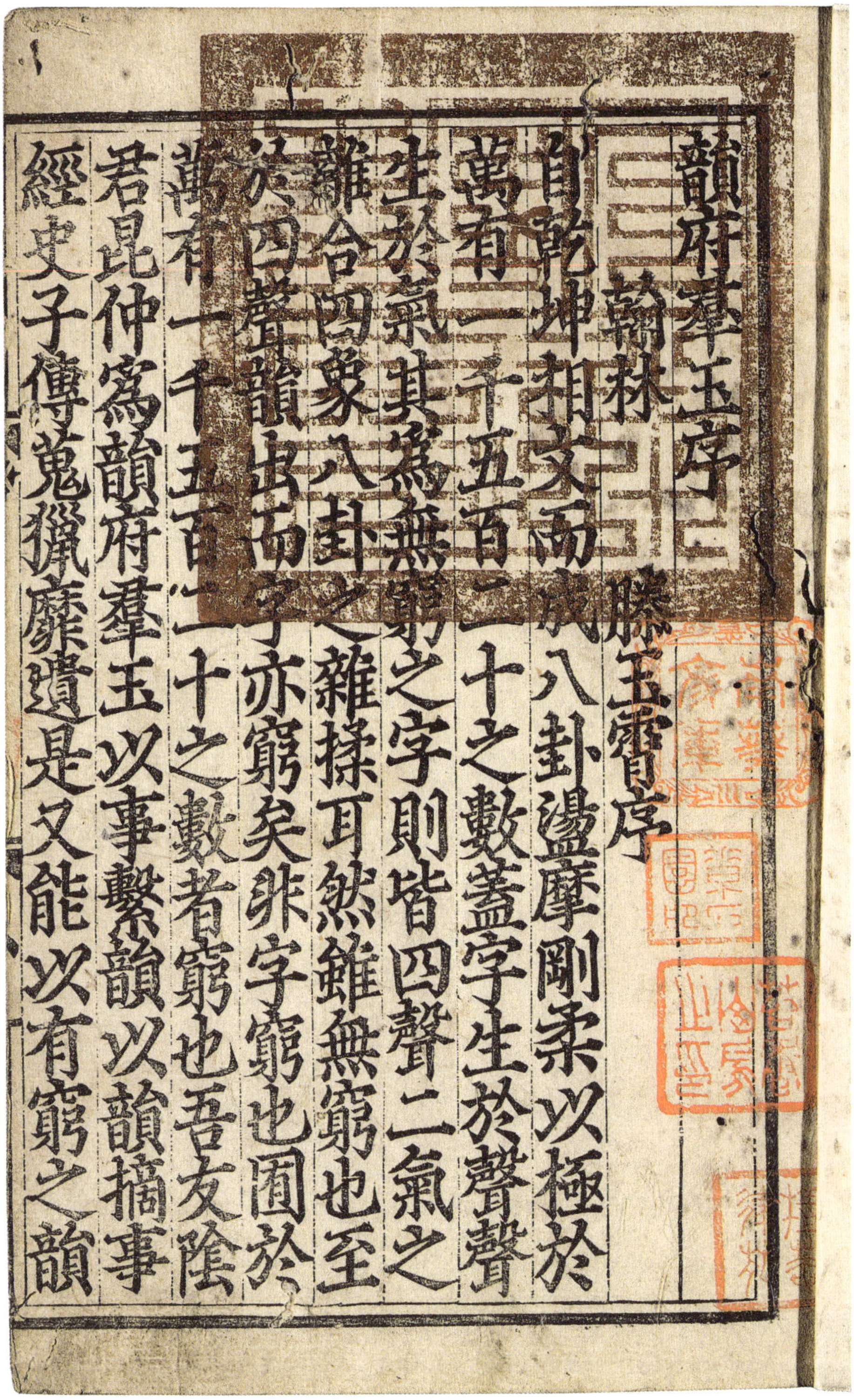
韻府羣玉序
翰林　滕玉霄序
自乾坤相交而成八卦盪摩剛柔以極於
萬有一千五百二十之數蓋字生於聲聲
生於氣其爲無窮之字則皆四聲二氣之
離合四象八卦之雜揉耳然雖無窮也至
於四聲韻出而字亦窮矣非字窮也囿於
萬有一千五百二十之數者窮也吾友陰
君昆仲爲韻府羣玉以事繫韻以韻摘事
經史子傳蒐獵靡遺是又能以有窮之韻

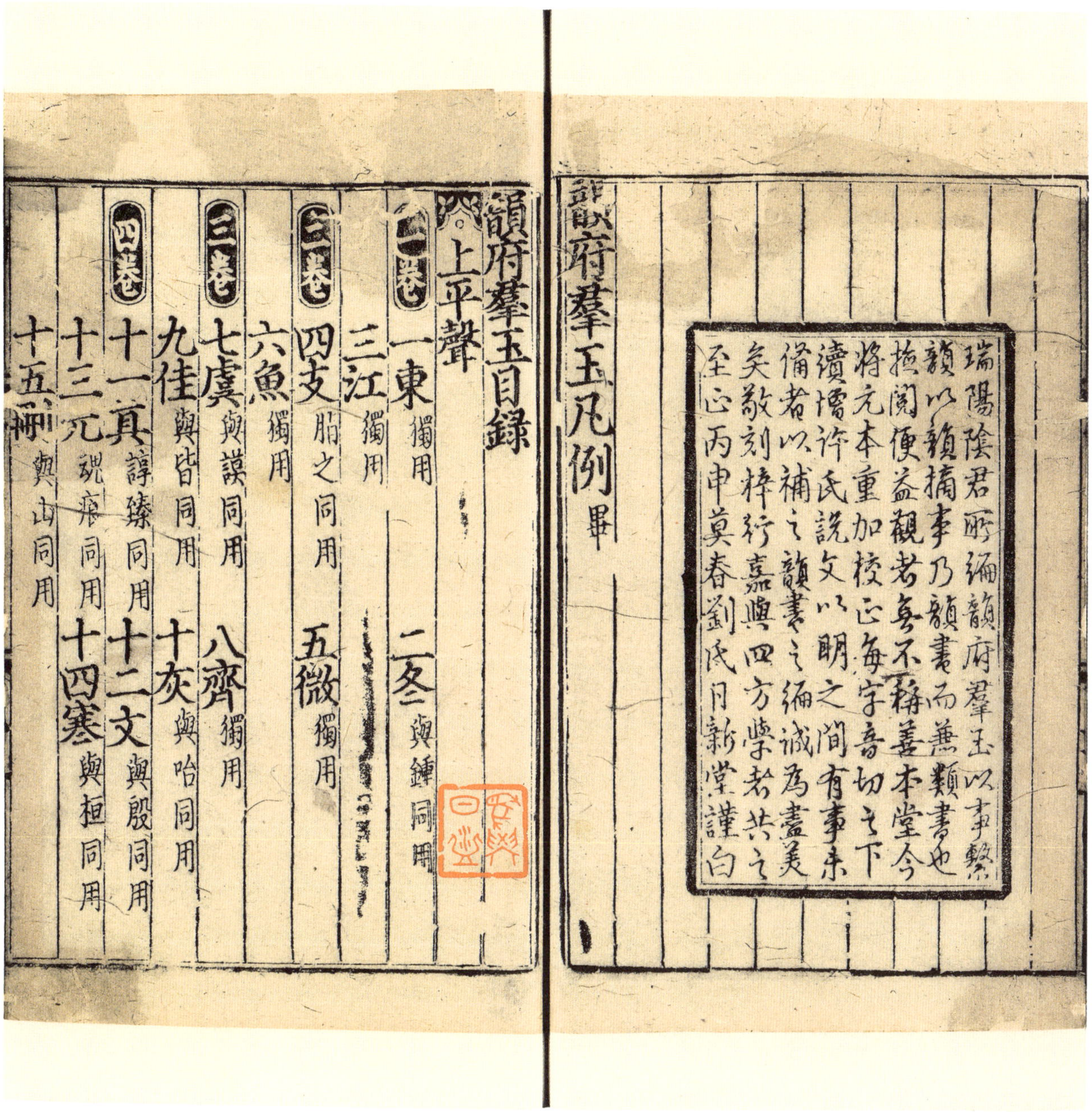

新增说文韵府群玉二十卷　（元）阴时夫辑　（元）阴中夫注　元至正十六年（1356）刘氏日新书堂刻本　存二卷：一、二十

元代按韵编排的类书。此本为刘氏日新书堂据阴氏《韵府群玉》原本重加校正，每字音切之下，续增许慎《说文》释义，又增注事件而成。牌记保存完好，甚为可贵。

（王德收藏）

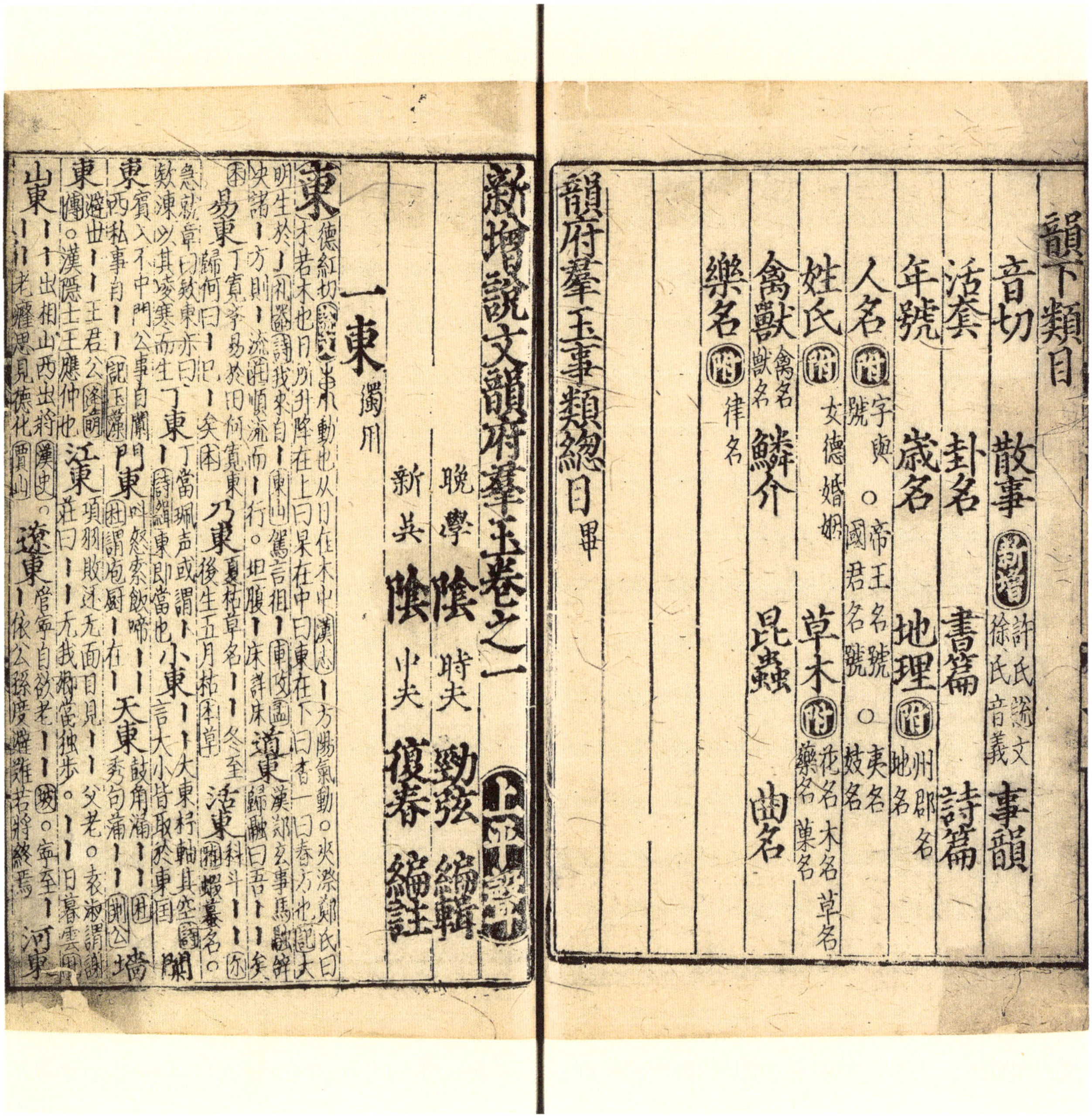

韻下類目

音切　散事　新增　許氏說文　徐氏音義　事韻

活套　卦名　書篇　詩篇

年號　歲名　地理　附　州郡名　地名

人名　附　字號　○　帝王名號　國君名號　○　吏名　妓名

姓氏　附　女德婚姻　草木　附　花名　木名　草名　藥名　菓名

禽獸　禽名　獸名　鱗介　昆蟲　曲名

樂名　附　律名

韻府羣玉事類總目　畢

新增說文韻府羣玉卷之一　上平聲

晚學　陰時夫　勁弦　編輯

新吳　陰中夫　復春　編註

一東　獨用

東　德紅切　說文　東，動也。从日在木中。漢志　丨方陽氣動。○爽滌鄭氏曰：木若木也，日所升降，在上曰杲，在中曰東，在下曰杳。一曰春方也。記　大明生於丨。禮器　詩　我來自丨。東山　駕言徂丨。車攻　孟　決諸丨方則丨流。　流而丨行。○坦腹丨床　詳床　道東　漢鄭玄事馬融辭歸，融曰：吾丨丨矣。困　易東　丁寬事易於田何，寬東歸，何曰：丨已丨矣。本　乃東　夏枯草名，丨丨冬至後生，五月枯。本草　活東　爾雅　蝦蟆名。○急就章曰：敖東亦曰敖涷，以其凌寒而生。丁東　丁當珮声，或謂丨丨。詩　鸛鳴東　即當也。小東　丨丨大東，杼軸其空。詩　言大小皆取於東國。闕　東　西私事　賓入不中門，公事自闑丨。記玉藻　門東　叫怒索飲啼丨丨。杜　天東　鼓角滿丨丨。　　杜　謂庖廚丨在丨。秀句滿丨丨。韓　東　避世丨丨王君公。後漢　傳　○漢隱士王應仲也。江東　項羽敗，莊曰：丨丨无我，我何面目見丨丨父老。○袁宏謂謝丨丨独步。○丨丨日暮雲。杜　甫　墻　山東　丨丨出相，山西出將。漢史　○宰至丨河東　丨丨老臞，思見德化。賈山　遼東　管寧自欲老丨丨。魏　丨依公孫度，避難若將終焉。

还源教宝卷六种　明崇祯刻本

经折装。明末民间宗教还源教宝卷，完整记述了还源教的教义。此本为陈善人据明万历十九年（1591）本重刻，包括《销释悟性还源宝卷》《销释开心结果宝卷》《销释下生叹世宝卷》《销释明证地狱宝卷》《销释科意正宗宝卷》《销释归家报恩宝卷》6种6册。每册卷首、末有图。书品宽大，明代绛丝函套，泥金题名，存世稀少。

（高涛收藏）

銷釋歸家報恩寶卷

舉香讚

真香焚起。上通三界。貫滿十方。週流普覆。運轉乾坤。諸佛滿天。法界來臨。古佛世尊。常顯大全身。

南無靈感觀世音菩薩摩訶薩衆喝三聲

南無文殊菩薩

南無普賢菩薩

南無靈感觀世音菩薩摩訶薩
南無諸尊菩薩摩訶薩
摩訶般若波羅密　諷心經
超佛越祖一步功　劈破七十二傍門
若人參透如來意　日月雙行夜顯明
萬曆十九年十月吉日刋造寶卷六冊
崇禎十三年三月吉日誘引法門康道
洎領各會善信陳善人重刋

三教圣像泥金手绘图册　明末泥金写本

经折装。此本夹附于还源教宝卷后，或为当时善男信女诵习宝卷时的供物，存世稀少。明代缂丝封面，图8幅，首为莲花座图，次为三教圣像7幅。泥金纯厚，运笔流畅，人物特征鲜明，保存完好。

（高涛收藏）

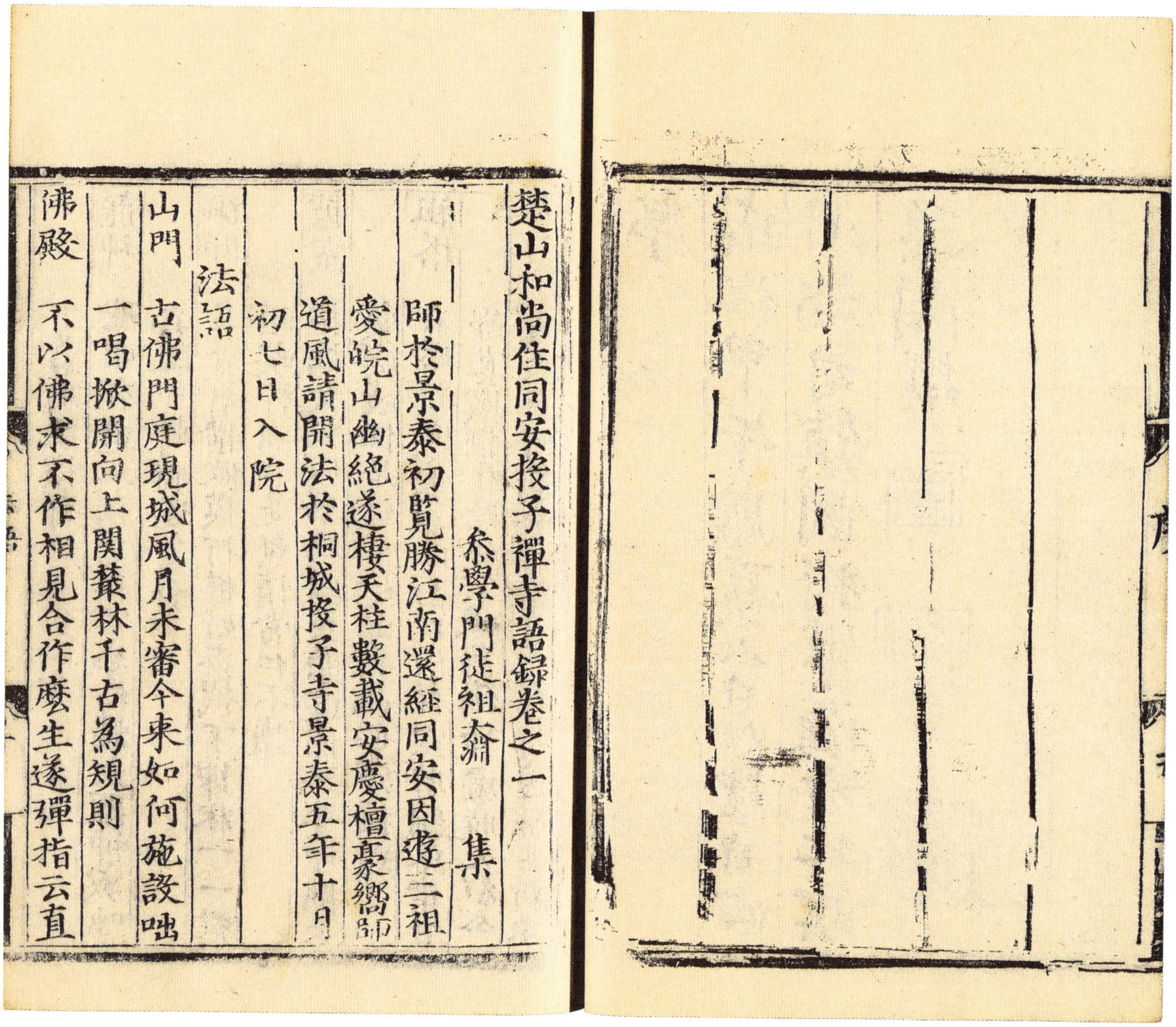
楚山和尚住同安投子禪寺語錄卷之一
參學門徒祖奫 集
師於景泰初覽勝江南還經同安因遊三祖
愛皖山幽絕遂棲天柱數載安慶檀豪鄉師
道風請開法於桐城投子寺景泰五年十月
初七日入院
法語
山門 古佛門庭現城風月未審今來如何施設咄
一喝掀開向上關𦳝林千古為規則
佛殿 不以佛求不作相見合作麼生遂彈指云直

楚山和尚住同安投子禅寺语录十卷　（明）楚山绍琦撰　（明）祖奫等集　明成化十年（1474）刻本

楚山绍琦（1404—1473）俗姓雷，字楚山，唐安（今四川崇州）人，明中叶著名临济宗禅师。九岁习禅，遍访名宿，在五代永明延寿“唯心净土，自性弥陀”的思想基础上，提出禅净融合的理念与修持方法。本书是参学门徒将其禅法语录汇纂而成，为研究绍琦生平、佛学思想、禅法特色的重要资料。

（李希海收藏）

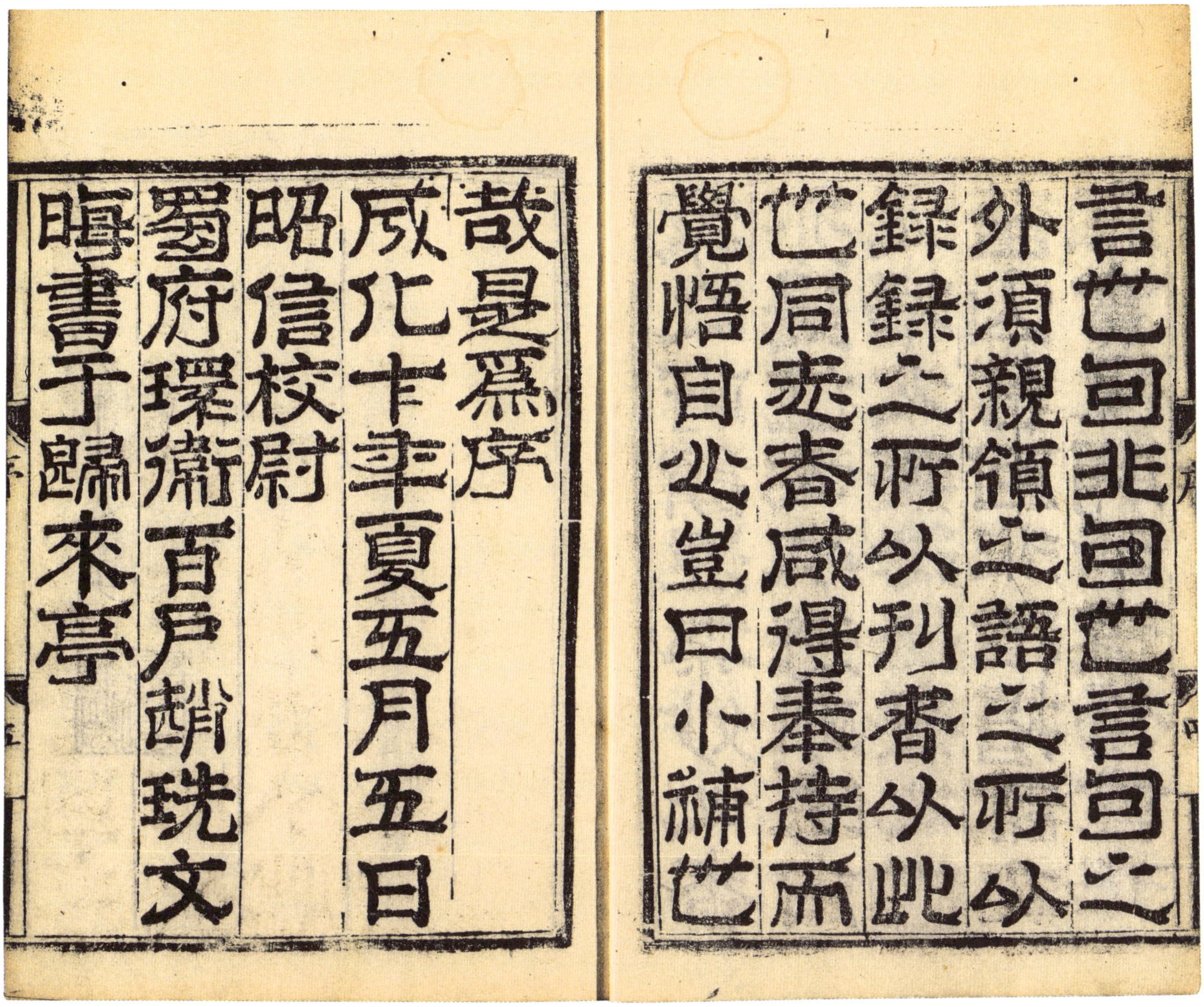

言也曰非曰也言曰之
外須親領之語之所以
録録之所以刊者以此
也同志者咸得奉持而
覺悟自必豈曰小補也

哉是為序
成化十年夏五月五日
昭信校尉
蜀府環衛百戸趙珖文
晦書于歸來亭

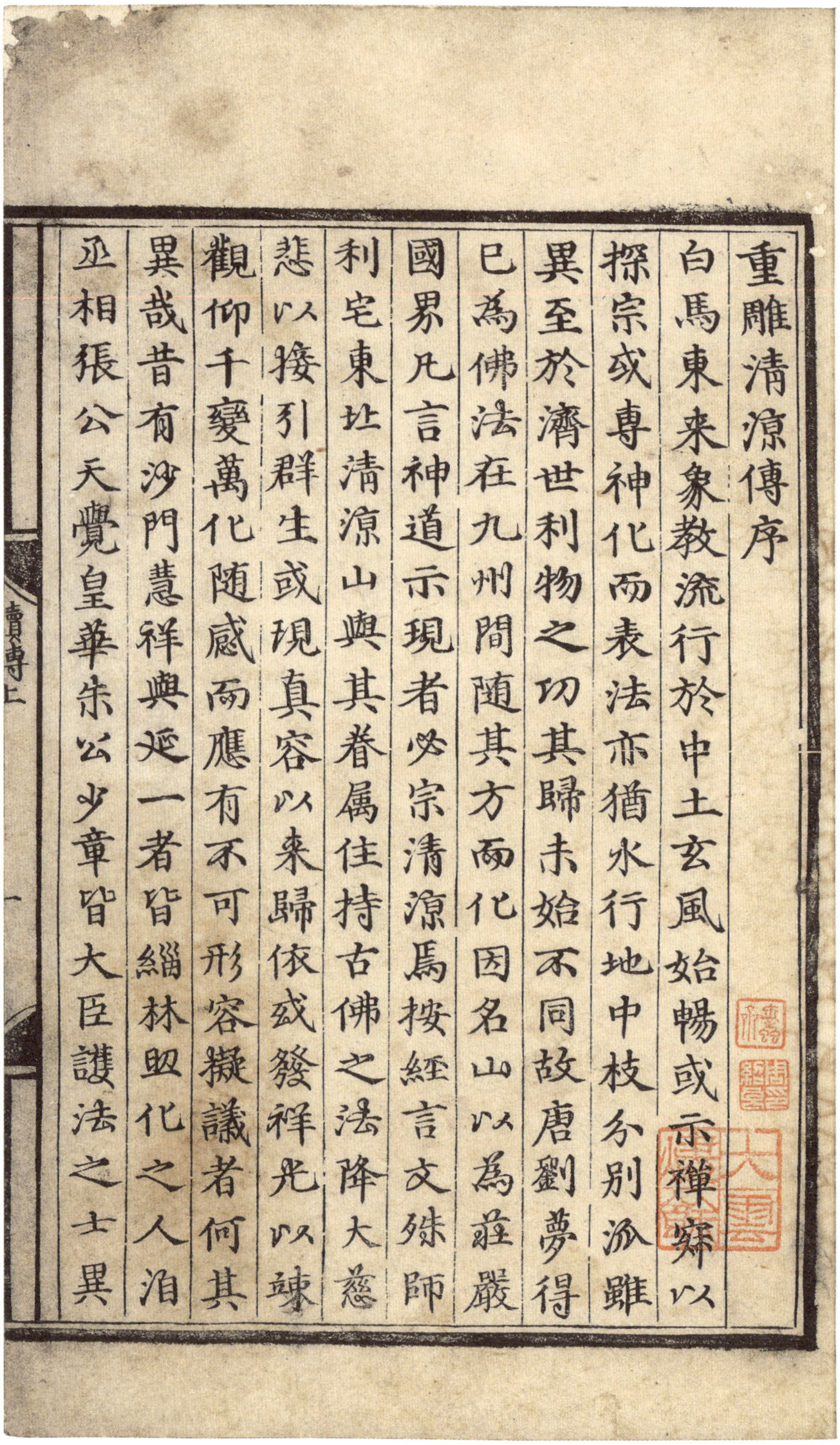

重雕清涼傳序

白馬東來象教流行於中土玄風始暢或示禪寂以探宗或專神化而表法亦猶水行地中枝分別派雖異至於濟世利物之功其歸未始不同故唐劉夢得已為佛法在九州間隨其方而化因名山以為莊嚴國界凡言神道示現者必宗清涼焉按經言文殊師利宅東北清涼山與其眷屬住持古佛之法降大慈悲以接引群生或現真容以來歸依或發祥光以竦觀仰千變萬化隨感而應有不可形容擬議者何其異哉昔有沙門慧祥與延一者皆緇林幽化之人洎丞相張公天覺皇華朱公少章皆大臣護法之士異

续清凉传二卷　（宋）张商英撰　明洪武刻本

五台山佛教史志。罕觏珍本。罗振玉旧藏。

（周启晋收藏）

續清源傳卷上

朝奉郎權發遣河東路提點刑獄公事張　商英　述

商英元祐丁卯二月夢遊五臺山金剛窟平生耳目所不接想慮所不到覺而異之時爲開封府推官以告同舍林邵材中材中戲曰天覺其帥并間乎後五月商英除河東提點刑獄公事材中曰前夢已驗勉矣行焉人生事事預定何可逃也八月至部十一月即詣金剛窟驗所見者皆與夢合會天寒恐冰雪封途一宿遂出山明年戊辰夏五臺縣有群盜未獲以職事督捕盡室齋戒來遊六月二十七日壬寅至清涼山清涼主僧曰此去金閣寺三里往歲崔提舉嘗於此見南臺金橋圓光商英默念崔何人哉予何人哉既抵金閣日將夕山林漠然無寸靄僧正省奇來謁即三門見之坐未定南臺之側有白雲縣窭如敷白氎省奇曰此祥雲也不易得集衆僧禮誦頃早見光相商英易公裳爇香再拜一拜未起已見金橋及金色相輪輪内深紺青色商英猶疑欲落日之射雲成色既而暝黑山前霞光三道直起則所疑莽然自失矣癸卯至真容院止於清輝閣北臺在左東臺在前直對龍山下枕金界溪北浴室之後則文殊所化宅也金界之上則羅睺足跡堂也知客譽曰此處亦有聖燈舊有浙僧請之飛現欄杆之上商英遂稽首

注老子道德真经二卷　题（汉）河上公章句　明嘉靖十一年（1532）刻本

经折装。首刻真人图14幅。上、下二卷，上图下文。图为“金阙玄元太上老君八十一化图说”，题“薄关清安居士令孤璋编修，太华山云台观通微道人史志经引经全解”。书末后序落款为“嘉靖十一年龙集壬辰花朝日□□□□”。此书有具体刊刻时间的明本传世稀少。

（高涛收藏）

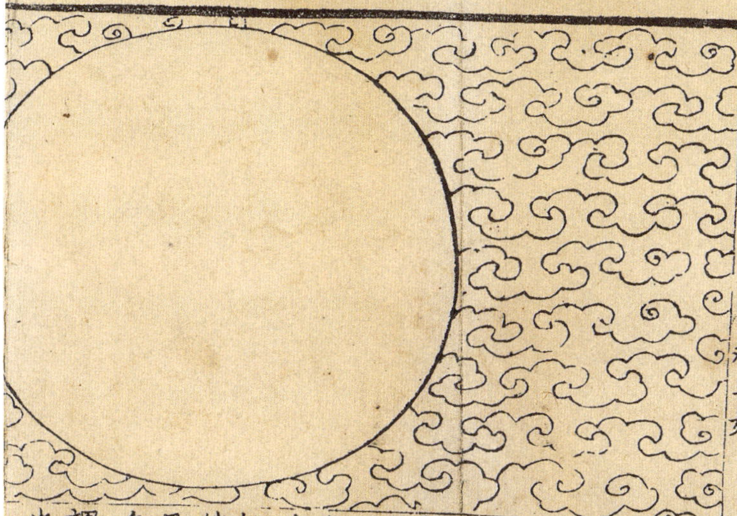

金闕玄元太上老君八十一化圖說卷第

薄閑清安居士令孤 璋編修

太華山雲臺觀通微道人史志經引經

全解 第一化 起無始

注老子道德眞經上

河上公章句

道可道章第一

道可道謂經術政教之道非常道非自然常生之道常道當以無為養神無事安民含光藏暉滅跡匿端不可稱道也名可名謂富貴尊榮高世之名也非常名非自然常在之名常名當如嬰兒之未言鷄子之未分明珠在蚌中美玉處石間內雖昭昭外如頑愚不可名謂也無名天地之始無名謂道道無形故不可名也始者本也道也吐氣布化出於虛無為天

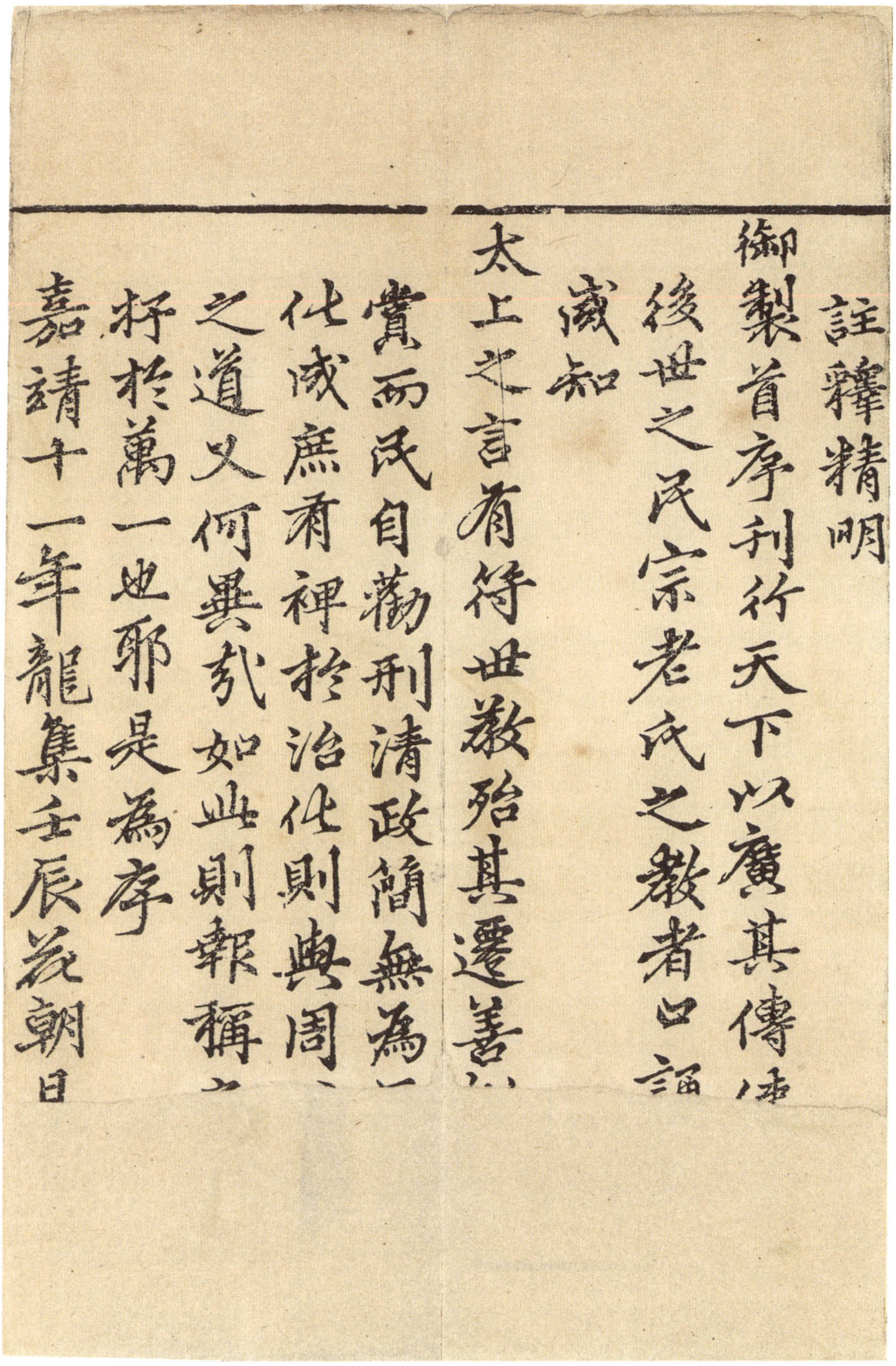
註釋精明
御製首序刊行天下以廣其傳使
後世之民宗老氏之教者曰誦
咸知
太上之言有得世教殆其遷善以
賞而民自勸刑清政簡無為而
化成庶有裨於治化則與周之
之道又何異哉如此則報稱之
抒於萬一也耶是為序
嘉靖十一年龍集壬辰花朝日

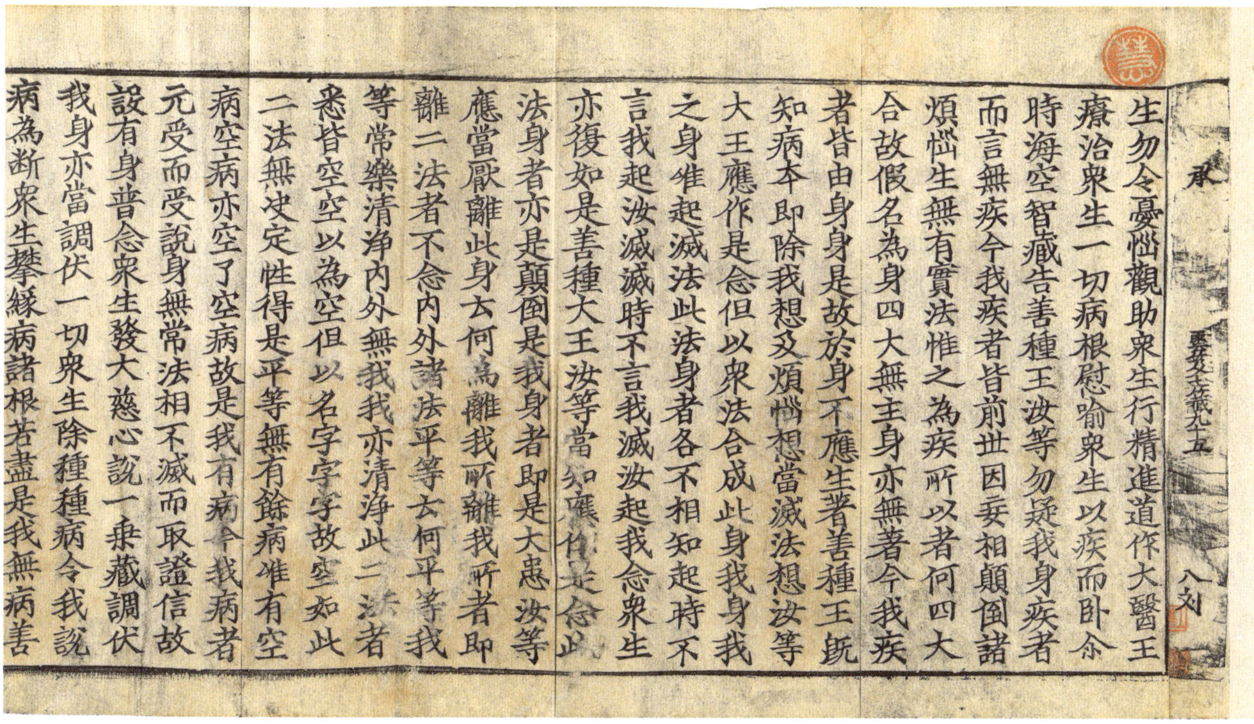

云笈七签一百二十二卷　（宋）张君房撰　蒙古乃马真后三年（1244）刻本

《云笈七签》是一部大型道教类书。北宋天禧三年（1019），时任著作佐郎的张君房编成《大宋天宫宝藏》，其后又辑录《大宋天宫宝藏》精要万余条，进献宋仁宗。道教称藏书之容器曰“云笈”，分道书为“三洞四辅”七部，张君房在该书序言中有“掇云笈七部之英，略宝蕴诸子之奥”语，故名《云笈七签》。

此为《云笈七签》第95卷零叶，版号“承”字。元世祖至元八年(1281)，因僧道交恶，诏令焚毁除《道德经》以外的《道藏》经书及印版，故传世极罕。

（成贤斋收藏）

集　部

“集部”是我国古代典籍目录四部分类法（经、史、子、集）中的第四大类，主要收录历代作家的散文、骈文、诗、词、曲和文学评论等作品。

集部展区共收入民间藏家提供的集部著作34种，时间跨度由宋至清，体裁涵盖诗、文、词、戏曲多种文体，典籍样式有刻本、稿本、写本等。

宋刻本是现存最早的雕版印刷书籍，由于校雠细致，版式精美，被视为中国古籍中的瑰宝，早在明朝已有“寸纸寸金”之说。本次展览有宋刻本三种，韦力先生所藏宋嘉定六年（1213）淮东仓司刻《注东坡先生诗》（存一卷），不仅迭经名家收藏，还有多段佳话典故，翁方纲曾因其将书斋名改为“宝苏斋”；袁思亮家宅失火，几欲为其殉身，藏家们对此书珍视之情可见一斑。胡关妙先生收藏的宋嘉泰四年（1204）吕乔年刻《东莱吕太史文集》（存二卷）、诒宋斋收藏的宋刻《后村居士集》（存二卷），或刷印精良，或装潢华贵，皆为传世佳品。

名家题跋也是收藏者关注的重要因素之一，兆兰堂收藏的明刻《铁崖先生古乐府》有黄荛圃、孙鋆、姚畹真、张蓉镜等诸多名家题跋题识，甚为宝贵。

东壁书屋收藏的清刻《笠翁一家言全集》之《笠翁诗集》书口有一幅彩绘山水，极富匠心。独翠堂收藏的明刻《出像种玉记》、王水衷先生收藏的明刻《重校剑侠传双红记》等书内均有若干精致版画，反映了当时的刻书风貌。

其余展品亦各有千秋，或迭经宫廷、名家收藏，或写刻美观，或版本稀见，可谓丰富多样，精彩纷呈。

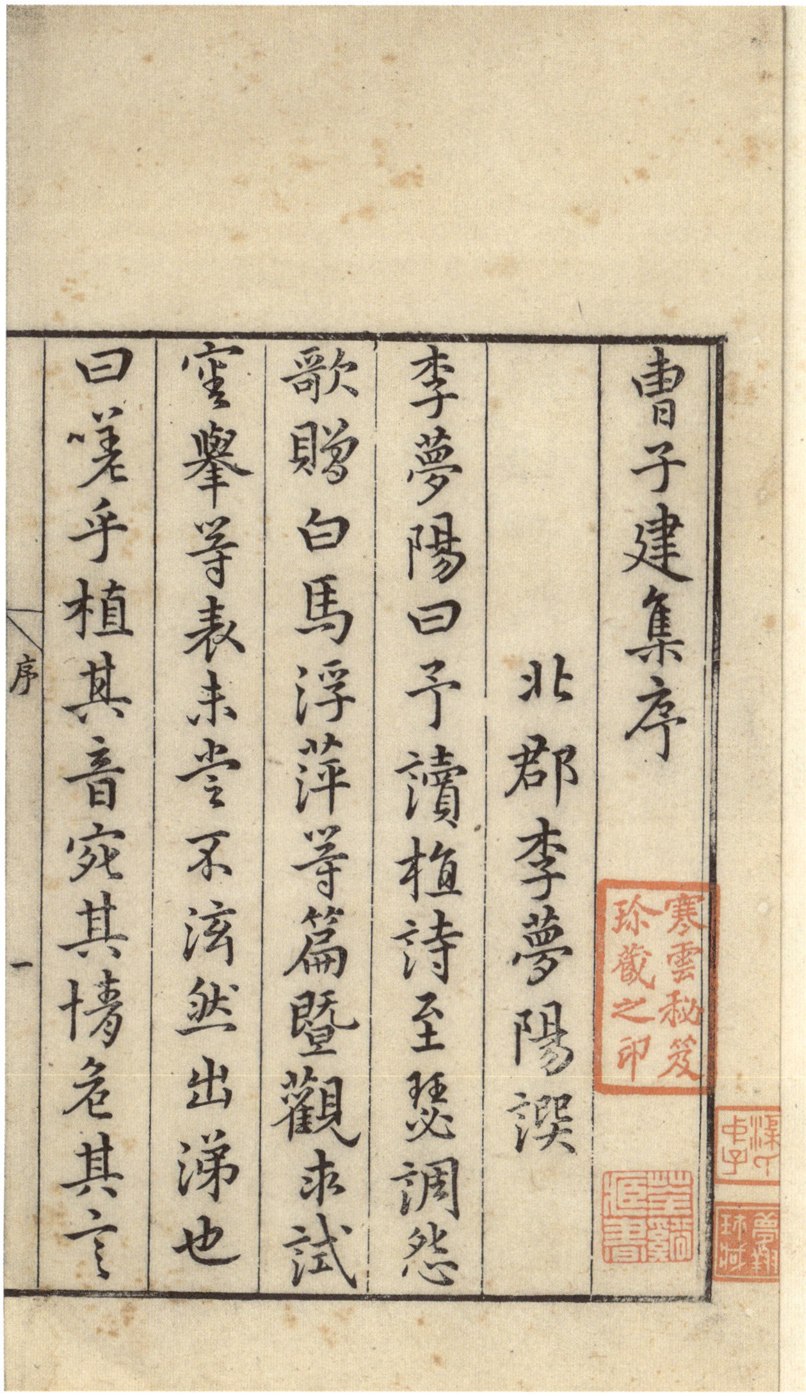

曹子建集序

北郡李夢陽撰

李夢陽曰予讀植詩至瑟調怨歌贈白馬浮萍等篇暨觀求試審擧等表未嘗不泫然出涕也曰嗟乎植其音宛其情危其言

曹子建集十卷疑字音释一卷　（三国魏）曹植著　（明）汪士贤辑　明刻本

曹植（192—232）字子建，沛国谯（今安徽亳州）人，建安文学代表人物。

今存《曹子建集》为宋人所编，此本卷首有李梦阳序，附有曹集音义。该书为袁克文1915年4月23日所得，《寒云日记》著录，函套上有其题签，卷首钤“寒云秘笈珍藏之印”。

（叶健民收藏）

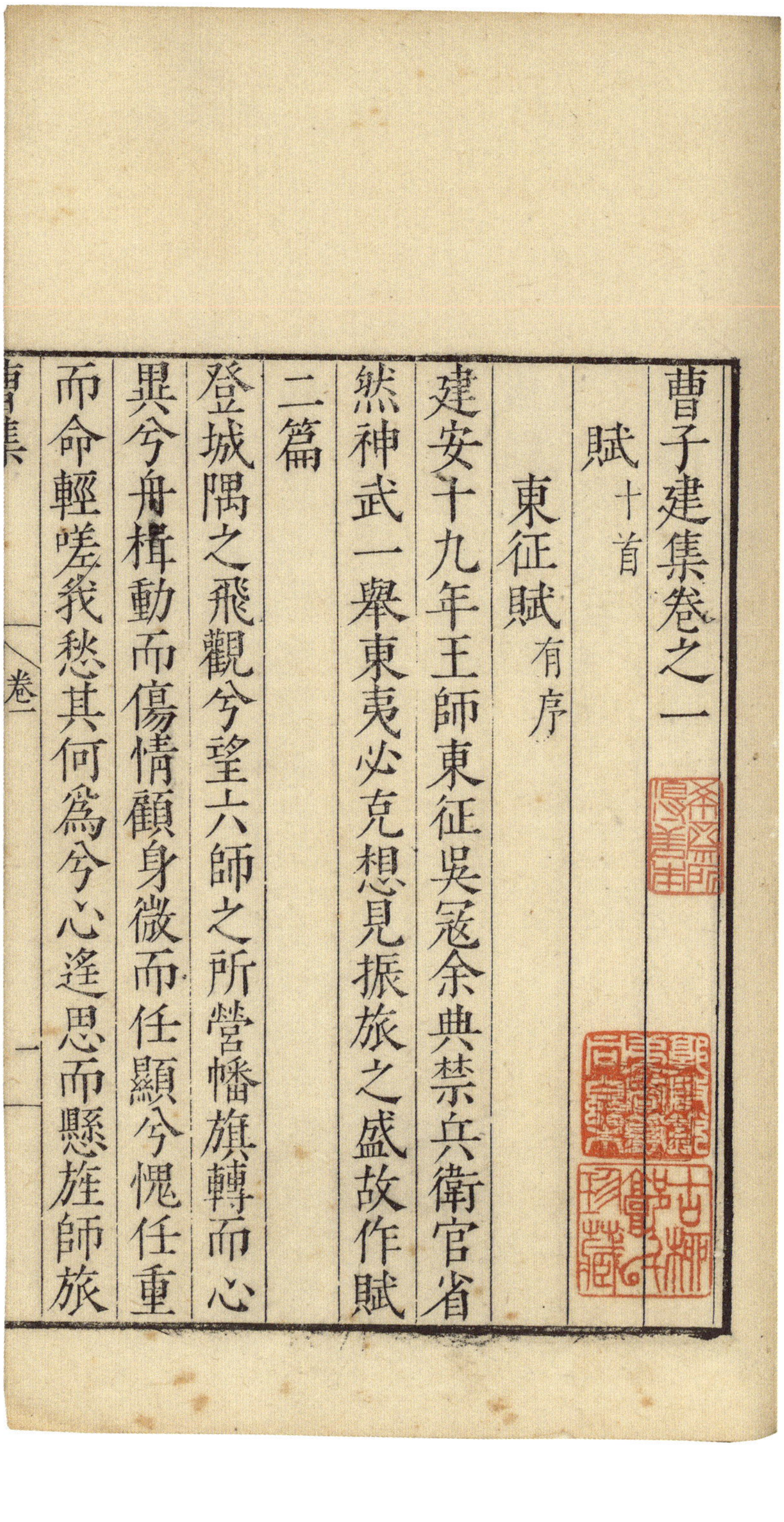
曹子建集卷之一

賦十首

東征賦有序

建安十九年王師東征吳寇余典禁兵衛官省然神武一舉東夷必克想見振旅之盛故作賦二篇

登城隅之飛觀兮望六師之所營幡旗轉而心異兮舟楫動而傷情顧身微而任顯兮愧任重而命輕嗟我愁其何爲兮心遙思而懸旌師旅

曹集　卷一　一

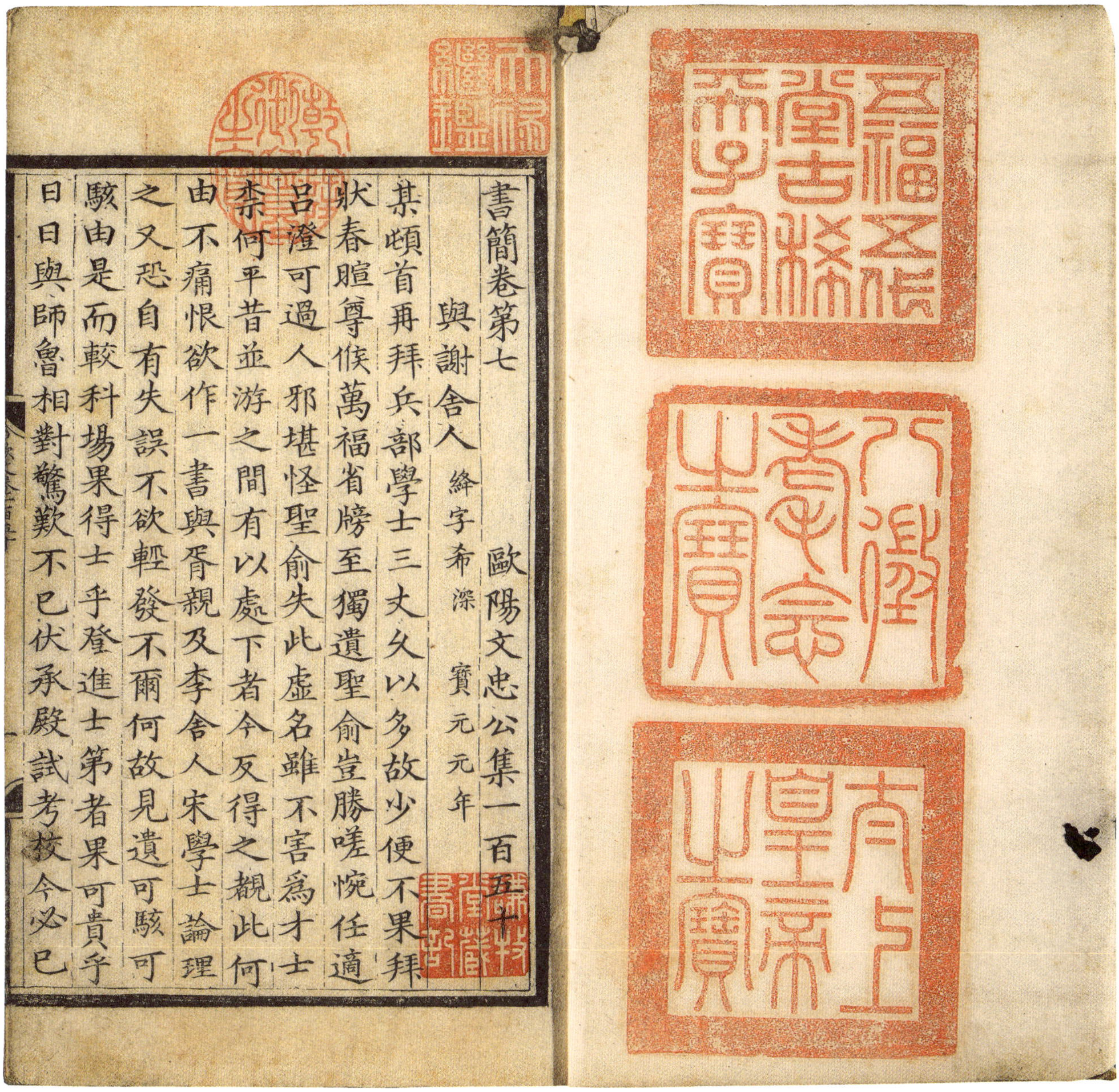

欧阳文忠公集一百五十三卷附录五卷年谱一卷　（宋）欧阳修撰　明天顺刻本　存二卷：卷一百五十、一百五十一

欧阳修（1007—1072）字永叔，号醉翁、六一居士，吉州永丰（今属江西）人，卒谥文忠，北宋政治家、史学家、文学家，“唐宋八大家”之一。

卷前有“谦牧堂藏书记”，揆叙旧藏，后入清宫天禄琳琅，钤有“天禄继鉴”“乾隆御览之宝”等印。

（胡关妙收藏）

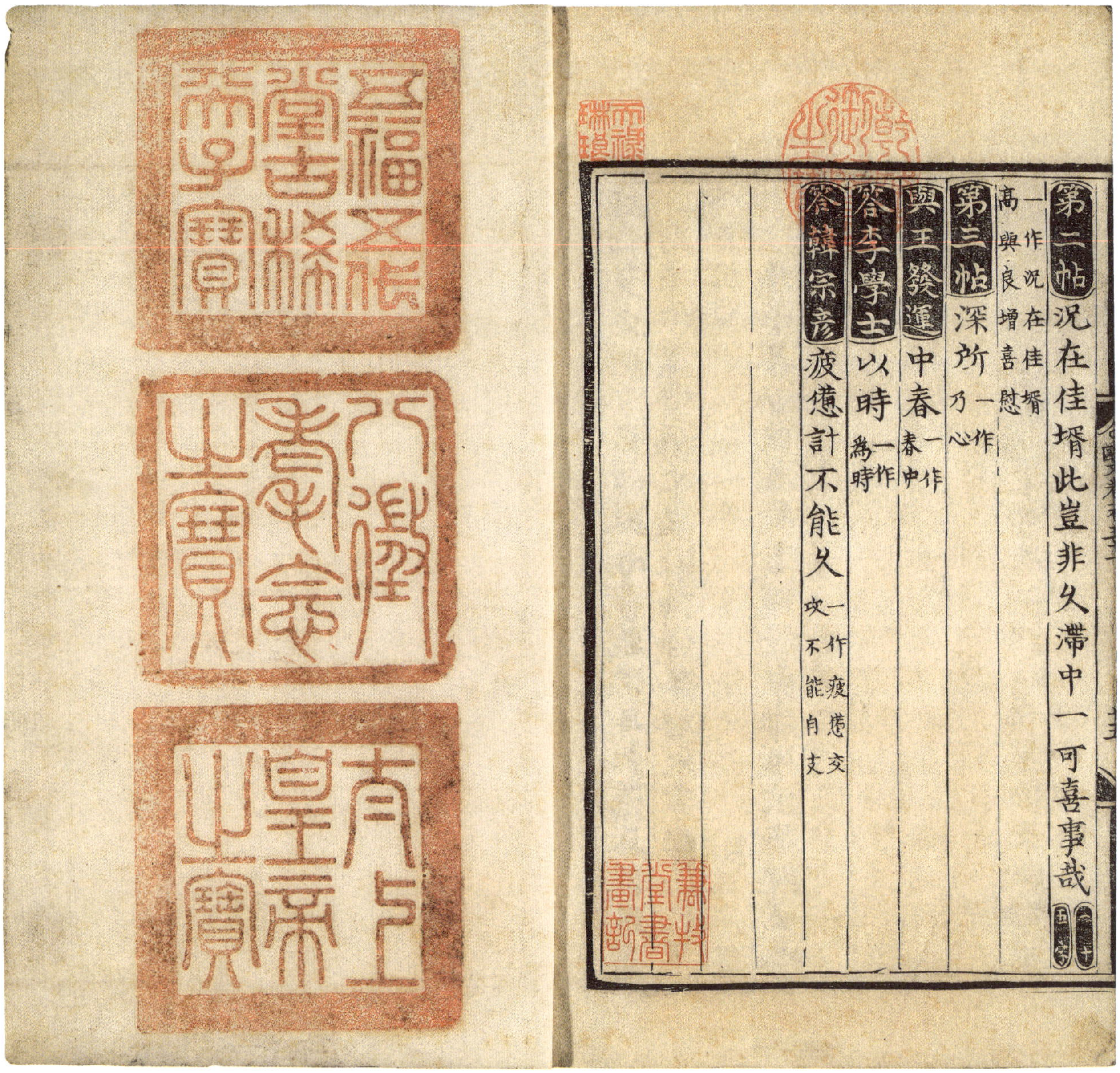
第二帖 況在佳壻此豈非久滯中一可喜事哉（一作況在佳壻高興良增喜慰）

第三帖 深所（一作乃心）

與王發運 中春（一作春中）

答李學士 以時（一作為時）

答韓宗彦 疲憊計不能久（一作疲憊交攻不能自支）

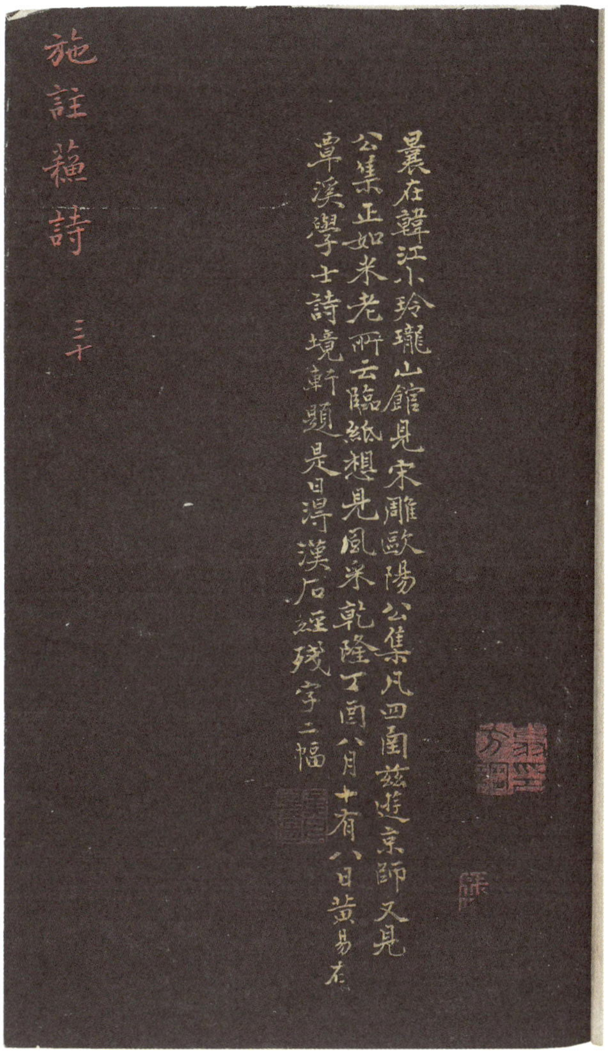

注东坡先生诗四十二卷　（宋）苏轼撰　（宋）施元之、顾禧，施宿注　宋嘉定六年（1213）淮东仓司刻本　存一卷：四十一

此卷内容为和陶渊明诗。历经明安国、毛晋，清宋荦、揆叙收藏；后为翁方纲所得，翁氏因名其书斋为“宝苏斋”，每逢东坡生日，邀请同好共赏此书，并吟诗题词纪念；清末袁思亮购得，后袁宅失火，袁氏情急竟要以身相殉。此书书脑、书口虽已过火，但文字尚存，故被誉为上天护佑之神物，俗称“焦尾本”。

书中钤有：“大明锡山桂坡安国民太氏书画印”“毛子晋氏”“商丘宋荦收藏善本”“谦牧堂藏书记”“苏斋”“南海吴荣光书画之印”“潘印仕成”“袁思亮”“郇斋”“祁阳陈澄中藏书记”等印。有清黄易、冯赞勋跋，顾莼绘画并跋，何绍业题诗。

该册与国家图书馆所藏卷四十二和台北“中央图书馆”所藏的十九卷为同一部书。

（韦力收藏）

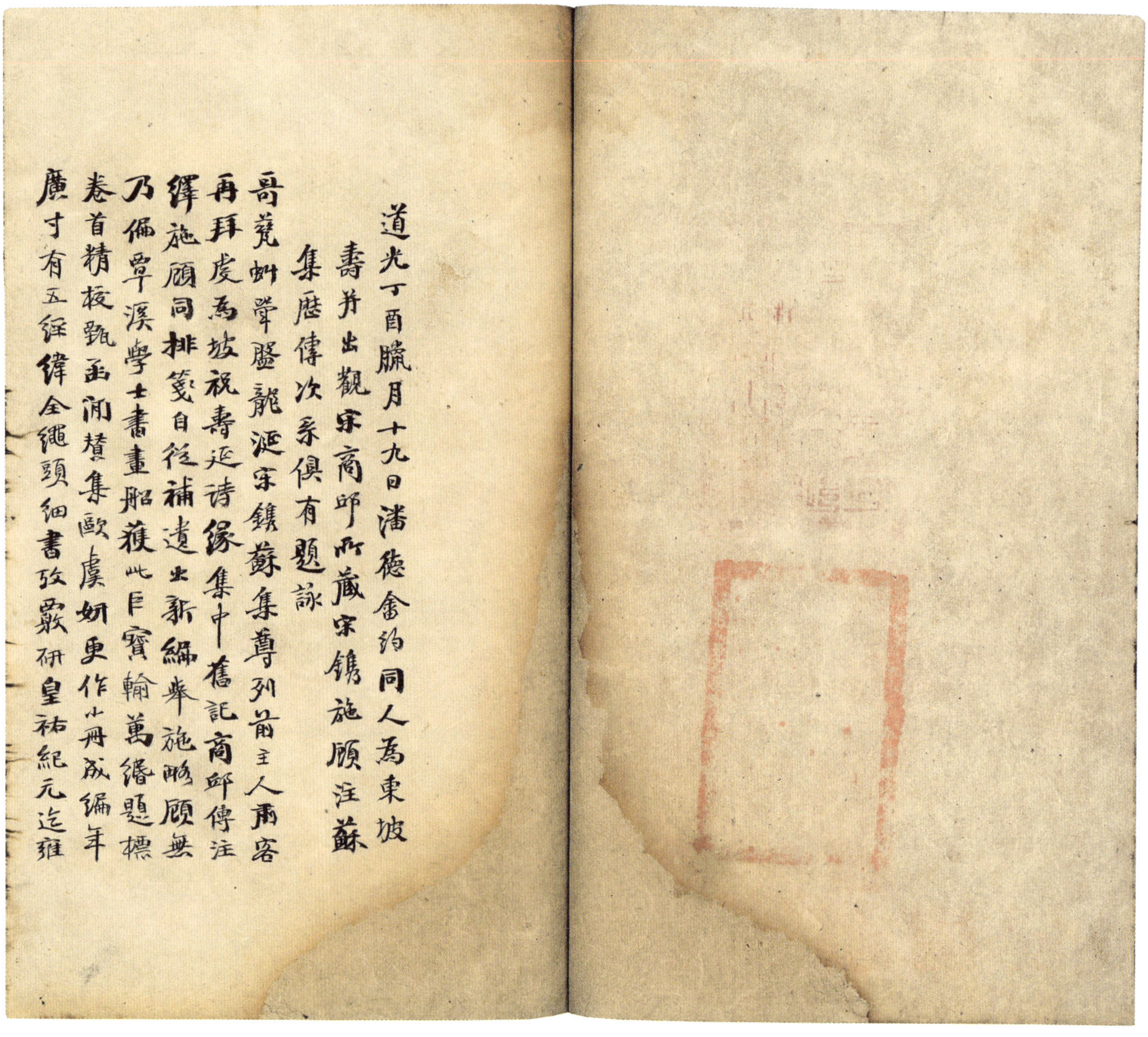

道光丁酉臘月十九日潘德畬約同人爲東坡
壽并出觀宋商邱所藏宋槧施顧注蘇
集歷傳次系俱有題詠
哥覓蚶瞽醫龍涎宋槧蘇集尊列前主人兩客
再拜虔爲坡祝壽延詩緣集中舊記商邱傳注
繹施顧同排箋自從補遺出新編舉施略顧無
乃偏覃溪學士書畫船獲此巨寶輸萬繙題標
卷首精校甄函兩替集歐虞如更作小冊成編年
廣寸有五経緯全纏頭細書致斅研皇祐紀元迄雍

乾生東坡後諸後賢生死官續魚貫穿我得其冊朝
夜奉蘇集虔望如躋天自翁及吴凡再選今日
乃爲儒子專蓬萊水淺三作田古人已死我已儕世
於坡公獨流連我無俛首隨俗爭大造在手探微元
諸子出入歸歸鑒鏡空月映滄波平兩大智慧離
中邊袁梅書洞非真禪坡公之詩安使後去歲太史
司几筵黎樾喬太史宅案頭花色初拂鬢今年此集珪璧
華采照曜侵杯棬靚未曾觀人駕肩拂拭楮墨
流雲煙主人意與醉未醒裁蕭索詩遇飢宣古今
作者誰後先棲棟之下皆櫨椽我幸且喜狂以顛公
也有知無以嗚聯

道州何紹業初稿

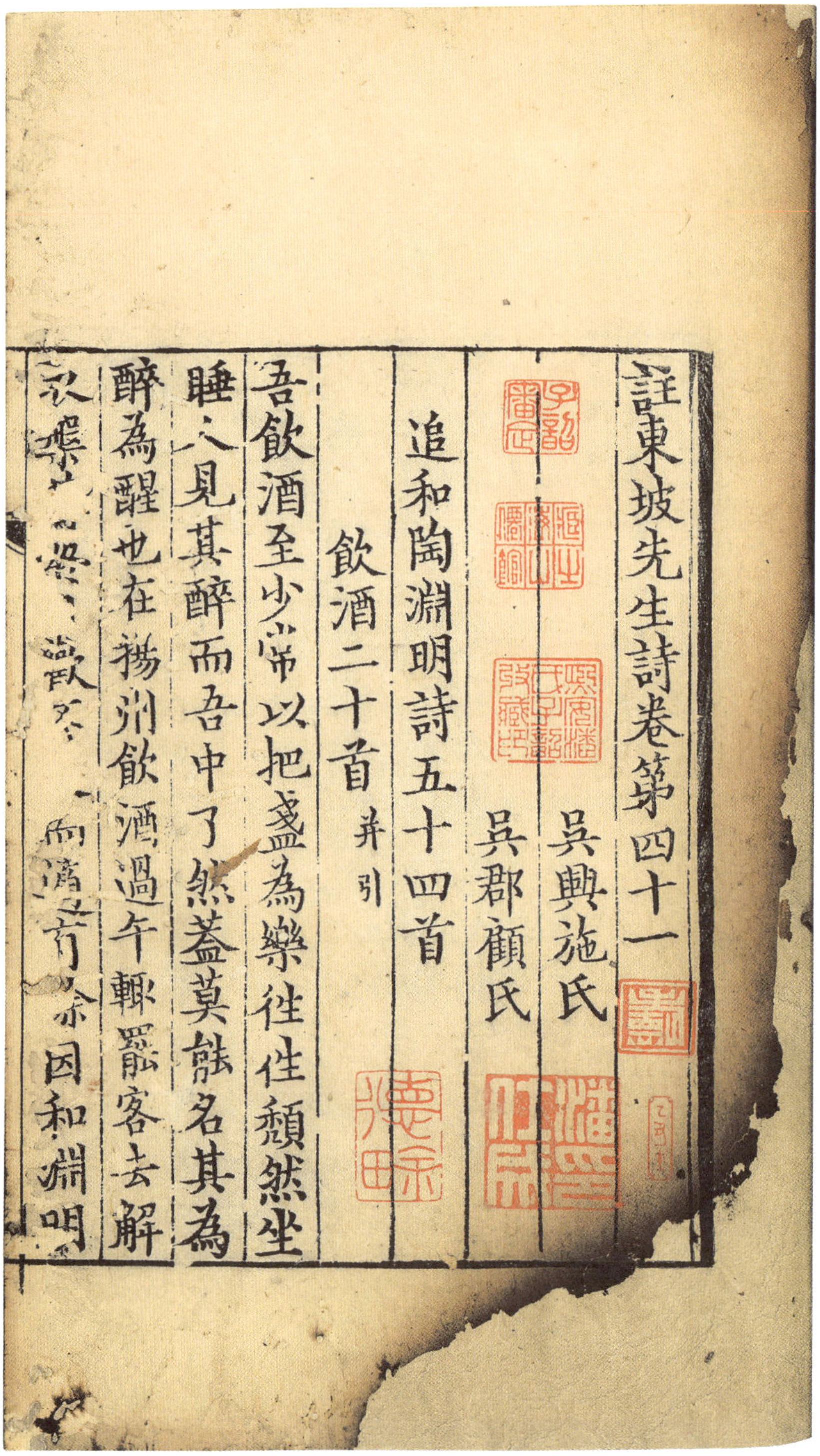
註東坡先生詩卷第四十一
吳興施氏
吳郡顧氏
追和陶淵明詩五十四首
飲酒二十首并引
吾飲酒至少常以把盞為樂往往頹然坐
睡人見其醉而吾中了然蓋莫能名其為
醉為醒也在揚州飲酒過午輒罷客去解
衣槃礴終日歡不足而適有餘因和淵明

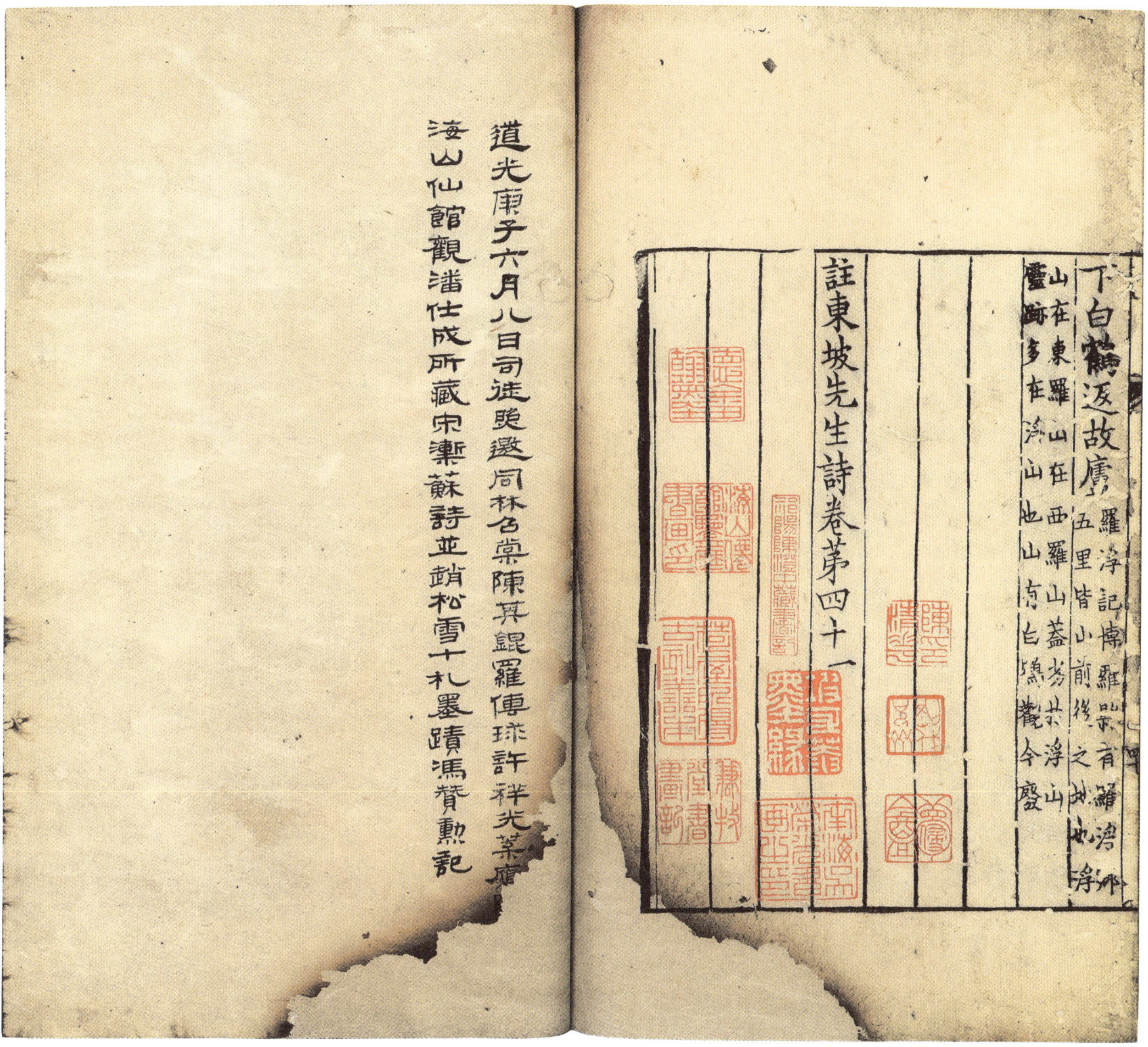

道光庚子六月八日司徒既邀同林召棠陳其錕羅傳球許祥光葉應
海山仙館觀潘仕成所藏宋槧蘇詩並趙松雪十札墨蹟馮贊勳記

下白鶴返故居

註東坡先生詩卷第四十一

招梅花神自喜宋伯仁有梅花喜
昔覃溪先生開闢後猶時招
分亭與余同去譚萩令
公皆游道山
荷屋前輩畫示宋
蘇集叙述前事
并令画某於卷
不覺感慨係之
顧純記於阜
賜書堂

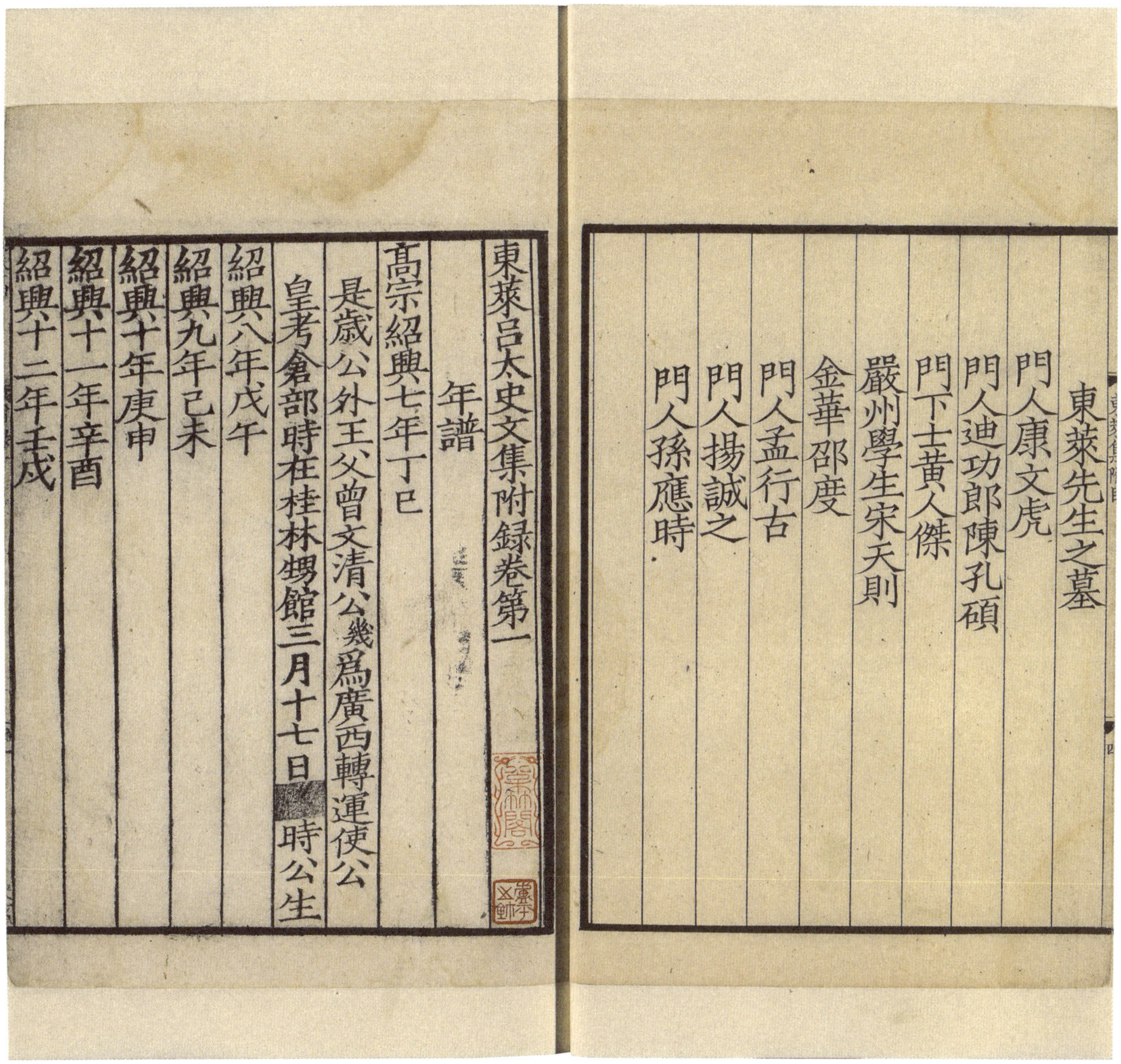

东莱吕太史文集附录三卷　（宋）吕祖谦撰　宋嘉泰四年（1204）吕乔年刻后印本　存二卷：一至二

吕祖谦（1137—1181），字伯恭，学者称东莱先生，金华（今属浙江）人。著述宏富，嘉泰四年其子乔年将其著作搜辑编刻行世。是书版片明代犹存，此本虽仅存其《附录》卷一至二，而无一断版，刷印精良。有十叶为影抄配补，书写颇为工致。

（胡关妙收藏）

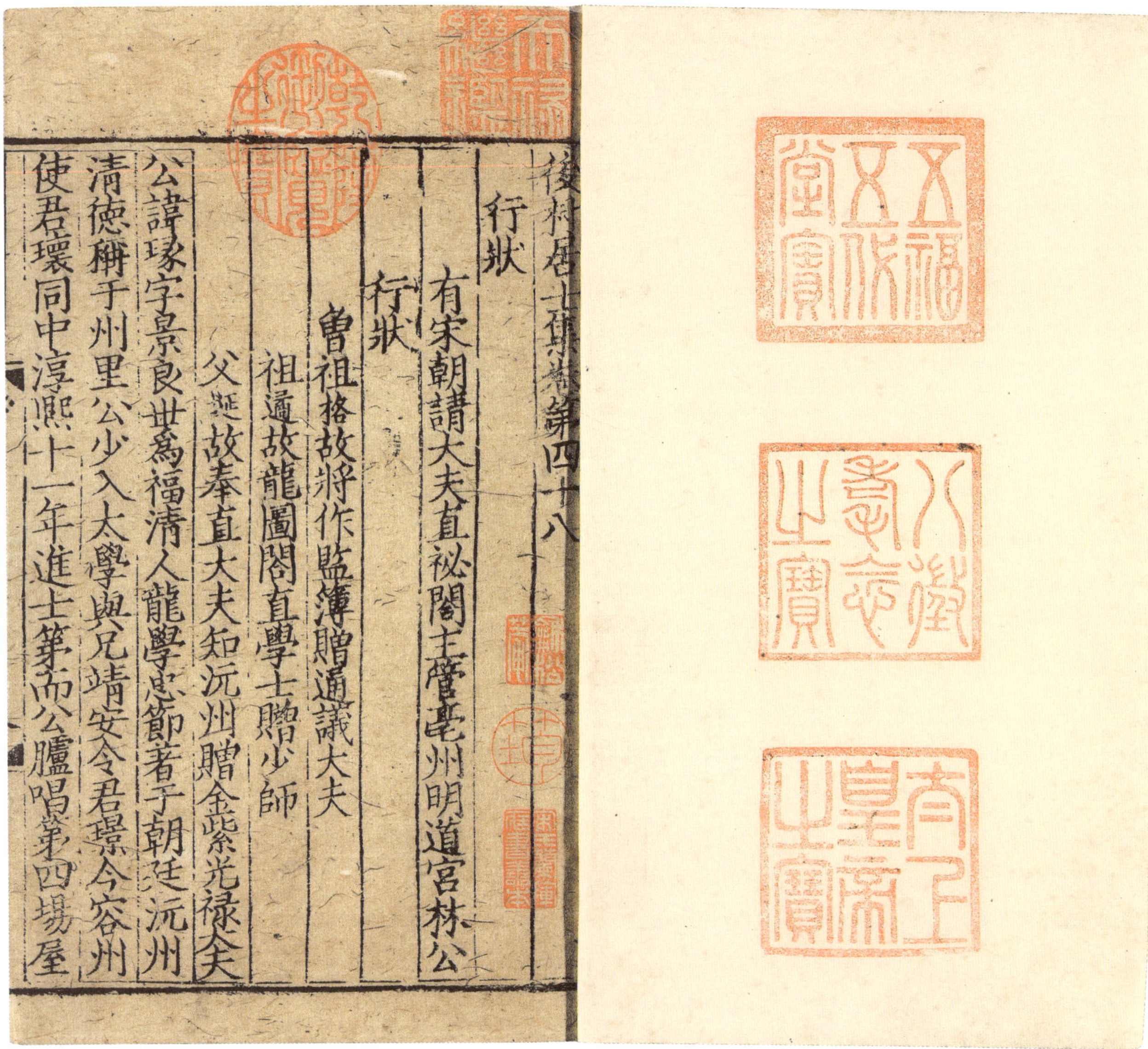

后村居士集五十卷　（宋）刘克庄撰　宋刻本　存二卷：四十八至四十九

此书为宋代刘克庄的诗文集。刘克庄（1187—1269）字潜夫，号后村，福建莆田人，南宋后期著名的诗人、文学家。此册钤“天禄琳琅”等印，系清皇家旧藏，《天禄琳琅书目续编》著录为宋刻本。

原书五十卷，民国时为溥仪携出故宫，后散至民间，分藏多地，国家图书馆藏其中之三十五卷（又目录二卷），惜尚有卷三十五至三十六、四十六至四十七两册下落不明。书中又有“白虎”印，曾经唐寅所藏。其装潢雍容华贵，用黄绫题签，织锦作书衣。

（诒宋斋收藏）

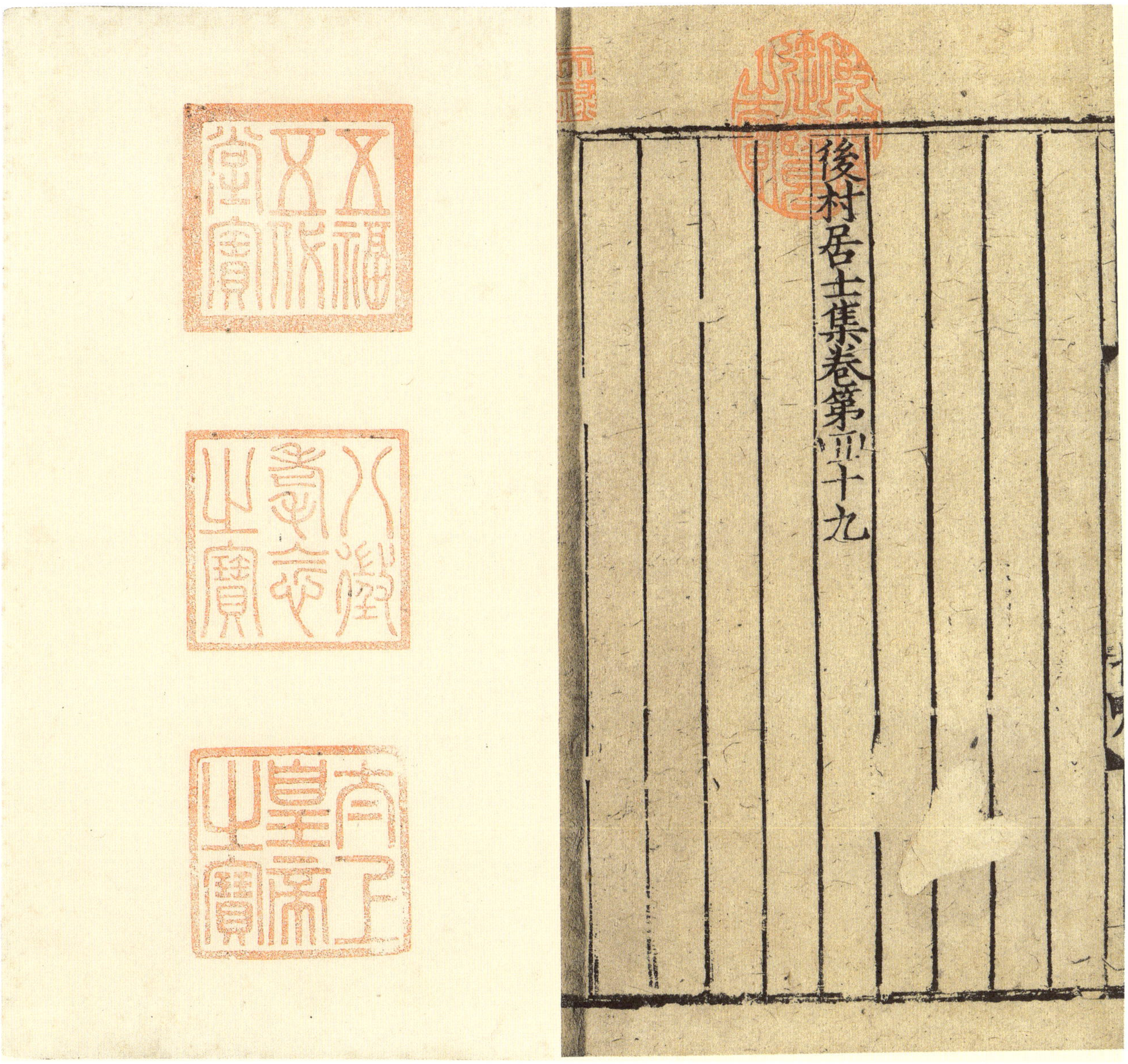

後村居士集卷第四十九

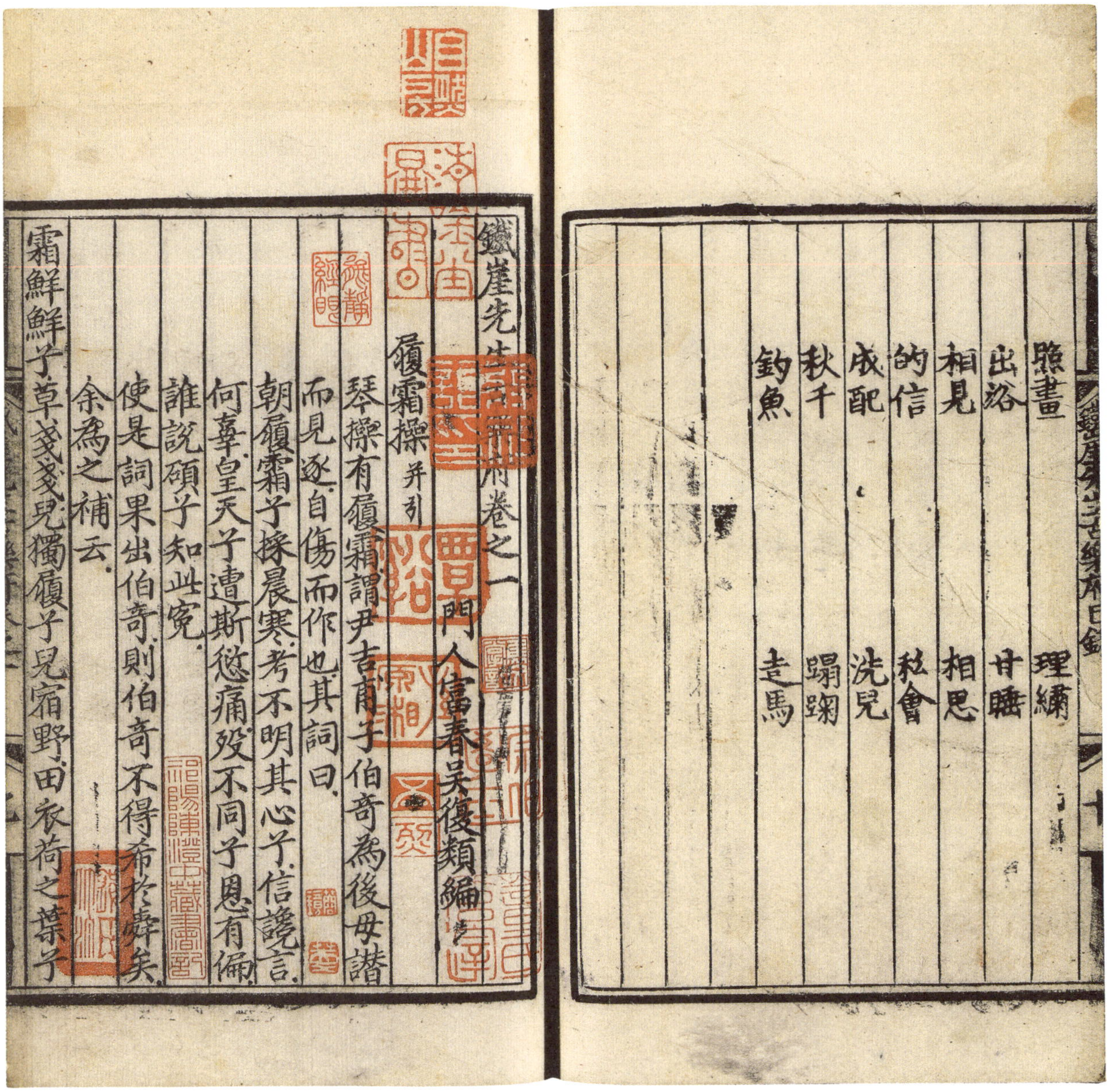

铁崖先生古乐府十六卷　（元）杨维桢撰　明成化五年（1469）刻本

杨维桢（1296—1370），一作杨维祯，字廉夫，号铁崖等，诸暨（今属浙江）人。元末江南诗坛成就卓著的文学家、书画家和戏曲家。他以毕生精力从事“古乐府”创作，并以他为代表形成了中国文学史上规模最大的乐府诗派，史称“铁崖乐府诗派”。

钤“翁印方纲”“黄丕烈印”“士礼居藏”“芑孙”等诸多名家藏印，有黄丕烈、张蓉镜、孙鋆等跋或题识。经翁方纲、黄荛圃、王芑孙、黄易、高士奇、孙原湘、孙鋆、姚畹真、张蓉镜、蒋祖诒、陈澄中等明清及现代名家收藏经眼，甚为宝贵。

（兆兰堂收藏）

已上凡八十首為古樂府小體間有串史斷於比興者尤古詩人之難也國風好色而不淫小雅怨誹而不亂兼之者此詩有焉

鐵崖先生古樂府卷之九

道光十年歲次庚寅六月十六日白下女史方若蘅借讀一月

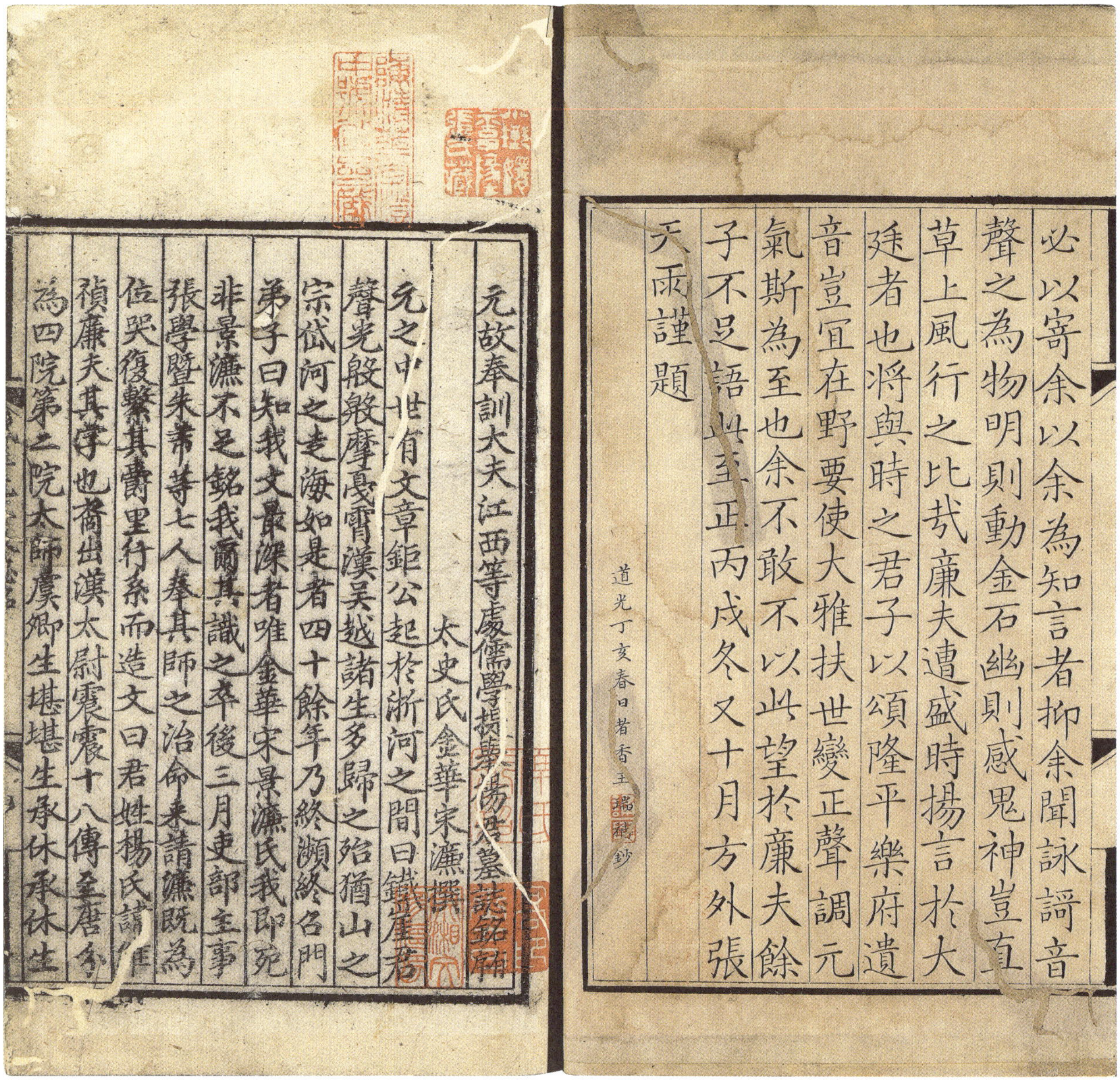

必以寄余以余為知言者抑余聞詠謌音聲之為物明則動金石幽則感鬼神豈直草上風行之比哉廉夫遭盛時揚言於大廷者也將與時之君子以頌隆平樂府遺音豈宜在野要使大雅扶世變正聲調元氣斯為至也余不敢不以此望於廉夫餘子不足語此至正丙戌冬十月方外張天雨謹題

道光丁亥春日者香主鈔

元故奉訓大夫江西等處儒學提舉楊君墓誌銘

太史氏金華宋濂撰

元之中世有文章鉅公起於浙河之間曰鐵崖君聲光殷殷摩戛霄漢吳越諸生多歸之殆猶山之宗岱河之走海如是者四十餘年乃終瀕終召門弟子曰知我文最深者唯金華宋景濂氏我即死非景濂不足銘我爾其識之卒後三月吏部主事張學暨朱芾等七人奉其師之治命來請濂既為位哭復繫其書里行系而造文曰君姓楊氏諱維禎廉夫其字也裔出漢太尉震震十八傳至唐令為四院第二院太師虞卿生堪堪生承休承休生

按二十詠中剪裁香奩者凡四章浴恩信
配是也先生又有和趙八節使七言八句
二十題尤膾炙於粉黛叢中惜逸去先生
令琬補逸琬何敢何敢
至正甲辰夏五月初吉龍洲生章琬孟文
謹拜手跋

嘉慶六年五月錢唐黄易觀

楊鐵崖先生古樂府其舊刻本余初見諸香嚴周丈處搜訪數年近始獲此可謂幸矣因重借周本相勘此本印較在先紙張雖黄白不純其初印則同間有缺葉六是照刻本補録非偽為者圈點脱落余復取周本摹補惟是糊塗字跡幾板周本已為補刻不如此之尚屬原刊茲雖描寫一二未免轉失其真故并著之以誌余過兩本不同之處周本卷首有張天雨吴復兩序此本有宋濂所撰墓誌銘互相歧異未知何故擬影抄兩序以存其舊云嘉慶乙丑立夏後二日蕘翁黄丕烈識

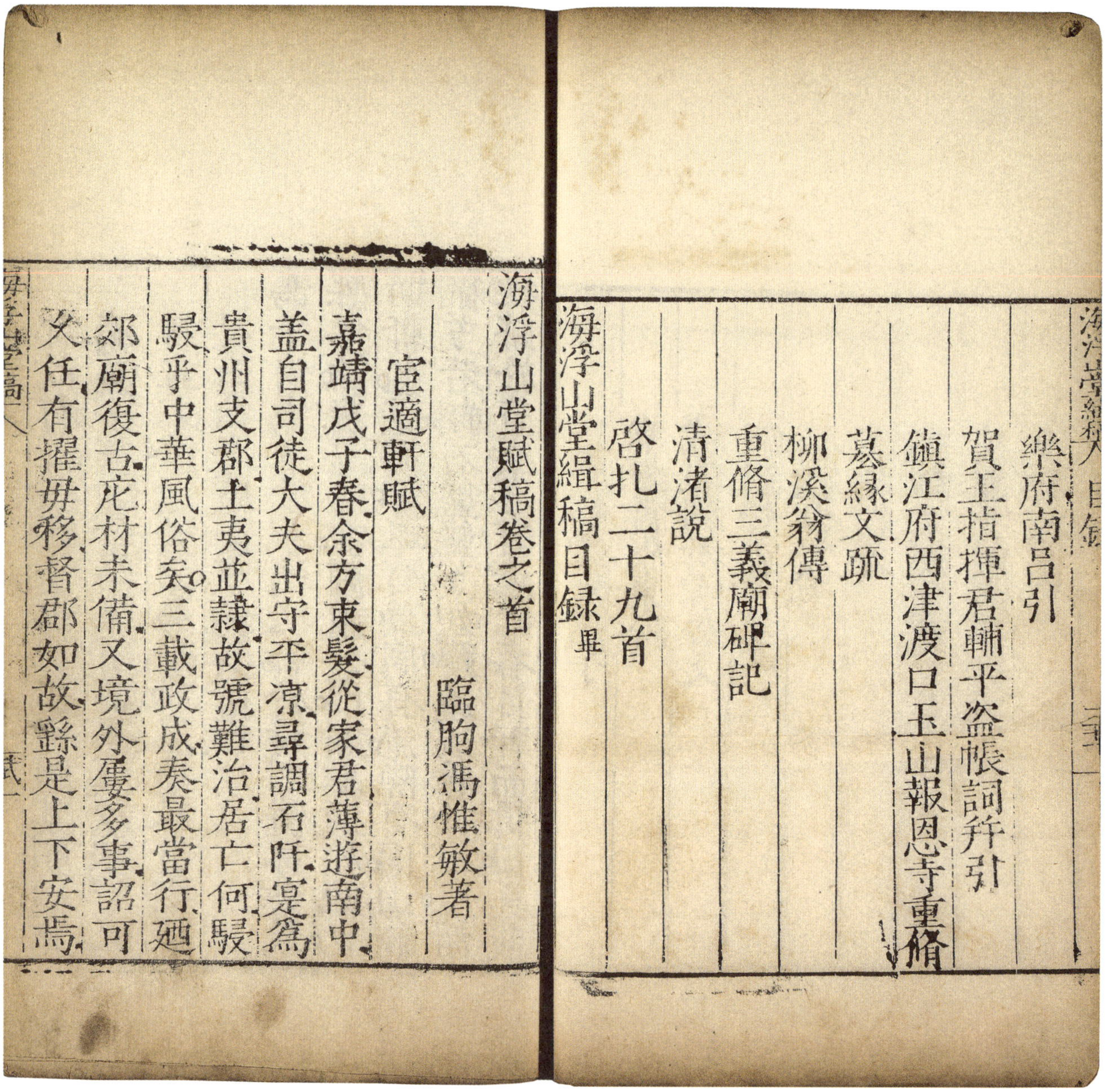

海浮山堂诗稿五卷文稿五卷　（明）冯惟敏撰　明嘉靖四十五年（1566）刻本　存六卷：赋稿卷首，诗稿卷一、三，文稿卷一、三、五

冯惟敏（1511—1580？）字汝行，号海浮山人，山东临朐人，明代散曲、杂剧家。传世著作有诗文集《冯海浮集》《石门集》，散曲集《海浮山堂词稿》四卷。

此本卷首题“山堂缉稿序”，次题“海浮山堂缉稿目录”，卷首有“海浮山堂赋稿”，卷端题“海浮山堂诗稿卷之一”，或即通常认为已佚的《山堂缉稿》，为研究冯惟敏、明代散曲戏曲等提供了更深厚的材料基础和论述空间。

（李希海收藏）

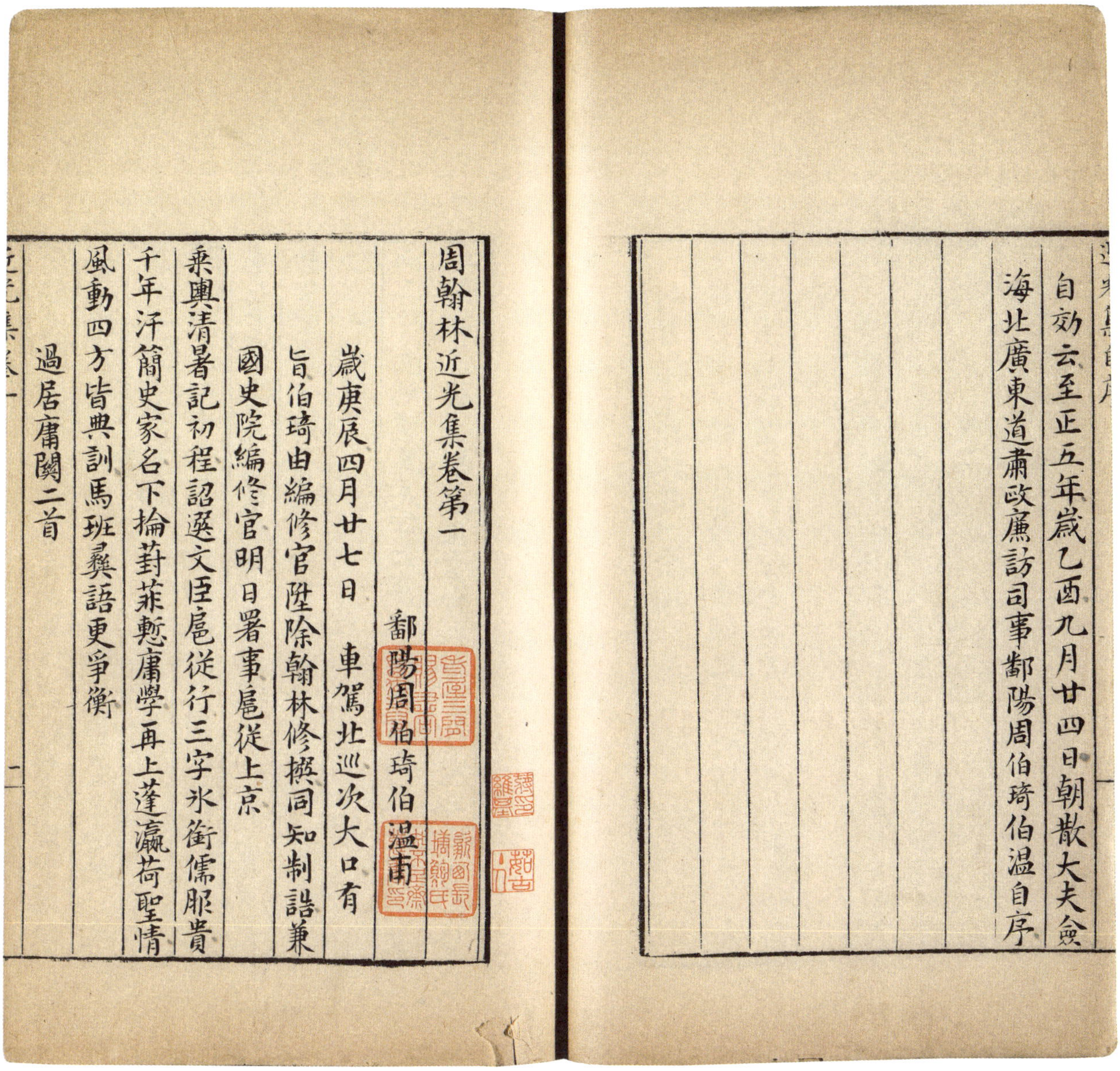

周翰林近光集三卷附扈从集一卷补遗二卷滦京杂咏二卷　（元）周伯琦撰　清知不足斋抄本

《近光集》述朝廷典制为多；《扈从集》则为元至正十二年（1353）周氏扈从上京时所撰，记边塞见闻颇详。其门生贾祥麟曾予锓梓，之后元刻本久湮，唯赖抄本以传。此则知不足斋主人鲍廷博之子正言手抄，抄毕之后，复得元刻本校正，颇有校勘价值。又附有鲍正言所抄元人杨允孚《滦京杂咏》二卷，流传稀见。曾经湖州蒋氏密韵楼先人蒋维基收藏。

（崔雄收藏）

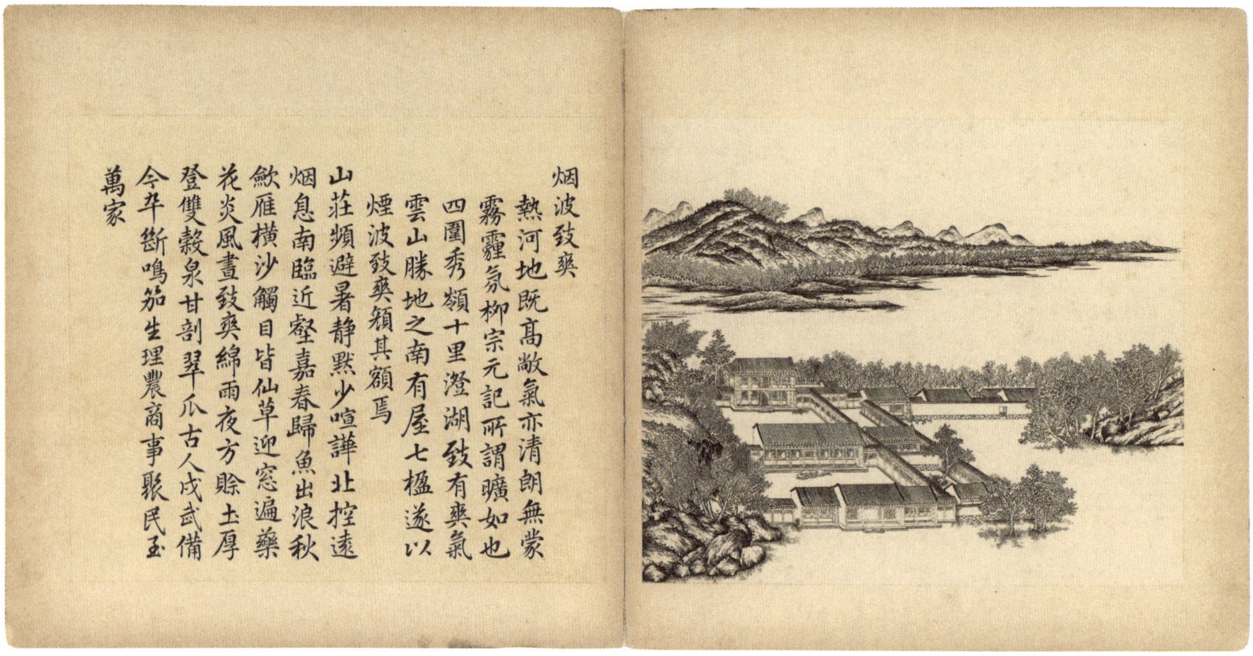
烟波致爽
熱河地既高敞氣亦清朗無蒙
霧霾氛柳宗元記所謂曠如也
四圍秀嶺十里澄湖致有爽氣
雲山勝地之南有屋七楹遂以
煙波致爽顏其額焉
山莊頻避暑靜默少喧譁北控遠
烟息南臨近壑嘉春歸魚出浪秋
斂雁橫沙觸目皆仙草迎窓遍藥
花炎風晝致爽綿雨夜方賒土厚
登雙穀泉甘剖翠瓜古人戍武備
今卒斷鳴笳生理農商事聚民至
萬家

御制避暑山庄三十六景诗图（不分卷）　清康熙五十二年（1713）刻铜版印本

清康熙帝撰有避暑山庄三十六景诗，康熙五十一年（1712）内府木刻《御制避暑山庄三十六景诗图》，沈嵛绘图，朱圭、梅裕凤镌刻。后宫廷画师意大利传教士马国贤以铜版仿木刻版画印制此书，康熙五十二年完成，是铜版画在中国的首次刊印，绘刻细密，版印清晰，堪称杰作。清代内府刊刻的铜版画属奉敕制品，印刷数量有限，外界流传绝少，整套作品更鲜为一见。

（叶健民收藏）

延薰山館

入無暑清凉轉西為延薰山館楹宇守樸不雘不雕得山居雅致啓北戶引清風幾忘六月

夏木陰陰蓋溽暑炎風款款守峰銜山中無物能解慍獨有清凉免脫衫

水流雲在

雲無心以出岫水不舍而長流造物者之無盡藏也杜甫詩云水流心不競雲在意俱遲斯言深有體驗

雨後雲峰澄水流遠自凝岍花催短鬢高年寸寸增

臣王曾期恭書

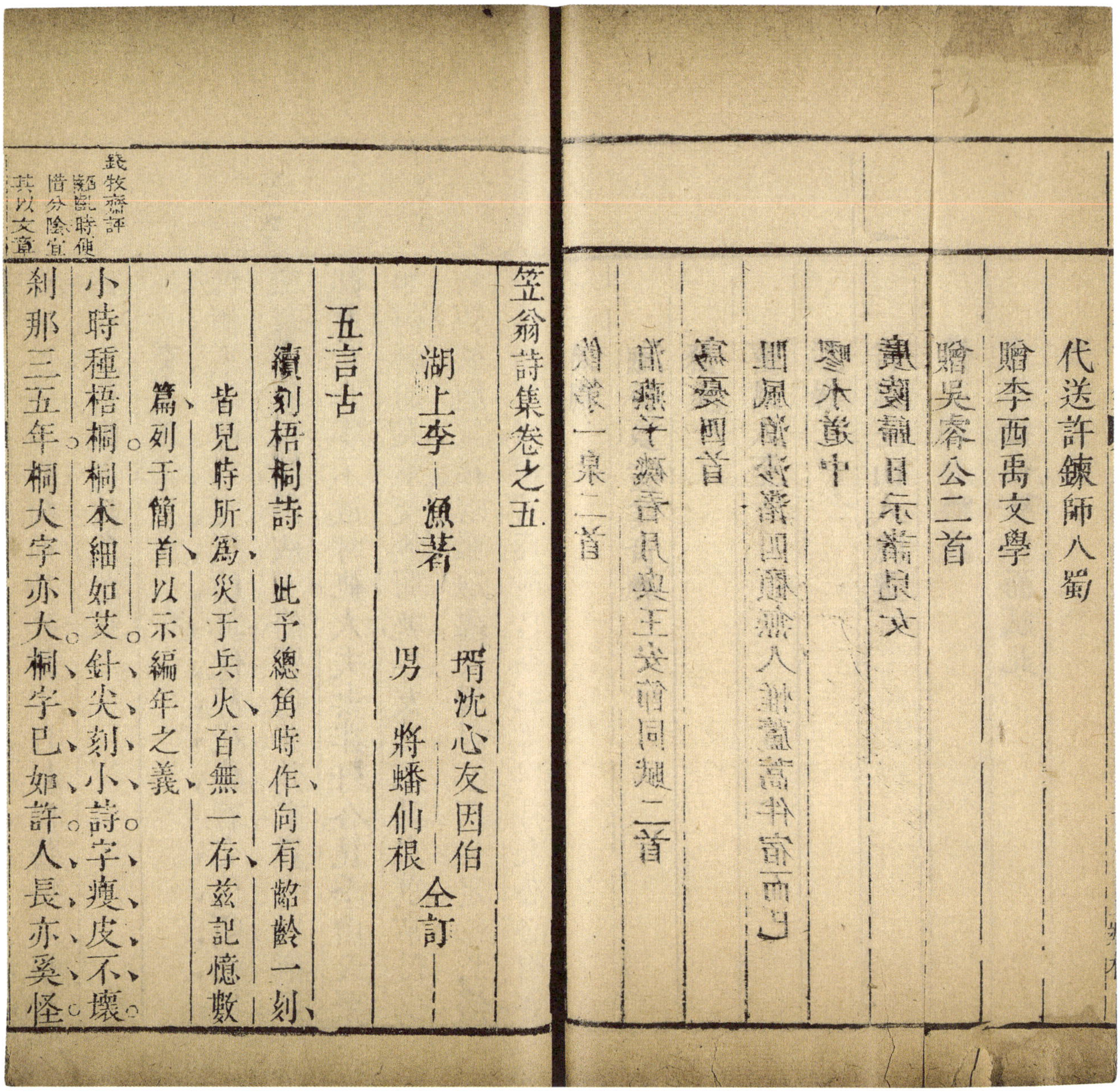

笠翁一家言全集十六卷　（清）李渔撰　清刻本　存一卷：笠翁诗集第五卷

李渔（1611—1680）字谪凡，号笠翁。明末清初文学家、戏曲家、戏曲理论家、美学家。寓居金陵后，成立芥子园书铺，其大部分著作刊行于此。此书即为芥子园所刊，版心有“芥子园”三字，书口有一幅彩绘山水，极富匠心，异常精美。

（东壁书屋收藏）

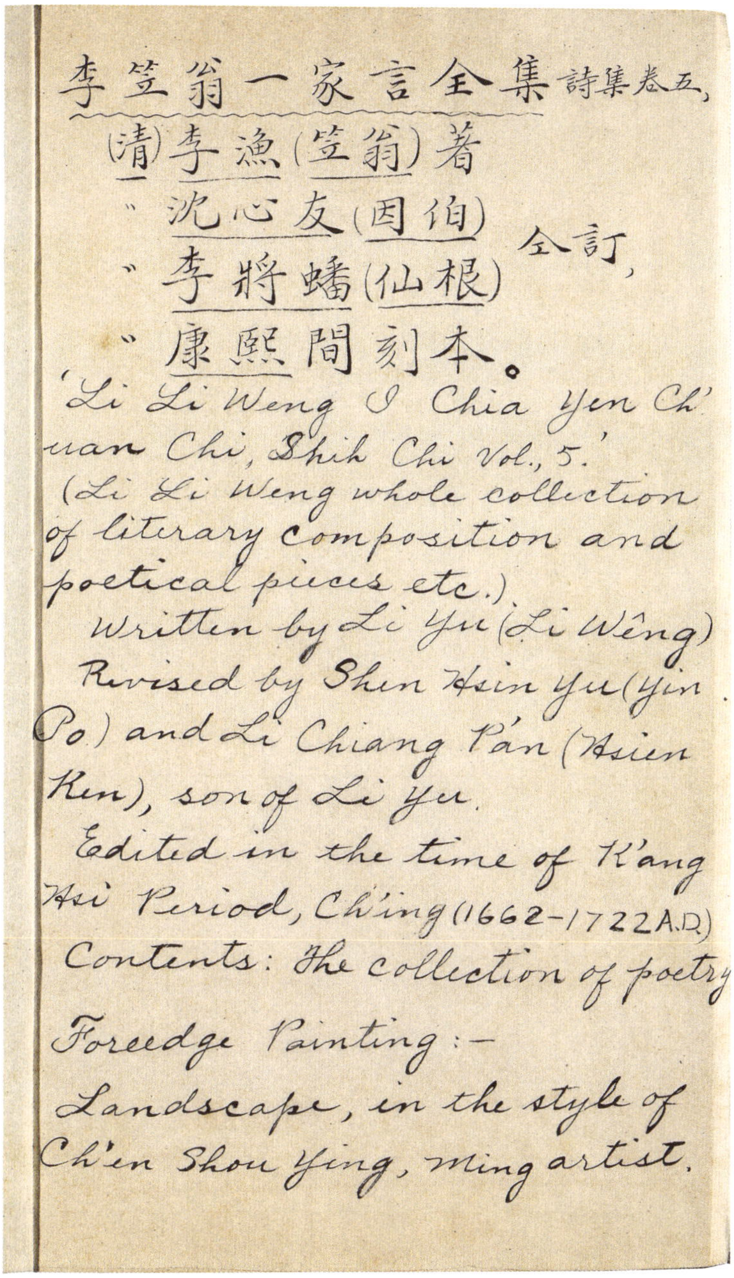

李笠翁一家言全集詩集卷五，
(清)李漁(笠翁)著
〃沈心友(因伯)
〃李將蟠(仙根) 仝訂，
〃康熙間刻本。
'Li Li Weng I Chia Yen Ch'uan Chi, Shih Chi Vol., 5.'
(Li Li Weng whole collection of literary composition and poetical pieces etc.)
Written by Li Yu (Li Wêng)
Revised by Shen Hsin Yu (Yin Po) and Li Chiang P'an (Hsien Ken), son of Li Yu.
Edited in the time of K'ang Hsi Period, Ch'ing (1662-1722 A.D.)
Contents: The collection of poetry
Foreedge Painting:-
Landscape, in the style of Ch'en Shou Ying, Ming artist.

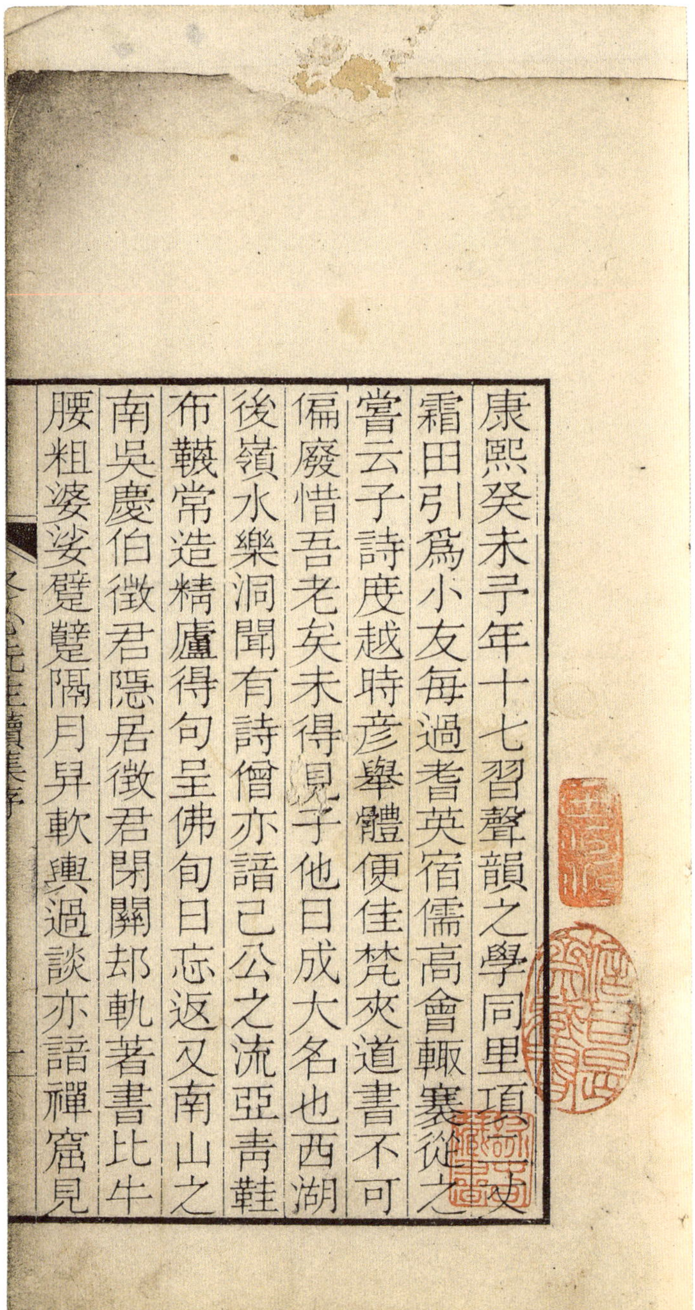

冬心先生续集二卷　（清）金农撰　清乾隆刻本

金农（1687—1763）字寿门、司农、吉金，号冬心先生、江湖听雨翁、曲江外史等，钱塘（今浙江杭州）人，“扬州八怪”之首，布衣终身。早中年游历四方，投师问友，晚寓扬州，卖书画自给。工于诗文书法，善隶、楷、行三体。是书由金农弟子罗聘整理编辑，董理付印，稀绝罕见。

（小残卷斋收藏）

俱拱予年將七十矣追念長者之言不勝慙汗被于顙頰世之享上壽而操觚者未必萬愛區區若是其心傾倒耶予編纘續集上下卷成因抒往事述之簡端

乾隆十七年歲次壬申二月十日雪中錢唐金吉金撰

冬心先生續集上卷

杭郡　金吉金　壽門著

古歙門人　羅　聘　兩峯編輯

楚州張先生携青毛神龜一頭相贈因賦

神龜篇

神龜何來出叢著離靈淵飲而不食壽萬年追想甲子纔分地天此龜疑是洪荒先其長周尺尺二形具足其背曰神屋藏六妙用在信縮屏

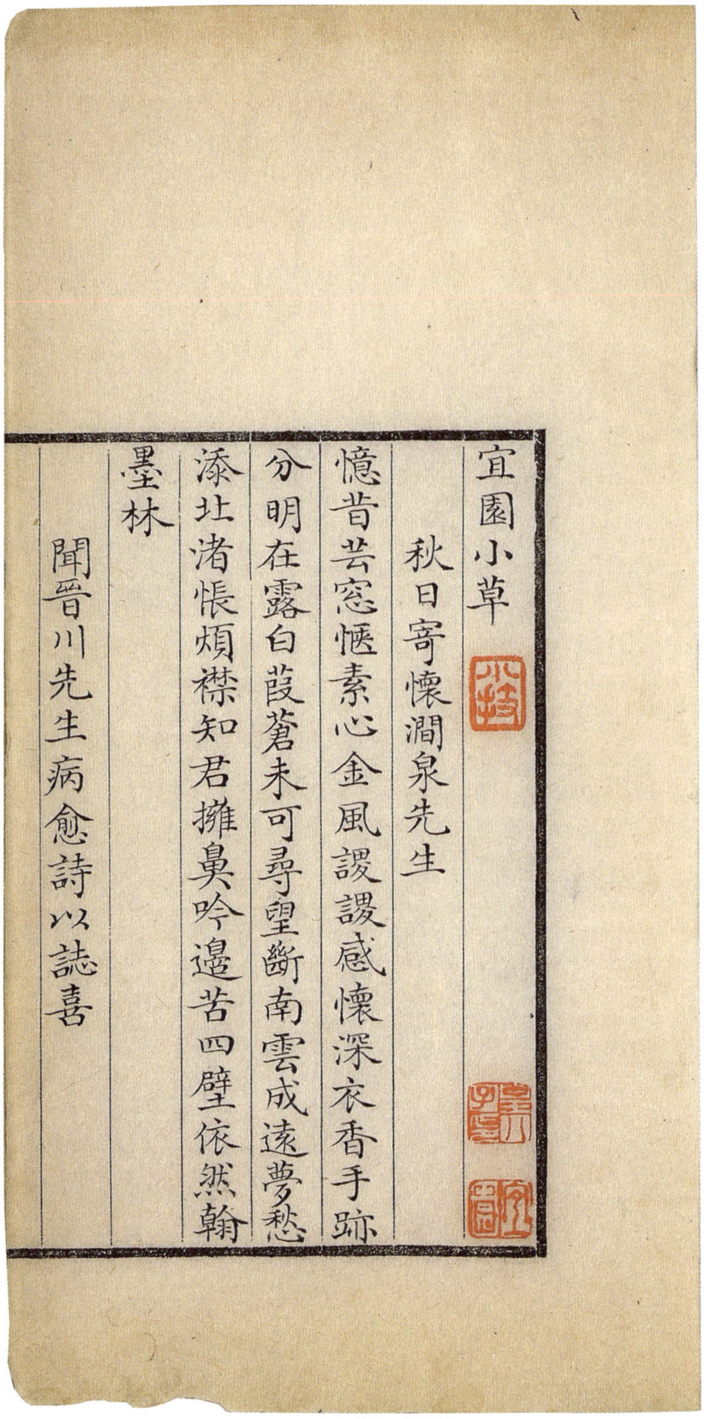

宜園小草

秋日寄懷澗泉先生

憶昔芸窗愜素心金風謖謖感懷深衣香手跡
分明在露白葭蒼未可尋望斷南雲成遠夢愁
添北渚悵煩襟知君擁鼻吟邊苦四壁依然翰
墨林

聞晉川先生病愈詩以誌喜

宜园小草不分卷　（清）永璇撰　清乾隆写本

乾隆帝第八子永璇所写，与清代著名文人如状元秦大士等唱和之作。开本小巧精致，字迹娟秀，墨色如漆，非常精美。有“皇八子印”“宜园”等印。

（艾俊川收藏）

崔东壁遗稿不分卷　（清）崔述撰　稿本

崔述（1740—1816）字武承，号东壁，直隶大名（今属河北）人。清乾嘉间考据学家，致力于古史辨伪，著有《考信录》等34种。此书为崔氏所著《荍田剩笔》残稿，内容包括《知非集拾遗》1卷，尺牍21通，骈语25联。正文多有涂改，书眉偶有朱笔或墨笔批改，另有多处浮签。凡32开，66半叶。经折装，挖镶裱一册。

（东壁书屋收藏）

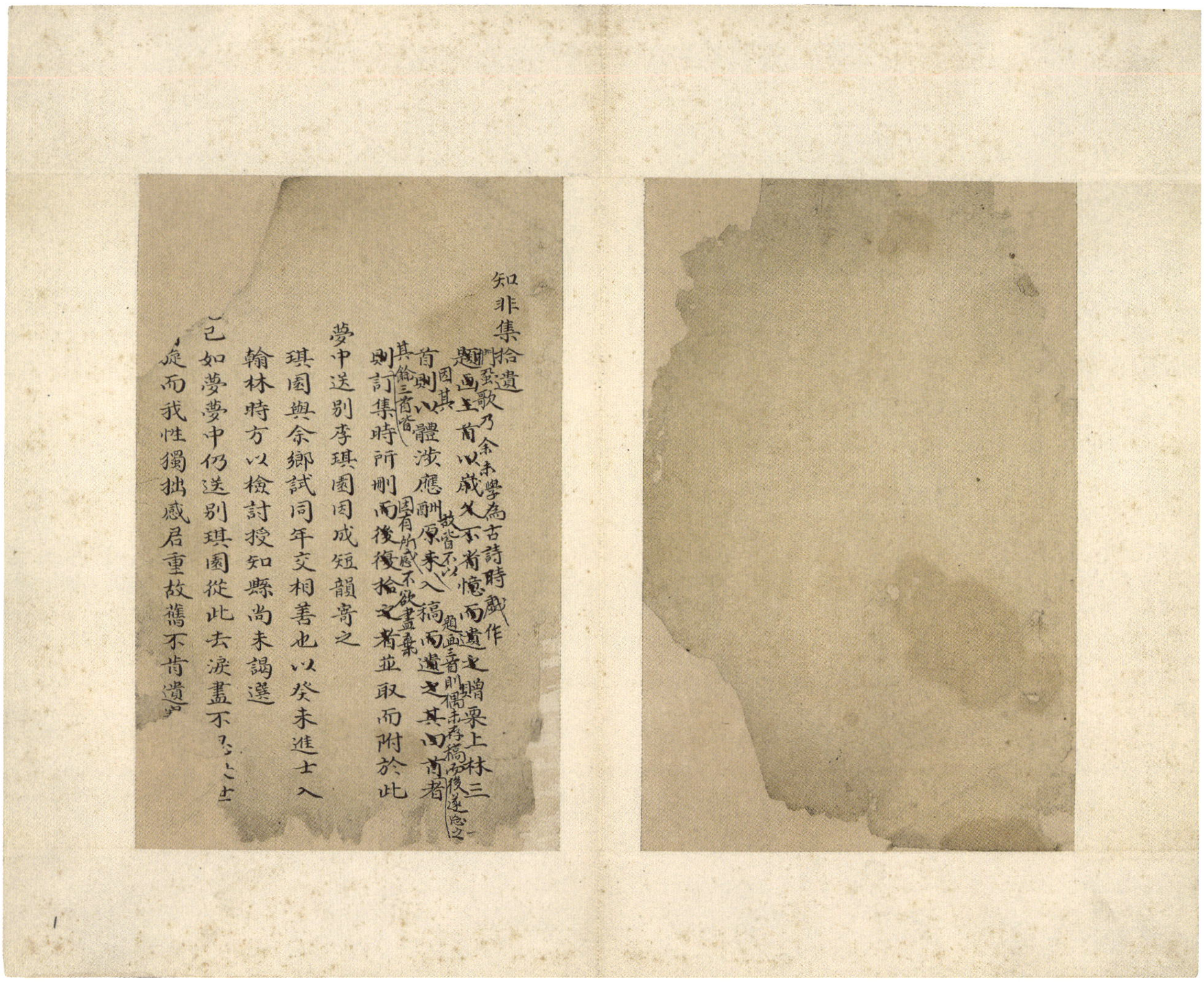
知非集拾遺
夢中送別李琪園因成短韻寄之
琪園與余鄉試同年交相善也以癸未進士入
翰林時方以檢討授知縣尚未謁選
已如夢夢中仍送別琪園從此去淚盡不
旋而我性獨拙感君重故舊不肯遺

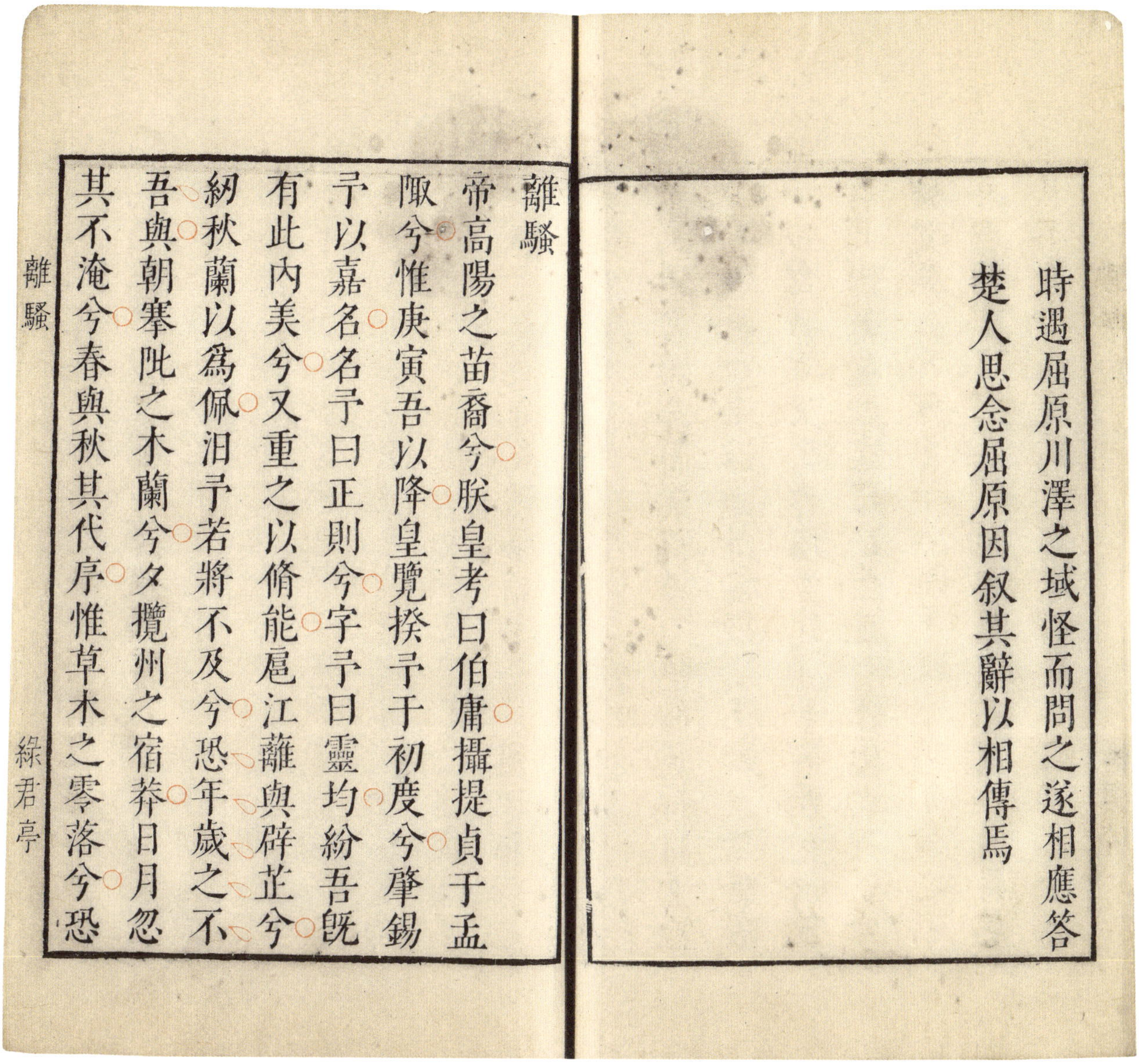

屈陶合刻十六卷　（明）毛晋编　屈子七卷　（楚）屈原撰　评一卷　（明）毛晋辑　楚译二卷　参疑一卷　（明）毛晋参定　陶靖节集诗一卷文一卷　（晋）陶潜撰　总评一卷　（明）毛晋辑　参疑一卷　（明）毛晋参定　杂附一卷　明万历四十六年（1618）　天启五年（1625）毛氏绿君亭刻本　存十二卷：屈子七卷 楚译二卷　参疑一卷　陶靖节集诗一卷　总评一卷

明末著名藏书家、出版家毛晋因宅内有绿君亭，在崇祯元年（1628）前多以“绿君亭”名义刊刻书籍，之后改用“汲古阁”名号。

是书前有“海虞绿君亭藏”牌记。版心镌“绿君亭”三字，毛氏初期刻书数量较少，较为难得。

（刘继辉收藏）

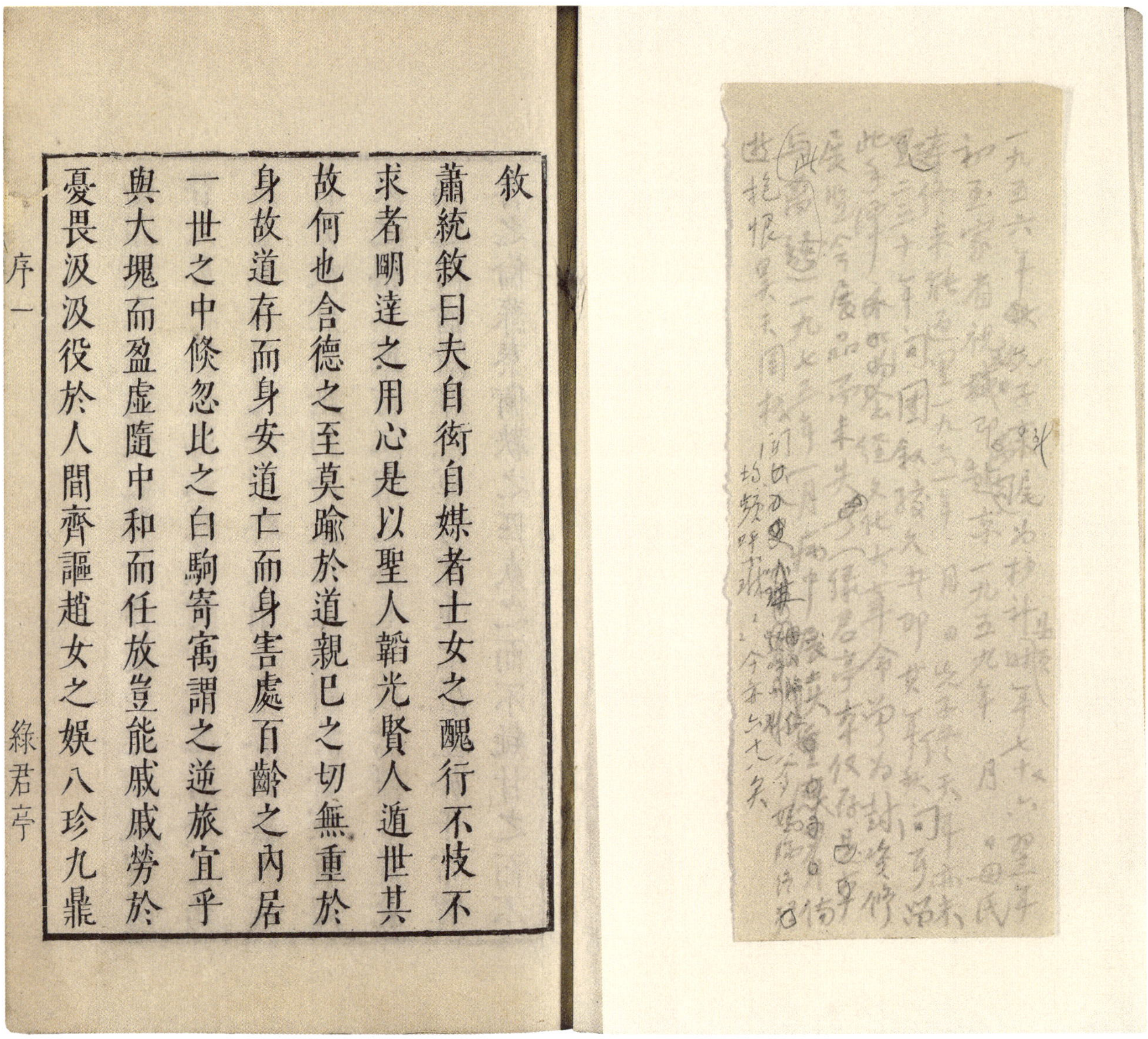
敘

蕭統敘曰夫自衒自媒者士女之醜行不忮不求者明達之用心是以聖人韜光賢人遁世其故何也含德之至莫踰於道親己之切無重於身故道存而身安道亡而身害處百齡之內居一世之中倏忽比之白駒寄寓謂之逆旅宜乎與大塊而盈虛隨中和而任放豈能戚戚勞於憂畏汲汲役於人間齊謳趙女之娛八珍九鼎

序一　綠君亭

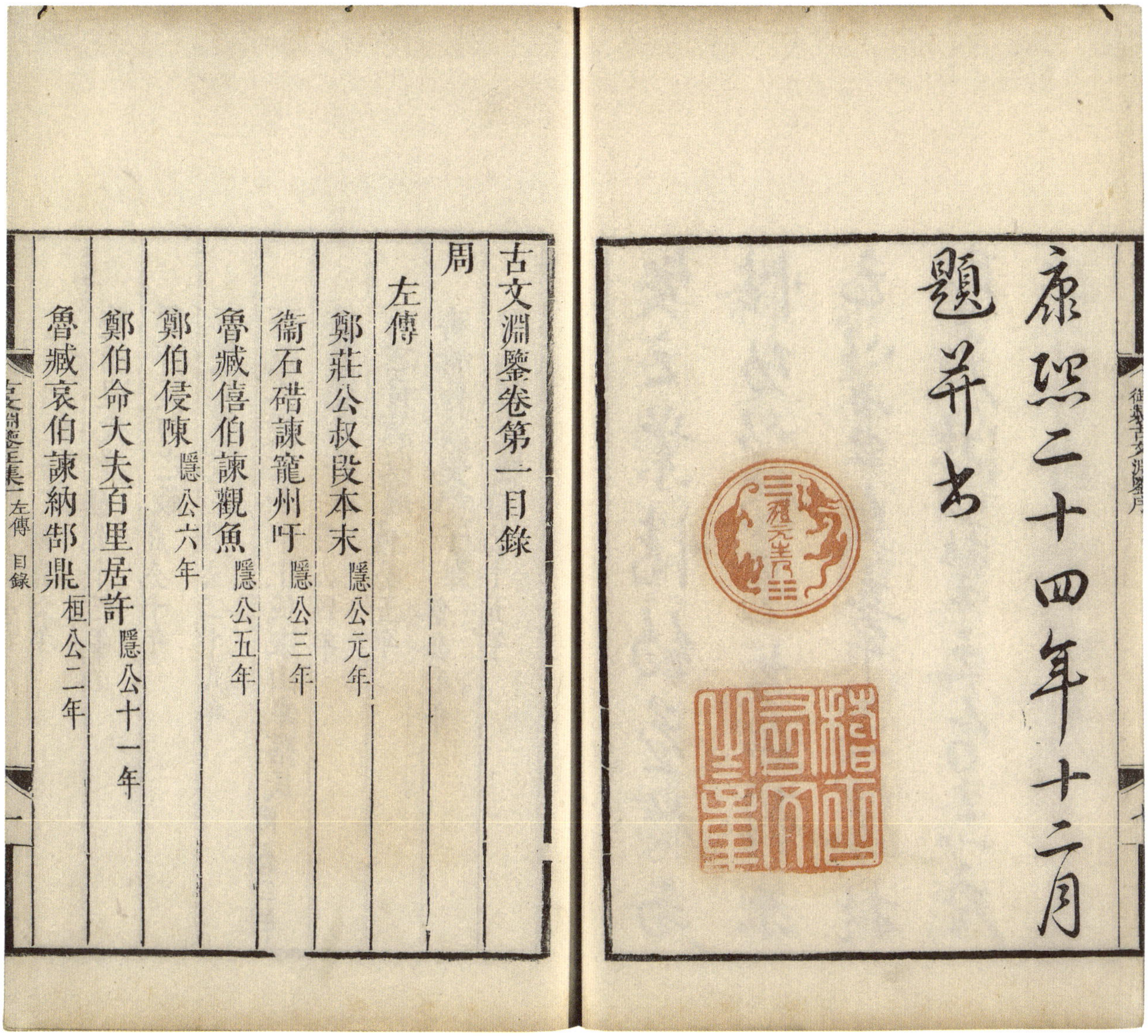

古文渊鉴六十四卷　（清）徐乾学等辑并注　清康熙二十四年（1685）内府刻四色套印本

此本选墨上乘，刻印精美，显示出清初内府多色套印技术的高超水平。正文为墨色，以朱色圈点。诸家评语印于书眉：康熙御批及清代诸臣注释以朱色标示；清以前历代评释以黄、蓝色标示。卷十一目录叶有清人朱笔题记。

（沈岗收藏）

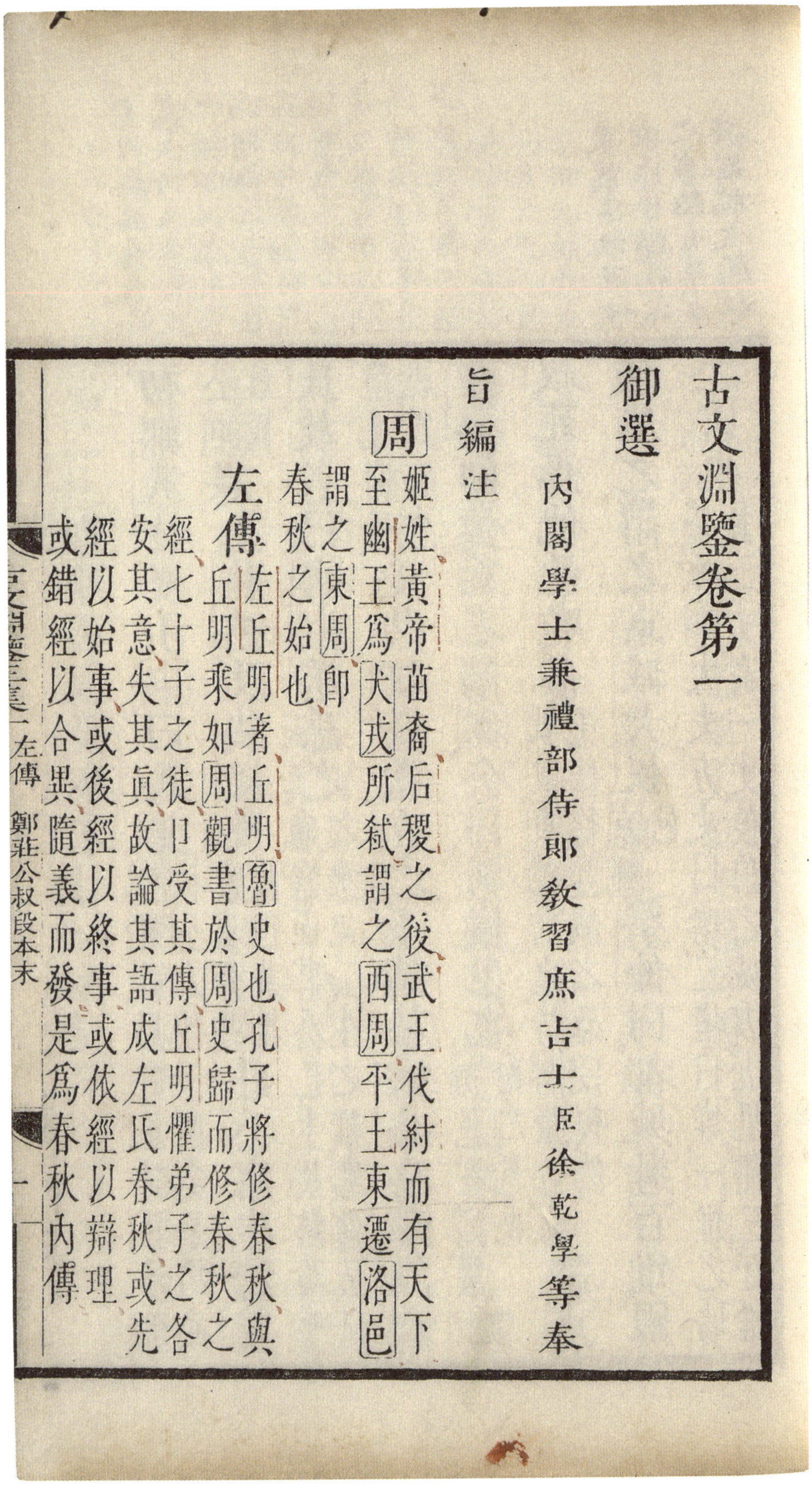

古文淵鑒卷第一

御選

內閣學士兼禮部侍郎教習庶吉士臣徐乾學等奉

旨編注

周 姬姓黃帝苗裔后稷之後武王伐紂而有天下至幽王爲犬戎所弒謂之西周平王東遷洛邑謂之東周即春秋之始也

左傳 左丘明著丘明魯史也孔子將修春秋與丘明乘如周觀書於周史歸而修春秋之經七十子之徒口受其傳丘明懼弟子之各安其意失其眞故論其語成左氏春秋或先經以始事或後經以終事或依經以辯理或錯經以合異隨義而發是爲春秋內傳

古文淵鑒卷一 左傳 鄭莊公叔段本末 一

東發黃震曰公羊大居正之言可謂能執其義之要者

丕建敬曰宣公之與弟爲擇賢

曰以吾愛與夷則不若愛女以爲社稷宗廟主則與夷不若女盍終爲君矣與夷宣公子後立爲殤公女汝同言吾愛與夷則不止如汝而已宣公死繆公立繆公逐其二子莊公馮與左師勃馮勃繆公二子名馮後立爲莊公左師官名○馮音憑曰爾爲吾子生毋相見死毋相哭絕之所以遠與夷復曰復報也先君之所爲不與臣國而納國乎君者以君可以爲社稷宗廟主也今君逐君之二子而將致國乎與夷此非先君之意也且使子而可逐則先君其逐臣矣繆公曰先君之不爾逐可知矣言欲使我反國于爾也吾立乎此攝也暫攝行君事

繆公之與姪爲不背本背情理之至若與夷之弒則莊公之罪耳於始讓者何尤

以存滅爲念則復讐爲長亂之階以雪恥爲心則復讐爲大義之舉故公羊於襄公猶有取焉

伯厚王應麟曰九世猶可復讐

終致國乎與夷莊公馮弒與夷殤公與夷立十年華督弒之而迎馮于鄭而立之故君子大居正君子以守正爲大言當適子居正不必違禮而讓庶宋之禍宣公爲之也自宣公之讓其弟始也

紀侯大去其國 莊公四年

大去者何滅也孰滅之齊滅之曷爲不言齊滅之爲襄公諱也春秋爲賢者諱何賢乎襄公據楚莊王亦賢滅蕭不爲諱復讐也何讐爾遠祖也哀公亨乎周亨煮而殺之紀侯譖之以襄公之爲於此焉者事祖禰之心盡矣盡者何襄公將復讐乎紀卜之曰師喪分焉龜曰卜蓍曰筮分半也師

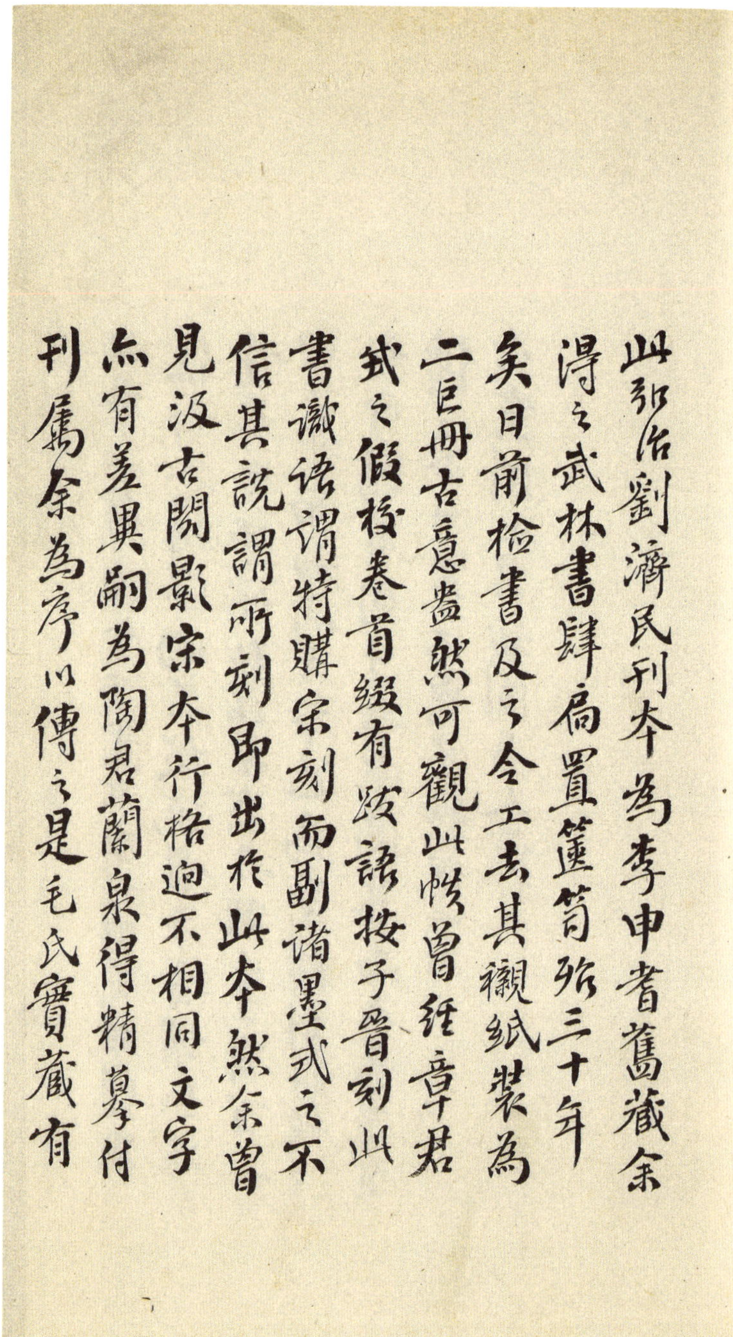

此弘治劉濟民刊本為李申耆舊藏余得之武林書肆局置篋笥殆三十年矣日前檢書及之令工去其襯紙裝為二巨册古意盎然可觀此帙曾經章君式之假校卷首綴有跋語按子晉刻此書識語謂特購宋刻而副諸墨式之不信其說謂所刻即出於此本然余曾見汲古閣影宋本行格迥不相同文字亦有差異嗣為陶君蘭泉得精摹付刊屬余為序以傳之是毛氏實藏有

松陵集十卷　（唐）皮日休、陆龟蒙撰　明弘治十五年（1502）刘济民刻本

又名《松陵唱和集》，以松江别称“松陵”而得名。是以唐代诗人皮日休、陆龟蒙为主的唱和诗专集，在题材内容与唱和形式上都对后世产生了重要影响。

此本为《松陵集》现存最早版本，曾经朱彝尊、李兆洛收藏。清末，傅增湘得之武林书肆，章钰借校并跋。

（崔雄收藏）

宋刊本特其付梓時未必據以勘定耳此本十行行十八字黑口左右双闌紙幅明潔印工清湛頗足披玩昔子晉謂弘治重梓多漫滅弘治壬戌去明季甫百三四十年而初開之本已為罕覯則此帙之初印精善固子晉所渴慕而未易得者傳之今日寧不更足珍視耶

戊寅閏七月藏園老人識

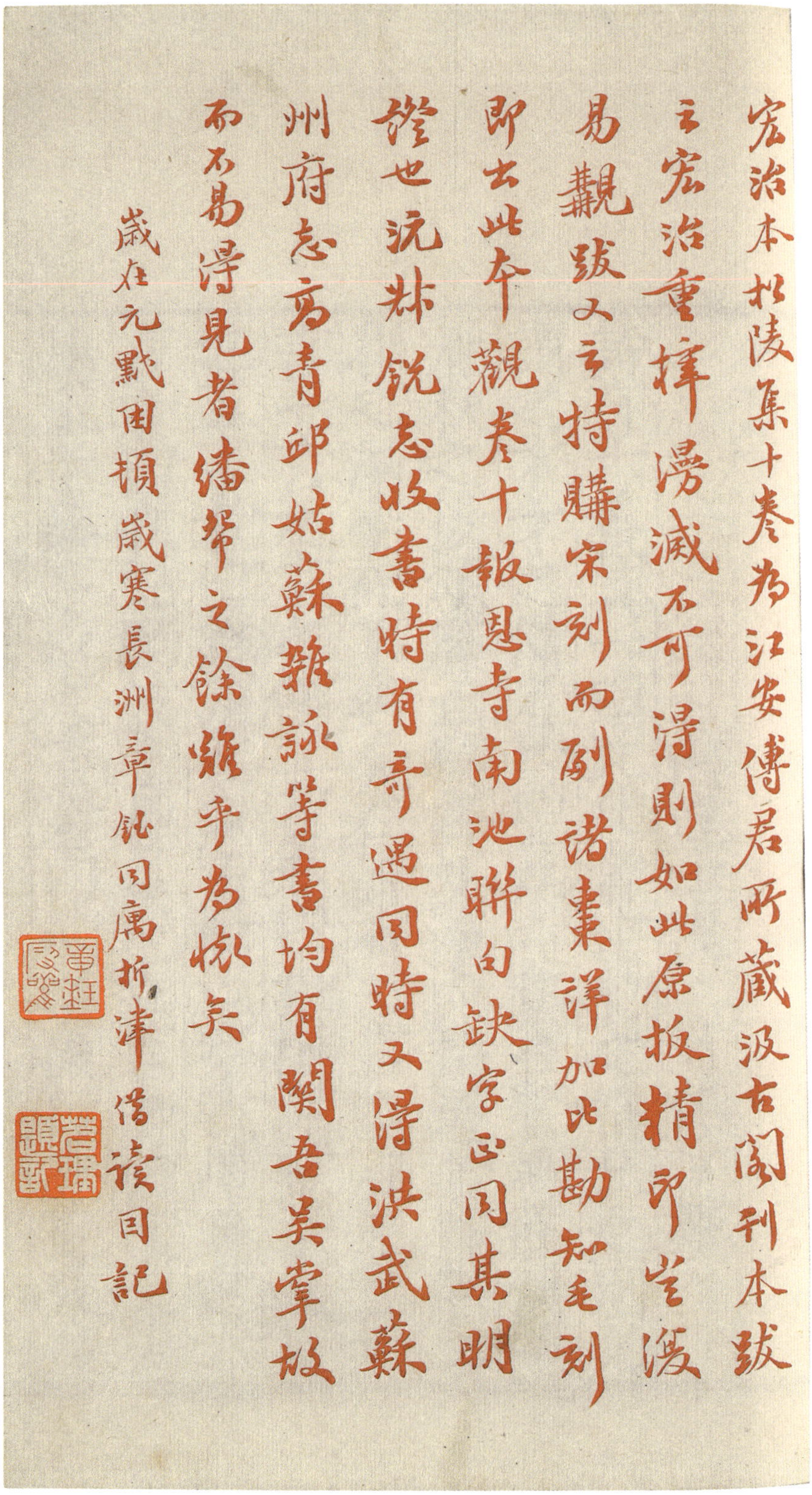

宏治本杜陵集十卷為江安傅君所藏汲古閣刊本跋
云宏治重梓漫滅不可得則如此原板精印豈復
易覯跋又云特購宋刻而刷諸棗詳加比勘知毛刻
即出此本觀卷十報恩寺南池聯句缺字正同其明
證也沅耕銳志收書時有奇遇同時又得洪武蘇
州府志高青邱姑蘇雜詠等書均有關吾吳掌故
而不易得見者繙帙之餘雖乎為快矣
歲在元默困頓歲寒長洲章鈺同厲折津借讀因記

松陵集卷第一　往體詩一十二首

讀襄陽耆舊傳因作詩五百言寄皮襲美　　鄉貢進士陸龜蒙

漢皐古來雄山水天下秀高當軫翼分化作英髦囿暴秦之前人灰滅不可究自從宋生賢特立冠耆舊離騷既日月九辯即列宿卓哉悲秋辭合在風雅右龐公樂幽隱辟聘無所就衹愛鹿門泉泠泠倚巖漱孔明卧龍者潛伏躬耕耨忽遭玄德雲遂起鱗角鬬三胡節皆峻二習名亦茂其餘文武家相望如斥候緬思齊梁降寂

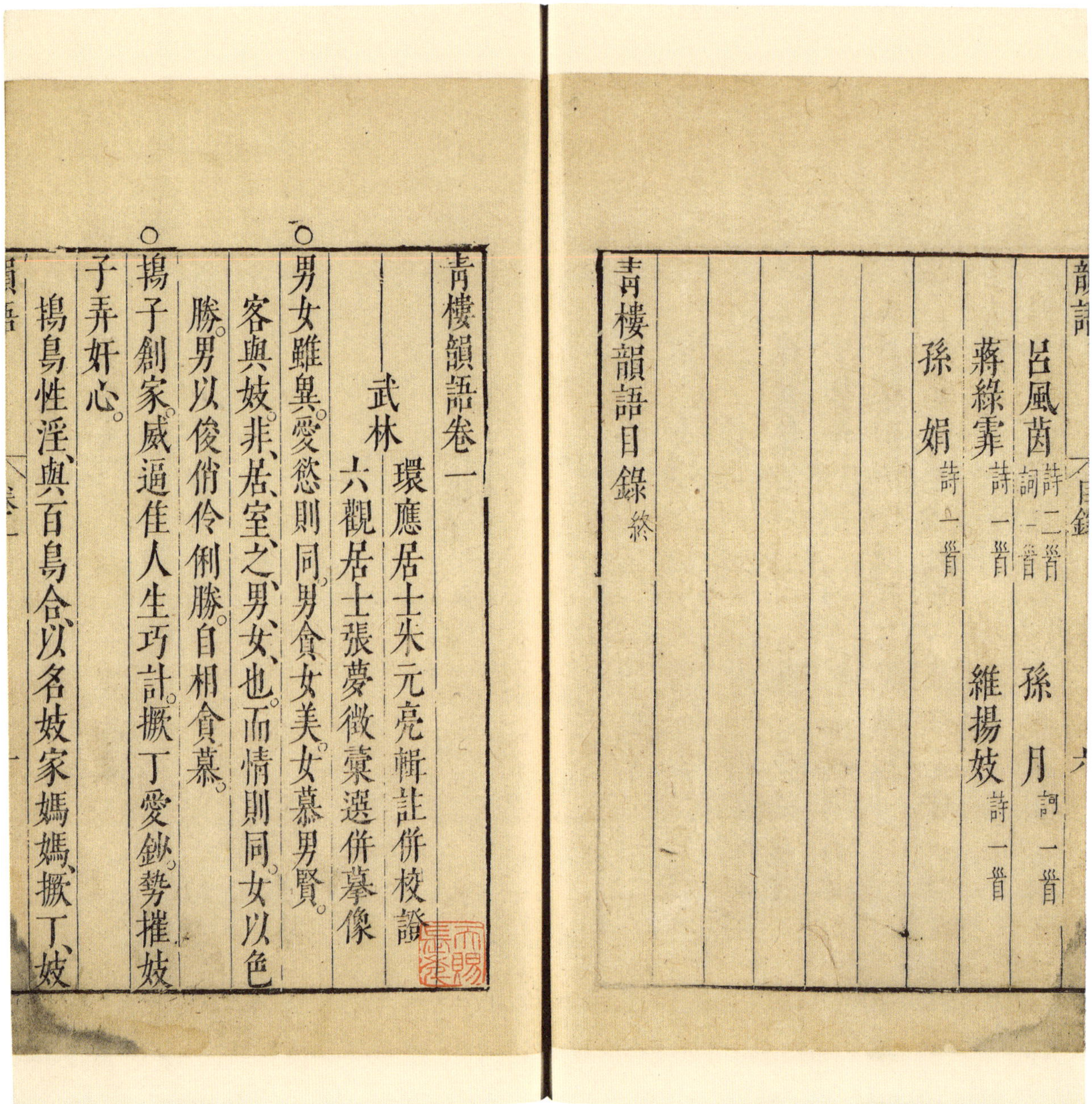

青楼韵语辑注校正四卷　（明）朱元亮撰　（明）张梦徵辑　明万历刻本

此书为历代青楼女子的诗词曲作，所录作者由晋至明近200人，对保留古代文献具有一定的贡献，如宋代聂胜琼的《鹧鸪天・寄李之问》词，某些文字与今人所编《全宋词》有差异。

书中附有精美插图12幅，出自张梦徵手笔，由歙县黄桂芳、黄应甫等人合刻。其绘画与刻工刀法，均被传为杰作。

（卢平收藏）

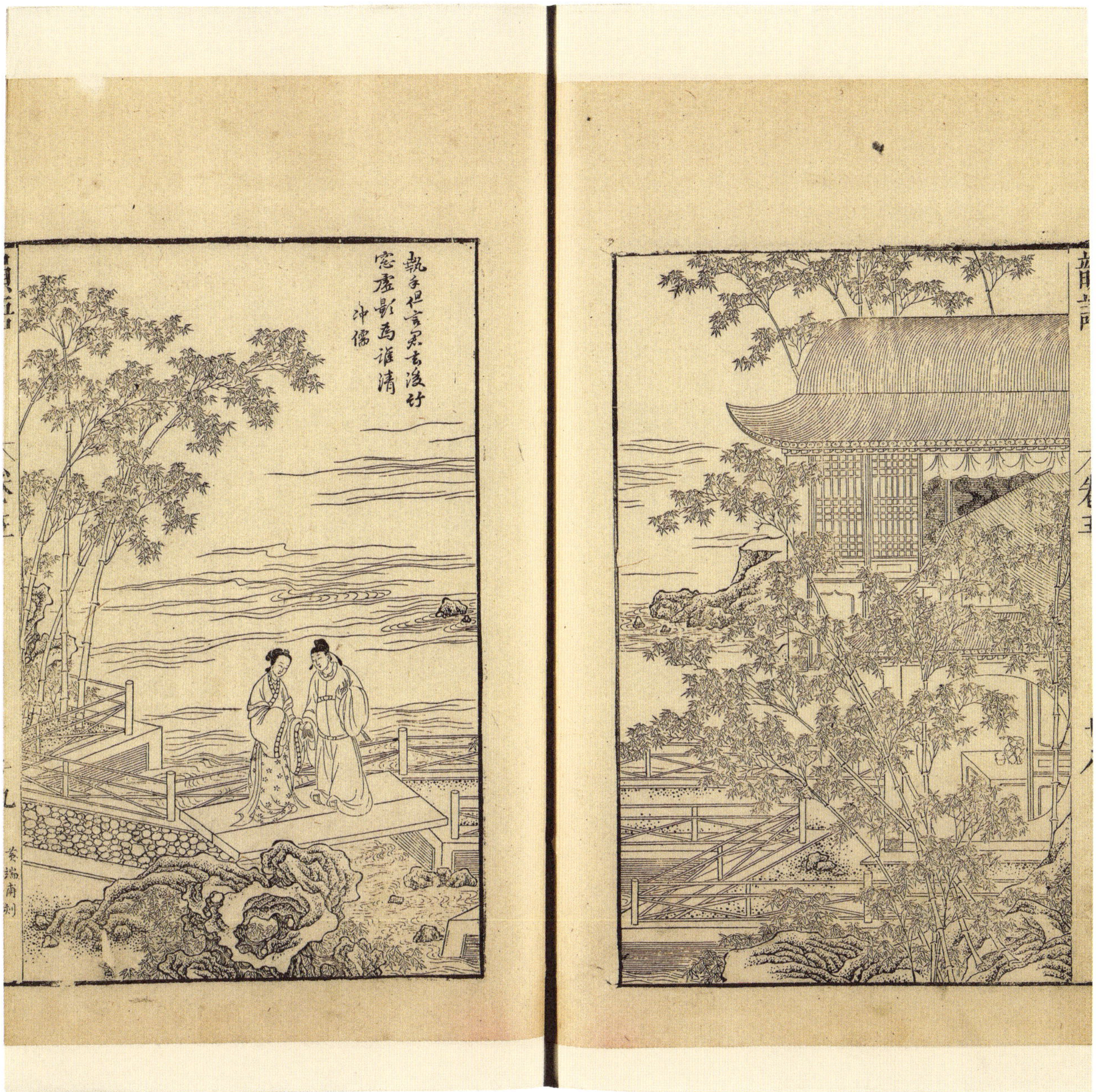
執手但言君去後竹
窗虛影爲誰清
沖儒
黃端甫刻

韻語
卷四
欲問相思處花
開花落時 薛濤
韻語
卷四

美人书二集选四卷　题（明）周公辅编　清初刻本

据明《青楼韵语》等书编辑而成。目录依朝代为序收录人名、作品数目，正文按作品类型分类，包括诗词、尺牍等数百篇。卷前刻美人图4幅。扉页题“吴门书林刊行”。

（袁立章收藏）

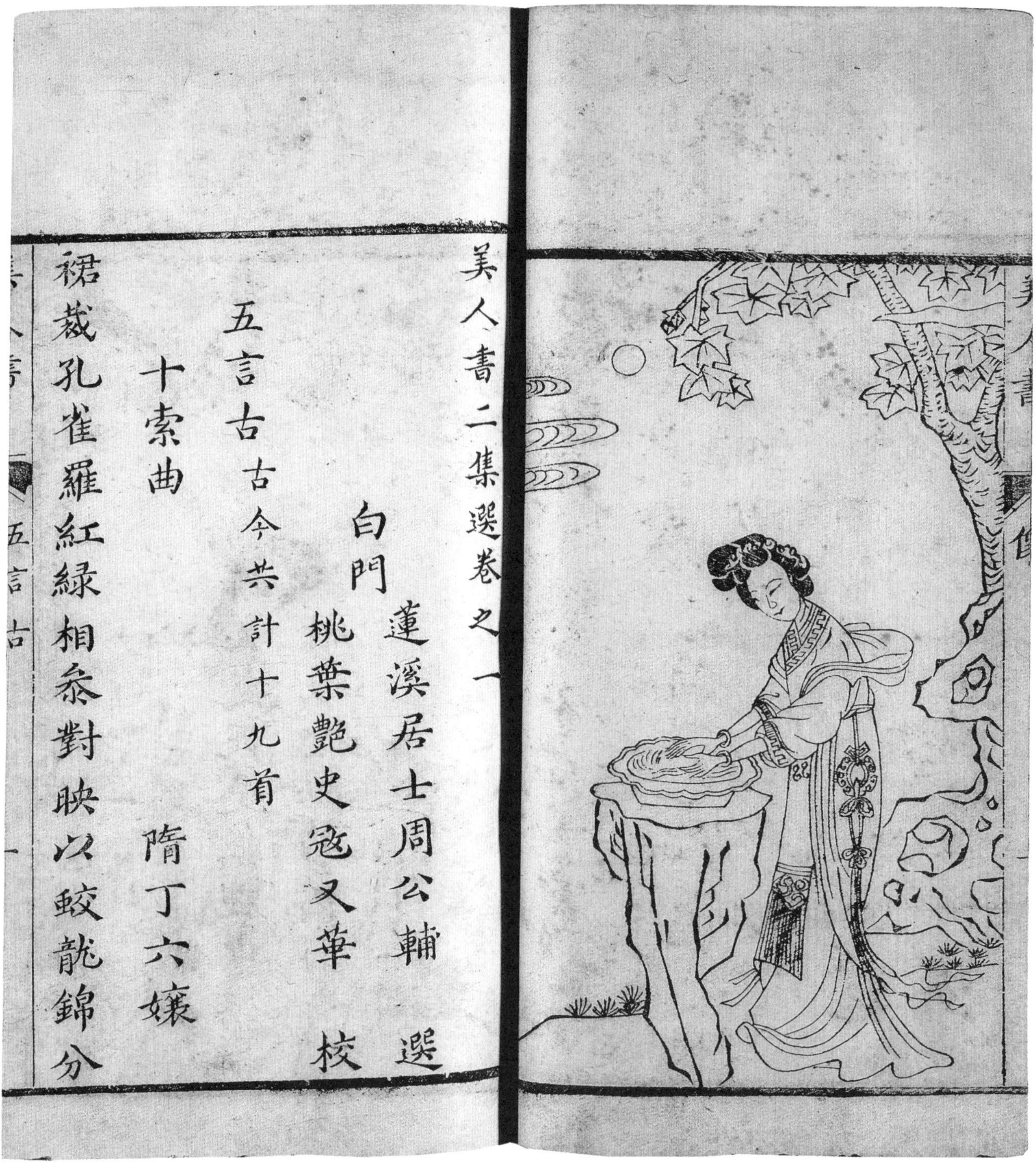

美人書二集選卷之一

蓮溪居士周公輔　選

白門　桃葉艷史寇叉華　校

五言古　古今共計十九首

十索曲　隋丁六孃

裙裁孔雀羅紅綠相參對映以較龍錦分

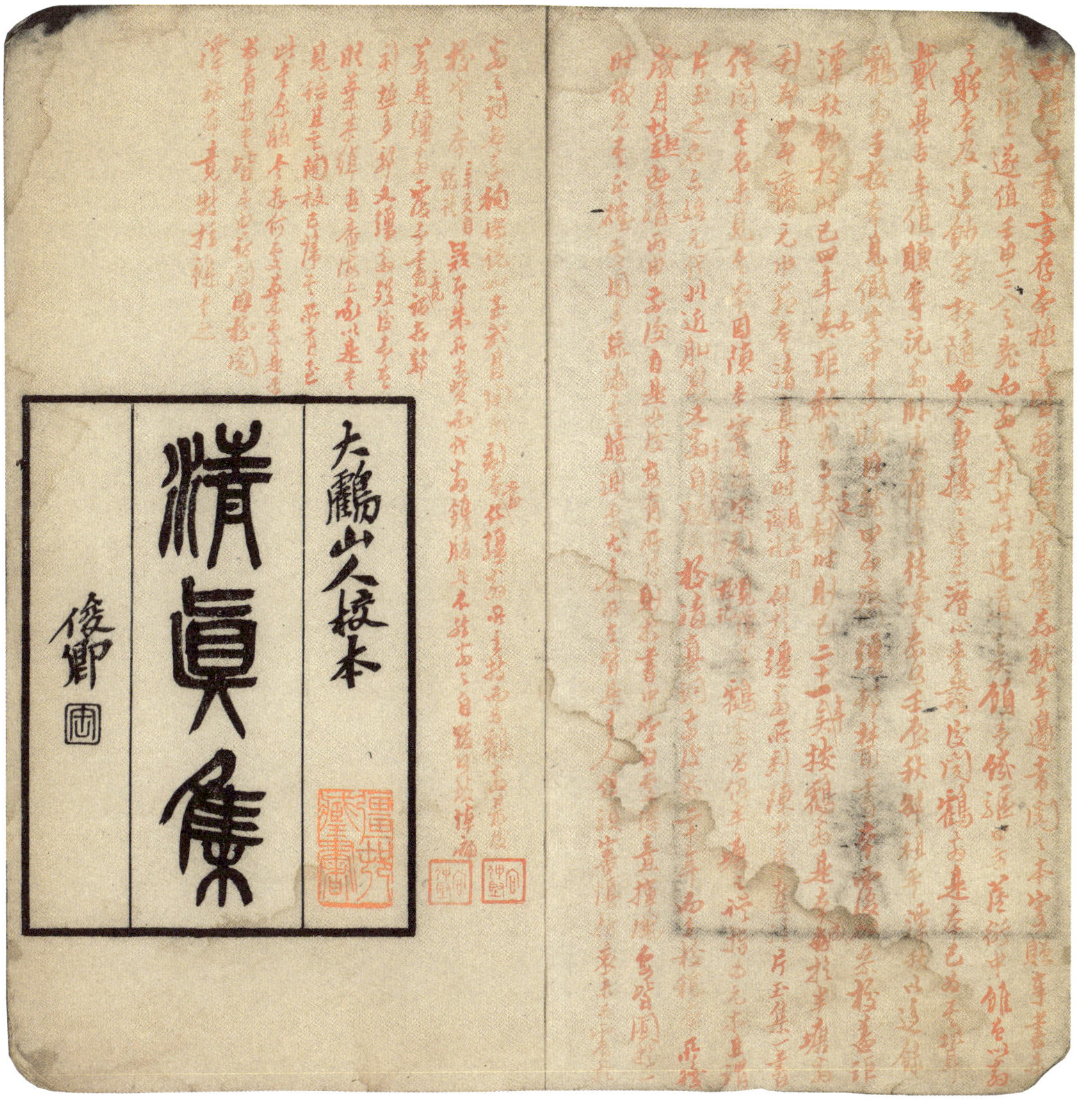

清真集二卷　（宋）周邦彦撰　清刻本　邵祖平、向迪琮过录　（清）郑文焯批校

周邦彦（1056—1121）字美成，号清真居士，钱塘（今浙江杭州）人，善书法，能文章，尤以词名。《宋史·文苑传》称其“好音乐，能自度曲，制乐府长短句，词韵清蔚，传于世”。近代学者王国维以宋词比唐诗，推为“词中老杜”。

此本乃民国初年陶湘根据毛氏汲古阁藏宋刻《详注周美成片玉集》影刻之本，编入《涉园景宋金元明本词》。“清真集卷下”镌“黄冈陶子麟刊”。之后朱孝臧据陶本重刊，后附校勘记，收入《彊邨丛书》。

此书为朱孝臧旧藏，书中钤“彊邨藏书”印记。书中另有邵祖平、向迪琮朱笔过录郑文焯批校，并钤有“向仲坚”一印。

（袁立章收藏）

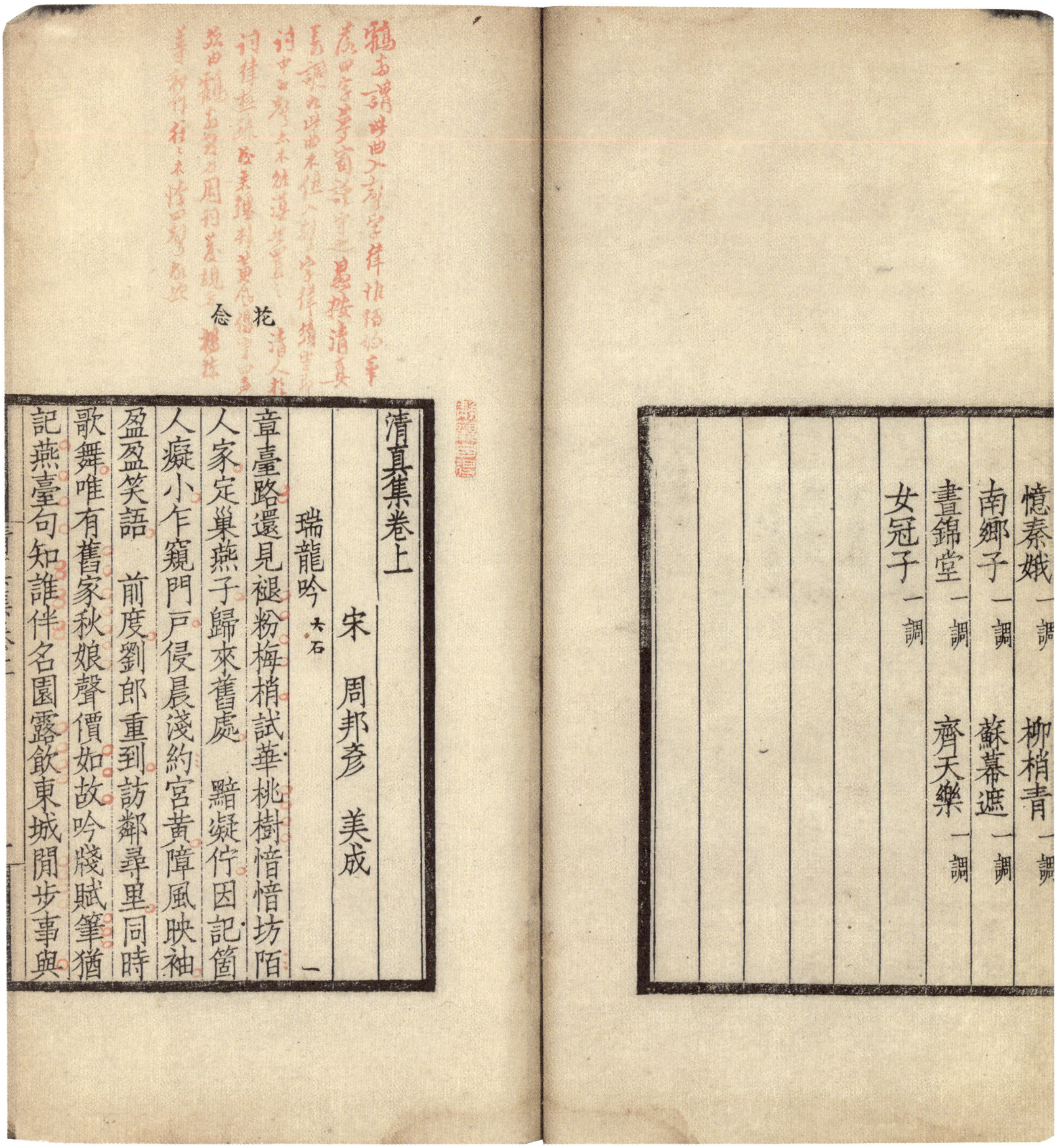

憶秦娥 一調　柳梢青 一調
南鄉子 一調　蘇幕遮 一調
晝錦堂 一調　齊天樂 一調
女冠子 一調

清真集卷上
宋　周邦彥　美成
瑞龍吟 大石
章臺路還見褪粉梅梢試華桃樹愔愔坊陌
人家定巢燕子歸來舊處　黯凝佇因記箇
人癡小乍窺門戶侵晨淺約宮黃障風映袖
盈盈笑語　前度劉郎重到訪鄰尋里同時
歌舞唯有舊家秋娘聲價如故吟牋賦筆猶
記燕臺句知誰伴名園露飲東城閒步事與

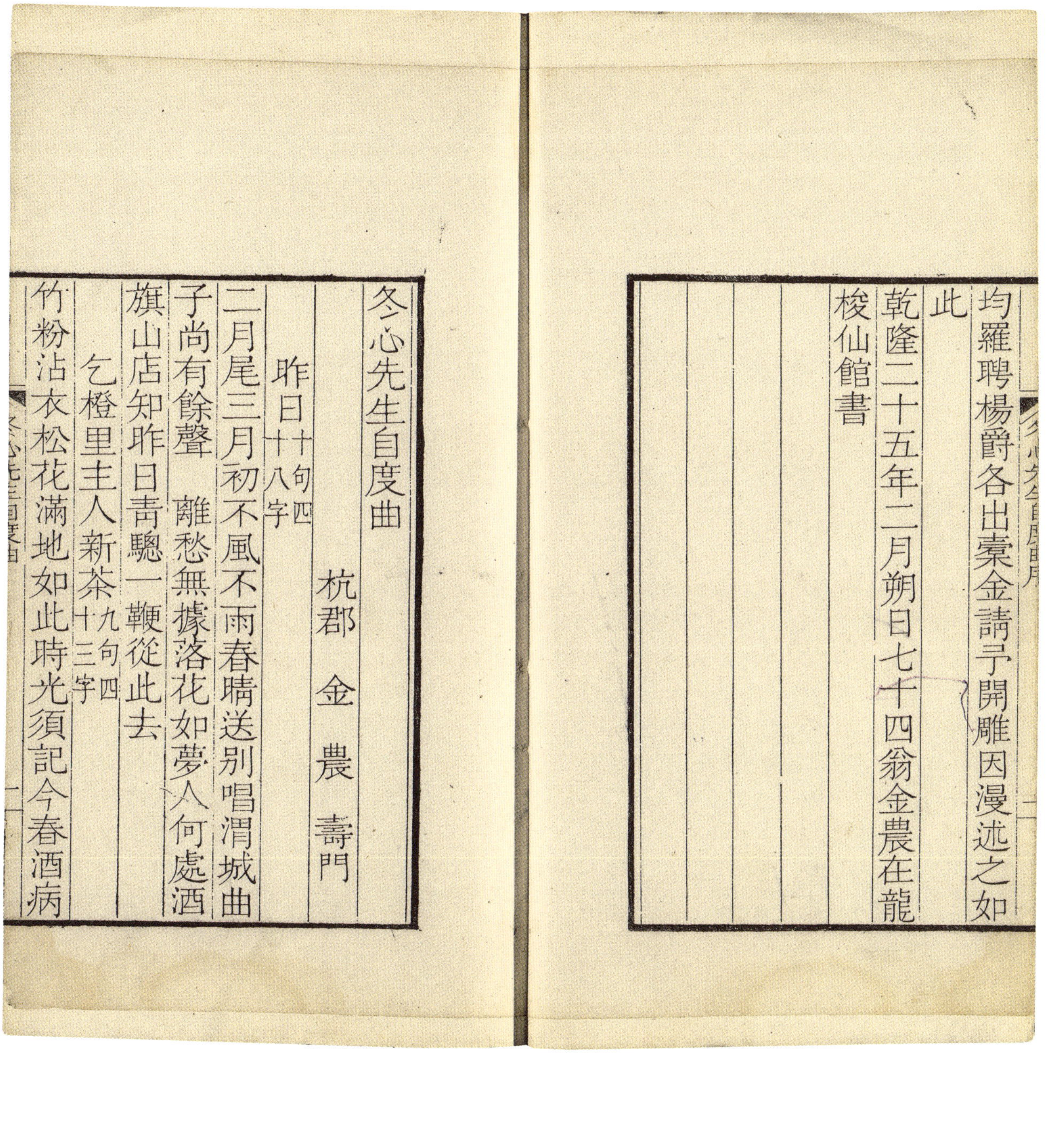

冬心先生自度曲一卷　（清）金农撰　清乾隆二十五年（1760）刻本

金农（1687—1763），清代书画家，自创了一种句式长短不一的文体，随意转换韵脚，每一曲成，便付之宫商，欲与姜白石、张玉田等古人相较高下。日积月累，积成《自度曲》一卷，由弟子项均、罗聘、杨爵聚资刊刻。

是书为《自度曲》最早单刻本，传本极罕，字体刚健，甚为美观。

（小残卷斋收藏）

昔賢塡詞倚聲按譜謂之長短句卽唐宋以來樂章也予之所作自爲己律家有明童數輩宛轉皆擅歌喉能彈三弦四弦又解吹中管每一曲成遂付之宮商哀絲脆竹未嘗乖于五音而不合度也鄱陽姜白石西秦張玉田亦工斯製恨不令異代人見之若目前三五少年擫縛舊調者酒天花地閒何可與之迭唱使其駡老奴不曉事也歲月既久積爲一卷廣陵詩弟子項

迦陵先生填词图　清乾隆五十九年（1794）刻本

陈维崧（1625—1682）字其年，号迦陵，宜兴（今属江苏）人。明末清初著名词人，阳羡词派领袖。

《迦陵先生填词图》是清初诗画名僧大汕所绘陈维崧及其姬徐紫云人像，经文人不断题咏，乾隆五十九年，陈维崧从孙陈淮将此图与朱彝尊、纳兰成德、洪升等100余人题咏付刊。前有袁枚序。卷端钤“长洲蒋氏十印斋藏书”“顾西津”朱印，经长洲蒋氏十印斋与苏州顾氏过云楼递藏。

（袁立章收藏）

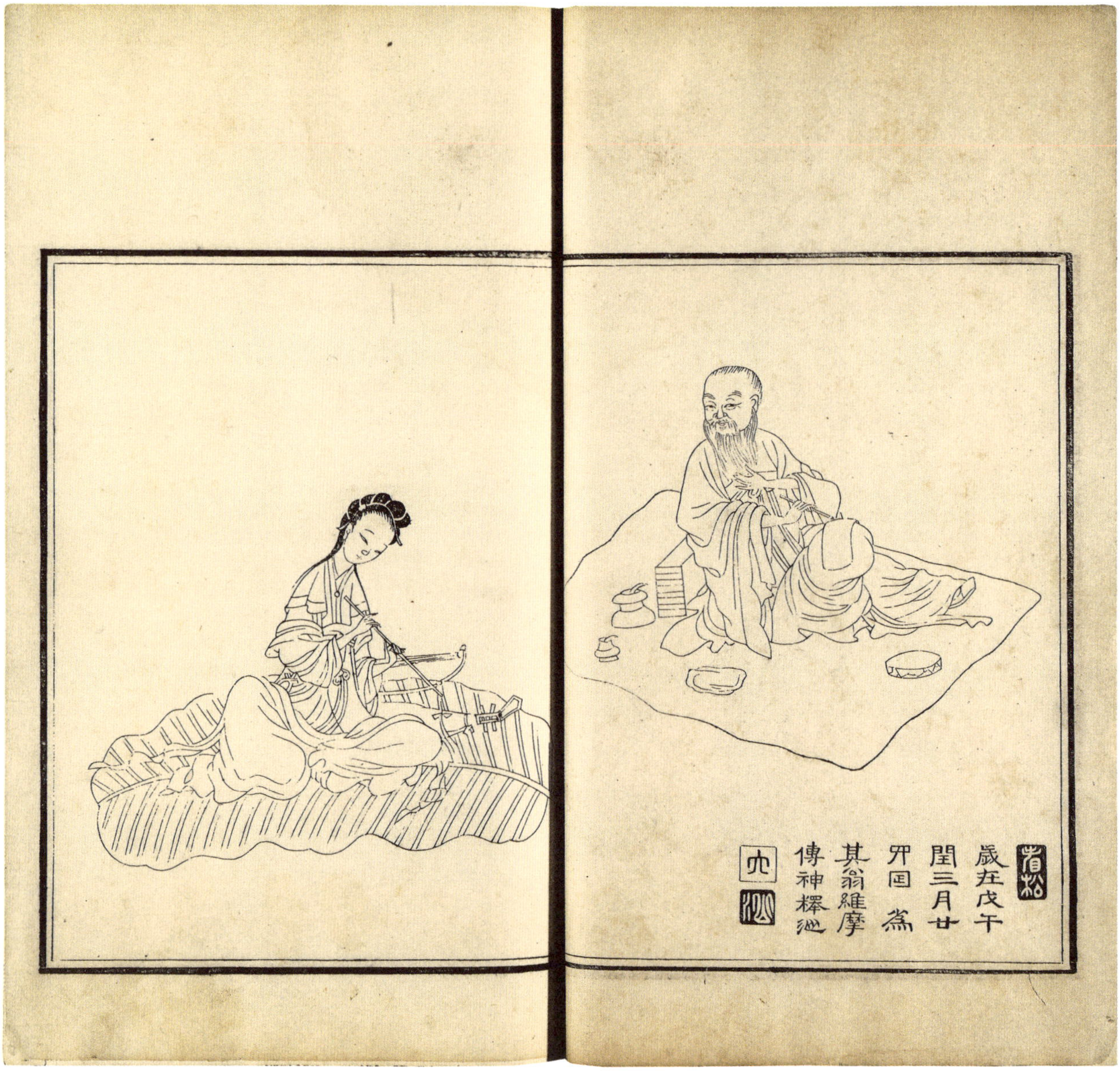
歲在戊午
閏三月廿
為
其翁維摩
傳神釋泌

迦陵先生填詞圖題詞

梁清標

荆溪髯客早駕柳軼秦英遊罕匹絲繍平原寶袠内史廿載名傾南國何處丹青粉本寫出石闌鏤筆高吟就有金蟲綴鬟翠眉倚笛懸憶應不讓蘭畹花閒聲出鏘金石紅藉蕉茵錦排鴈柱醉傍佳人瑤瑟少壯平生三好潦倒詞場七尺休嗟晚看瀛洲亭畔重圖

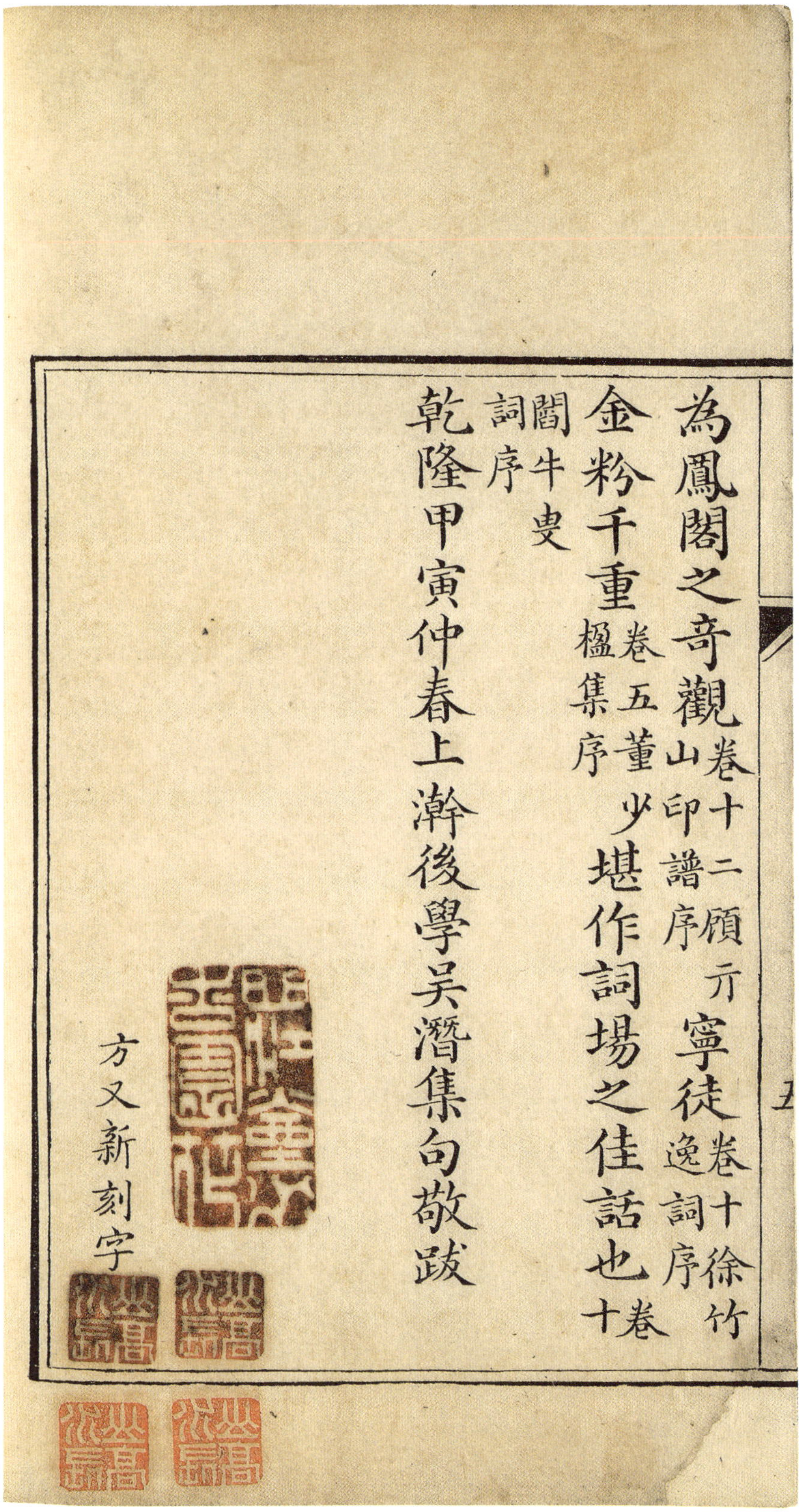
為鳳閣之奇觀卷十二顧亓山印譜序寧徒卷十徐竹逸詞序金粉千重卷五董少楹集序堪作詞場之佳話也卷十閣牛叟詞序

乾隆甲寅仲春上澣後學吴潛集句敬跋

方又新刻字

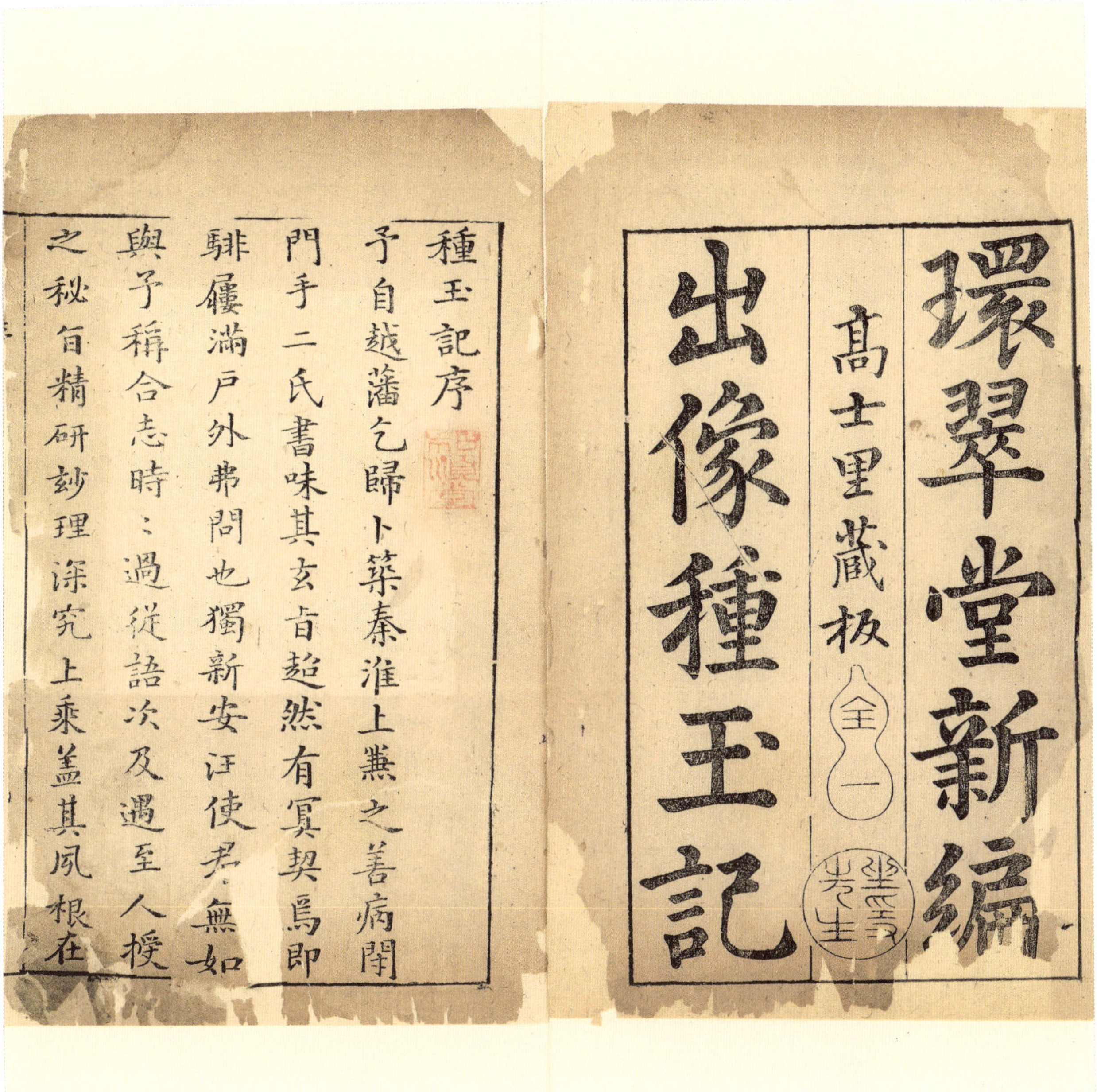

環翠堂新編
出像種玉記
高士里藏板
全一
坐隱先生

種玉記序
予自越藩乞歸卜築秦淮上蕪之善病閉
門手二氏書味其玄旨超然有冥契焉即
騑儷滿戶外弗問也獨新安汪使君無如
與予稱合志時〻過從語次及遇至人授
之秘旨精研玅理深究上乘蓋其夙根在

出像种玉记二卷　（明）汪廷讷撰　明汪氏刻环翠堂乐府本

汪廷讷字昌期，号无如，家境优裕，喜好围棋，又号坐隐先生。明代著名戏曲家和出版家，撰有传奇戏曲《狮吼记》《种玉记》等近20种。汪廷讷出版的戏曲书籍多附精美插图，其版画以细密精致著称。

（独翠堂收藏）

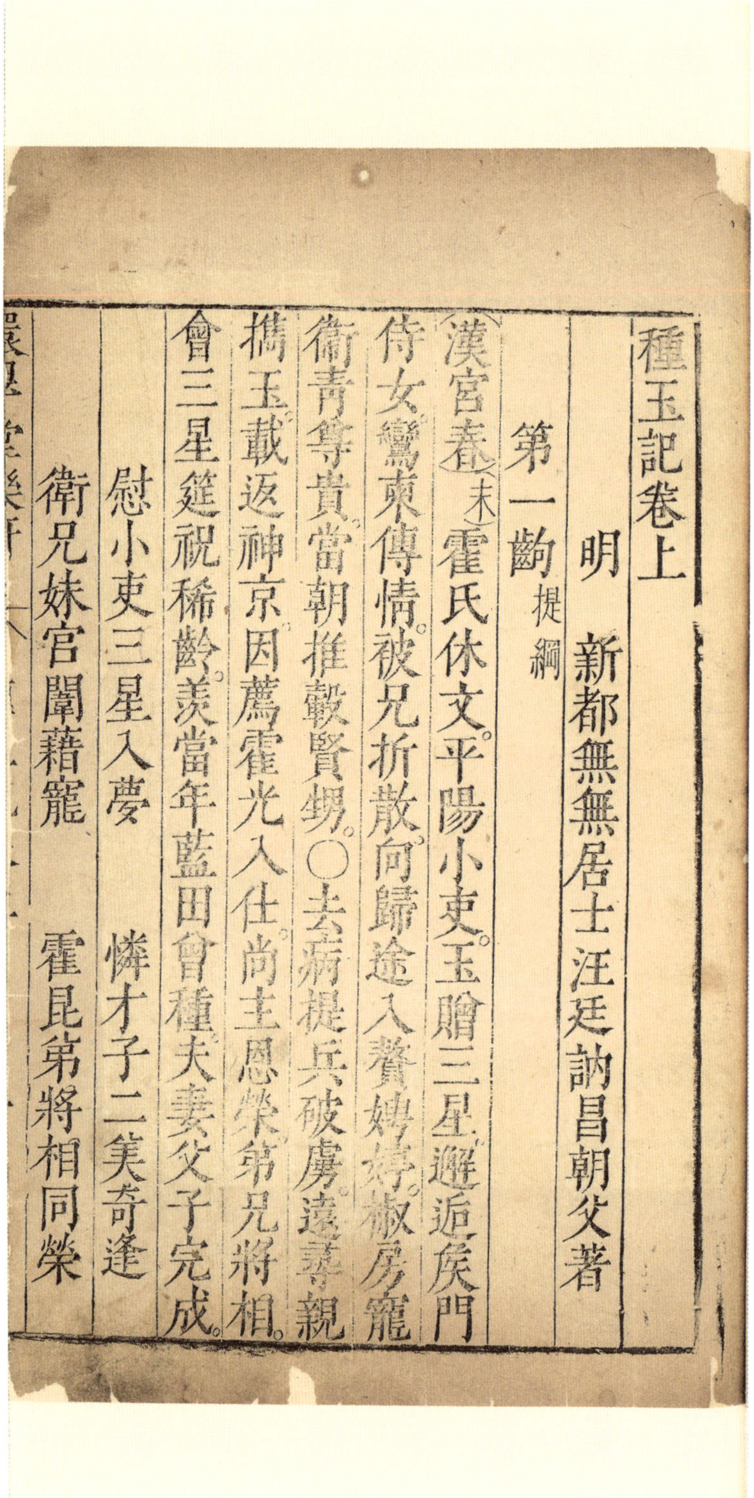

種玉記卷上

明　新都無無居士汪廷訥昌朝父著

第一齣　提綱

【漢宮春】（末）霍氏休文。平陽小吏。玉贈三星。邂逅侯門侍女。鸞柬傳情。被兄折散。向歸途入贅娉婷。叔房寵衛青尊貴。當朝推轂賢甥。○去病提兵破虜。遠尋親攜玉。載返神京。因薦霍光入仕。尚主恩榮。弟兄將相。會三星筵祝稀齡。羡當年藍田曾種。夫妻父子完成。

慰小吏三星入夢　憐才子二美奇逢

衛兄妹宮闈藉寵　霍昆弟將相同榮

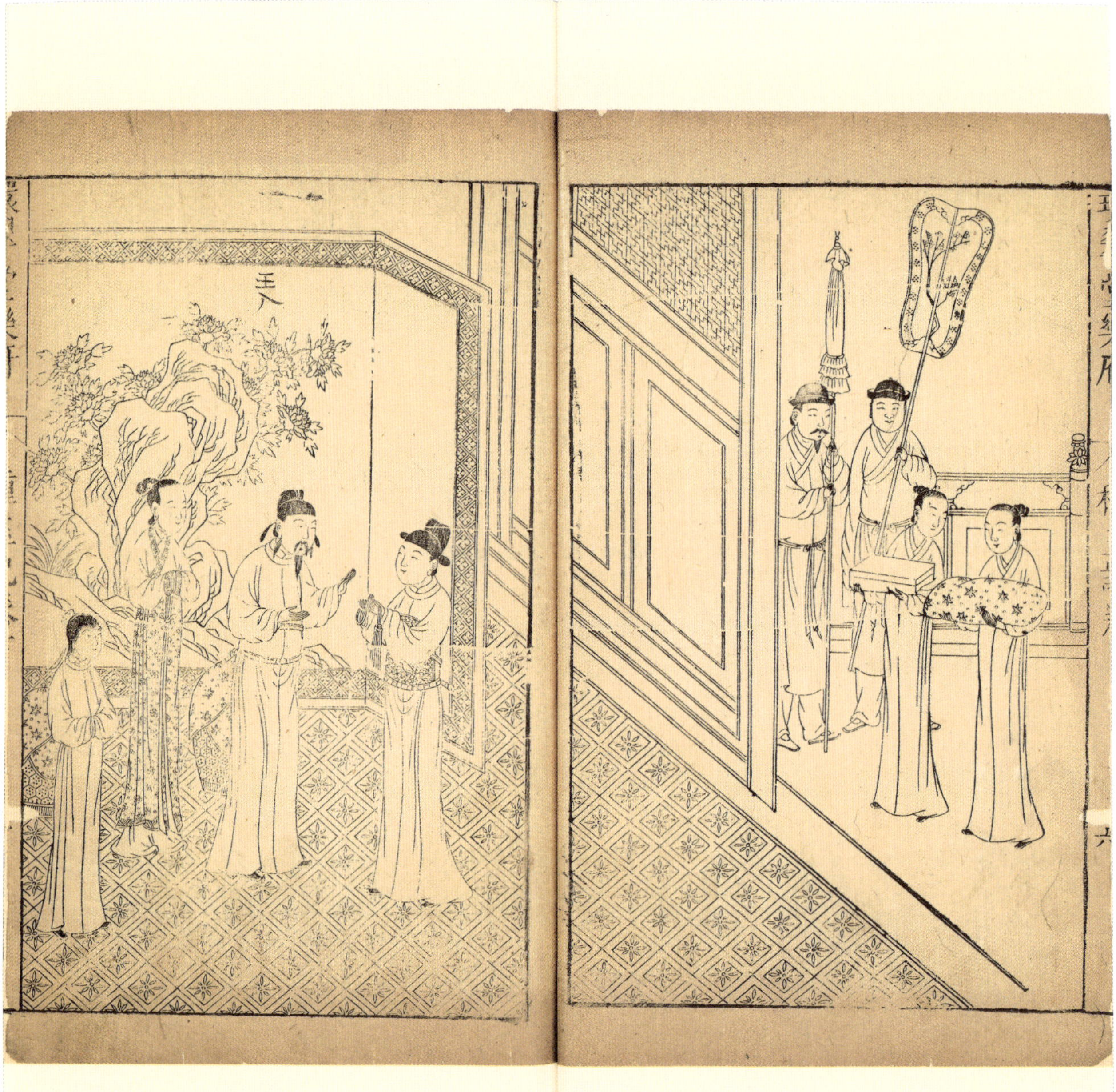

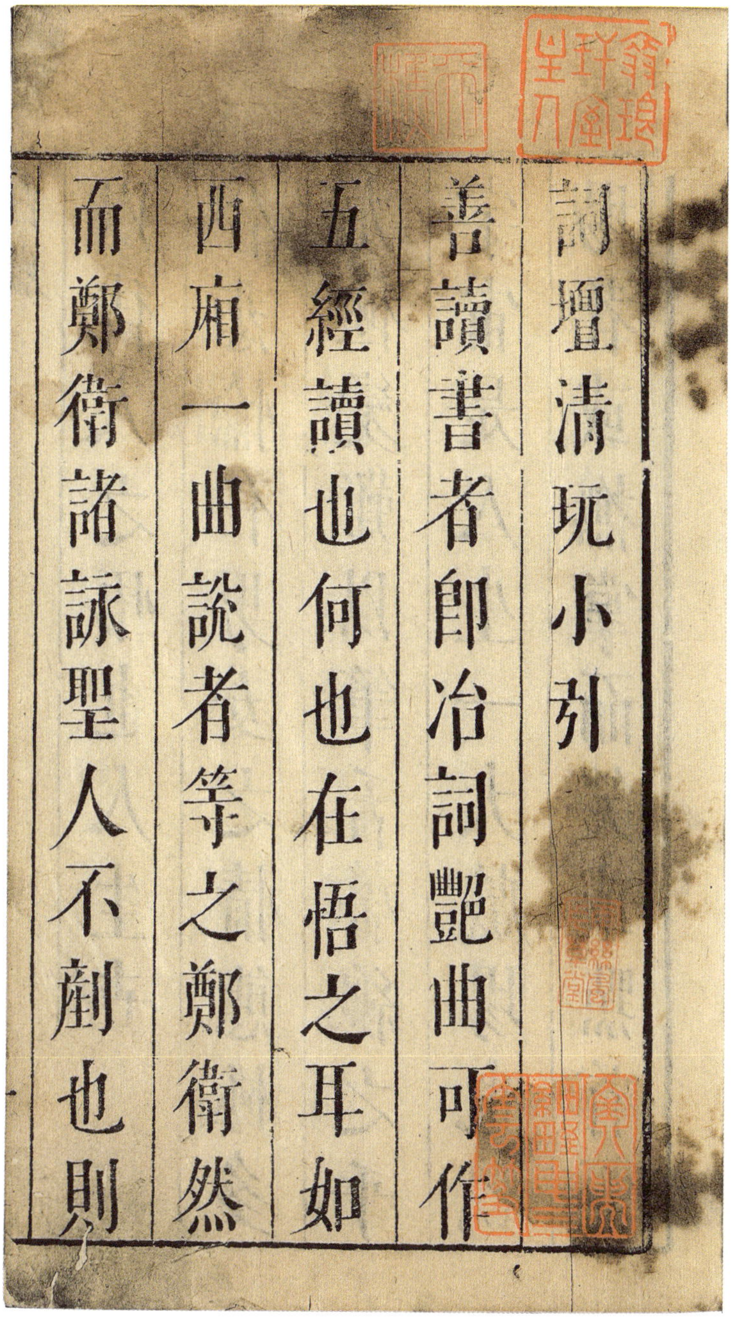

詞壇清玩小引

善讀書者即冶詞艷曲可作

五經讀也何也在悟之耳如

西廂一曲說者等之鄭衛然

而鄭衛諸詠聖人不刪也則

词坛清玩四卷　（明）槃薖硕人增定　明刻本

槃薖硕人即徐奋鹏，为明代著名戏曲评论家。此书为杂剧《西厢记》、南戏《琵琶记》二部名剧的改编本，传本甚罕。原书为日本细野电三所藏，有日本学者天囚村老墨笔手跋：“《词坛清玩》四册，金泽细野君所藏，癸丑莫春，予译《琵琶记》，君乃寄示斯书一共参考。予因俾门生抄一本，既卒业，命内子手制书衣以还之。”则此书为日本人装订。

（刘洪金收藏）

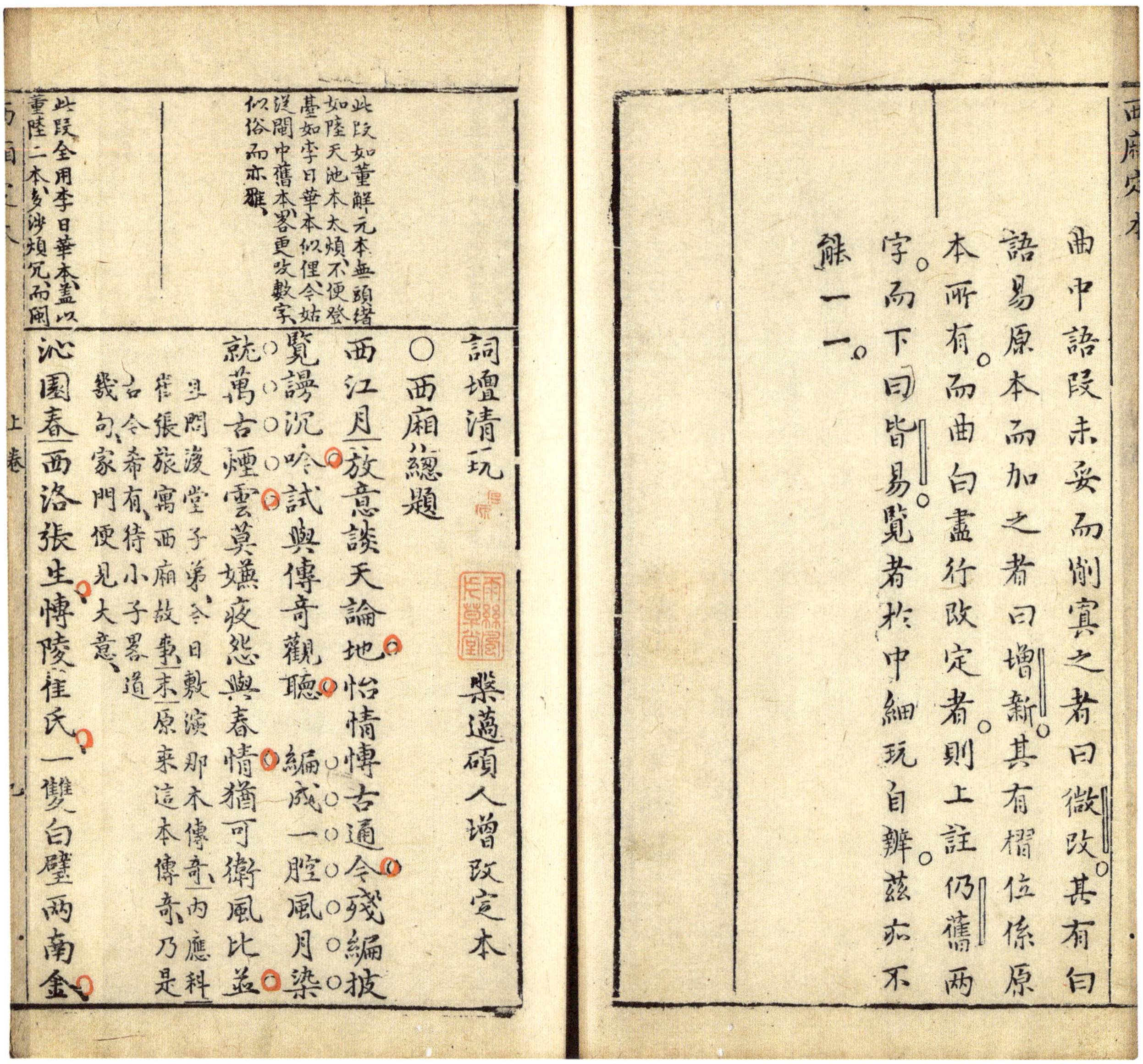
西廂定本
曲中語段未妥而刪寘之者曰徵改。其有白
語易原本而加之者曰增新。其有摺位係原
本所有。而曲白盡行改定者。則上註仍舊兩
字。而下曰皆易覽者於中細玩自辨茲亦不
能一一。
此段如董解元本無頭緒
如陸天池本太煩不便登
臺如李日華本似俚今姑
從閩中舊本畧更改數字
似俗而亦雅、
此段全用李日華本盖以
董陸二本多涉煩冗而閩
詞壇清玩　槃薖碩人增改定本
○西廂總題
西江月　放意談天論地。怡情慱古通今。殘編披覽謾沉吟。試與傳奇觀聽。編成一腔風月。染就萬古煙雲。莫嫌疲怨與春情。猶可衛風比並。
且問後堂子弟。今日敷演那本傳奇。內應科張旅寓西廂故事。末原來這本傳奇乃是古今希有。待小子畧道幾句。家門便見大意、
沁園春　西洛張生。慱陵佳氏。一雙白璧兩南金。
西廂定本　上卷

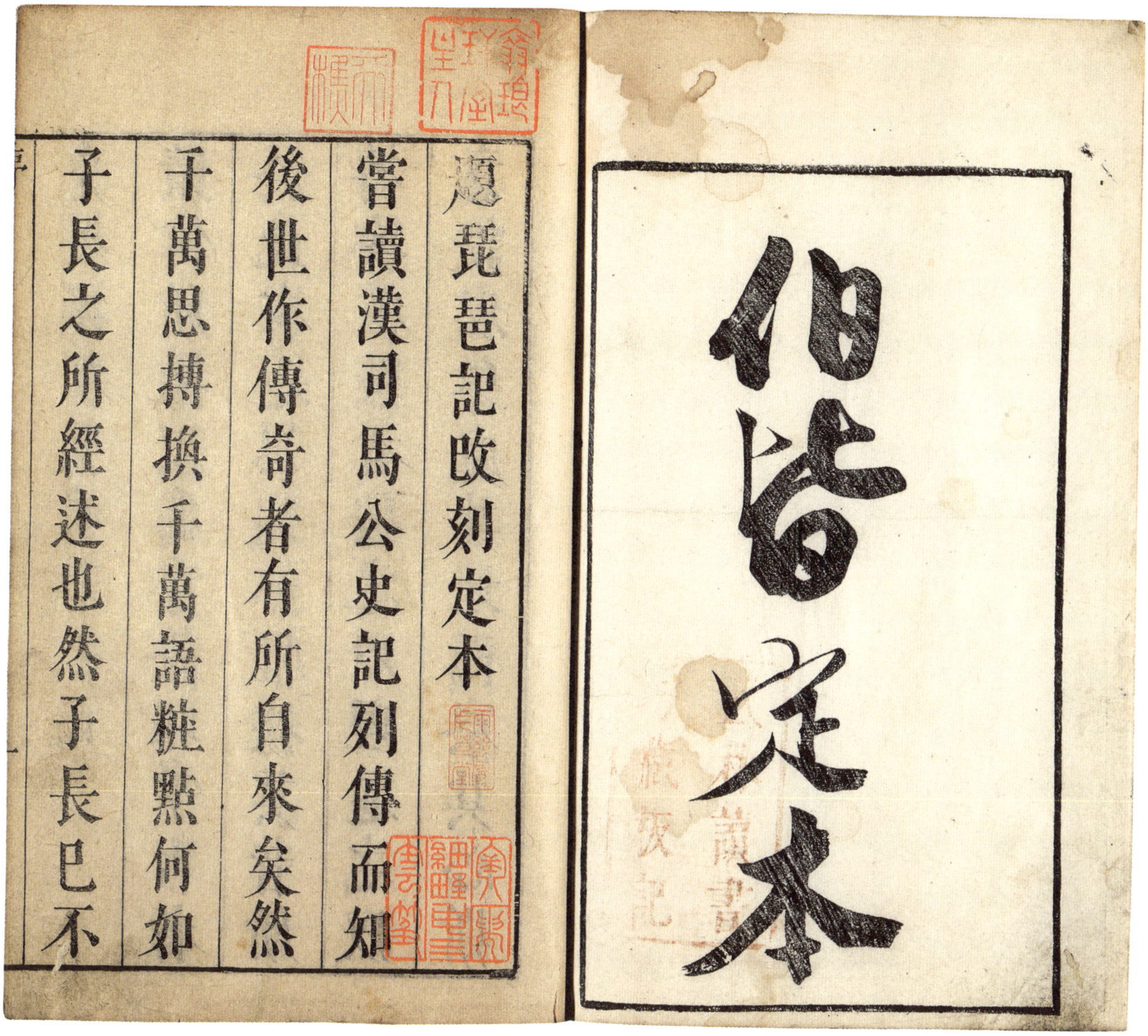
伯喈定本

題琵琶記改刻定本
嘗讀漢司馬公史記列傳而知
後世作傳奇者有所自來矣然
千萬思摶換千萬語粧點何如
子長之所經述也然子長已不

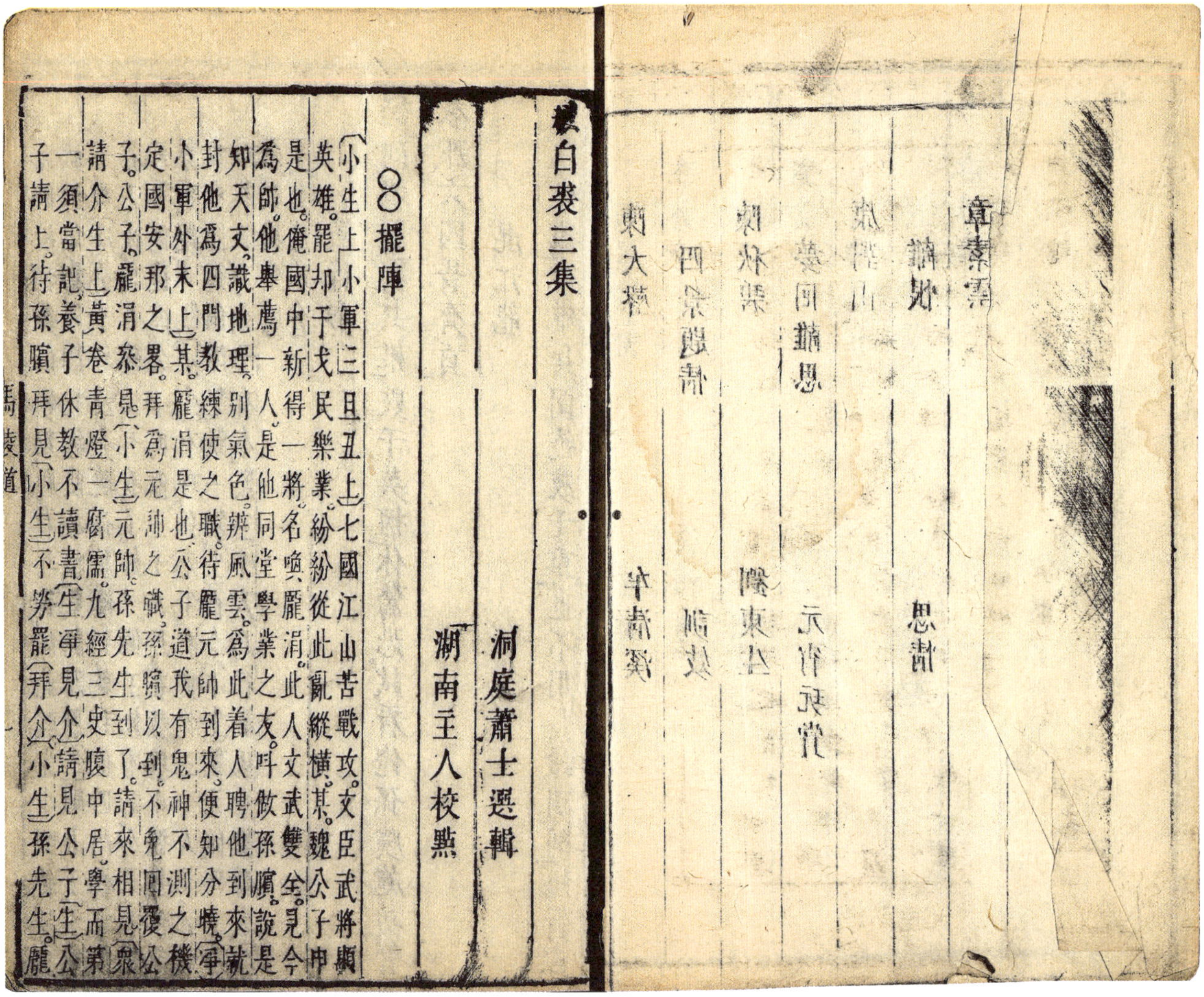

綴白裘三集

洞庭蕭士選輯

湖南主人校點

擺陣

（小生上小軍三旦丑上）七國江山苦戰攻，文臣武將興英雄。罷却干戈民樂業，紛紛從此亂縱橫。某魏公子申是也。俺國中新得一將，名喚龐涓。此人文武雙全，見今為帥。他舉薦一人，是他同堂學業之友，叫做孫臏。說是知天文，識地理，別氣色，辨風雲。為此着人聘他到來，就封他為四門教練使之職。待龐元帥到來便知分曉。（淨小軍外末上）某龐涓是也。公子道我有鬼神不測之機，定國安邦之畧，拜為元帥之職。孫臏已到，不免同覆公子。公子，龐涓參見。（小生）元帥，孫先生到了？請來相見。（衆請介，生上）黃卷青燈一腐儒，九經三史腹中居。學而第一須當記，養子休教不讀書。（生淨見介）請見公子。（生）公子請上，待孫臏拜見。（小生）不勞罷。（拜介）（小生）孫先生，龐

馬陵道　一

缀白裘三集　（明）洞庭萧士选辑　湖南主人校点　明末清初刻本

《缀白裘》是一部中国古代戏曲选本，收录了元明清传奇、杂剧、花部散出的各种剧目选集，从明末到晚清，经历了一个不断增删定型的过程。最早的版本为明末玩花主人所编醒斋刊本，书题《白裘》，已佚。其余传本多为清代刻印。此书版本较早，传世不多，书内有戏曲故事插图12幅，精美生动。

（李希海收藏）

霞箋

紅梅
七
紅梅

鳴鳳
十一
鳴鳳

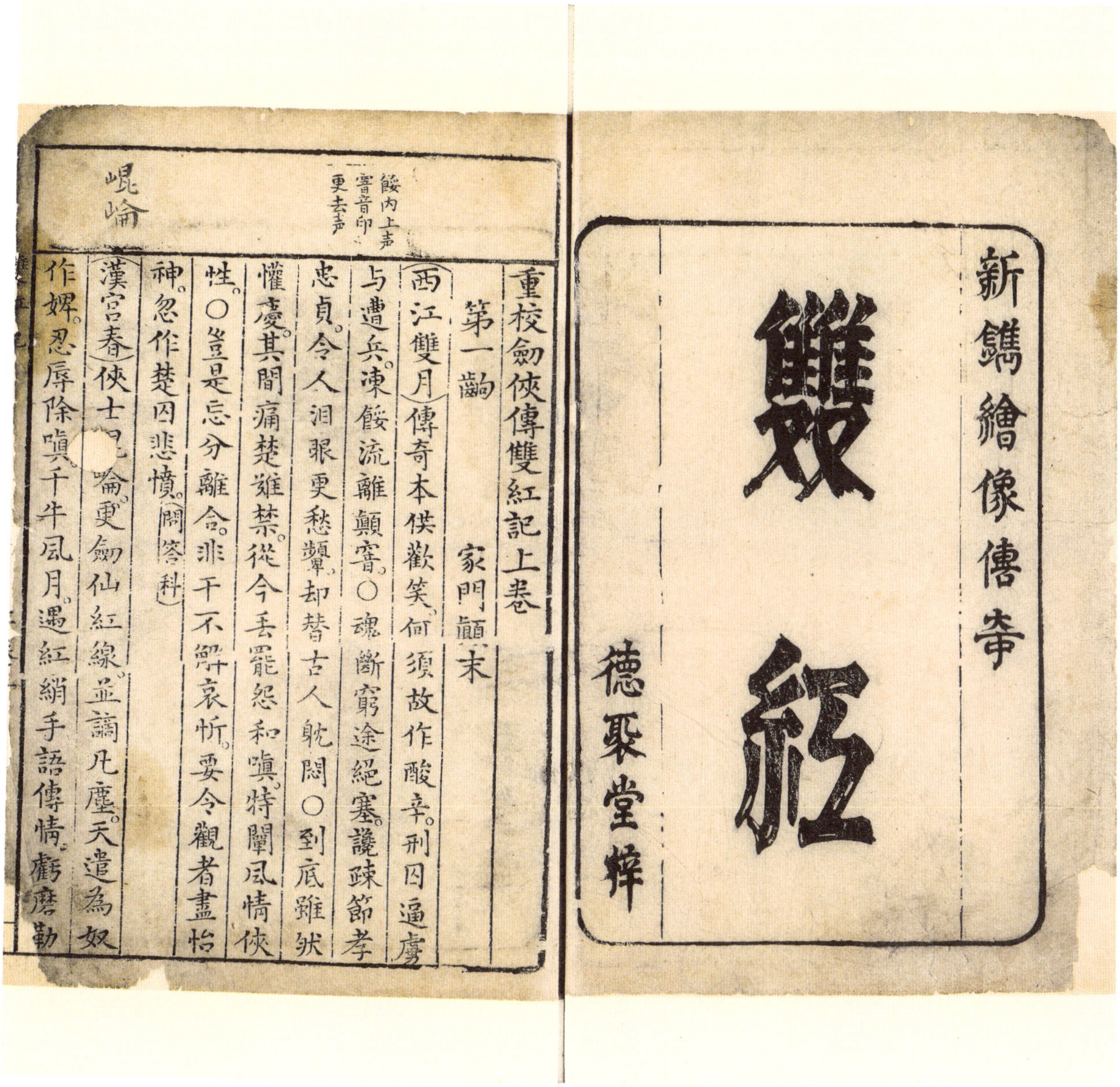

重校剑侠传双红记二卷　明刻德聚堂印本

此为明代传奇戏曲，版本稀见，传本甚罕。书中有插图8幅，反映了明末金陵刻书的风貌。

（王水衷收藏）

雙紅記　上卷

插翅難飛出去（外）如此說得好，你就領去收養，守候歌
姬院中（丑）領鈞旨，妝來八數頭，領得米三斛（下）（外）獨
坐凝芳閣中，不覺碁思甚甚，我想諸姬中惟有紅綃
善奕，不免喚他對局一面，叫院子喚紅綃出來（末）（叫）
綃姐有
請（占上）

縠音句去声

（番卜算）霧縠襯纖羅，雲髩盤高髻，壓盡金釵十二行
一曲黃金縷　紅綃叩頭（外）我兒到來，當此小陽天氣，病起無聊，你談碁，用心對局，院子取
碁枰過來（貼）老爺坐致太平，手援天下，區區小技，何以屑為（外）碁技雖近于戲，而實有隱義于中，故手談
不廢支公，弈論曾勞班固，其間坐隱退敵，匪可枚舉，少試國手，又何疑焉（占）告罪了（對局科）（外）
（梁州序）涼歸商素，寒凝玄女，律轉灰飛入羽，玄冥當
要朝來已試，寒衣幸得，懷初遣，逸興方濃，且展丹
朱戲，一枰相對也，各藏虎穴深探，方見奇（合）分動

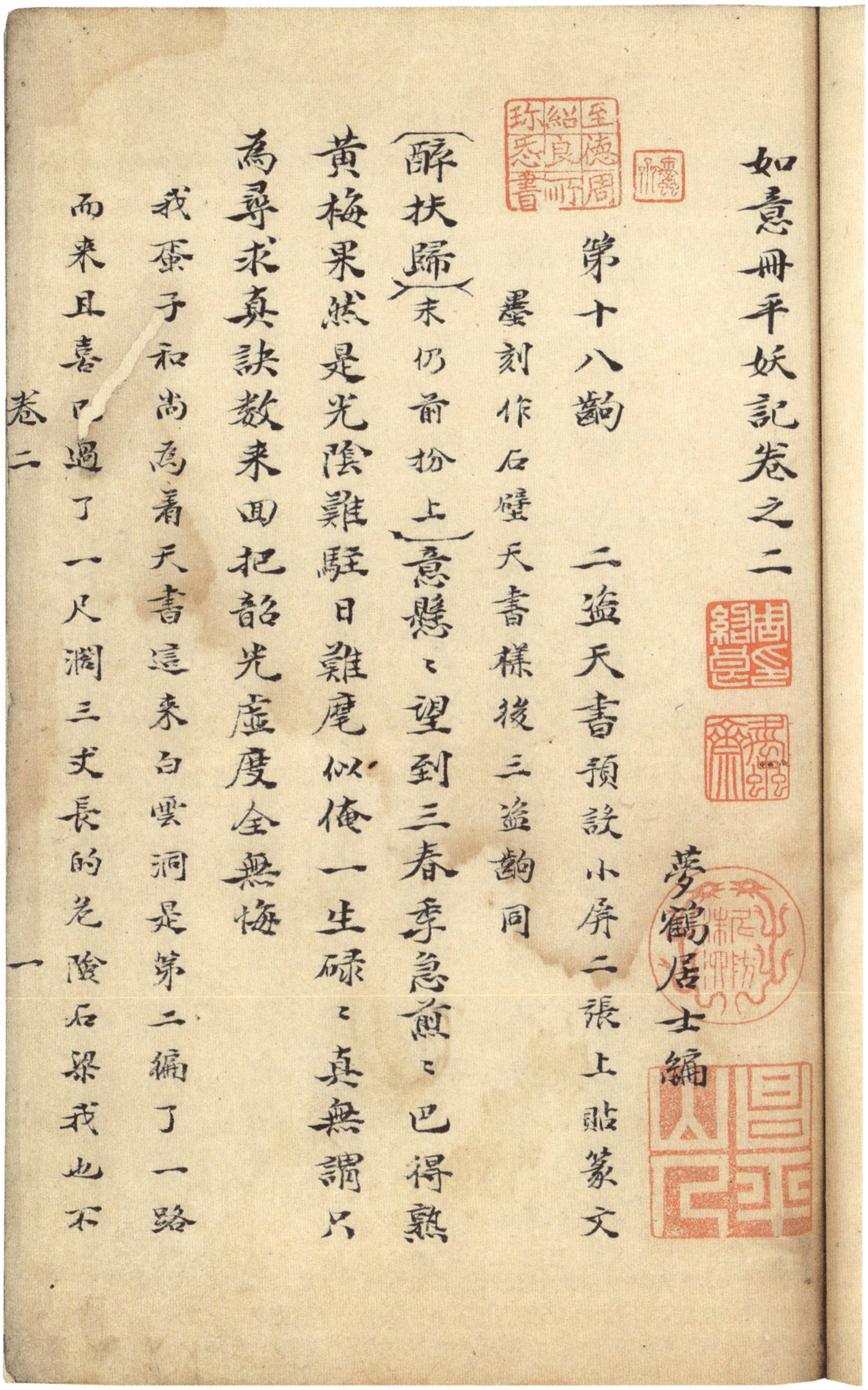
如意冊平妖記卷之二

夢鶴居士編

第十八齣　二盜天書預設小屏二張上貼篆文疊刻作石壁天書樣後三盜齣同

〔醉扶歸〕（末仍前扮上）意懸〻望到三春季急煎〻巳得熟黄梅果然是光陰難駐日難廻似俺一生碌〻真無謂只為尋求真訣数来因把韶光虚度全無悔

我蛋子和尚為着天書這来白雲洞是第二遍了一路而来且喜巳過了一尺濶三丈長的危險石梁我也不

卷二　一

如意册平妖记□卷　题梦熊居士编　抄稿本

原书残缺，卷数不详。此为罕见戏曲作品，十分珍贵。周绍良先生旧藏。

（周启晋收藏）

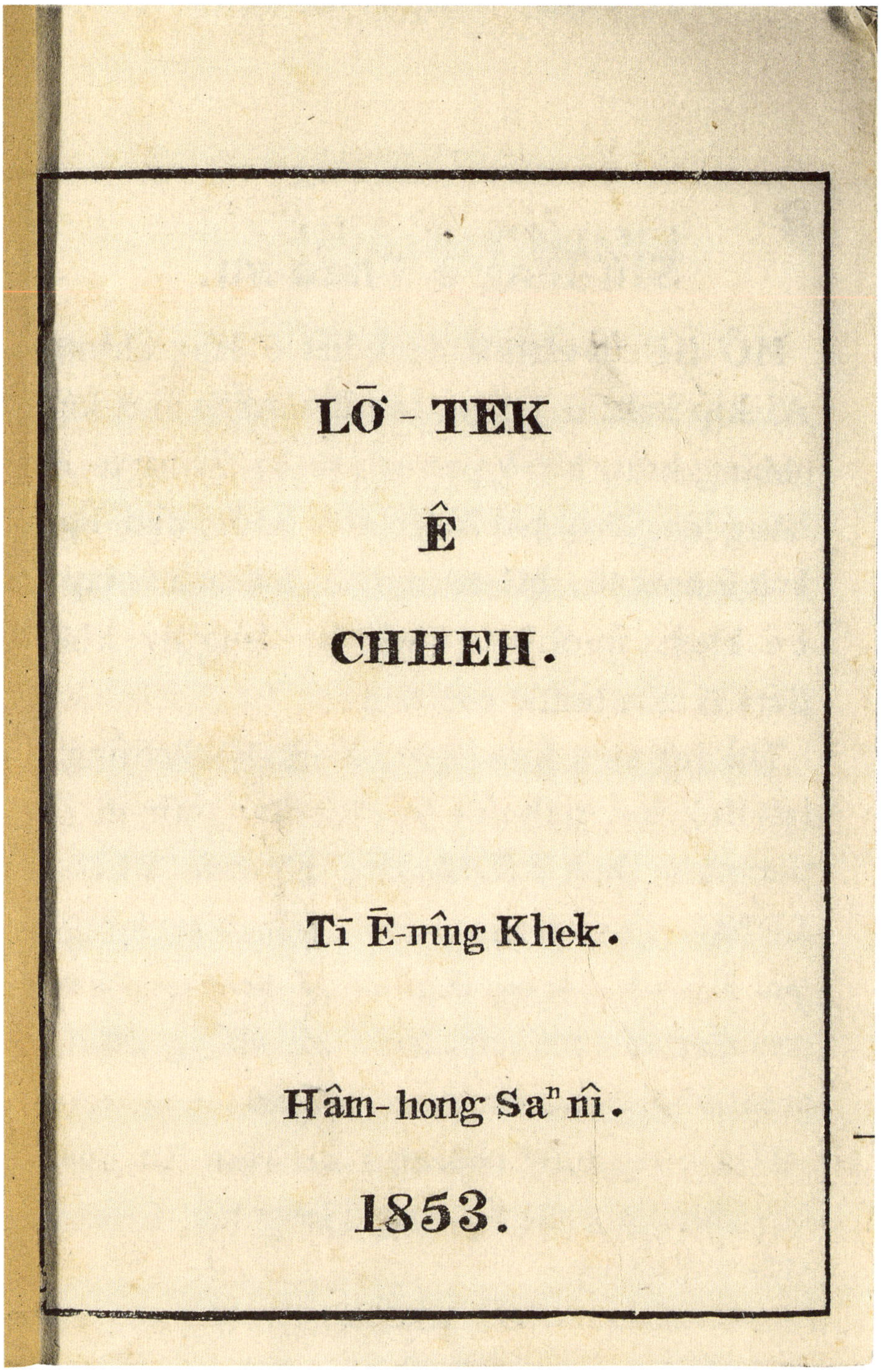
LŌ-TEK

Ê

CHHEH.

Tī Ē-mn̂g Khek.

Hâm-hong Sa^{n} nî.

1853.

路德记　打马字牧师（Rev. John Van Nest Talmage，1819—1892）著　清咸丰三年（1853）刻本

此书出自《圣经·旧约》，以细腻笔触描写了温婉贤淑的女子路德在丈夫去世后，背井离乡追随婆婆回到故乡，侍奉老人并最终收获幸福的故事。此为罗马字拼写的厦门话方言印本。

（艾俊川收藏）

Siú-léng ê Thâu-su.

MÔ͘-SE ín-chhōa Í-sek-lia̍t ê lâng chhut Ai-ki̍p kok: tī khòng-iá nih sì-cha̍p nî ê kú chiáng-koán hit ê peh-sì^{n}; thôan Siōng-tè ê bēng-lēng, kap pài Siōng-tè ê lu̍t-lē; siat-li̍p kok ê hoat-tō͘. Mô͘-se sí liáu, Iok-su-a chiap i ê kheh, ín-chhōa Í-sek-lia̍t ê lâng ji̍p-khì tiàm tī Ka-lâm ê tōe-hn̂g.

Tùi Iok-su-a kàu li̍p Sò͘-lô khí-lâi chòe ông, io̍k-lio̍k ū sì-pah nî ê kú; hit ê sì-pah nî ê tiong-kan, kok ê Thâu-lâng hō chòe SIÚ-LÉNG. Thóng-hat peh-sì^{n}, tiâu-thêng kèng-pài ê lu̍t-lē, tēng-chiâ^{n} kok ê hoat-tō͘, sin oan-óng, tu tùi-te̍k, hái ê sū-chêng chiū-sī hit ê Siú-léng só͘ pān ê chit-jīm.

Hit ê Siú-léng chiáng-koán Í-sek-lia̍t kok ê sî-chūn, chiū-sī hô-tōng Tiong-kok Siōng-tiâu ê sî-chūn.

LŌ͘-TEK Ê CHHEH.

Tōe it Chiu^{n}.

Hit ê Siú-léng chiáng-koán Í-sek-lia̍t kok, tn̄g hit sî tú-tio̍h ū ki-hn̂g tī hit ê tōe: án-ni ū chi̍t lâng, tùi Iû-thài ê Pek-lī-hêng, tòa-tâng i ê bó͘ kap nn̄g ê kiá^{n}, poa^{n}-khì khiā tī Mô͘-a-pek ê tōe-hn̂g. Hit ê lâng ê miâ sī Í-lī-bí-le̍k, i ê bó͘ ê miâ sī Ná-a-bí. i nn̄g ê kiá^{n} ê miâ sī Má-lûn Ki-lī-hûn; lóng-chóng sī Iû-thài ê Pek-lī-hêng ê Í-hoat-liân ê lâng; lóng-chóng lâi kàu Mó͘-a-pek ê tōe-hn̂g, khiā-khí tī hia.

Āu-lâi Ná-a-bí ê tiōng-hu, Í-lī-bí-le̍k sí, lâu i ê bó͘ kap nn̄g ê kiá^{n} tī-teh. Hí nn̄g ê kiá^{n} chhōa Mô͘-a-pek ê hū-jîn lâng chòe bó͘; chi̍t ê sī miâ A-ní-pa, chi̍t ê sī miâ Lô͘-tek: khiā tī hia io̍k-lio̍k ū cha̍p nî ê kú. Má-lûn Ki-lī-hûn hí nn̄g lâng ia̍h sí. Tiōng-hu kap

附录一：古籍相关知识

古籍

中国古代典籍的简称。主要指书写、印制于1912年以前，具有中国古代图书传统装帧形式的典籍。

版本

使用雕版、活字排版以及其他方式印制而成的古籍传本。通常也包括抄写的各种传本。

刻本

雕版印制的书籍，又名刊本、椠本、镌本。其工艺为雕刻木板以成反字版片，经敷墨覆纸印制而成。 早在唐代，我国便出现了雕版印刷的书籍。五代时，国子监刻有《九经》《经典释文》，至清末以前，刻本是传世古籍的主要形态。

在刻本盛行的1000多年中，因时代、地域、版刻形态等因素不同，产生了形态各异的刻本。具体而言，按照刊印时代区分，有宋、金、元、明、清刻本；就地域而言，有浙刻本、闽刻本、蜀刻本等，具体又分为杭州本、越州本、婺州本、衢州本、建阳本、麻沙本等；从刻书主体来区分，有官刻本、私刻本、家刻本、坊刻本等，具体又分为内府本、监本，府、州、军本，仓台本、计台本、公使库本，郡斋郡庠本、兴文署本、行中书省本、儒学本、书院本、司礼监本、经厂本、藩府本、布政司本、殿本、局本等。

从刻版形态上看，有大字本、小字本、巾箱本之分；从印刷技术上区别，有朱印本、蓝印本、墨印本、套印本等。从版刻印制的时间先后来看，又有初刻本、覆刻本、影刻本、初印本、后印本、重修本、递修本等。

影刻本

依据某一底本覆纸影摹其图文及版式，再行雕刻木版印制而成的古籍。

翻刻本

依据某一刻本翻雕印制而成的古籍。

朱印本

以红色印制而成的古籍。

蓝印本

以蓝色印制而成的古籍。

套印本

套色或套版印制的古籍。早期为同版分色印制，元代以后发展为两版或多版分色套印。

现存最早采用朱墨两色套印的实物，是元至元六年（1340），中兴路江陵资福寺刻《金刚经注释》卷尾的《灵芝图》和作者无闻和尚的经注。

红色和黑色两色套印的书籍，通常称作朱墨套印本。另有三色套印本、四色套印本以及五色套印本。

浙江乌程凌濛初、闵齐伋、闵齐华等人，用分版分色技术来套印书籍。明天启、崇祯年间，胡正言、吴发祥又发明了多版分色套印技术，兼采拱花技术所长，分别印制了《十竹斋笺谱》和《萝轩变古笺谱》。清初著名戏曲作家李渔印制《芥子园画传》，进一步发展了套印技术。

饾版拱花印本

运用饾版、拱花技法印制而成的古籍。明代饾版技术和拱花技术相继出现，将套印技术发展到了一个新阶段。所谓饾版即分版分色套印，指将彩色图稿用相应的颜色分别描画下来，每种颜色雕刻成一块木板，状如饾饤，故此得名，印刷时，再将这一块块不同颜色的小木板排列拼接，依次套印，最终形成完整的图画，如此套印出的画面，浓淡有致，最大程度地还原了画稿的原貌。所谓拱花则是指凹凸版技术，是用一凹一凸两版相互嵌印来完成。其所印制的图画，因凹凸版可使纸张拱起低凹，故能表现出图画中山峦起伏、细羽翎毛的立体感和真实感。

制作大小、形状不同的雕版，敷以不同颜色，依次刷印，因版片零碎，状如饾饤，称饾版印本。

制作凹凸雕版，覆纸压印，使图案花纹线条凸现纸面，称拱花印本。

钤印本

以印章钤盖在书叶上而形成的书籍，又称印谱。

活字本

活字排印本的统称。以泥、木、铜、锡、铅、铁等材质制成活字印制而成的古籍。其中，以铜、锡、铅、铁等材质活字排版印制而成的古籍称为“金属活字印本”。

写本

缮写而成的古籍。包括宋代及其以前的抄写本；元代及元以后由中央政府组织编纂各书的内府抄写本；历代名家的抄写本；佛经、道经的各类抄写本等。

稿本

分为手稿本、修改稿本、清稿本。著者亲笔缮写的书稿，称手稿本；修改稿本指著者或他人在誊清的书稿上，再经修订整理后的书稿。分作两种情况，一是作者自己誊抄书稿后，亲自进行修改，这类本子仍归入手稿本。二是别人誊清的书稿，作者在其上加以修订，称为修改稿本。著者亲笔修改自著的抄本、刊本，称修改稿本；只是请人誊抄而著者未加任何修改的书稿，称清稿本。他人誊清的书稿，属于稿本还是抄本，学术界尚有争议。

抄本

依据某一底本缮写誊抄而成的古籍。

影抄本

又称影写本。依据某一底本覆纸影摹而成的古籍。

彩绘本

用多种颜色写绘而成的古籍。

批校题跋本

带有批、校、题、跋的古籍。对书的内容进行品评、圈点而形成的批语谓之批；记载不同传本文字异同的谓之校；对底本内容、版本源流及其价值等所作的评述、鉴赏、考订、记事等文字，统称题跋。文字简略者称题识。

官刻本

官刻本是历代政府出资刊刻或其附属各级机构、单位主持所刻的书。官刻本可溯源至五代时，当时的政府便已指定国子监刊刻“九经”。此后，宋、元、明、清各朝的国子监、中央各部、地方各级行政机构、各地书局、书院等，这些公家单位出资或主持刊刻的书籍，都可列入官刻本之列。因官方出资，不惜成本，故官刻本大多书品较好，字大行疏、纸墨精良、装潢考究。

监刻本

历代国子监刻印的书籍，统称为监刻本。自五代始，国子监作为国家的最高学府，开始刻印“九经”等儒家经典，从此，国子监成为官方刻书的主要部门，监刻本便也成为官刻本的代表。

北宋淳化时，政府在国子监设置书库监官，掌管经史。明朝先后设立南京国子监和北京国子监，所刻书分别称作南监本、北监本，以先后付刻的《二十一史》著称于世。清代，由武英殿总管刻书事宜，国子监刻书甚少。总体而言，监刻本因由政府出资主持编纂校刻，故多校勘严谨、印刷考究、质量较高。

公使库本

由宋代地方政府中的公使库主持刻印的刻本被称为“公使库本”。宋朝地方政府设有公使库，负责招待往来官员，其经费有余则多用于刻书。

兴文署本

兴文署为元代官署，掌管教育生徒，署令由翰林修撰兼充，署丞由翰林应奉兼充，专司刻书出版事务。由兴文署主持雕印的图书称为“兴文署本”。

广成局本

广成局为元代官署，成立于元文宗天历二年（1329）后，属奎章阁学士院艺文监，专司刻印经籍。由广成局主持刻印的书籍，称为“广成局本”。

经厂本

又称司礼监本，特指明朝司礼监所辖经厂印刷的书籍，司礼监作为皇家内府机构，由宦官主持，其印书以经书为主，包括佛经、道藏等。经厂本出现于明永乐时，至万历年间结束，前后约有200年多的历史。其特点为开本较大，用纸精良，行格疏朗，大字体，粗黑口。然主持刻印的人多是太监，限于文化水平，粗于校勘，往往为后代藏书家和学人所诟病。

司礼监本

即“经厂本”。

内府刻本

专指中央国家机关各部及宫廷内部刊刻的书籍。明“经厂本”是内府刻本的一种，相较之下，清内府本的质量更好，校勘严谨、印刷精妙、装帧考究。

藩府刻本

特指明代藩王在自己的封地内刻印的书籍。

藩府刻本中较为有名的有周藩刻本、蜀藩刻本、吉府刻本等，其中较为有价值的书籍有两类，一是根据王府收藏的宋元旧槧进行翻刻的本子；另一则是乐谱、棋谱等谱录类以及养生类的书籍。藩府刻本精于校勘、用纸精良，具有较高的收藏价值。

殿本

清代武英殿所刻的书，称之为殿本。清康熙四十三年（1704），武英殿开始刊印《佩文韵府》，从此取代国子监，成为清朝中央官方刻书的主要部门，也是清朝皇帝御用的出版机构。一般来说，殿本书名多冠以“钦定”“御纂”等名称。

同之前的内府本不同，武英殿刻本涉及内容广泛，包括儒家经典、小学、数学、乐谱、金石、目录文献等多种门类，能由此一窥当时学术研究成果；且其印刷质量较高，精写精刊精校，并在总结前人成果的基础上，进一步发展了绘制和套印技术。同时，它多用开化纸，开本较大，用墨考究。

局本

局本是清朝各省官方书局刊刻的书。清同治、光绪年间，曾国藩创立江南官书局，刊刻古籍。以此为发端，各省陆续出现官书局，较为著名的有苏州书局、浙江书局、福州书局、崇文书局、广雅书局等。这些地方性官书局的出现，对繁荣晚清文化起到了一定的推动作用。其所刻印的书籍，刻版精良、校勘严谨，如金陵书局张文虎校刻的《史记》，曾作为中华书局校点本《史记》的底本。

聚珍本

又称武英殿聚珍本，是清乾隆时武英殿用木活字排版印刷的书本。清乾隆年间，为编纂《四库全书》，各地纷纷进献各种书籍，其中不乏失传、罕见的珍本。为了使这些珍本秘籍得以流传于世，惠及世人，乾隆皇帝下谕，命令武英殿先行刊印这些书籍。武英殿主管刻书事宜的金简，经奏请批准，使用木活字印刷，先后制成25万余块木活字，专门用于印制这批罕见的宋元古籍。乾隆皇帝认为以“活字”命名这批书籍不雅，故更名为《武英殿聚珍版丛书》，其中包括《易纬》《补遗》《帝范》《汉官旧仪》等。之后，各省官书局也依照此版式进行翻雕，印制的书籍，世称“外聚珍”，实际上已是雕版，不再是活字。相对的，《武英殿聚珍版丛书》也有了“内聚珍”的别称。

坊刻本

坊刻本是唐代至清代间，各地书坊书商刊刻的书籍。坊刻本最早出现于唐代，至两宋步入鼎盛时期。北宋的都城开封、南宋的都城杭州，均有很多的书坊。杭州的坊刻本更是从南宋到元明都很兴盛。清代时，书坊遍布全国各地，有的书坊已专事经销而不再刊刻书籍。

私刻本

指历代私人出资或主持刊刻的书籍。私刻书的主要目的在于表达对前代圣贤、前辈、师友的崇敬，或传播某种思想或学说，有时也为了保存罕见的版本。其中，著名的私宅刻本有宋代黄善夫家塾刊刻的《史记》,元代天历间褒贤世家家塾岁寒堂刻印的《范文正公集》，明代江苏吴县袁氏嘉趣堂影刻宋刊大字本《六臣注文选》和《大戴礼记》，清代孙星衍校刊的《晏子春秋》等。

家刻本

又叫家塾本、书塾本，主要是指私人出资或主持刊刻自己家人著作的本子。家刻本的刊刻方式有二，一是委托书坊，用自家选定的版式行款加以刻印，二是备好木板，雇佣工匠上门，按照自家的要求来刻印，两种方式的书版均归出资人所有。鉴于家刻本多为家中晚辈追念先人所为，一般校勘刻印都较为精审。

百衲本

百衲本指用同一种书的不同书版拼合而成的书籍。

以“百衲”名书，最早可见于钱曾《读书敏求记·史记提要》：“予昔藏宋刻《史记》有四，而开元本亦其一焉。今此本乃集诸宋版，共成一书……予亦戏名此为《百衲史记》。”而最早的百衲本书是清初宋荦拼合的八十卷《史记》，共用两种宋本和三种元本配成完帙，俗称“百衲本史记”。近代藏书家傅增湘也曾配过“百衲本资治通鉴”。

书帕本

明代官员赴任或回京时，自行用俸禄印制书籍，作为礼物赠予权贵势要以及官场上的朋友。赠送时，往往是一书一帕，故得名“手帕本”。

手帕本作为明代的“礼品书”，多注重外表的装潢华丽，而忽视了书本本身内容，校勘失于精细，书中谬误较多，总体刻印质量较差，不为后世所重视。

巾箱本

指古代开本较小、可以放入巾箱内的书籍。巾箱是古代用来装头巾的小箱子。“巾箱”一名始见于《汉武内传》，其中言及王母曾在巾箱中放有一卷小书，并以紫锦囊盛之。

只要它开本较小，都可称作巾箱本。

袖珍本

开本很小，可以放入衣袖中，随身携带的本子称作袖珍本。清代武英殿刻书甚多，历年累积留下不少小块木板或雕版版片，乾隆皇帝希望利用这些版片，效仿前人巾箱本的样式，刻印成袖珍版的书籍。乾隆二十年（1755）的《古香斋十种》就是用这些零星短小的版块作为底版印刷而成。

初刻本

第一次镌刻的书可称为初刻本。初刻本是相对于重刻本而言的，强调的是最初镌刻成的书。

重刻本

根据原刻本的文字内容，进行重新雕刻付印的本子。除了书的内容保持不变外，其行款版式不一定与原刻本相同。这一点与翻刻本完全依照原刻本样式翻印是不同的。

翻刻本

又叫覆刻本，是指严格按照原刻本的内容、行款、版式重新付刻的本子。

影刻本

顾名思义，影刻本实际上是原刻本的“影子”，是按照原刻本逐字逐页摹写下来，再以这些描摹的书叶为雕刻底版，刻版印刷成的本子。影刻本较之重刻本、翻刻本，因其版刻样式、行款、字体等皆描摹自原书，故同原刻本的相似度更高，由此受到藏书家们的青睐。

重修本

又叫修补本，是指用修补过后的旧版片印制的本子。我国古代刻印书籍喜用梨木、枣木等木材，坚固耐用，可以保存数百年之久。然仍难以避免因磨损及战火、水灾、火灾等灾害而造成的损害。当再次使用这些破损的书版时，便需要工匠们对其进行修补。

这些经修补的版片刻出的本子，因时代、刻工、刻印技术的变化，同最初的版式会发生变化，如版框、字体、墨色等都会有所不同，可以此作为判断某种书是否为重修本的依据。

递修本

残缺的古籍书版每次印刷，都需重新修补，以此种书版印制的书籍称作递修本。其中典型的递修本有南宋蜀中眉山一地刻印的《眉山七史》，其原刻的版片在元之后，均有修补。还有明朝南监本《玉海》的版片在正德、嘉靖时也有不断地修补。世称“三朝本”的书籍，其印刷版片往往都是经过屡次递修，方才印制成书。

朱、蓝印本

用红颜色作为印书墨色的书，称为朱印本；用蓝颜色作为印书墨色的书，称为蓝印本。朱、蓝印本的出现，主要是用于校正修改之用，即在书版雕刻完成之后，正式大量印刷成书之前，用醒目的红色或蓝色，先行印出一些，来考察书版中是否有错别字以及着墨是否均匀等。

朱、蓝印本，因为是书版初次印制的本子，字体清楚、纸白版新、墨光如漆、印数较少、传世极罕，为世人所珍视。

四库底本

清乾隆年间修纂《四库全书》，被《四库全书》收入并作为抄写底本的书籍，称为“四库底本”。

毛抄本

所谓毛抄本，即明末清初常熟毛氏汲古阁抄本。汲古阁主人毛晋，一生酷爱买书、刻书、抄书。包括毛晋本人在列，其子侄僮仆均擅长抄写书籍，且字体俊秀，端正严谨，尤其是其影抄本，更是酷似原书。加之其抄写的书籍多为宋元难得的本子，故为世人所珍视。毛抄本的特点是，大部分抄本的版心下方有“汲古阁”三字，书栏外往往有“毛氏正本汲古阁藏”八字。

古籍装帧

纸质书籍产生以后，卷轴成为主要装帧形式。但是这种装帧形态有其弊端，翻阅困难，容易损坏。以后古人又尝试使用多种装帧形态保护书籍，比如经折装、梵夹装、蝴蝶装、包背装、线装、毛装等等。不同的装帧形式，反射出古人精心保护书籍的良苦用心。

卷轴装

早期的纸书像简、帛一样做成卷轴，称为卷轴装，在两晋南北朝至五代时期（265—960）最为流行。存世的敦煌遗书，绝大多数都是卷轴装。纸质卷轴装书籍比竹木简轻便，但是也有展收不便的问题。

梵夹装

古代印度使用贝多罗树叶来写刻梵文佛经，称贝叶经。写好的贝叶经按顺序排列，上下用经过刮削加工的竹木板夹住，穿洞系绳。这种装帧形式传到中国，称为梵夹装。梵夹装用的夹板对书叶有保护作用，同时又较卷轴装翻检便宜。但是，穿孔线绳很容易将纸张拉破。

经折装

经折装出现在唐中叶以后，是将写好的书叶粘接在一起，按一定行数均匀地左右连续折叠，前后粘加书皮。书皮一般用硬纸板或木板制作，用以保护书叶。这种装帧大量应用在佛经中，故称经折装。

蝴蝶装

蝴蝶装发端于唐末五代（约公元10世纪），盛行于宋、元。其装帧方法是将印好的书叶，以有字的一面对折，背面向外、折口向右集齐作书背，形成书心。书背用糨糊粘连，再用一张厚纸作为书皮包裹书背。翻阅时书叶像蝴蝶展翅，故称蝴蝶装。早期蝴蝶装书皮是用硬纸板制作的，对版心有一定的保护作用。其缺点是版心一旦损坏，不易修复。

包背装

包背装是针对蝴蝶装书籍容易散开的弱点而创造出的装帧形式。其方法是将书叶无字的一面对折，字面向外，折口向左集齐作书口，在书脑余幅靠近书背处打眼订捻，形成书芯。书皮的装法同蝴蝶装书籍。包背装流行时间很长，对现代书籍的装帧影响很大。

线装

线装和包背装相似，区别只是前后书皮分开，各用一纸，用线和书芯装订在一起。这是为适应书籍的生产高度发展、提高工作效率而创造的一种装帧形式。线装从明代中叶以后成为我国书籍装帧的主要方式，不但式样美观、方便阅读，而且装订牢固，不易损坏。

古籍保护

原生性保护。古籍纸张损坏的因素很多，酸化老化、水浸火烧、虫蛀鼠啮、霉变絮化等都是最直接的因素。从纸质书籍产生的那天起，人们就采取了很多措施保护古籍和张纸寿命，除政府加强行政管理以外，还充分利用当时所能利用的物质条件和科技手段，尽可能延长书籍寿命，如造纸时，尽量利用纯天然碱性物质提高纸张纤维纯度，以使酸碱度适中。为防止虫蛀鼠啮，要在纸上涂以虫药，故有黄檗、椒汁染纸，万年红防虫等等做法。古人相信这些方法可以延长纸张寿命。还有，藏书者为防止书籍潮湿霉变，往往选择天高气爽的日子“曝书”，“曝书”的过程又有诸多讲究，以致逐渐演化为一种风俗。保护书籍当然也离不开牢固的建筑，古人有所谓“石室金匮”之说，就是注意到了建筑物的保护作用。古人对书籍保护的措施，丰富多样，成为中华民族传统文化的重要组成部分。

再生性保护。对古籍进行缩微复制和数字化、影印出版等，减少对原件的使用，避免对文献原件的破坏，称为再生性保护。

古人保护书籍的常用方法

药物防蠹

古人很早就了解使用芳香药物驱避虫害的知识，采用的药物主要有香木瓜、芸香、麝香、樟脑等。北魏贾思勰《齐民要术》：“橱中安放香木瓜，令蠹鱼不生。”宋沈括《梦溪笔谈》：“古人藏书辟蠹用芸。芸，香草也，今人谓之七里香者是也。叶类豌豆，作小丛生，其叶极芬香，秋间，叶间微白如粉污，辟蠹殊验。南人采置席下能去蚤、虱。”天一阁藏书有用芸草避蠹、英石吸湿的方法。清陈元龙《格致镜原》转录《考槃余事》：“纳芸香、麝香、樟脑，可辟蠹。”清末叶德辉《藏书十约》：“橱内多放香烈杀虫之药物。”

通风曝书

江南地区气候潮湿，梅雨季节长达月余。书籍受潮，会加速纸张的水解和氧化，繁殖蛀虫和霉菌，使书籍虫蛀霉变。故古人有习俗，在梅雨后的二伏天或重阳间的晴明之日，在通风处设几案，把书放在上面，曝书通风，以去除书中湿气。曝书又称晾书，这个风俗在汉代已有。曝书是防止书籍生霉生虫的一种保护措施，同时也是对图书的一次集中整理保护，浏览阅读图书的极好机会。

宋代馆阁“岁于仲夏暴书”，期间举办君臣观书、赐酒宴的集会，称为曝书会或曝书宴。参与者主要是在京的中高级官僚，他们观赏国家收藏的图书、书画、古器物并互相交流，王安石、苏轼都曾描写过他们目睹难得一见的书画珍品的情景。宋敏求、刘敞、王珪、苏颂、刘攽、刘挚的一组唱和诗，具体生动地揭示了元丰元年（1078）馆阁曝书及士大夫们争相观书欣赏书画的盛况。

《增野获编》：“六月六日，内府皇史宬晒曝列圣实录、列圣御制文集诸大函，每岁故事也。”

《东阳县志》：“六月六日，士女勤者取书籍、衣服暴之庭。”

《考槃余事》："藏书于未梅雨之前，晒取极燥入橱中，以纸糊门外及小缝，令不通风，盖蒸气自外而入也。"

叶德辉《藏书十约》："藏书之所，宜高楼，宜宽敞之净室，宜高墙别院，与居宅相远，室则宜近池水，引泾就下，潮不入书楼，宜四方开窗通风，兼引朝阳入室，遇东风生虫之候，闭其东窗。窗橱俱宜常开，楼居尤贵高敞，盖天雨瓦泾，其潮气更甚于室中也。"

阅读习惯

古人有许多良好的读书习惯，看书前焚香净手，看书时珍惜字纸。良好的习惯，是延长书籍寿命的保证。

北魏贾思勰《齐民要术·杂说第三十》"凡开卷读书，卷头首纸不宜急卷，急则破折，折则裂。以书带上下络首纸者，无不裂坏。卷一两张后乃以书带上下络之者，稳而不坏。卷书勿用鬲带而引之，非直带湿损卷，又损首纸令穴，当衔竹引之。书带勿太急，急则令书腰断。骑蓦书上过者，亦令书腰折。"这是针对卷轴装书籍而言。

宋费衮《梁溪漫志》卷三《司马温公读书法》中记载司马光爱书说："温公独乐园之读书堂，文史万余卷，而公晨夕所常阅者，虽累数十年，皆新若手未触者。"这是因为司马光十分注意在阅览过程中对图书的精心爱护。他每"启卷，必先视几案洁净，借以茵褥，然后端坐看之。或欲行看，即承以方板，未尝敢空手捧之，非惟手汗渍及，亦虑触动其脑。每至看竟一版，即侧右手大指面衬其沿，而覆以次指捻而挟过，故不至揉熟其纸。每见汝辈多以指爪撮起，甚非吾意。今浮屠、老氏犹知尊敬其书，岂以吾儒后不如乎？当宜志之。"此针对的是宋代流行的蝴蝶装书籍。

《少室山房笔丛正集》卷四载赵子昂名言："聚书、藏书良匪易事。善观书者，澄神端虑，净几焚香，勿卷脑、勿折角、勿以爪侵字、勿以唾揭幅、勿以作枕、勿以夹刺。随损随修，随开随掩。后之得吾书者，并奉赠此法。"

管理制度

火灾是书籍危害之一。绛云楼藏书，因不慎打翻火烛，导致全部珍贵藏书烧毁，成为千古憾事。古代藏书楼名中多含水或水旁，即取"以水制火"之意。还有楼前建有水池，专用以防火。但由于我国传统建筑是砖木结构，抵御火灾的能力较差。因此，许多藏书机构都建立了严格的制度，预防火灾的发生。

秦律《内史杂》："毋敢以火入藏府、书库中。"《澹生堂藏书约》："亲友借观者，有副本则以应，无副本则以辞，正本不得出密园外"。清阮元《书藏条例》："书即入藏，不许复出，纵有翻阅之人，照天一阁之例，但在楼中，毋出楼门。"

祭书

古代士人特别是藏书家常有祭书之举，如清代藏书家黄丕烈年年举行祭书仪式，"布列家藏宋本经史子集，以花果名酒酬之"，邀请学界名流陈鳣、顾千里、吴翌凤、石韫玉、瞿中溶等参与，祈求天助神佑，作图记录，极风雅之盛，在士林中传为佳话。叶昌炽《藏书纪事诗》赞曰："得书图共祭书诗，但见咸宜绝妙词。翁不死时书不死，似魔似佞又如痴。"

附录二：收藏家（按姓名拼音首字母排序）及展品目录

艾俊川

《金融时报》编辑，古籍与文史爱好者。著有《文中象外》。

展品

古今印选四卷　（明）吴可贺辑　明万历钤印本　史部

宜园小草不分卷　（清）永璇撰　清乾隆写本　集部

路德记　打马字牧师（Rev. John Van Nest Talmage，1819—1892）著　清咸丰三年（1853）刻本　集部

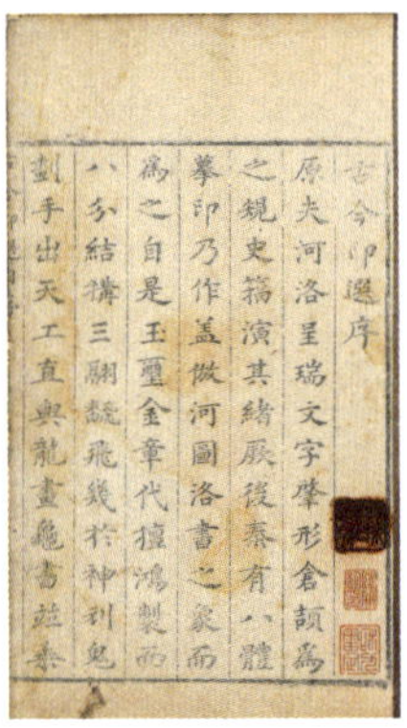

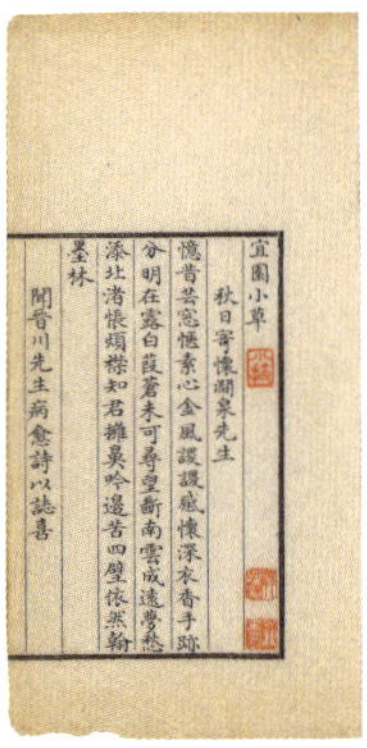

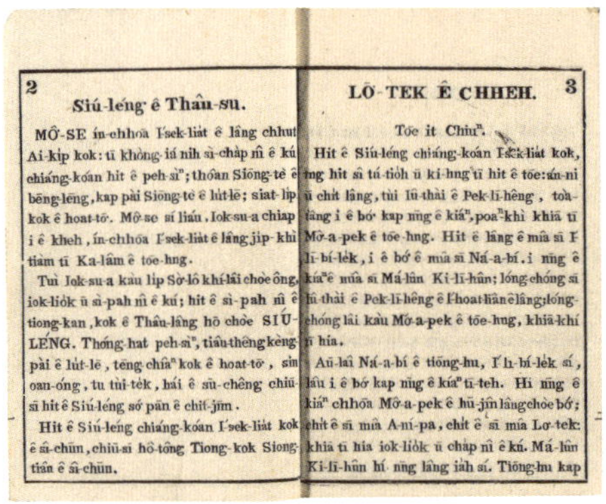

艾思仁（美国）

原名詹姆斯，字思仁，号木豆道人。美籍瑞典人。自幼酷爱读书，大学时期开始搜集线装古籍。60年代末就读于瑞典斯德哥尔摩大学中文系，师从马悦然教授，获汉学博士学位。后任《中文善本书国际联合目录》数据库项目总编。其藏书楼观

海楼，始建于北美西部加州蒙特雷半岛，后迁至东部普林斯顿镇。

展品

晦庵先生校正周易系辞精义二卷　（宋）吕祖谦编　元至正九年（1349）积德书堂建阳刻本　经部

古易音训二卷　（清）宋咸熙辑　清莫氏家抄本　经部

中说十卷　（宋）阮逸注　朝鲜成宗十五年（1484）铜活字印本　子部

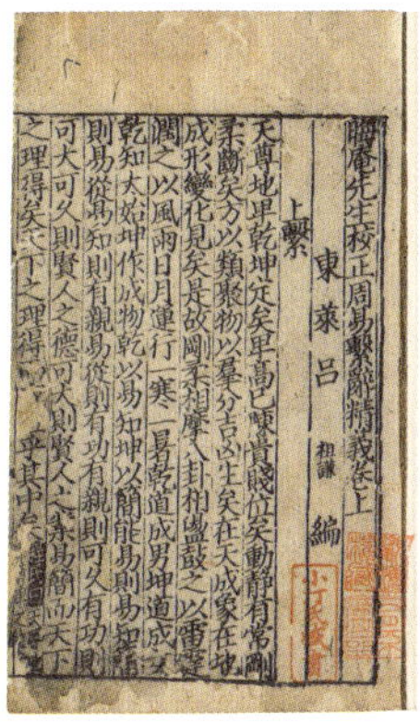

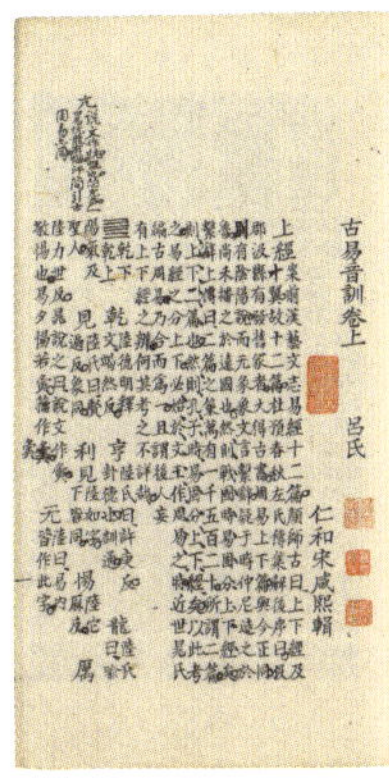

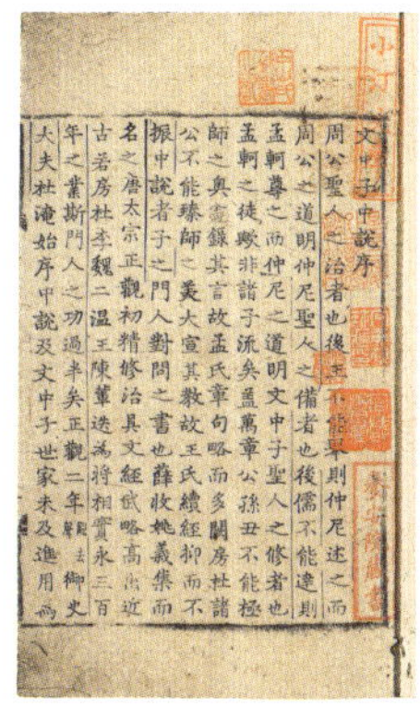

晁会元

展品

本草纲目五十二卷图二卷　（明）李时珍撰　明万历二十一年（1593）金陵胡承龙刻明重修本　子部

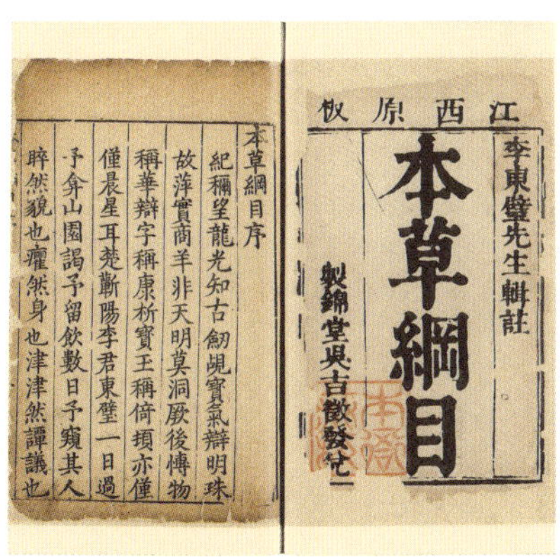
本草綱目序
紀稱望龍光知古劍覘寶氣辯明珠
故萍實商羊非天明莫洞厥後博物
稱華辯字稱康析寶玉稱倚頓亦僅
僅晨星耳楚蘄陽李君東璧一日過
予弇山園謁予留飲數日予窺其人
晬然貌也癯然身也津津然譚議也

江西原版
李東璧先生輯註
本草綱目
製錦堂吳吉徵發兌

成贤斋

展品

大方广佛华严经合论卷八十八　金泰和元年（1201）刻本　佛经

佛说纯真陀罗所问如来三昧经卷上　宋元丰八年（1085）福州东禅等觉院刻崇宁万寿大藏经本　佛经

经律异相卷三十九　元杭州路余杭县南山大普宁寺刻大藏经本　佛经

佛说除盖障菩萨所问经　元代官刻大藏经本　佛经

云笈七签一百二十二卷　（宋）张君房撰　蒙古乃马真皇后三年（1244）刻本　子部

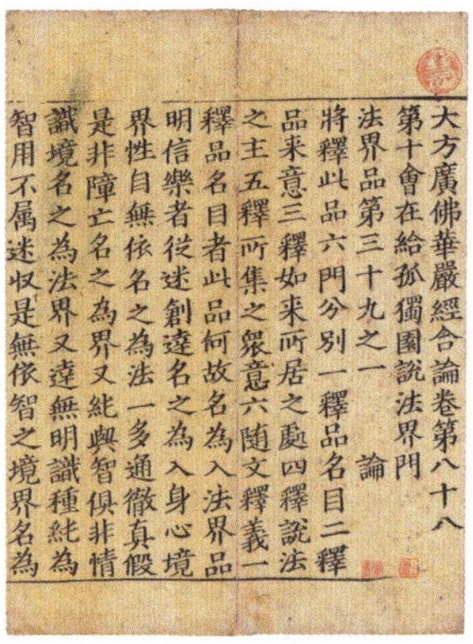

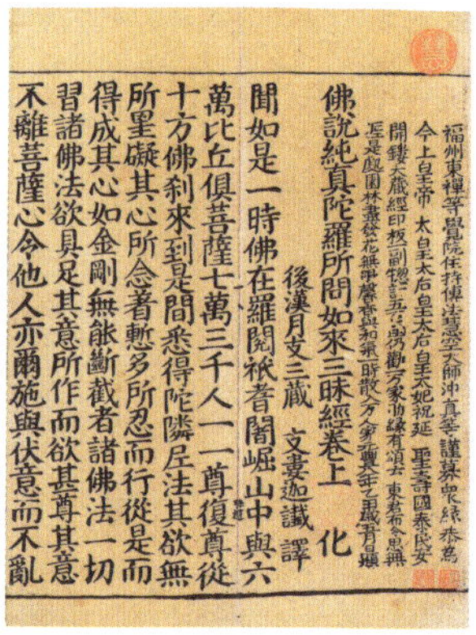

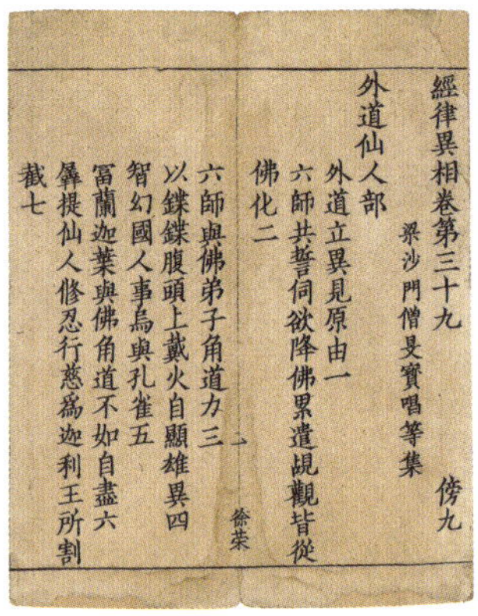

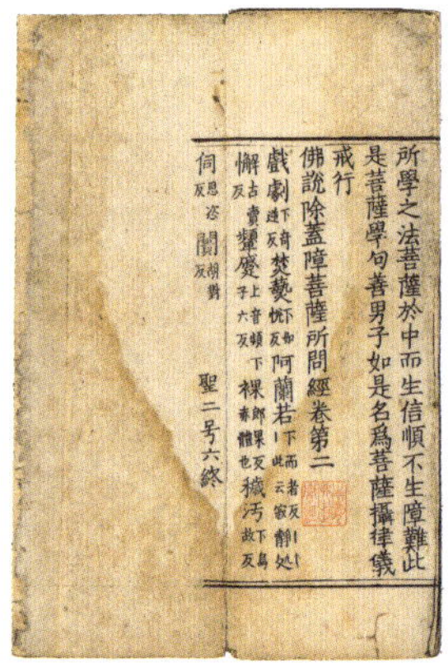

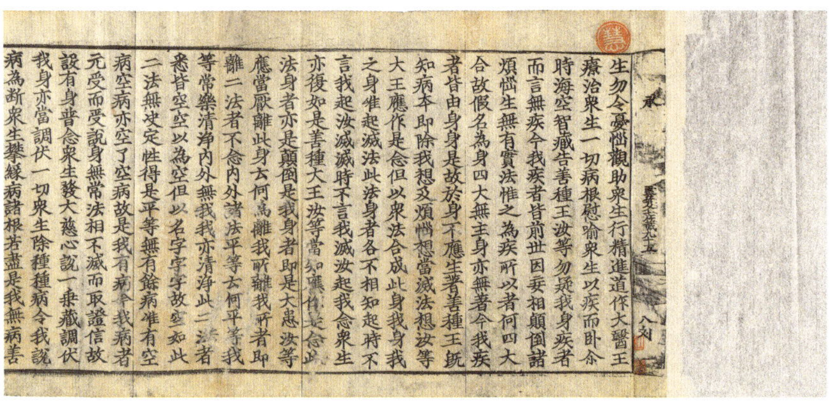

崔雄

祖籍宁波，现居上海。受天一阁藏书文化影响，收藏古籍善本万余册，重品相，富明清精刻本，其中各批次国家珍贵古籍名录中著录的相同版本的有百余种。

展品

通鉴总类二十卷　（宋）沈枢辑　元至正二十三年（1363）吴郡庠刻后印本　史部

致堂读史管见三十卷　（宋）胡寅撰　宋宝祐二年（1254）刻元明递修本　史部

西京杂记六卷　题（晋）葛洪撰　（明）沈氏野竹斋刻本　子部

周翰林近光集三卷附扈从集一卷补遗二卷滦京杂咏二卷　（元）周伯琦撰　清知不足斋抄本　集部

松陵集　（唐）皮日休、陆龟蒙撰　明弘治十五年（1502）刘济民刻本　集部

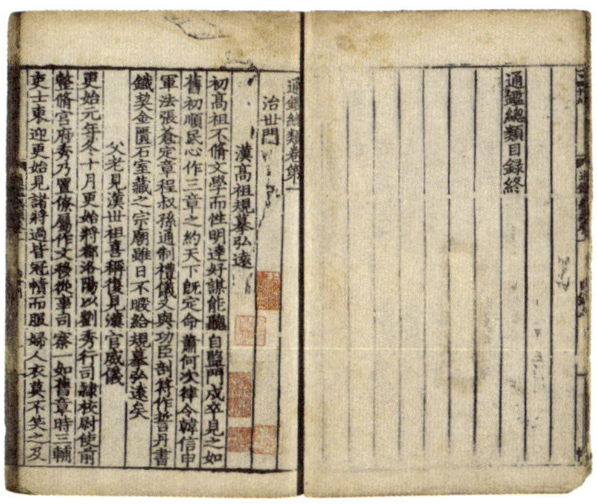

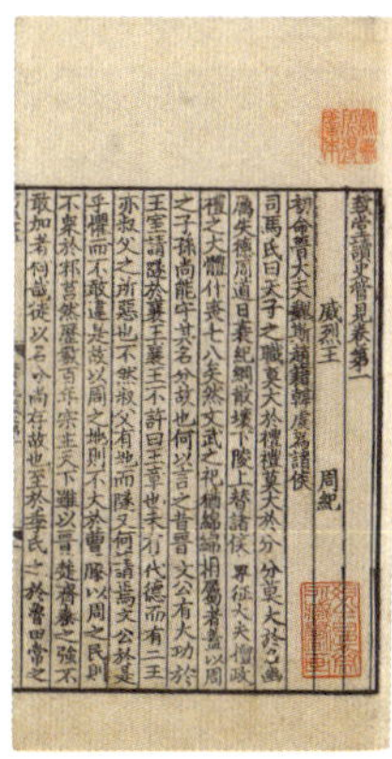

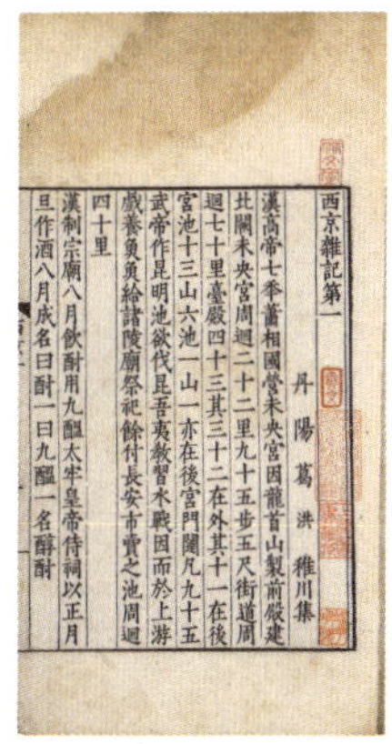

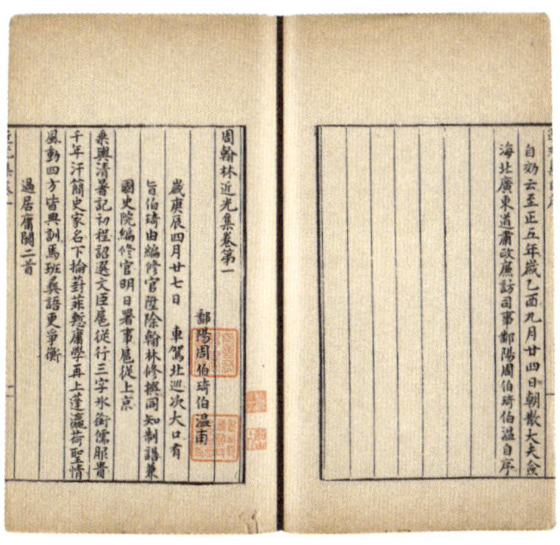

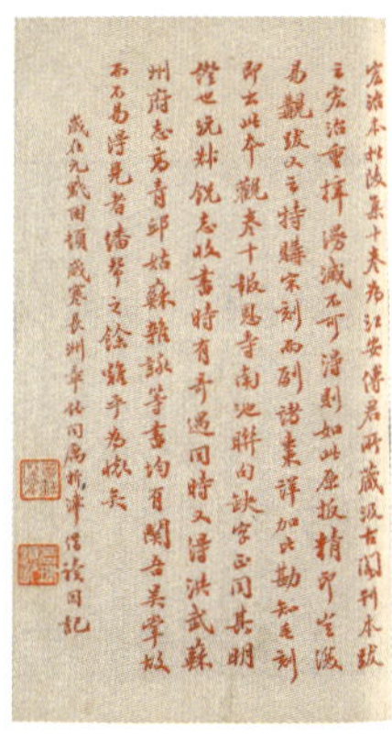

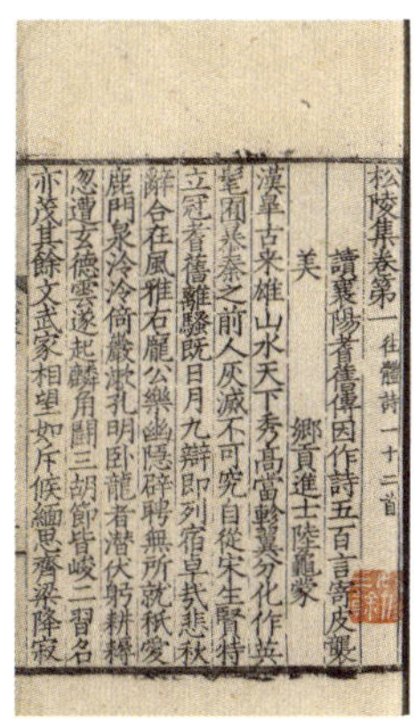

东壁书屋

展品

大般涅槃经四十卷　隋写本　敦煌遗书

平定西域得胜图　清铜版印本　史部

至大重修宣和博古图录三十卷　（宋）王黼等撰　元刻本　史部

笠翁一家言全集十六卷　（清）李渔撰　清刻本　集部

崔东壁遗稿不分卷　（清）崔述撰　稿本　集部

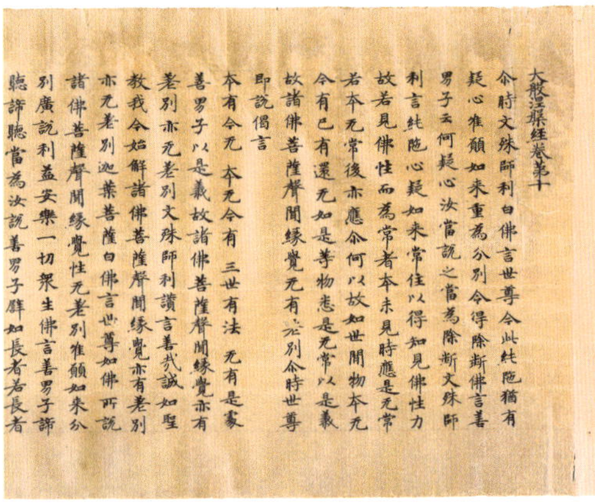

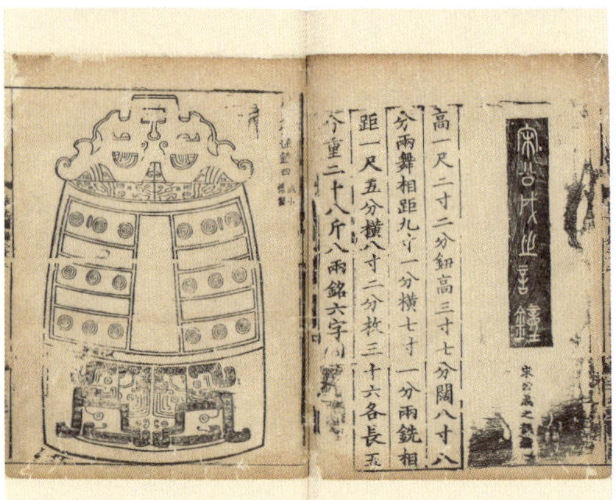

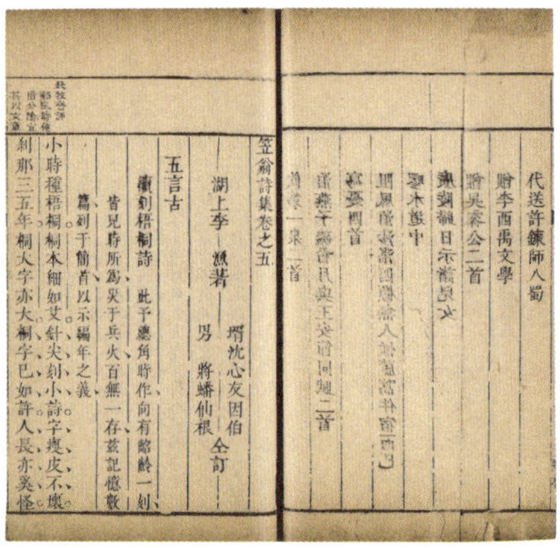

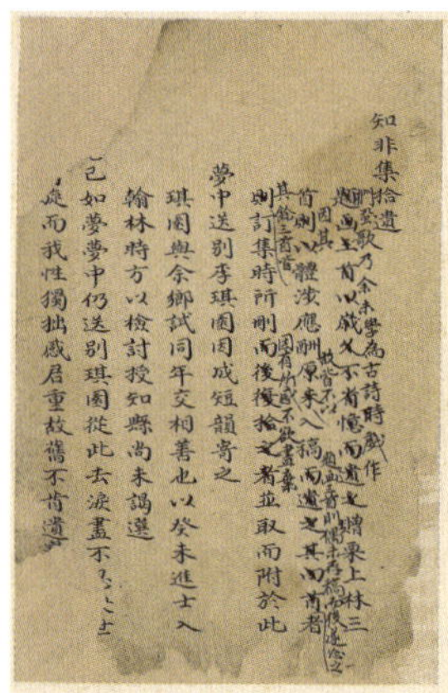

独翠堂

展品

观世音菩萨普门品经不分卷　明万历十八年（1590）慈圣宣文明肃皇太后刻本　佛经

全像续廉明公案二卷　（明）余象斗编述　明万历余氏三台

馆刻本　子部

出像种玉记二卷　（明）汪廷讷撰　明汪氏环翠堂刻本　集部

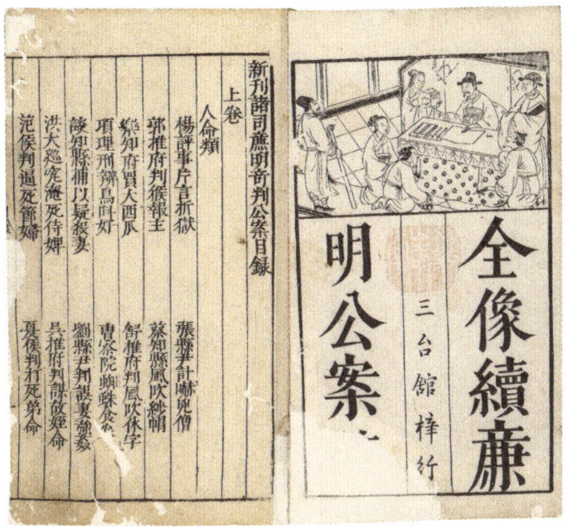

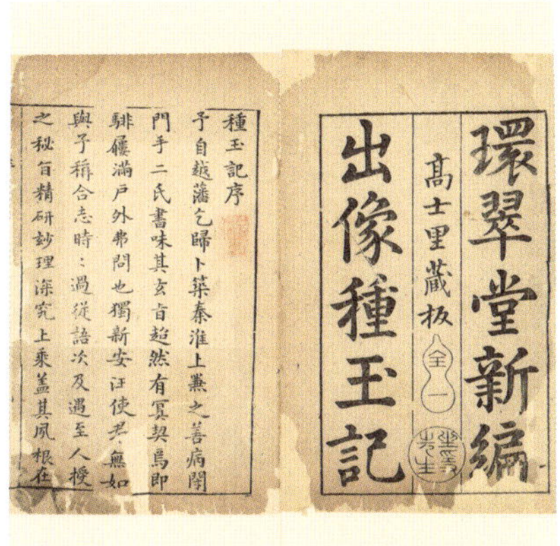

范氏旧藏

展品

大明天元玉历祥异图说七卷　（明）余文龙编　明万历四十七年（1619）余文龙刻本　子部

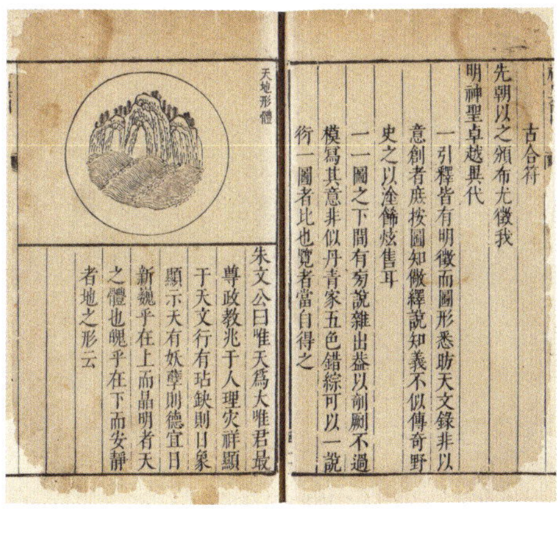

高涛

喜藏明清刊印的儒释道经典图籍。室名“清静无为”，是春秋时期道家的一种哲学思想和治术，是道家最为重要的思想。主张心灵虚寂，坚守清静，消极无为，复返自然。因主人得到了明刊善本《老子道德经注》，故以“清静无为”名室。

展品

还源教宝卷六种　明崇祯刻本　子部

三教圣像泥金手绘图册　明末泥金写本　子部

注老子道德真经二卷　题（汉）河上公章句　明嘉靖十一年（1532）刻本　子部

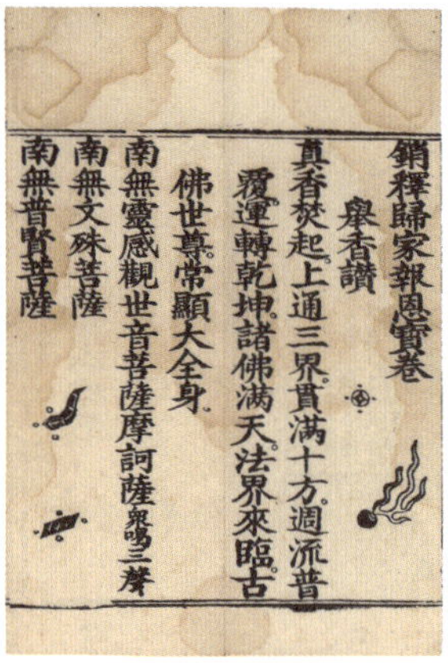

銷釋歸家報恩寶卷

舉香讚

真香焚起上通三界貫滿十方遍流普覆運轉乾坤諸佛滿天法界來臨占

佛世尊常顯大全身

南無靈感觀世音菩薩摩訶薩 與唱三聲

南無文殊菩薩

南無普賢菩薩

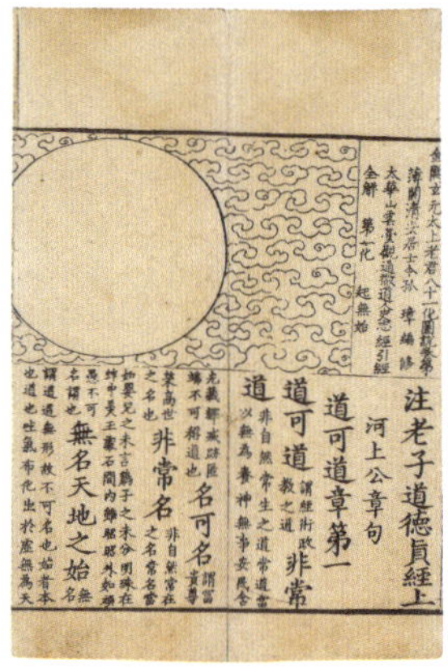

注老子道德真經上

河上公章句

道可道章第一

道可道　非常道

名可名　非常名

無名天地之始

侯晓强

幼承家学、秉承家藏。喜古籍，乐善本，精鉴赏，富收藏。经几十年辛勤的潜心搜集，藏书益加宏广并与之悉心相守，藏品计几千余种，古籍万余卷，宋元珍本逾几十卷，明清佳椠、精抄稿本、民国书刊、碑帖旧拓等涉猎经、史、子、集古籍文献图书万余册。上世纪九十年代入青岛收藏与鉴赏研究会会员。2001年入中国收藏家协会，为资深古籍藏家。2012年成立山东省胶州明清古籍展览馆（私立）。室名“谧水斋”。

展品

遵生八笺不分卷　（明）高濂撰　明末刻心远堂后印本　子部

新笺决科古今源流至论别集十卷　（宋）黄履翁撰　明宣德二年（1427）建阳书林刘克常刻本　子部

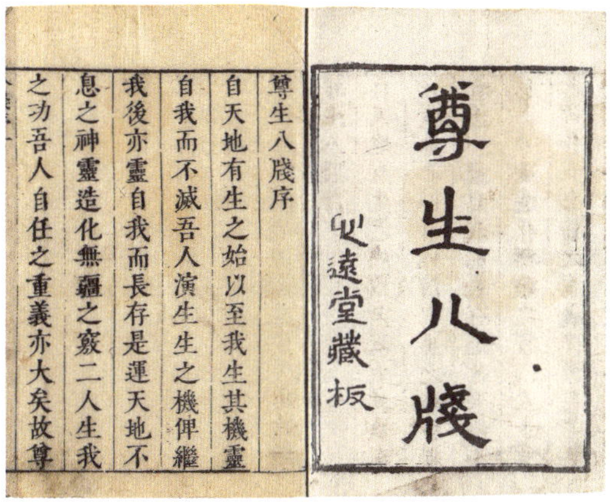

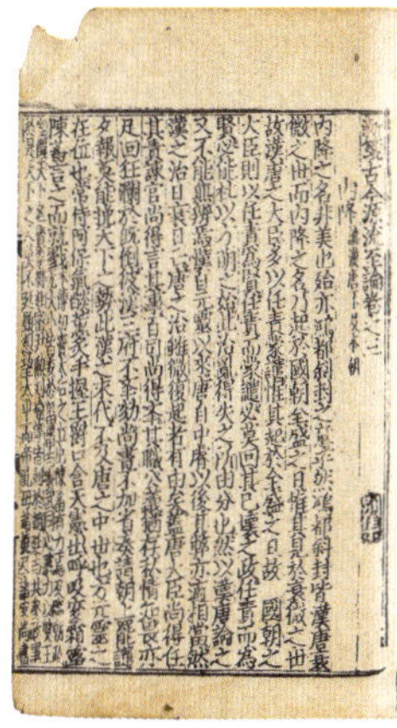

胡关妙

藏书楼称“万卷楼”“皕嘉楼”。

展品

般若波罗蜜多八千颂　（吐蕃）释迦军等译　明泥金写本　佛经

韵府群玉二十卷　(元)阴时夫辑　（元）阴中夫注　元元统二年（1334）梅溪书院刻本　子部

通志二百卷　（宋）郑樵撰　明刻本　史部

少微通鉴节要五十卷外纪四卷　（宋）江贽撰　明正德九年（1514）司礼监刻本史部

印史五卷　（明）何通撰　明天启刻钤印本　史部

大学衍义四十三卷　（宋）真德秀撰　明嘉靖六年（1527）司礼监刻本　子部

欧阳文忠公集一百五十三卷附录五卷年谱一卷　（宋）欧阳修撰　明天顺刻本　集部

东莱吕太史文集附录三卷　（宋）吕祖谦撰　宋嘉泰四年（1204）吕乔年刻后印本　集部

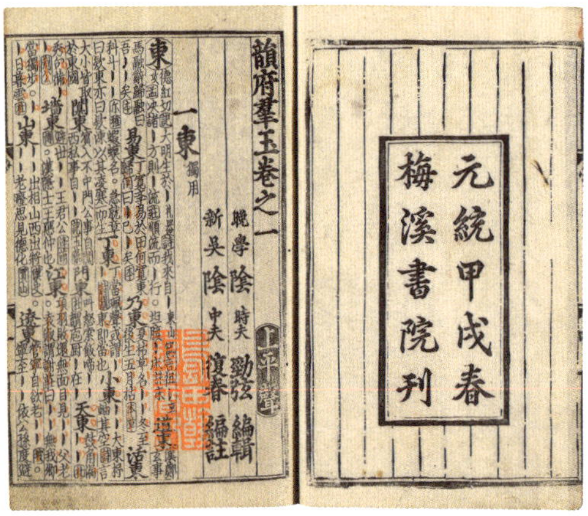

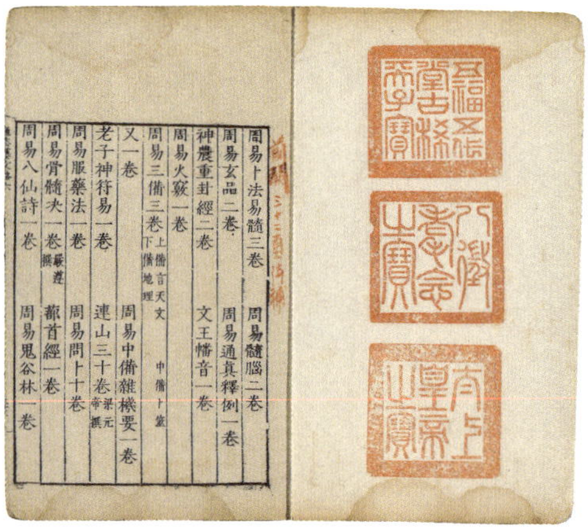

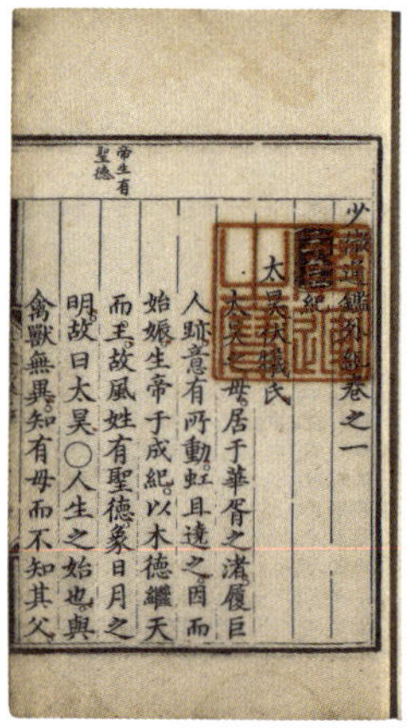

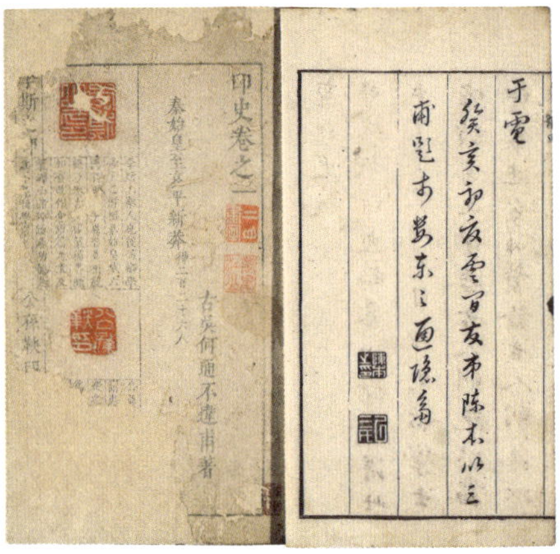

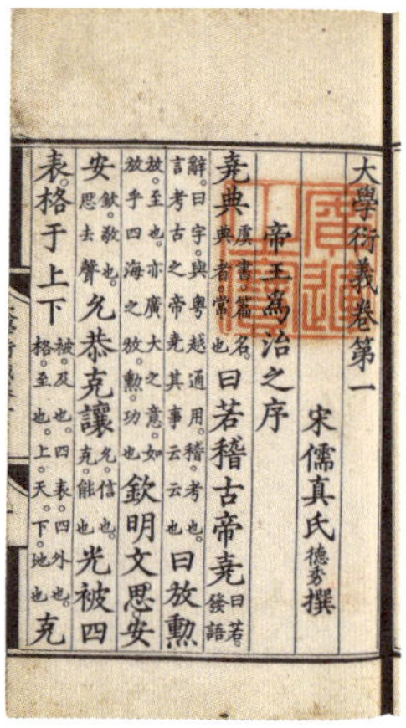

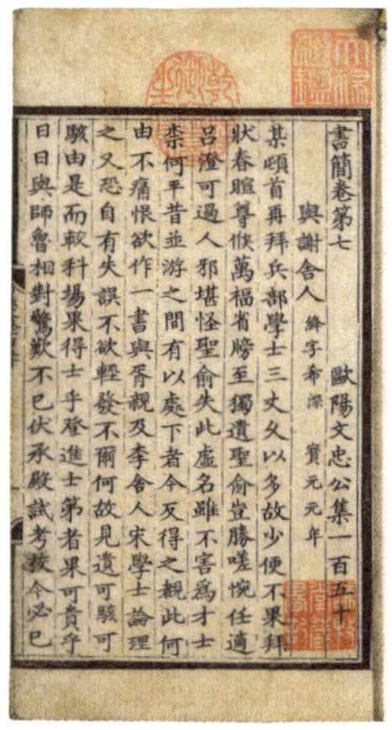

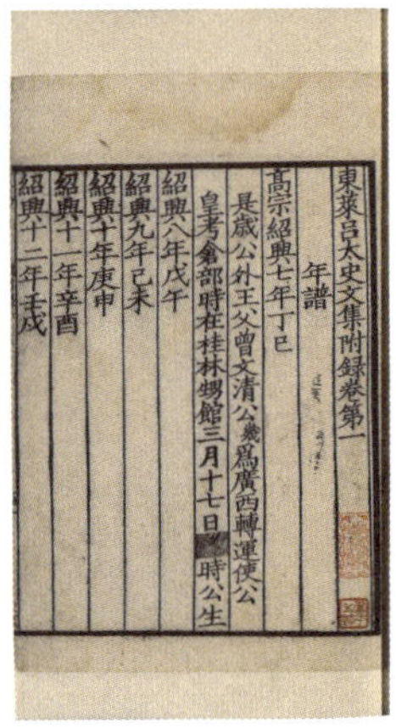

李希海

喜好收藏明代嘉隆之前刻本,喜好收藏白棉纸初印本,喜好明末清初版画精刻精印本。藏有：程氏墨苑、方氏墨谱、耕余剩技、唐诗画谱、养正图解、罗汉图册等。室名“一邨百嘉”。

展品

罗汉图册　（清）冷枚　清内府刻本　佛经

太玄经十卷　（汉）扬雄撰　（晋）范望解赞　说玄一卷（唐）王涯撰　释文一卷　明嘉靖孙沐万玉堂刻本　子部

楚山和尚住同安投子禅寺语录十卷　（明）楚山绍琦撰（明）祖奫等集　明成化十年（1474）刻本　子部

海浮山堂诗稿五卷文稿五卷　（明）冯惟敏撰　明嘉靖四十五年（1566）刻本　集部

缀白裘三集　（明）洞庭萧士选辑 湖南主人校点　明末清初刻本　集部

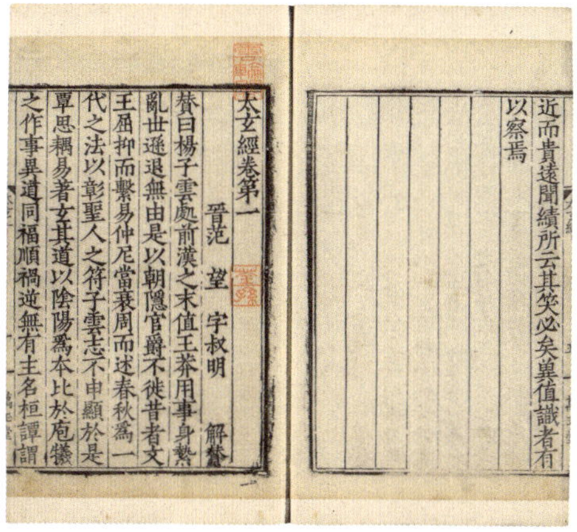
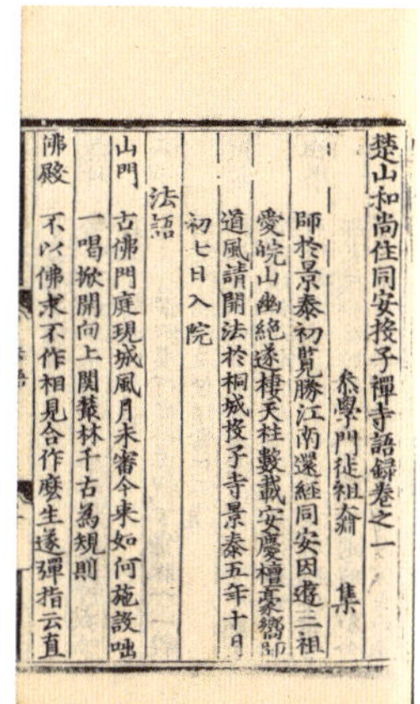
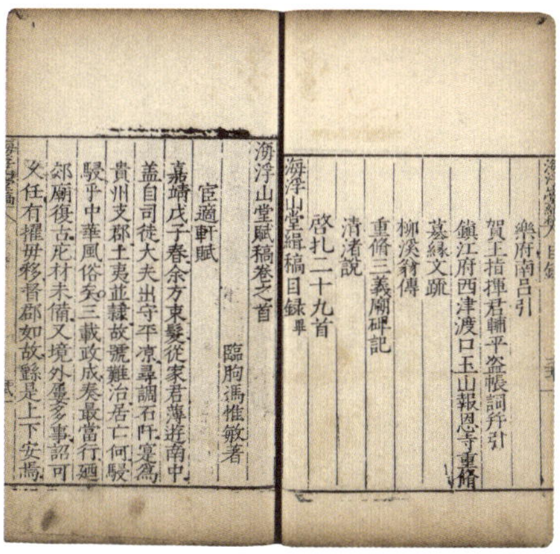
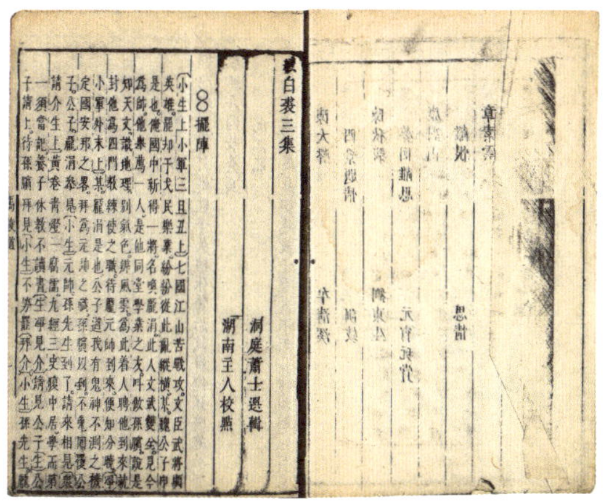

刘洪金

祖籍山东诸城，毕业于中山大学中文系，热爱文史。收藏古籍20余年，以山东文献为主要特色，现藏1949年以前线装古籍800余种3000余册，部分为罕见珍本或孤本。

展品

词坛清玩四卷　（明）槩蕅硕人增定　明刻本　集部

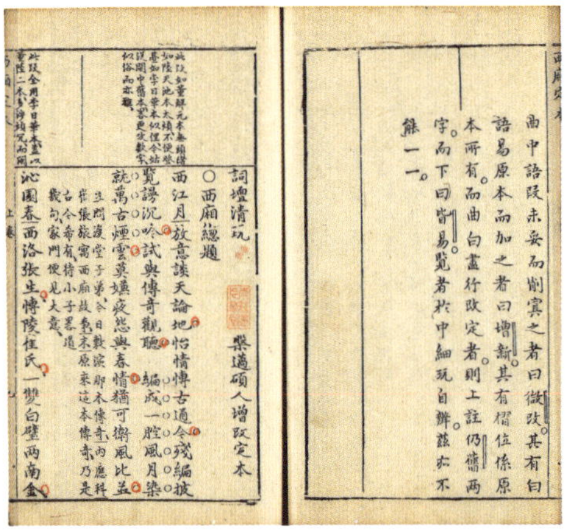

刘继辉

藏书室名为千牛山庄，因饲养奶牛一千余头，故以“千牛”名室。山庄坐落于天津市宝坻区。业余时间喜好收藏古代纸币，已成一定规模，曾出版《中国古代纸币》一书。同时，也收藏一些古籍善本。

展品

佛说佛名经十六卷　9—10世纪归义军时期写本　敦煌遗书

绎史摭遗十八卷绎史恤谥考八卷　（清）李瑶纂辑　清道光十年（1830）泥活字印本　史部

圣迹图　清初彩绘本　史部

钦定古今储贰金鉴六卷　（清）高宗弘历敕撰　清乾隆内府刻朱印本　史部

屈陶合刻十六卷（明）毛晋编　明万历四十六年（1618）天启五年（1625）毛氏绿君亭刻本　集部

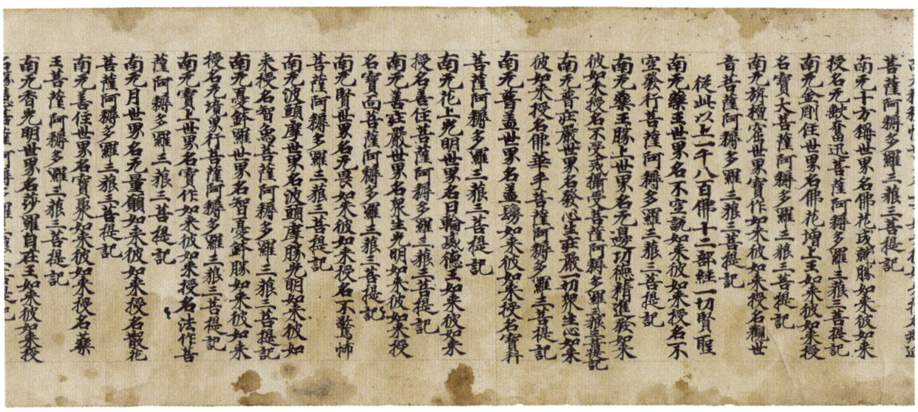

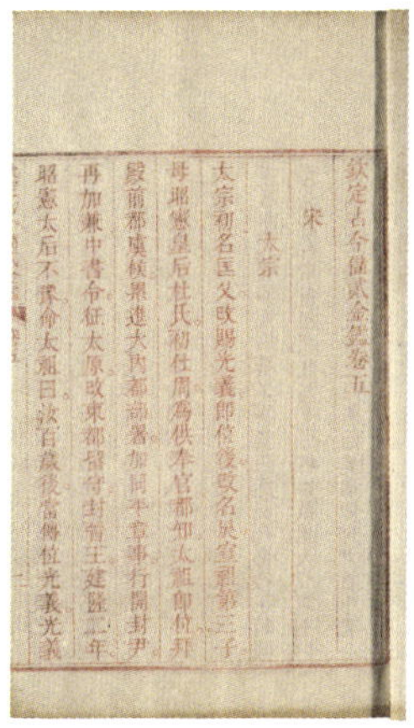

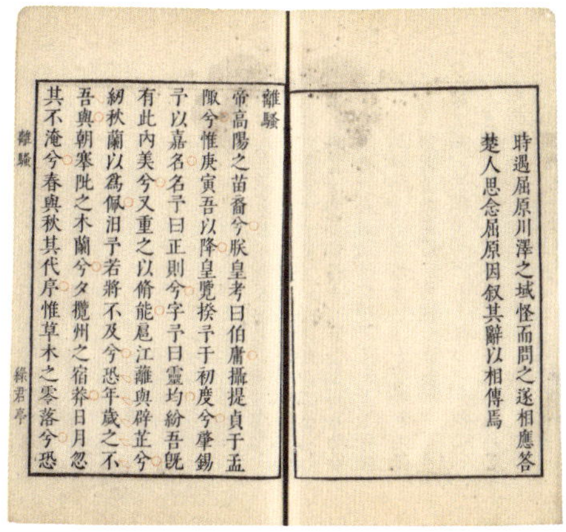

刘禹

世居北京，幼喜读书，暇时或访诸故老，或流连厂肆，累月积年，薄有所储。室名“双患堂”。

展品

长安获古编二卷补一卷　（清）刘喜海编　清刻本　史部

吴越金涂塔银龙简合册　清雍正拓本　史部

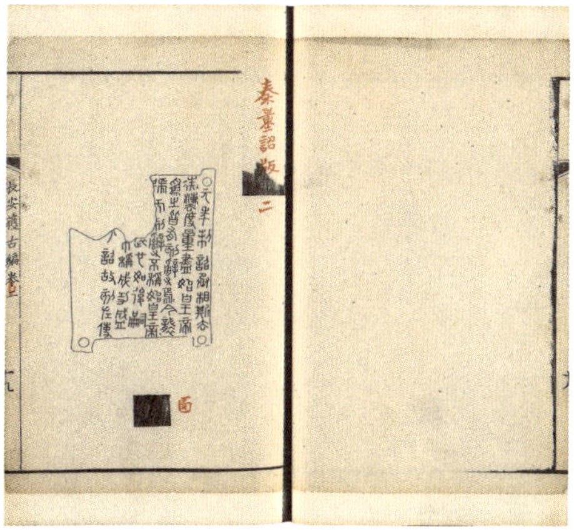

卢平

自幼出生于书香世家，受长辈影响，酷爱读书。室名“松竹阁”，藏有光绪十四年排印本《古今图书集成》1628册全，《四部丛刊》初编2112册、续编510册、三编500册全，《湖北先正遗书》36函180册。同时也有少量宋元版书籍和佛经，如宋蜀刻《春秋经传集解》一册，宋刻《宋书列传》六十卷，宋刻明递修《北齐书》。还藏有明版如《宋文鉴》《昌黎先生集》《河东先生集》《三阳先生集》《全石录》毛抄本及《青楼韵语》等明版及清刻本十余架。

展品

音点春秋左传十六卷　明弘治十五年(1502)徽州府陈理刻本　经部

宋书一百卷　（梁）沈约撰　宋刻元明递修本　史部

北齐书五十卷　（唐）李百药撰　宋刻宋元明递修本　史部

金石录三十卷　（宋）赵明诚撰　明末汲古阁毛氏抄本　史部

青楼韵语辑注校正四卷　（明）朱元亮撰　（明）张梦徵辑　明万历刻本　集部

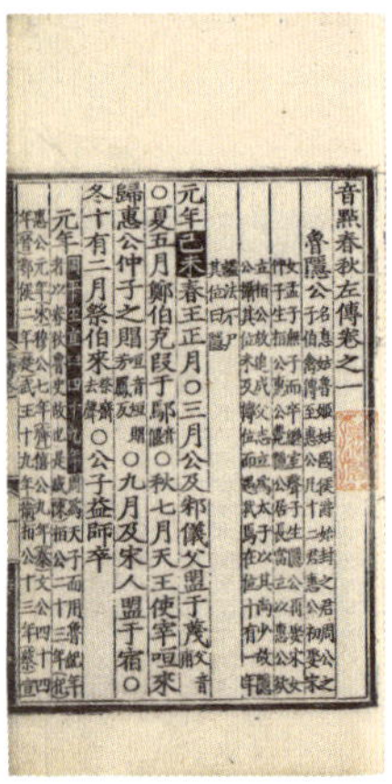
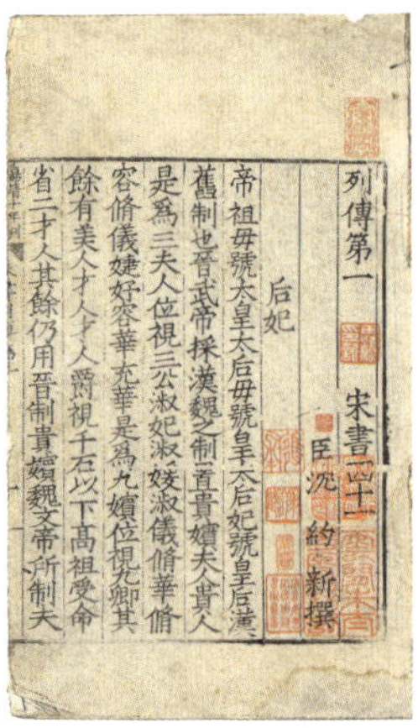
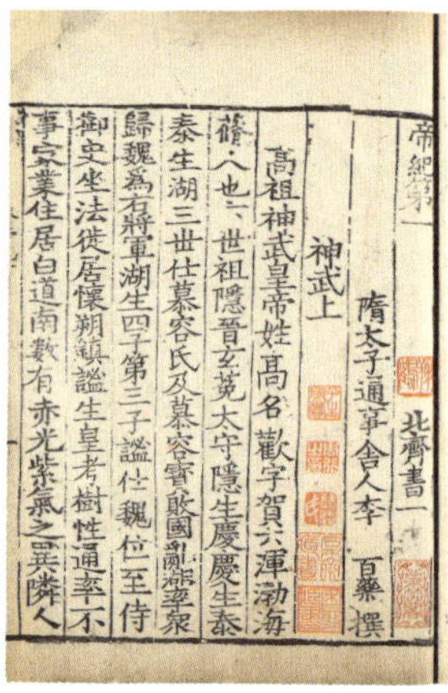
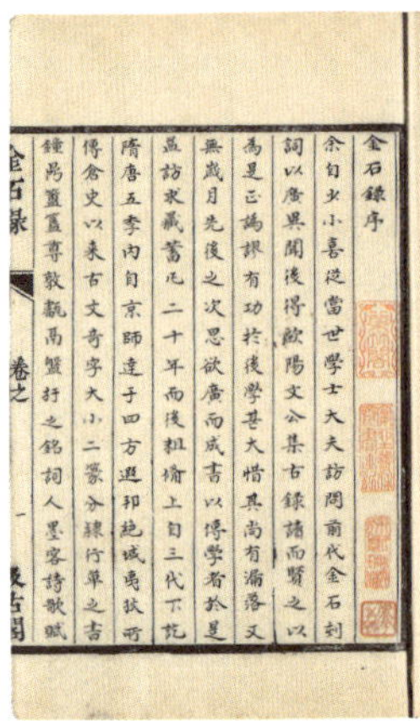
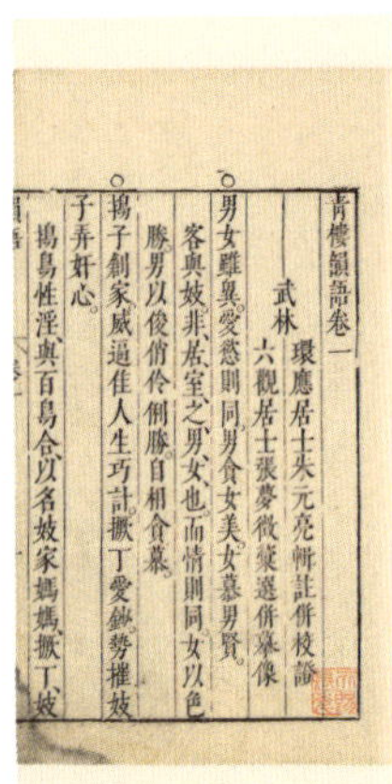

沈岗

藏书楼名“文海楼”，位于阳澄湖畔“玉山胜境”园林之中。藏书有两大特色：一是以昆山本地乡邦文献为主，珍惜善待乡邦文献；二是以历代雕版名刻为主，保存中华民族优秀的图书典籍。目前，藏有古籍文献600余部，计24000余卷。唐、宋、元、明、清乃至民国之精刻之本，缥缃满室；经、史、子、集四部皆备。

展品

广大宝楼阁善住秘密陀罗尼经卷上　元官刻大藏经本　佛经

佛说尊那经一卷　佛说布施经一卷　佛说大方广未曾有经善巧方便品　元官刻大藏经本　佛经

学易集八卷　（宋）刘跂撰　清乾隆三十八年（1773）至嘉庆八年（1803）武英殿聚珍本　经部

梁书五十六卷（唐）姚思廉撰　宋刻元明递修本　史部

古文渊鉴六十四卷　（清）徐乾学等辑并注　清康熙二十四年（1685）内府刻四色套印本　集部

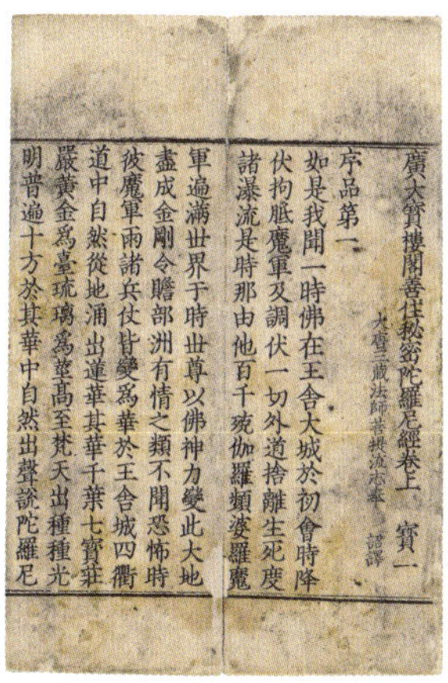

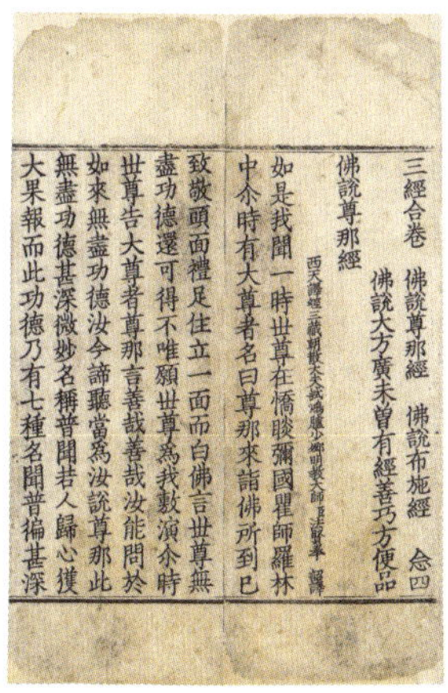

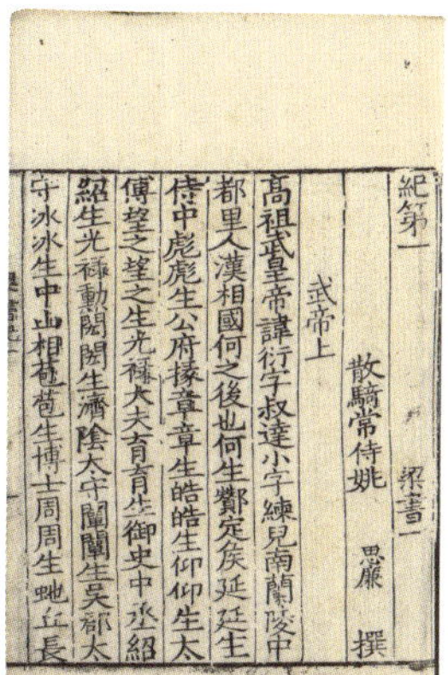

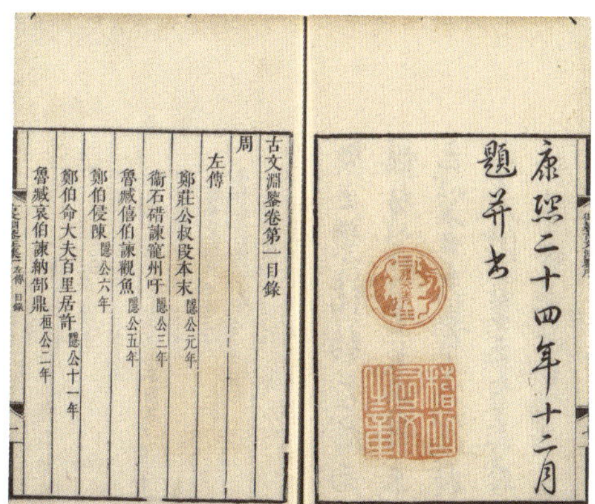

水清

展品

春秋胡氏传纂疏三十卷　（元）汪克宽撰　元至正八年（1348）日新堂刻本　经部

标题注疏小学集成十卷　（元）何士信撰　元刻本　子部

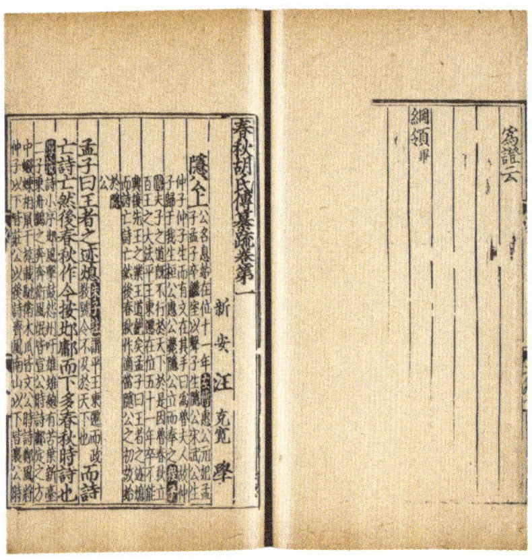

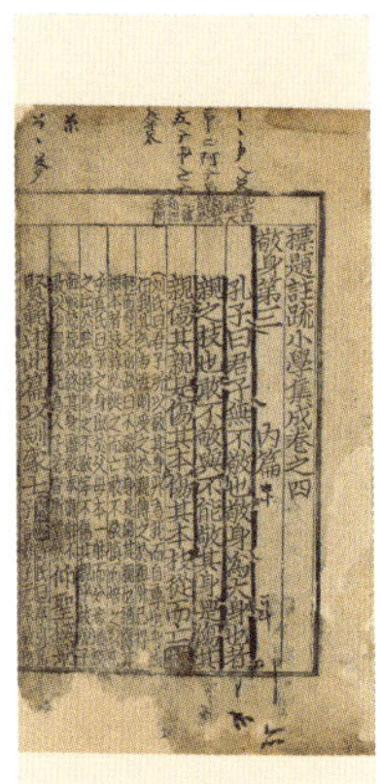

童志新

1998年，因偶然的机会，在地摊上花几百元钱买了一堆古书，从此爱上旧书，一发不可收拾。最初专注于收藏历代禁书，后来收藏方向渐变，改为收藏诗文集类古籍，又因收藏一套清初刻《离骚图》，偏爱起版画类古籍。藏书斋名为“八素斋”。

展品

施仁永预修生七牒文　北宋皇祐五年（1053）写本　佛经

择要常传同名杂字　西夏时期刻本　经部

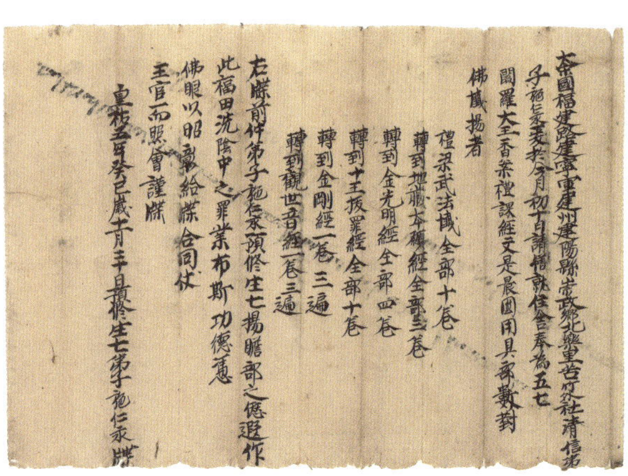

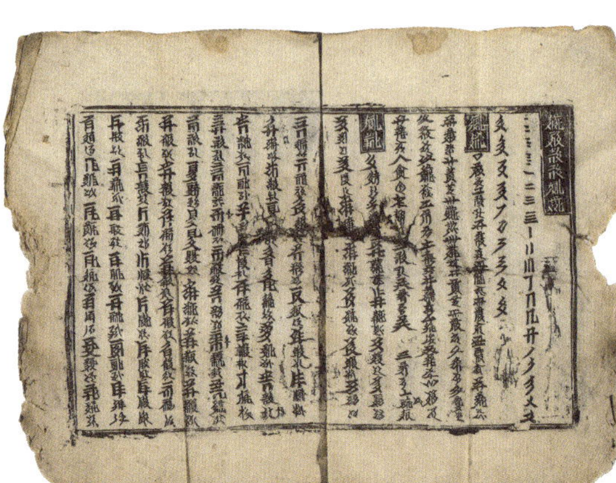

王德

上海人。2005—2011年间曾主持上海敬华拍卖公司和上海国拍古籍善本部主管。现从事古籍经营、鉴定与收藏。藏书室名“双德堂”。

展品

首罗比丘见五百仙人并见月光童子经一卷　唐8世纪写本写本　敦煌遗书

古香斋鉴赏袖珍佛典两种　清雍正古香斋袖珍抄本　佛经

大般若波罗蜜经卷第三百六十二　（唐）玄奘译　高丽初刻大藏经本　佛经

淮水陈氏万印楼印谱六卷　（清）陈介祺辑　清同治钤印本　史部

新增说文韵府群玉二十卷　（元）阴时夫辑　（元）阴中夫注　元至正十六年（1356）刘氏日新书堂刻本　子部

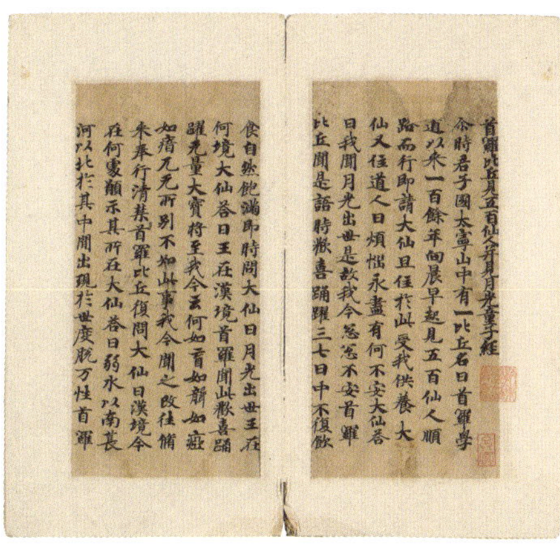

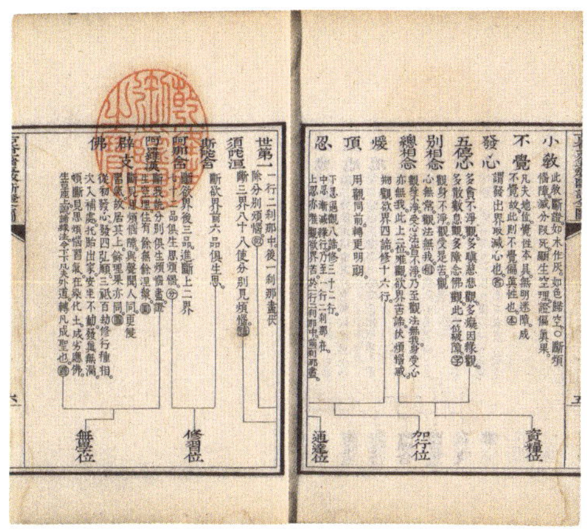

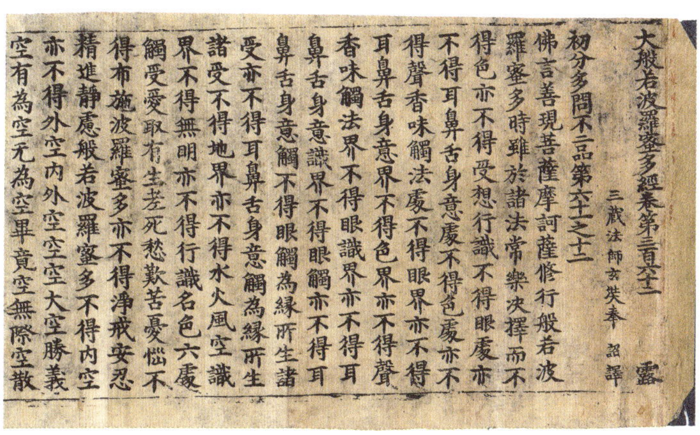

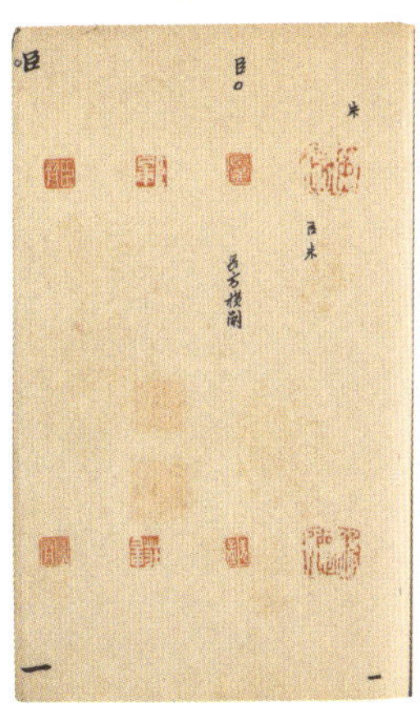

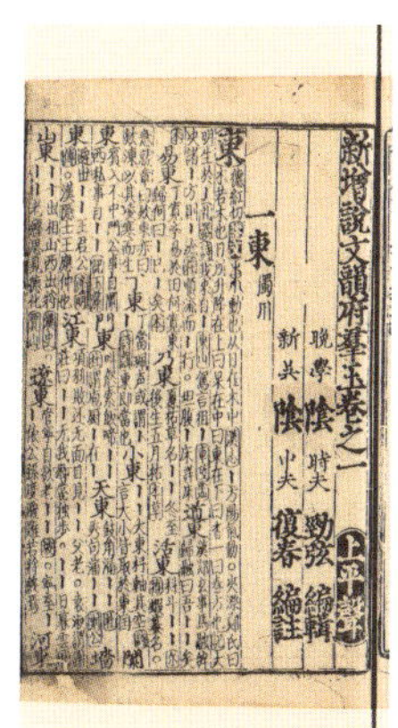

王坤

展品

灵山说法图　简诏绘、张国瑞临　清光绪十二年（1886）金陵刻经处刻印　佛经

南无观世音菩萨像　周璕绘、张益摹　清光绪四年（1878）金陵刻经处刻印　佛经

西方极乐世界依正庄严之图　张益绘、潘文法刻、曾纪泽书　清光绪五年（1879）金陵刻经处刻印　佛经

净土莲宗图　清光绪九年（1883）金陵刻经处刻印　佛经

王水衷（中国台湾）

中华海峡两岸文化资产交流促进会名誉理事长，中华文物学会副理事长。

展品

大般涅槃经卷第卅六　（北凉）释昙无谶译　隋写本　敦煌遗书

金刚般若波罗蜜经　（后秦）释鸠摩罗什译　唐7世纪写本　敦煌遗书

佛说佛名经　10世纪归义军时期写本　敦煌遗书

大悲启请　8—9世纪吐蕃占领时期写本　敦煌遗书

慈悲道场忏法卷第十　题梁武帝撰　宋刻本　佛经

贤劫经卷第九　（西晋）竺法护译　宋元间平江府碛砂延圣

寺刻大藏经本　佛经

金刚般若波罗蜜经　（后秦）鸠摩罗什译　（明）董其昌抄本　佛经

重校剑侠传双红记二卷　明刻德聚堂印本　集部

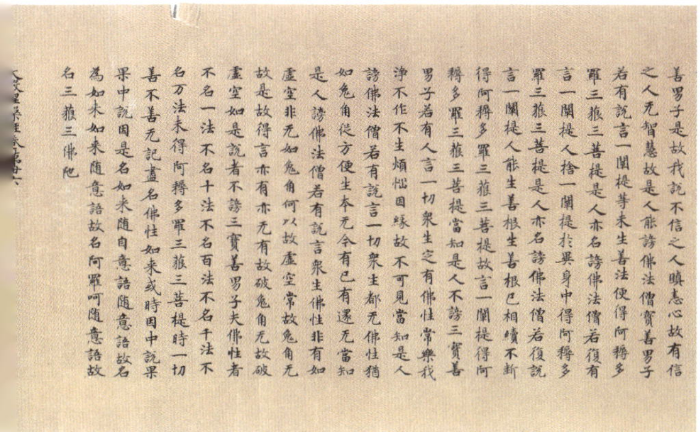

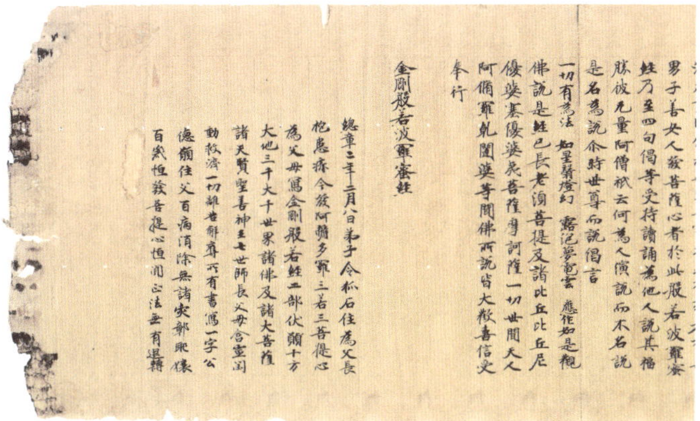

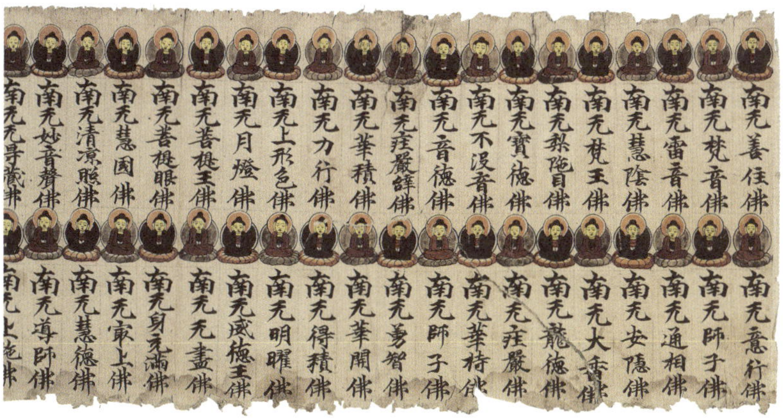

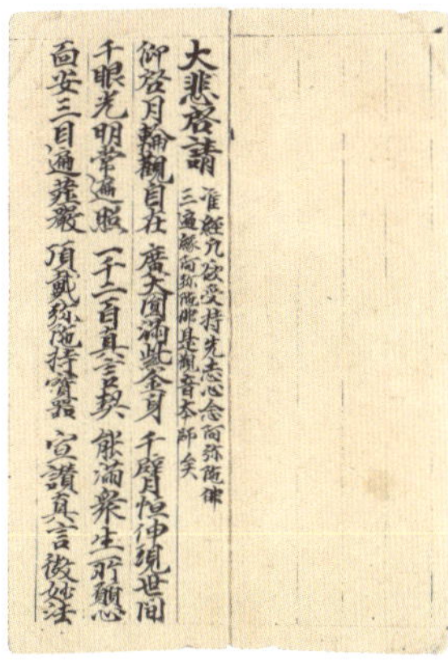

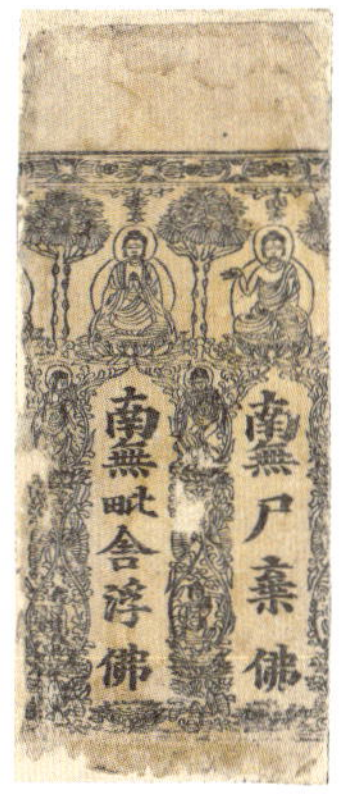

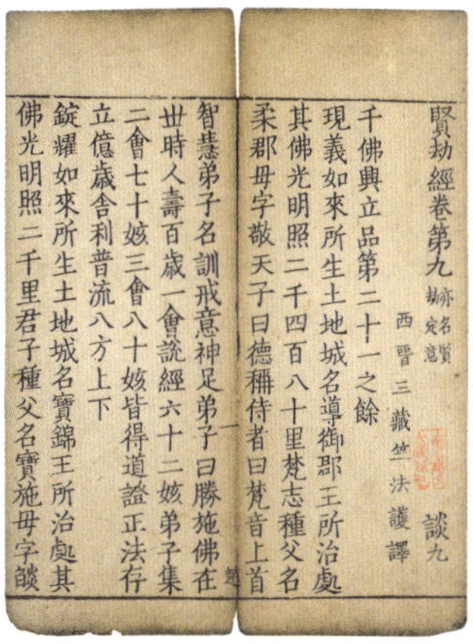

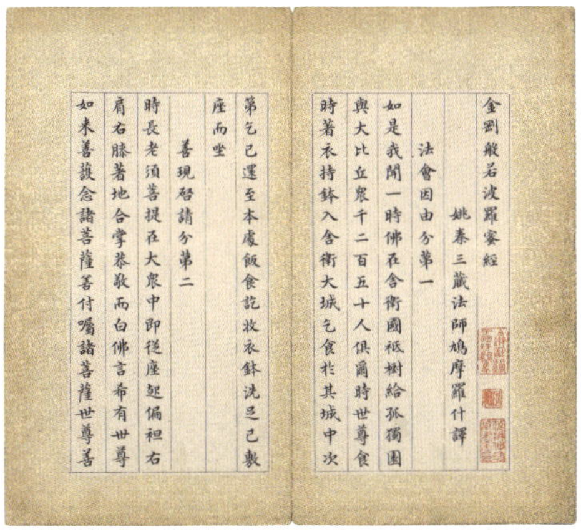

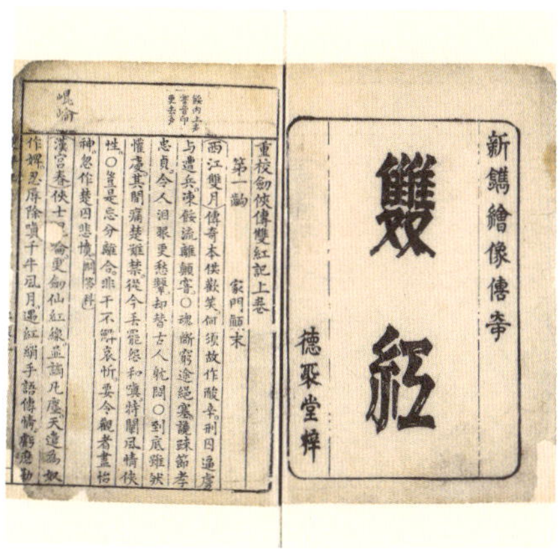

韦力

喜好藏书，写过相关著述。

展品

纂图互注尚书十三卷　题（汉）孔安国传　宋刻本　经部

注东坡先生诗四十二卷　（宋）苏轼撰　（宋）施元之、顾禧，施宿注　宋嘉定六年（1213）淮东仓司刻本　集部

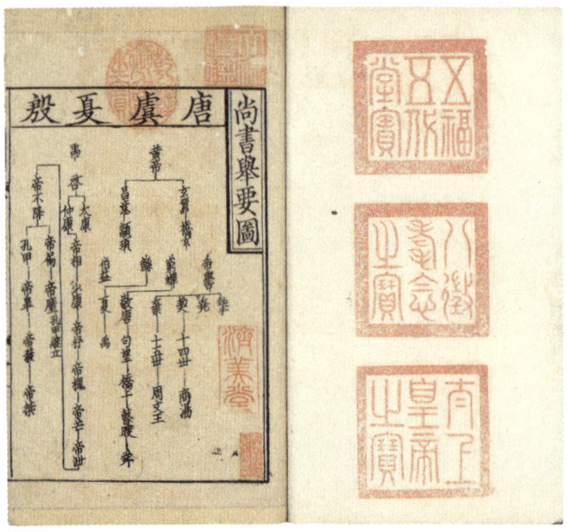

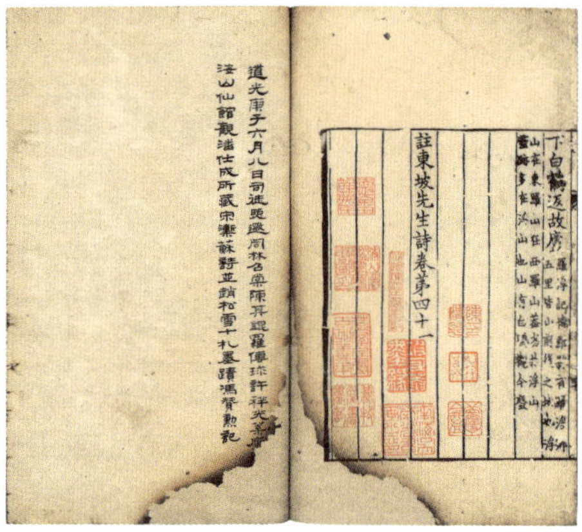

小残卷斋

收集金石拓片和古籍，以收藏碑帖拓本和清代精写刻本略知名于京城。

展品

三公山碑　清初拓本　史部

三体石经·尚书残石拓本　清末拓本　史部

董美人墓志　清拓本　史部

常季繁墓志　清末拓本　史部

冬心先生画竹题记一卷　（清）金农撰　清乾隆刻本　子部

装潢志一卷　（明）周嘉胄撰　清乾隆十二年（1747）桐乡汪氏求是斋刻本　子部

冬心先生续集二卷　（清）金农撰　清乾隆刻本　集部

冬心先生自度曲一卷　（清）金农撰　清乾隆二十五年（1760）刻本　集部

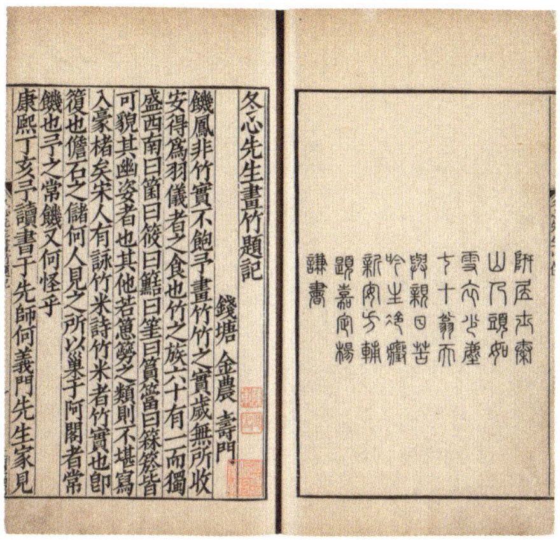
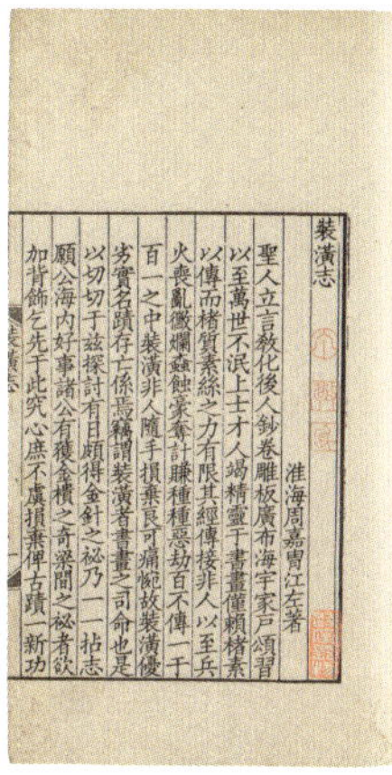
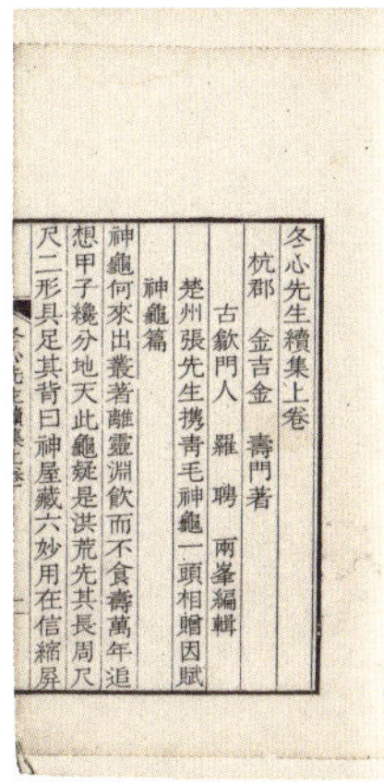
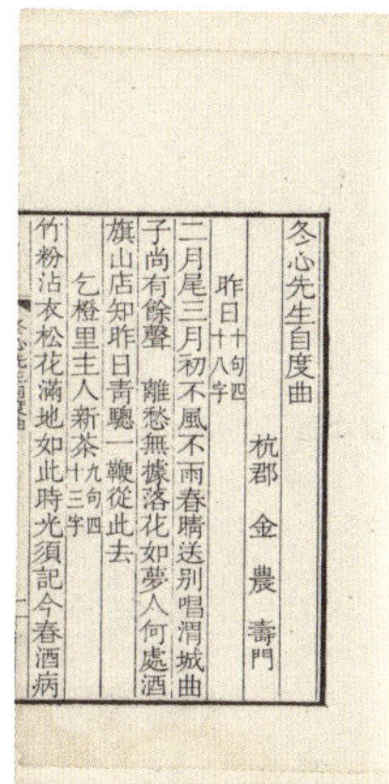

叶健民

出生于广东省东莞市，1969年毕业于香港大学。现任职律师，为香港张恩纯叶健民律师行的高级合伙人，并为中国司法部委托公证人。

由于热爱中国古籍版本，自80年代起已到韩国及曰本两地搜购中国古籍。90年代回到北京、天津、四川等地觅书，并在东莞建立洪芳阁藏书楼，致力于中国古籍版本的研究，藏书侧重于版画类和数术类。在此期间曾协助天津张振铎老先生出版了《古籍刻工名录》一书，并资助《藏书报》的出版经费和中国书店店史资料收集工作，热心推广中国传统文化和古籍版本研究。

展品

佛说无量寿宗要经一卷　8—9世纪吐蕃占领时期写本　敦煌遗书

静嘉堂秘籍志五十卷　（日）河田罴编　日本大正六年（1917）铅印本　史部

新刊校正增释合并麻衣先生人相编五卷　（明）陆位崇编　明末金陵唐锦池刻步月楼印本　子部

曹子建集十卷疑字音释一卷　（三国魏）曹植著（明）汪士贤辑　明刻本　集部

御制避暑山庄三十六景诗图（不分卷）　清康熙五十二年（1713）刻铜版印本　集部

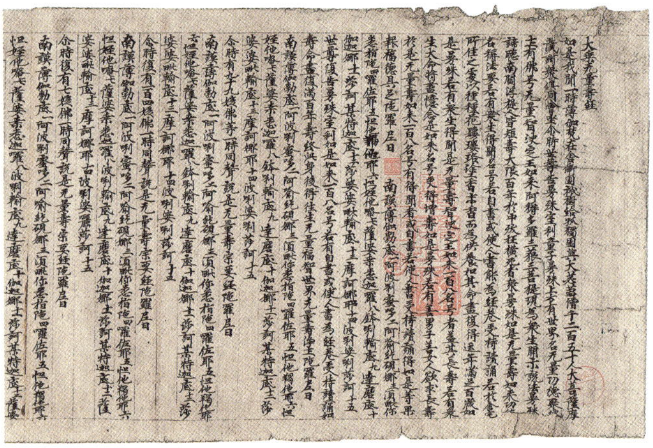

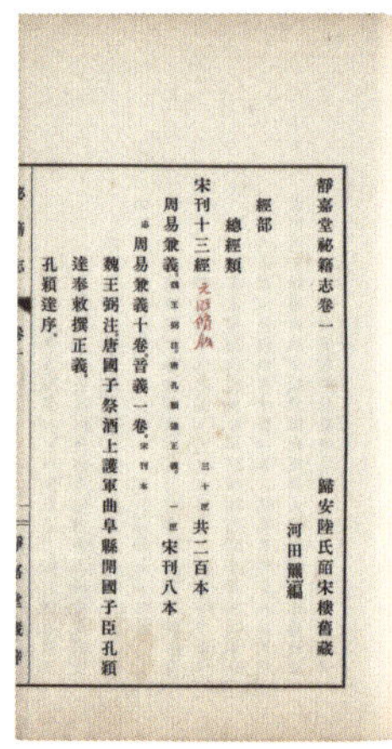

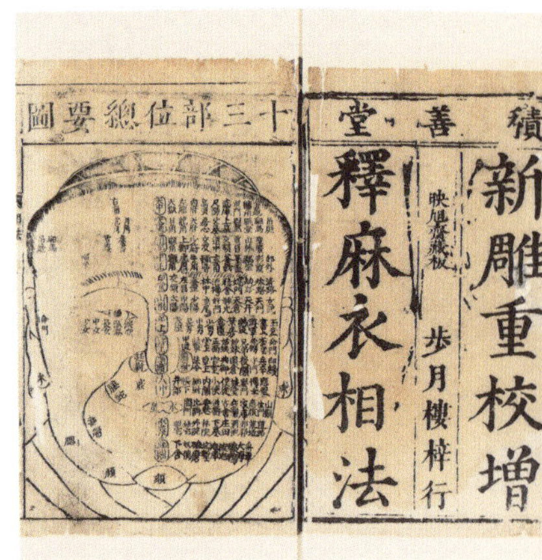

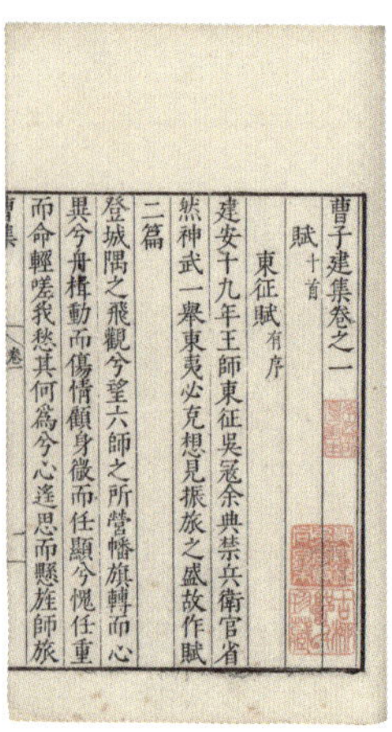

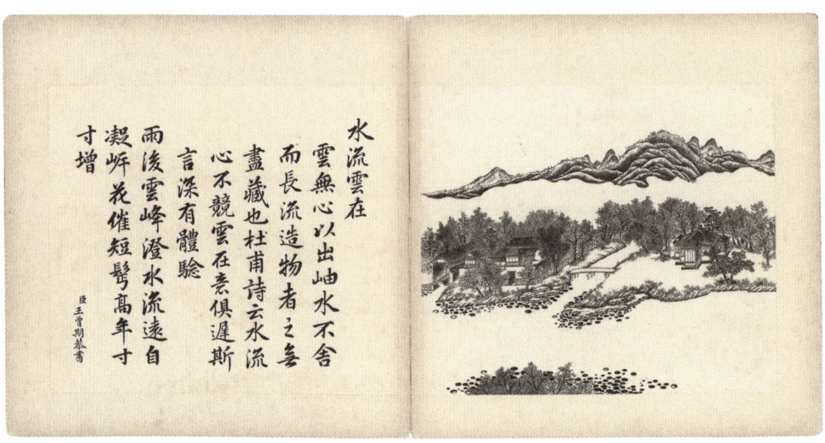

诒宋斋

展品

古史辑要六卷　（清）佚名纂　清抄本　史部

通鉴总类二十卷　（宋）沈枢辑　元至正二十三年（1363）

吴郡庠刻本　史部

广舆图二卷　（元）朱思本撰　（明）罗洪先、胡松增补　明嘉靖刻本　史部

后村居士集五十卷　（宋）刘克庄撰　宋刻本　集部

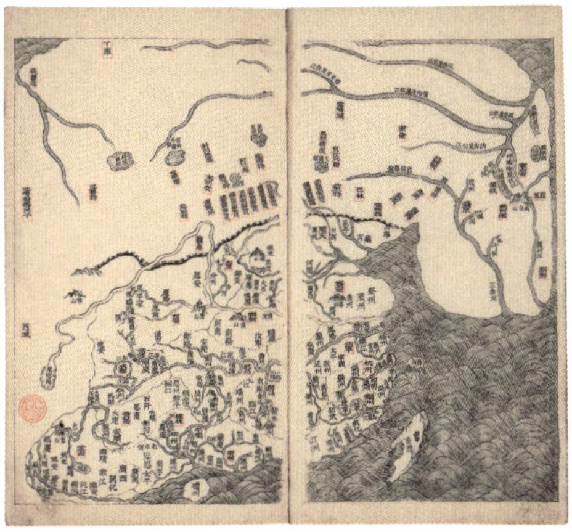

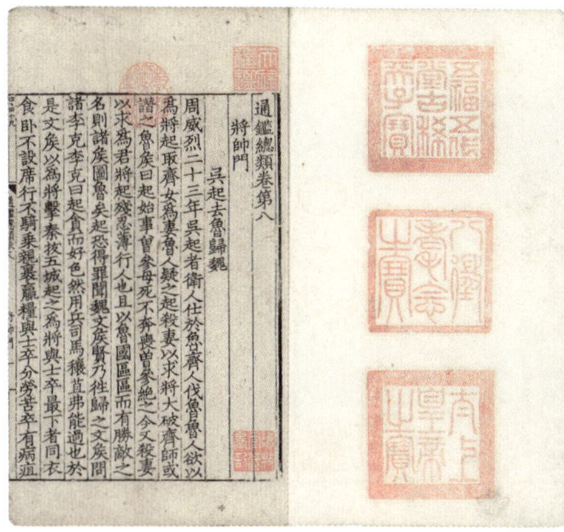

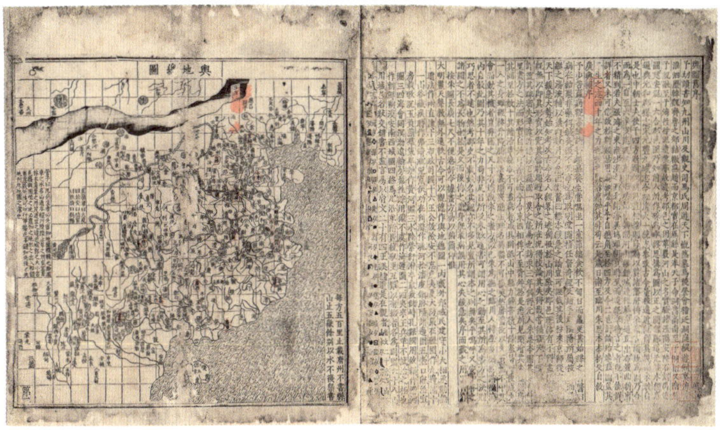

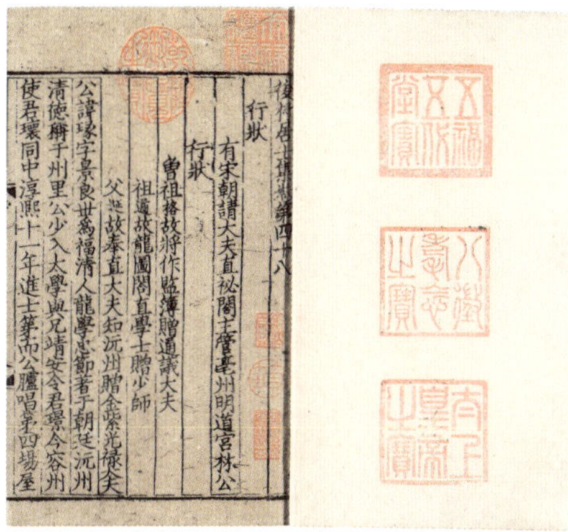

袁立章

继父辈绍兴贮藏书室，十余载藏书数千。室名“适情居”。

展品

新编分类地理全书穴法秘要六卷地理全书秘要龙穴明图十一卷　元日新书堂刻本　子部

美人书二集选四卷　题（明）周公辅编　清初刻本　集部

清真集二卷（宋）周邦彦撰　清刻本　集部

迦陵先生填词图　清乾隆五十九年（1794）刻本　集部

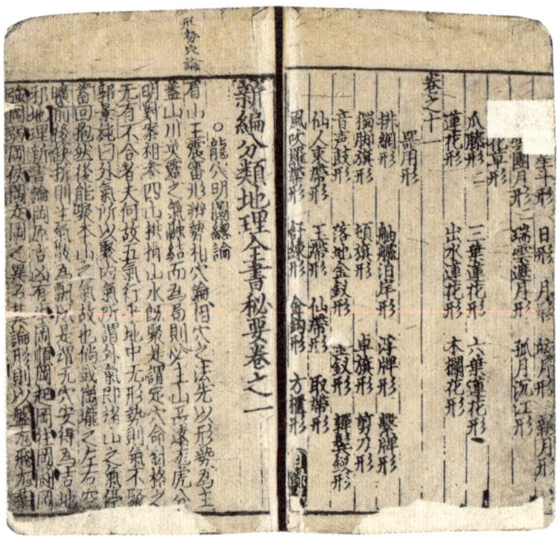

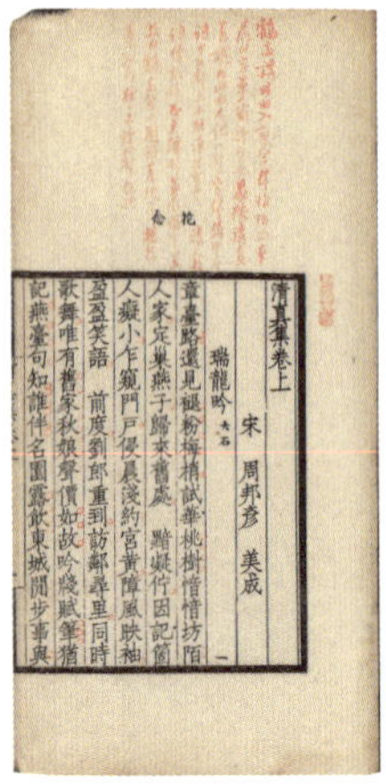

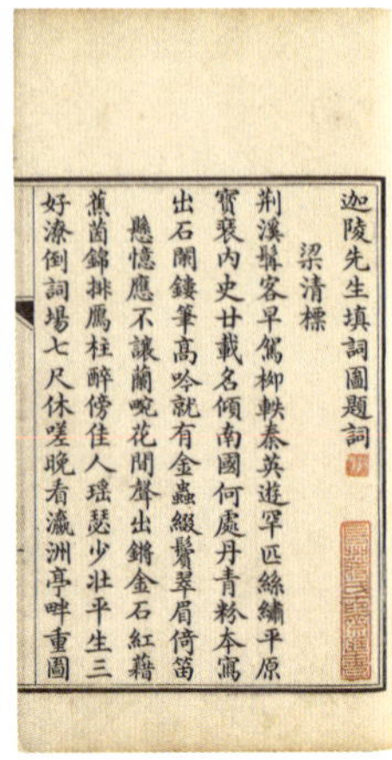

兆兰堂

自1996年起收藏古籍，藏约百余种。展品曾参加2014年《中国嘉德艺术品拍卖20年精品回顾展》。

展品

周易本义十二卷易图一卷　（宋）朱熹集录　宋刻本　经部

大清穆宗毅皇帝圣训一百六十卷　清光绪内府抄本　史部

同治大婚典礼全档三十六卷　清同治十一年（1872）内府红格写本　史部

标题徐状元补注蒙求三卷　（唐）李翰撰　（宋）徐子光注　宋刻本　子部

铁崖先生古乐府十六卷　（元）杨维桢撰　明成化五年（1469）刻本　集部

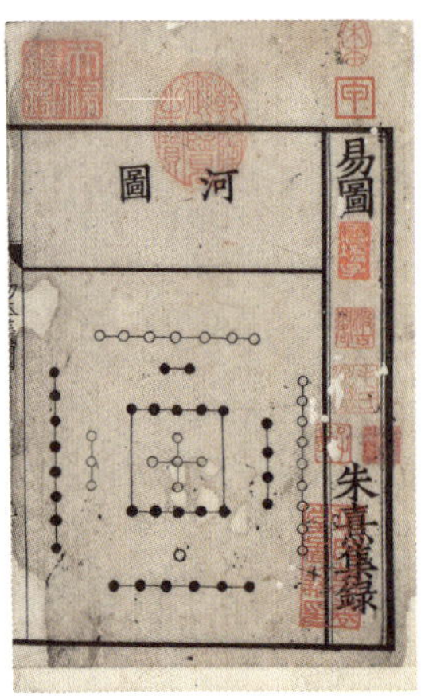

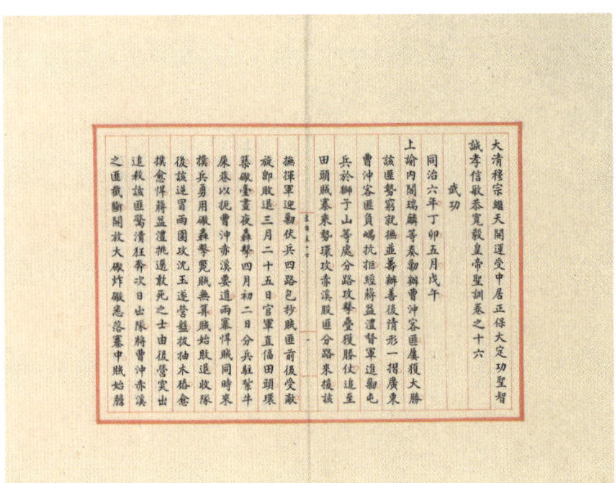

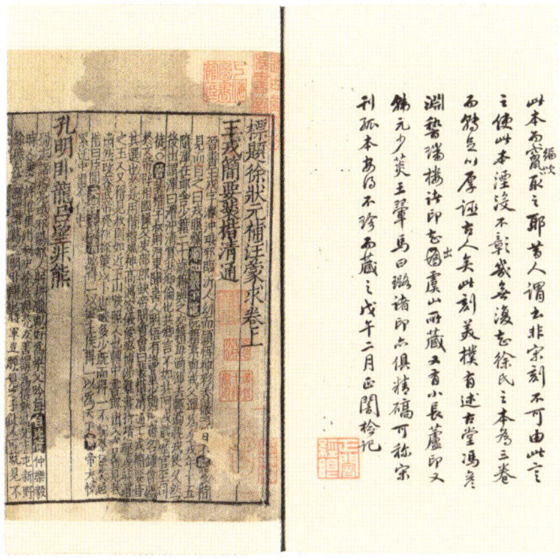

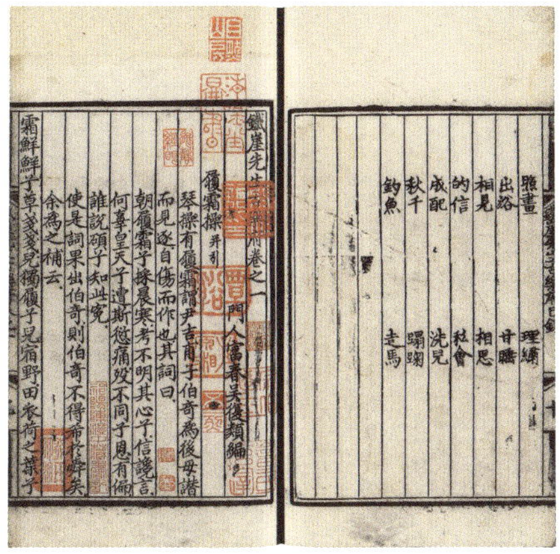

周启晋

著名收藏家周绍良之子。

展品

阿弥陀经　（后秦）鸠摩罗什译　宋刻本　佛经

佛说观世音菩萨救苦经　明万历郑贵妃刻本　佛经

待庵题跋不分卷　（清）王弘撰著　刘燕庭抄本　史部

如意册平妖记□卷　题梦熊居士编　抄稿本　集部

续清凉传二卷　（宋）张商英撰　明洪武刻本　子部

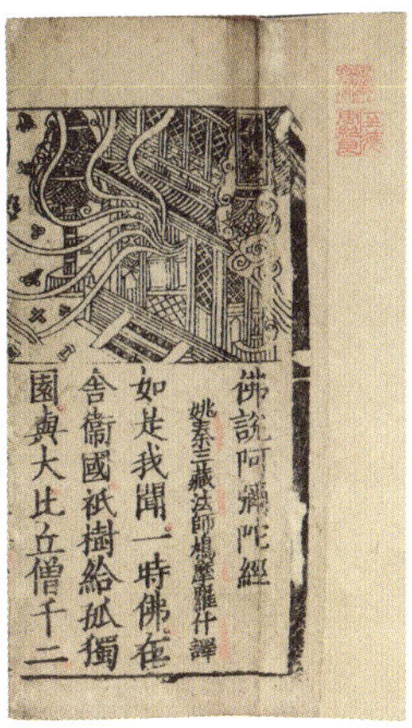

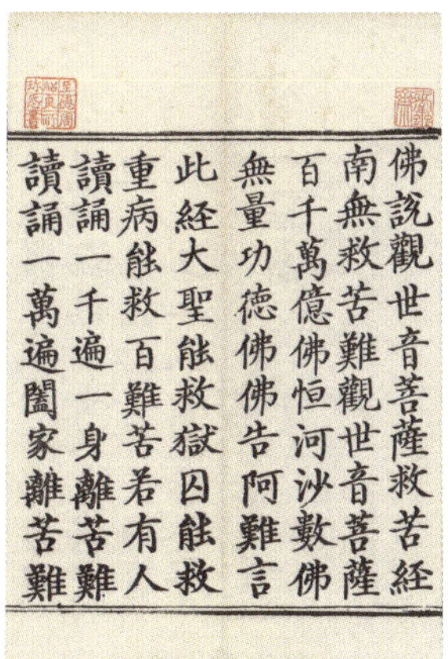

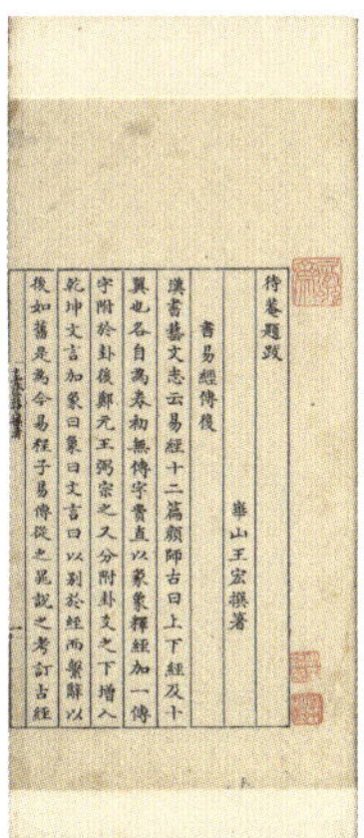

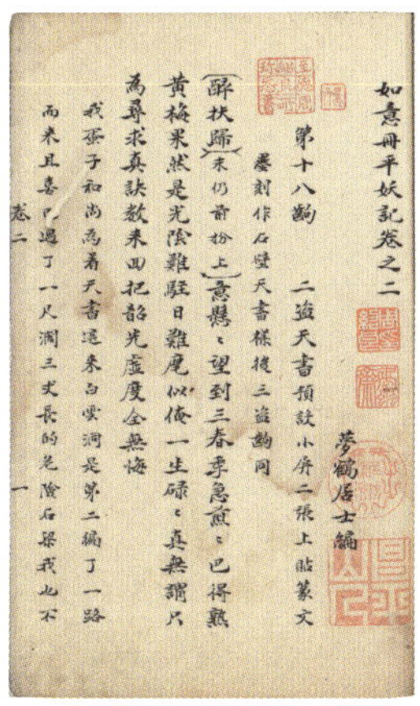

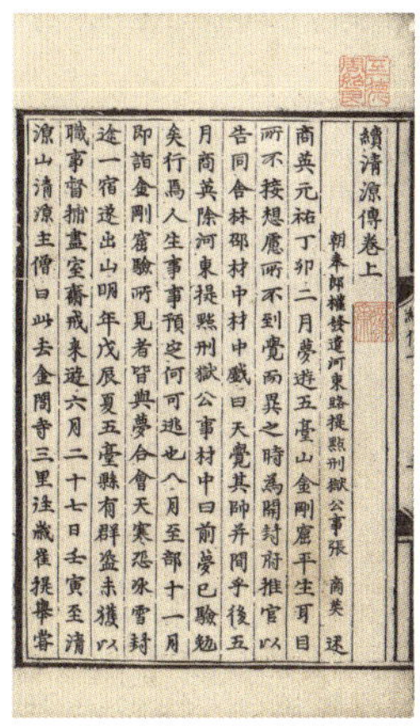

附录　数字出版用户知识服务需求调查问卷

尊敬的女士/先生：

您好！为了解数字出版用户知识服务需求，推动数字出版机构更好地为您提供服务，我们开展以下问卷调查。您的回答无所谓对错，反映您的真实情况与观点即可。非常感谢您的支持和配合！

请您在以下问题的合适的选项序号上画“√”。

郑州航院“数字出版知识服务研究”课题组

一、您的个人资料（仅限于统计目的）

1. 您的性别（单选）：

□（1）男　　□（2）女

2. 您的年龄（单选）：

□（1）20 岁以下　　□（2）20—30 岁

□（3）31—40 岁　　□（4）41—50 岁

□（5）51—60 岁　　□（6）60 岁以上

3. 您的最高学历（包括在读）（单选）：

□（1）高中或中专及以下　　□（2）大专

□（3）本科　　□（4）硕士

□（5）博士

4. 您的职业（单选）：

□（1）学生　　□（2）教师

□(3)政府机关/事业单位科研人员

□(4)政府机关/事业单位非科研人员

□(5)企业科研人员　　□(6)企业非科研人员

□(7)待业/下岗/离退休　　□(8)自由职业者

□(9)其他

5. 您个人每个月的收入(包括工资和其他收入)是多少?(单选)

□(1)2000 元以下　　□(2)2000—3999 元

□(3)4000—5999 元　　□(4)6000—7999 元

□(5)8000—9999 元　　□(6)10 000 元及以上

二、您的数字出版使用情况

1. 您目前获取知识的途径以哪种类型为主?(单选)

□(1)以纸质出版物为主　　□(2)以数字出版物为主

□(3)二者基本相当

2. 您目前获取知识的数字出版物以哪个为主?(单选)

□(1)电子图书　　□(2)数字期刊

□(3)数字报纸　　□(4)微信/微博

□(5)其他________

3. 您每天用于数字出版阅读时间最长的电子设备是哪个?(单选)

□(1)台式电脑　　□(2)笔记本电脑

□(3)iPad 等平板电脑　　□(4)手机

□(5)kindle 等手持阅读器　　□(6)其他________

4. 您平均每天阅读数字出版资源的时间大概有多少?(单选)

□(1)几乎没有　　□(2)0.5 小时以内

□(3)0.6—1 小时　　□(4)1.1—1.5 小时

□(5)1.6—2 小时　　□(6)2 小时以上

5. 您获得数字出版资源的最主要的途径是哪个?(单选)

□(1)网上免费获取　　□(2)公共图书馆免费获取

□(3)向他人免费索取　　□(4)单位购买提供